"十三五"普通高等教育应用型规划教材

管理学

（第2版）

闫飞龙　编著

MANAGEMENT

中国人民大学出版社
· 北京 ·

图书在版编目（CIP）数据

管理学 / 闫飞龙编著 . —2 版 . —北京：中国人民大学出版社，2019.3
“十三五”普通高等教育应用型规划教材
ISBN 978-7-300-26627-5

Ⅰ. ①管… Ⅱ. ①闫… Ⅲ. ①管理学-高等学校-教材 Ⅳ. ①C93

中国版本图书馆 CIP 数据核字（2019）第 010747 号

“十三五”普通高等教育应用型规划教材
管理学（第 2 版）
闫飞龙　编著
Guanlixue

出版发行	中国人民大学出版社		
社　　址	北京中关村大街 31 号	邮政编码	100080
电　　话	010－62511242（总编室）		010－62511770（质管部）
	010－82501766（邮购部）		010－62514148（门市部）
	010－62515195（发行公司）		010－62515275（盗版举报）
网　　址	http://www.crup.com.cn		
	http://www.ttrnet.com(人大教研网)		
经　　销	新华书店		
印　　刷	北京密兴印刷有限公司	版　　次	2015 年 2 月第 1 版
规　　格	185 mm×260 mm　16 开本		2019 年 3 月第 2 版
印　　张	18 插页 1	印　　次	2019 年 3 月第 1 次印刷
字　　数	400 000	定　　价	38.00 元

第2版前言

《管理学》作为应用型规划教材自 2015 年 2 月出版以来，得到广大师生的肯定，读者的认可是对编者的最大鼓励！

此次修订全书主要框架没有变化，各章主要内容做了少量的调整，做了如下补充和完善：

第一，章后增加了选择题，以便学生加深对相关知识和内容的领会和理解。

第二，更新并补充部分阅读材料、章后案例分析题。

第三，全书最后补充综合案例分析，以便学生提升对管理理论和方法的整合应用能力。

由衷感谢中国人民大学出版社工商管理出版分社的编辑为此书出版和再版所做的努力和付出！

为了使《管理学》（第 3 版）能够满足您的相关需要，请将您对《管理学》（第 2 版）的修改意见反馈到编者邮箱：1493503170@qq.com。非常感谢您对本书的厚爱与支持！

闫飞龙

第1版前言

管理学是一门实践性非常强的学科。一个人学开汽车时，其学习的侧重点不会放在研究发动机的原理和构造上，而应把精力放在如何驾驶汽车上；编撰本书的目的就是让初学者在对管理学原理这个“发动机”有个概貌了解的基础上，更加注重“如何驾驶汽车”，即侧重阐述如何运用管理学相关方法去解决实际管理实践中的问题。

本书的主要特色如下：

第一，易教易学。

本书的框架和内容都力图遵循学习立方体模型理论。学习立方体模型是由欧洲学者费奥和博迈森提出的，是学习和培训过程中广泛应用的学习理论。

该理论认为：学习过程中，只有实践性、交互性、自主性都高的D点，学习效果最佳，如图0－1所示。

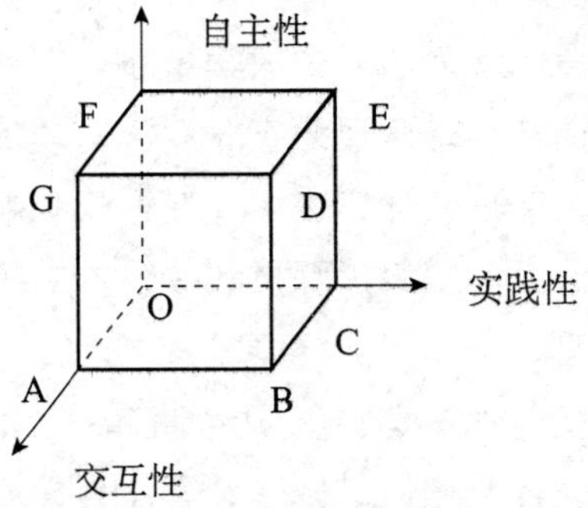

图0－1　学习立方体模型示意图

依据学习立方体模型原理，为提升学习效果，人们在学习或培训、教学设计、教材编撰时，要理论联系实际、注重练习和实践，以提升实践性；要加强学生间、师生间的互动及讨论，以增强学习的交互性；要运用各种教学方法激发读者自身的积极性和学习兴趣，以提升读者学习的自主性。

本书设置了通俗有趣的“阅读材料”栏目，便于激发读者自主学习的积极性，也方便读者更深刻地领会相关理论；教师还可依据这些“阅读材料”设置课堂上学生间、师生间的互动讨论以增强教学设计中的交互性。章后配备的案例分析题意在训练读者运用所学知识来分析和解决实际问题的能力，凸显实践性；就章后的案例分析题为教师配备了参考答案，便于教师进行交互式教学设计。

第二，应用导向贯穿全书。

全书共分 10 章内容，以管理的职能为主线。第 1 章总论；第 2～4 章，主要阐述管理的第一项职能“计划”；第 5～6 章，主要阐述管理的第二项职能“组织”；第 7～9 章，主要阐述管理的第三项职能“领导”；第 10 章主要阐述管理的第四项职能“控制”。各章均以应用导向为宗旨。

第 1 章阐述了管理者应该具备哪些管理技能和管理素质；

第 2 章阐述了管理者可以采用哪些决策方法进行决策；

第 3 章的“项目计划技术”，详细阐述了真实的项目计划是如何制定的；

第 4 章阐述了企业内外部环境分析的框架和分析工具；

第 5 章则围绕“如何依据企业的实际情况来设计或变革其组织结构”这一核心技能进行阐述；

第 6 章阐述了人力资源管理的主要活动应如何开展；

第 7 章围绕“如何提升领导者的领导效果”展开阐述；

第 8 章则主要阐述管理者应如何依据激励原理进行有效的激励；

第 9 章阐述了如何提升人际沟通能力和组织沟通效果；

第 10 章则主要阐述管理者应该如何实施有效的控制。

感谢母校南开大学的培养，南开大学“允公允能，日新月异”的校训是指引我工作和生活的明灯！感谢我曾就职的承德石油机械厂、北京东方雨虹防水技术股份有限公司、北京欧伏电气设备有限公司，使我获得并积累企业管理实践经验！感谢河北农业大学给予我教学的平台，让我得以从事热爱的教学事业！在教学中也愈加认同这所百年老校“崇德求是务实”的校训精神！感谢河北农业大学商学院工商管理系教师同仁：刘冬蕾、许俊锋、贾琳、赵卫红、吴丹、陈宁、李逸波、权聪娜、李建民、焦伟伟、李一鸣对本书编撰提出的宝贵意见，尤其感谢丁森林教授对本书编撰的指导！感谢河北农业大学所有听过我授课的工商管理、会计、财务管理、物流、营销、农经、经济学、国贸、统计学、金融学等经济管理类专业的学生，更感谢建筑、机电、食品安全、海洋渔政、数学、草业科学等非经济管理类专业但选修管理学作为素质拓展课的学生，其强烈的求知欲以及踏实勤奋的学习态度，使教学相长得以实现！恰是基于朴素的“让听课学生真正能够学有所获——能够运用所学管理学原理分析和解决一些实际管理问题”的初衷促成了编写本书的原始动因！感谢中国人民大学出版社的编辑为此书出版所做出的严谨、耐心的指导和支持！感谢慈母严父教导我要做个善良的人！感谢爱妻李艳红一直以来对我的默默支持！感谢儿子闫誉夫，使我体验到做父亲的责任与幸福，并在给予父爱的过程中经历人生的第二次成长！

囿于编者水平有限，错误和瑕疵在所难免，恳请读者提出宝贵意见。

闫飞龙

目录
CONTENTS

第1章

总　论

管理实践与管理思想历史悠久，现代管理理论则诞生于19世纪末20世纪初。管理的要义在于通过他人有效地完成工作。管理者通过计划、组织、领导、控制等职能工作使组织更有效地实现目标。

第1节　管　理

一、管理的含义

哈罗德·孔茨认为，管理就是为在集体中工作的人员谋划和保持一个能使他们完成预定目标和任务的工作环境。

赫伯特·A. 西蒙认为，管理就是决策。

福莱特认为，管理是通过其他人来完成工作的艺术。

小詹姆斯·唐纳利等人认为，管理是由一个或更多的人来协调他人的活动，以便收到个人单独活动所不能收到的效果而进行的各种活动。

本书采用罗宾斯和库尔塔对管理（management）的定义。罗宾斯和库尔塔认为，管理是通过协调和监督他人的活动，有效率和有效果地完成工作。可从以下两个方面来理解管理的含义。

（1）管理的要义在于“让他人”来完成工作，而非事必躬亲。

（2）管理追求的“有效”是“有效率”（efficiency）和“有效果”（effectiveness）的统一，如图1-1所示。

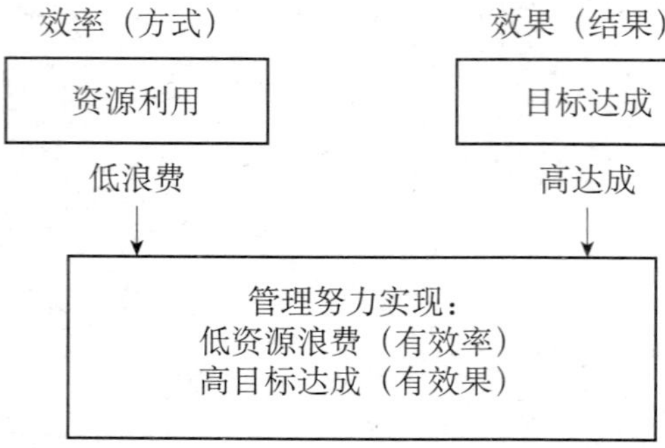

图1-1 管理过程中的有效率和有效果

“有效率”意指“低资源浪费”，或称“正确地做事”，与做事的方式有关。例如，企业通过降低库存水平、缩短产品制造时间、降低产品不合格率来达到高效率。而这些高效率的工作实践会取得相应的效果，企业会在一个生产经营周期内节约可观的成本。

“有效果”则意味着“高目标达成”，或称“做正确的事”，即做那些可以实现目标的活动，它与结果或组织目标的实现有关。例如，在企业中目标包括满足顾客严苛的需求，使员工的工作更加简单和安全。

在成功的组织中，通常高效率和高效果相伴。较差的管理通常包括低效率和无效果，或者低效率但有效果。

阅读材料

子贱放权

孔子的学生子贱有一次奉命担任某地方的官吏。到任以后，他时常弹琴自娱，不管政事，可是他所管辖的地方却治理得井井有条，民兴业旺。这使那位卸任的官吏百思不得其解，因为他每天即使起早贪黑，从早忙到晚，也没有把地方治理好。于是他请教子贱：“为什么你能治理得这么好？”子贱回答说：“你只靠自己的力量，所以十分辛苦；而我却是借助别人的力量来完成任务。”

资料来源：子贱放权.（2007-03-06）. http：//www. foodmate. net/hrinfo/story/6606. html.

二、管理的职能

“职能”此指“活动”。最早提出管理职能说的是法国工业家法约尔，法约尔在20世纪初提出，管理的职能有五个：计划、组织、指挥、协调、控制。目前，罗宾斯的“管理四职能说”被学界广泛认可，罗宾斯认为，管理有计划（planning）、组织（organizing)、领导（leading)、控制（controlling）四大职能。事实上，管理者的日常管理活动确实都可以归入下面这四类：

（1）“确定管理者所辖部门及人员做什么”，即计划。具体来说，包括：管理者做出决策；运用各种管理方法分析企业内外部环境，了解其机会、威胁、优势、劣势；设立目标；制定包括战略在内的各种计划，选择目标管理法、滚动计划法、网络计划技术等来实施计划。

（2）“设置组织结构并配置合适的人员”，即组织。具体来说，包括：根据竞争环境的需要，进行组织结构的设计与再设计（即组织变革）；为组织的相关职位进行招聘、选拔、培训与开发、考核等人力资源工作。

（3）“激励下属更有效率地做事”，即领导。具体来说，包括：培养自己果断、自信、有远见、善于沟通等领导品质以便影响下属；改善职位权力、任务结构、上下级关系等领导情境因素；识别不同下属乃至同一下属在不同情境下的主导需求，遵循公平理论、期望理论、强化理论等过程型激励理论，采用任务导向型或者关系导向型领导方式按需激励，使下属更有效地工作。

（4）“保证组织和个人的实际绩效与预期目标相一致”，即控制。具体来说，包括：监管、比较和纠正工作绩效的过程。

管理者通过计划、组织、领导、控制等职能工作来实现组织的目标。这四种管理职能有着逻辑的先后顺序，管理者先做计划，继而进行组织、领导、控制等工作，且控制的结果对下一次做计划又有借鉴意义，如图1-2所示。

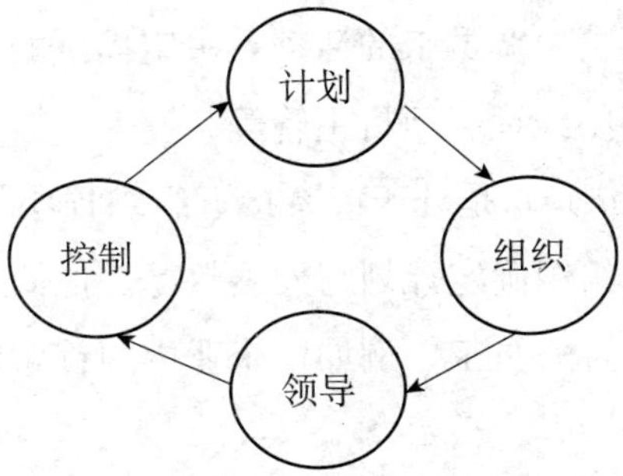

图1-2 管理的职能

第2节 管理者

管理者（manager）是协调和监管其他人的工作，以使组织目标能够实现的人。许多学者对管理者从不同方面进行了研究。例如，加拿大的管理学家亨利·明茨伯格（Henry Mintzberg）对管理者的角色（managerial roles）进行了划分；美国的管理学者罗伯特·卡茨（Robert L. Katz）对不同层级的管理者需要具备的技能进行了阐述。

一、管理者的层级

任何组织都由各司其职的人员构成，我们可以将管理者分为基层管理者、中层管理者和高层管理者，金字塔的塔底则是大量普通员工，如图1－3所示。

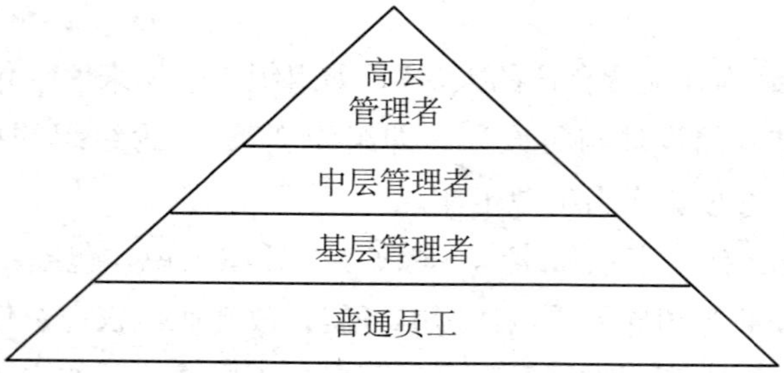

图1－3 组织层级

基层管理者（first-line（frontline）managers）是最低层的管理人员，管理普通员工，向他们汇报的员工从事组织中最基本的生产或服务工作。例如，企业负责基层生产环节的班组长、餐厅负责管理服务人员的领班、医院的护士长、4S店负责管理向客户卖车的销售人员的销售主管等。

中层管理者（middle managers）是处于基层和高层之间的各个管理层级的管理者，这些管理者接受高层管理者的策略与方针，将之转化为具体的目标与计划，用来指导基层管理者付诸实施。他们负责协调员工的活动，决定提供的产品和服务以及向客户营销的方法。例如，企业中的部门经理、项目主管等。

高层管理者（top managers）是处于或者接近组织顶层的管理者，他们主要负责组织发展的战略决策，为整个组织确定计划与发展目标。他们所设立的目标沿着科层结构逐级向下传递，直至每一位普通员工。例如，企业中的首席执行官、执行副总裁、总经理等。

二、管理者的角色

加拿大管理学家亨利·明茨伯格以对5位总经理的工作的研究为依据，于1968年在麻省理工学院的斯隆管理学院完成了他的博士论文《工作中的经理——由有结构的观察确定的经理的活动、角色和程序》。在博士论文的基础上，《经理工作的性质》一书于1973年出版，这本书成为经理角色学派的代表作。亨利·明茨伯格通过对管理者工作的研究，认为管理者扮演着10种不同却高度相关的角色，这10种角色可以进一步组合成三个方面，即人际关系角色（interpersonal roles）、信息传递角色（informational roles）和决策制定角色（decisional roles），如表1－1所示。

表1-1 管理者的角色

角色	描述	特征活动举例
人际关系角色	包括人与人以及其他具有礼仪性和象征性的职责，这归因于管理者的正式权力	
代表人	象征性首脑；必须履行许多法律性或社会性的例行义务	迎接来访者，签署法律文件
领导者	负责激励下属；负责人员配备、培训以及有关职责	实际上从事所有有下属参与的活动
联络者	维护自行发展起来的外部关系和消息来源，从中得到帮助和信息	发感谢信，从事外部委员会的工作，从事其他有外部人员参与的活动
信息传递角色	包括信息的接收、收集和整理	
监听者	寻求和获取各种内部和外部信息，以便透彻地理解组织与环境	阅读期刊报告，与有关人员保持私人接触
传播者	将从外部人员和下级那里获取的信息传递给组织的其他成员	举行信息交流会，以电话方式传达信息
发言人	向外界发布组织的计划、政策、行动、结果等	召开董事会，向媒体发布信息
决策制定角色	负责做出决策，并分配资源以保证决策方案的实施	
企业家	寻求组织和环境中的机会，制定改进方案以发起变革	组织战略制定和检查会议，开发新项目
冲突管理者	当组织面临重大的、意外的混乱时，负责采取纠正行动	组织应对混乱和危机的战略制定和检查会议
资源分配者	负责分配组织的各种资源；制定和批准所有有关的组织决策	调度、授权、开发预算活动，安排下级的工作
谈判者	在主要的谈判中作为组织的代表	与员工、供应商、客户或其他组织谈判

三、管理者的技能

根据罗伯特·卡茨的研究，管理者的技能可以分为技术技能、人际技能和概念技能三个方面，不同层级的管理者对这三类技能要求的程度不同。

（一）技术技能

技术技能（technical skills）是管理者掌握和熟悉特定专业领域中的过程、惯例、技术和工具的能力。技术技能对于基层管理者最重要，如医院的护士长应该具备给病人打针、输液等护理技能。

（二）人际技能

人际技能（interpersonal skills）是成功地与他人打交道并与他人沟通的能力。管理者的大部分活动都是与人打交道，对外要与有关的组织和人员进行联系、接触；对内要联系上下级，特别是要善于激励下属。人际技能对于所有层级的管理者都很重要，管理者只有拥有人际技能才能将人员整合到各种协作性的活动之中。

（三）概念技能

概念技能（conceptual skills）是管理者用来对抽象、复杂的情况进行思考和概念化的能力。具有概念技能的管理者往往把组织视作一个整体，并且了解组织各个部分的相互关系，设想组织如何适应更广阔的环境。通俗地讲，概念技能就是指管理者能够抓住重点、分得清轻重缓急的能力。管理者每天都要面对组织内外动态的竞争性环境，概念技能对高层管理者尤为最重要。

可以运用时间管理矩阵（见图1-4）来训练管理者的概念技能。时间管理矩阵把一个人要处理的各项任务按照紧急和重要程度归入四个区域：重要不紧急（Ⅰ）、紧急重要（Ⅱ）、紧急不重要（Ⅲ）、不重要不紧急（Ⅳ）。未接受培训的管理者在为这四个区域的工作事项排列优先级时，多数会把紧急重要（Ⅱ）事项排在第一位。而经过培训之后管理者会力求把时间和精力的优先级按照Ⅰ，Ⅱ，Ⅲ，Ⅳ的顺序进行分配。

	紧急	不紧急
重要	Ⅱ	Ⅰ
不重要	Ⅲ	Ⅳ

图1-4　时间管理矩阵

阅读材料

富翁的遗嘱

有一个富翁得了重病，已经无药可救，而唯一的儿子此刻又远在异乡。他知道自己死期将近，但又害怕贪婪的仆人侵占财产，便立下了一份令人不解的遗嘱：“我的儿子仅可从财产中选择一项，其余的皆送给我的仆人。”富翁死后，仆人便欢欢喜喜地拿着遗嘱去寻找主人的儿子。

富翁的儿子看完遗嘱，想了一想，就对仆人说：“我决定选择一样，就是你。”这样聪明的儿子立刻得到了父亲的所有财产。

“射人先射马，擒贼先擒王”，把握住得胜的关键就会收到事半功倍的效果，处理危机的关键在于破解危机的源头。

资料来源：管理故事：富翁的遗嘱．(2013-01-14). http://www.fjhzrc.com/article/article.php?newsid=28467.

各管理层级所需要的管理技能比例如图1-5所示。

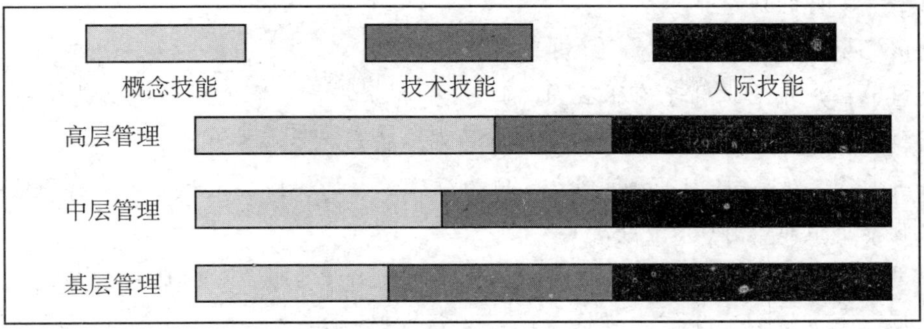

图 1-5 各管理层级所需要的管理技能比例

四、管理者的素质

管理者的素质即管理者要成功地执行管理工作，圆满地实现管理目标所要具备的条件。早在 2 500 多年前，孙武就提出：“将者，智、信、仁、勇、严也。”

（一）管理者的智

智，现称智慧，是指“知人”，即了解人或事，能够“智者不惑”，这可以通过勤奋学习获得。

阅读材料

管理的智慧

哈佛商学院是世界上最著名的工商管理学院之一，被誉为培养公司总裁的工厂。它所创立的 MBA 学位是各国工商界人士梦寐以求的一面金字招牌。

2005 年 8 月，中国一批国有企业的高层主管来到这里，接受为期 3 个月的培训。上“管理与企业未来”这门课时，根据哈佛最著名的案例教学法，他们拿到的是一份具有测试性质的案例。

请根据下面 3 家公司的管理现状，判断它们的前途：

公司 A：8 点上班，实行打卡制，迟到或早退 1 分钟扣 50 元；统一着装，必须佩戴胸卡；每年组织 1 次旅游、2 次聚会、3 次联欢、4 次体育比赛，每个员工每年要提 4 项合理化建议。

公司 B：9 点上班，但不考勤。每人一间办公室，办公室可以根据个人的爱好进行布置；在走廊的白墙上信手涂鸦也不会有人制止；饮料和水果免费不限量供应；上班时间可以去理发、游泳。

公司 C：想什么时候来就什么时候来；没有统一的制服，爱穿什么就穿什么；把自家的狗和孩子带进办公室也可以；上班时间去度假也不扣工资。

教授发完答题卡后说，请根据各自的管理经验做出判断。最后，96%的人认为第一家公司会有更好的前景。

测试完毕，教授宣布了3家公司的真实身份：

公司A：广东金正电子有限公司。1997年成立，是一家集科研、制造为一体的多元化高科技企业。2005年7月，因管理不善申请破产，生存期9年。

公司B：微软公司。1975年创立，现为全球最大的软件公司和美国最有价值的企业之一，股票市值超过8 000亿美元。

公司C：谷歌公司。1998年由斯坦福大学的两名学生创立，每股股价超过1 000美元，上市一年市值翻了3倍，超越全球媒体巨人时代华纳，直逼百年老牌可口可乐公司，也是唯一一家能从微软挖走人才的公司。

教授宣布完结果，开始讲课。

回国后主管们回忆说，那堂课什么也没听进去，因为心情被那个案例搅乱了。后来翻了讲义才知道，教授在讲《管理与企业未来》的第1章：自由是智慧之源。

在这一章里有这么一段：在知识经济时代，财富不过是在自由价值观普及的社会里，无数个人自由活动的副产品。在个人自由得到最大保障的社会，民众的智慧空前活跃，创新的东西也会不断推出，财富作为副产品就会像火山爆发般喷涌出来。管理则没有这种功能。管理可以聚拢现有的智慧和力量，可以创造一时的强盛，但会使智慧之源枯竭，为强盛后的土崩瓦解埋下伏笔，而且无一例外地都导向衰亡。

只瞩目科技与财富的繁花，却忽略了它们赖以生长的自由土壤，甚至鄙视、仇视自由，这是其他文化模仿西方文化时屡犯的通病。管理的根本是给员工创造自由的氛围，让他们呈现出智慧。

资料来源：钱锦国：从哈佛案例看管理风格．(2008－09－30). http：//www.china-trainers.com/Article/Info/2008930221831.html.

（二）管理者的信

信有两层意思：其一是指可以信赖；其二是指信仰、信念。

阅读材料

希尔顿的首任经理

在一个深秋的夜晚，人们已经熟睡，一对年老夫妻走进一家旅馆，可是旅馆已经客满。前台侍者不忍心让这对老人再去找别的地方住宿，就将他们引到一个房间："也许它不是最好的，但至少你们不用再奔波了。"

老人看到房间整洁干净，就愉快地住下了。第二天，当他们要结账时，侍者却说："不用了，因为你们住的是我的房间。祝你们旅途愉快！"原来他自己在前台过了一个通宵。老人十分感动，说："孩子，你是我见过的最好的旅店经营人。你会得到报答的。"侍者笑了笑，送老人出门，转身就忘了这件事。有一天，他收到一封信，里面有一张去纽约的单程机票，他按信中所示来到一座金碧辉煌的大楼。

原来，那个深夜他接待的是一个亿万富翁和他的妻子。富翁为这个侍者买下了一座大酒店，并深信他会经营管理好这家大酒店。这就是著名的希尔顿酒店和它首任经理的传奇故事。

资料来源：优秀是一种习惯.（2014－07－19）. http：//gushi. rizhiji. com/news/8348. html.

阅读材料

子贡问政

原文：子贡问政。子曰："足食，足兵，民信之矣。"子贡曰："必不得已而去，于斯三者何先？"曰："去兵。"子贡曰："必不得已而去，于斯二者何先？"曰："去食。自古皆有死，民无信不立。"

译文：子贡问怎样治理国家。孔子说："粮食充足，军备充足，老百姓信任统治者。"子贡说："如果不得不去掉一项，那么在三项中会先去掉哪一项呢？"孔子说："去掉军备。"子贡说："如果不得不再去掉一项，那么在这两项中会去掉哪一项呢？"孔子说："去掉粮食。自古以来人总是要死的，如果老百姓对统治者不信任，那么国家就不能存在了。"

资料来源：杨润根．发现论语．北京：华夏出版社，2007.

阅读材料

信仰的力量

美国学者温希普（A. E. Winship）1900 年做了一项研究，比较有信仰和无信仰的两个家族。他追踪他们近 200 年的繁衍发展，发现无信仰家族与有信仰家族的状况简直是天壤之别。

书里介绍，研究始于两个同时代的家族，一家是信基督教的爱德华兹；另一家是著名的无神论的宗师马克·尤克斯。无神论的马克·尤克斯对爱德华兹曾说："你信的那位耶稣，我永远不会信！"

200 年后，有人统计了爱德华兹家族 200 年来的情况，也统计了马克·尤克斯家族 200 年来的情况，详细统计结果如下：（1）有信仰的爱德华兹家族，人口数 1 394 人；其中有 100 位大学教授，14 位大学校长，70 位律师，30 位法官，60 位医生，60 位作家，300 位牧师、神学家，3 位议员，还有 1 位副总统。（2）无信仰的马克·尤克斯家族，人口总数 903 人；其中有 310 个流氓，130 个坐牢 13 年以上，7 个杀人犯，100 个酒徒，60 个小偷，190 个妓女，20 名商人，其中有 10 名是在监狱学会经商的。

很多人都难以理解，历经百年，为什么在结果上有这么大的差别？有信仰的人却给出了简单的解释。他告诉人们：爱德华兹家族在信仰的背后，种下了两颗重要的种子。种下的第一颗是向善和爱的种子，所以他们家出了那么多医生、教授和大学校长；种下的第二颗是敬畏的种子，这种家庭出来的孩子永远都会记得，头顶三尺有神明。至于为什么马克·尤克斯家族有那么多的流氓、小偷和妓女，有信仰的人也给出了深刻的解释：因为马克·尤克斯这种家族的教育里面缺少敬畏，他们的内心独白是：老天爷算什么，我才是最大的，没有我不敢做的……

大多数人都相信，信仰和爱对一个人来说是非常重要的，特别是对人的身心健康，对一个家庭的和睦。但到底有多重要？很多人可能并不清楚。通过这两个历经200年的家族的对比，也许让我们感受了信仰和爱的巨大能量。

资料来源：有无宗教信仰两家族200年对比，结果让你大吃一惊（ZT）.（2014－03－29）. http：//www. xici. net/d200881255. htm.

（三）管理者的仁

中国古代各家学派都有对慈和爱的阐述。道家的《老子》中提出："我有三宝持而保之：一曰慈，二曰俭，三曰不敢为天下先。"这里的慈，即慈爱之意。墨家也提出要"兼相爱"，即不分亲疏、贵贱、贫富，一视同仁地爱所有人。儒家的"亲亲之爱"（分层次的爱）、"恻隐之心"、"忠恕之道"都是仁爱的具体体现。"仁者不忧"，因为心存仁爱、心胸豁达，就不会对利益得失斤斤计较、怨天尤人。

阅读材料

唐太宗以仁爱治国

贞观初年，唐太宗对大臣们说，将妇女幽禁在深宫中是浪费百姓的财力，因此他先后将3 000多名宫女遣送回家，任由其选择丈夫结婚。

贞观二年，关中一带干旱，发生了大饥荒。太宗又对大臣们说："水旱不调，都是国君的罪过。我德行不好，上天应该责罚我，百姓有什么罪过，要遭受如此的艰难窘迫？听说有人卖儿卖女，我很可怜他们。"于是派御史大夫杜淹前去巡查，还拿出皇家府库的钱财赎回那些被卖的儿女，送还他们的父母。

贞观十九年，唐太宗征伐高丽，驻扎在定州。太宗驾临城北门楼安抚慰劳将士。有一个士兵生病，不能觐见，太宗下诏派人到他床前，询问他的病痛，又敕令州县为他治疗。因此将士都愿意随从太宗出征。等大军回师，驻扎柳城时，太宗又诏令收集阵亡将士的骸骨，设置牛、羊、猪三牲为他们祭祀。太宗亲自驾临，为死者哭泣尽哀，军中将士无不洒泪哭泣。观看祭祀的士兵回到家里说起这件事，他们的父母说："我们的儿子战死，天子为他哭泣，死而无憾了。"

资料来源：流传千古的仁爱故事.（2014－09－23）. http：//www. docin. com/p-920637295. html.

（四）管理者的勇

苏轼认为大勇者，“卒[①]然临之而不惊，无故加之而不怒”，其意为：遇到突发的情形毫不惊慌，无缘无故地遭受侮辱也不动怒。

阅读材料

何谓“勇”？

有位老板招聘雇员，有3个人应聘。老板对第一个应聘者说，楼道有个玻璃窗，你用拳头把它击碎。应聘者执行了，幸喜那不是一块真玻璃，不然他的手就会严重受伤。老板又对第二个应聘者说，这里有一桶脏水，你把它泼到清洁工身上去。清洁工此刻正在楼道拐角处小屋里休息。你不要说话，推开门泼到她身上就是了。这位应聘者提着脏水出去，找到那间小屋，推开门，果然看见一位女清洁工坐在那里。他也不说话，把脏水泼在她头上后，回头就走，向老板交差。老板此时告诉他，坐在那里的不过是个蜡像。老板对第三个应聘者说，大厅里有个胖子，你去狠狠击他两拳。这位应聘者说，对不起，我没有理由去打他；即便有理由，我也不能用击打的方法。虽然我因此可能不会被您录用，但我不会执行您这样的命令。此时，老板宣布，第三位应聘者被聘用，理由是他是一个勇敢的人，也是一个理性的人。他有勇气不执行老板荒唐的命令，当然也更有勇气不执行其他人荒唐的命令了。

资料来源：关于勇敢的小故事．(2017-11-25)．https：//zhidao.baidu.com/question/559456258476120724.html.

（五）管理者的严

在管理中应该有三严。其一，法令严。以“法”而非“人”治，使组织有秩序。其二，律己严。作为管理者，如果在企业中无法做到严于律己、宽以待人，那么必然无法服众，无人遵从。其三，赏罚严。在管理中如果没有明确而严格的赏与罚，那么就会缺乏激励和制约，法令必然也难以贯彻执行。管理者“严”，对被管理者来说就意味着“疼”。管理者从严治理企业，虽然会使短期利益或者局部利益受损，但组织的长期利益和整体利益会更佳。

阅读材料

令行禁止

《左传》记载：孙武去见吴王阖闾（hé lǘ），与他谈论带兵打仗之事，说得头头是

---

① 卒，通假字，通“猝”。

道。吴王心想："纸上谈兵管什么用，让我来考考他。"便出了个难题，让孙武替他训练姬妃宫女。孙武挑选了一百个宫女，让吴王的两个宠姬担任队长。

孙武将列队操练的要领讲得清清楚楚，但正式喊口令时，这些女人笑作一堆，乱作一团，谁也不听他的。孙武再次讲解了要领，并要两个队长以身作则。但他一喊口令，宫女们还是满不在乎，两个当队长的宠姬更是笑弯了腰。孙武严厉地说道："这里是演武场，不是王宫；你们现在是军人，不是宫女；我的口令就是军令，不是玩笑。你们不按口令操练，两个队长带头不听指挥，这就是公然违反军法，理当斩首！"说完，便叫武士将两个宠姬杀了。

场上顿时肃静，宫女们吓得谁也不敢出声，当孙武再喊口令时，她们步调整齐，动作划一，真正成了训练有素的军人。孙武派人请吴王来检阅，吴王正为失去两个宠姬而惋惜，没有心思来看宫女操练，只是派人告诉孙武："先生的带兵之道我已领教，由你指挥的军队一定纪律严明，能打胜仗。"孙武没有说什么废话，而是从立信出发，换得了军纪森严、令出必行的效果。

资料来源：郭丹，程小青，李彬源．左传．北京：中华书局，2012.

第3节　管理理论的形成与发展

在人类历史上，自从有了有组织的活动，就有了管理活动。管理活动的出现促使一些人对这种活动加以研究和探索。经过长期的积累和总结，人们对管理活动有了初步的认识和见解，开始形成一些朴素、零散的管理思想。随着社会的发展、科学技术的进步，人们又对管理思想加以提炼和概括，找出其中带有规律性的东西，并将其作为假设，在管理活动中进行检验，继而对检验结果加以分析研究，从中找出属于管理活动普遍原理的东西。这些原理经过抽象和综合就形成了管理理论。

阅读材料

早期的管理

管理已经在实践中存在了很久。数千年来，负责计划、组织、领导、控制活动的人指导着其他人有条理地进行工作。我们来看一些最为有趣的例子。

埃及的金字塔和中国的万里长城证明了在古代就可以完成范围巨大、役使数万人的工程。建造一座金字塔需要超过10万人耗费大约20年时间。谁来告诉每个人要做什么？谁来确保现场有足够的石块可以让建造者一直忙碌？答案就是管理者。管理者必须计划要做什么，组织好人力和物力，确保那些建造者能够一切按计划完成工作。

另一个早期管理的例子出现在威尼斯。14世纪威尼斯是世界上的重要经济中心和贸易中心。威尼斯人发展了商业企业的早期形式，参与了与当今组织的活动类似的很多活动。例如，在威尼斯的兵工厂，武器沿着运河运送和生产，在每一站物资和装备被装上船，很像现代流水线生产方式。同时，威尼斯人使用仓库和存储系统来追踪物资，用人力资源管理方法来管理劳动力，用会计系统来记录收入和成本。

1776 年，亚当·斯密出版了《国富论》（The Wealth of Nations）一书，他认为组织和社会可以从劳动分工（division of labor）或工作专门化（job specialization）中获得经济优势，即将工作分解为细小和重复性的任务。以大头针行业为例，斯密认为，10 个人完成各自专门的工作，每天可以生产 4.8 万个大头针。然而，如果每个人单独完成所有 10 项任务，那么每天做好 10 个大头针就不错了。斯密总结说，劳动分工通过提升每个人的技能和灵巧度，节省改变任务浪费的时间，更加有利于创造节省劳动力的发明和机器来提高生产力。

从 18 世纪晚期开始，机器动力开始取代人工动力，即发生了历史上的工业革命（industrial revolution），在工厂中生产产品比在家庭内生产产品更加经济。这些大型、高效的工厂需要管理者来预测需求、确保储存足够的物资来生产产品、向人们分配任务、指导每天的活动等。这些管理者需要正式的理论来指导他们运营这些大型组织。然而，直到 20 世纪，人们才迈出了发展这些理论的第一步。

资料来源：斯蒂芬·罗宾斯，玛丽·库尔特．管理学：第 13 版．北京：中国人民大学出版社，2017.

美国学者里·斯柯特为了更清晰地阐明现代管理思潮演进所遵循的思路，提出了一个矩阵模型，如图 1－6 所示。

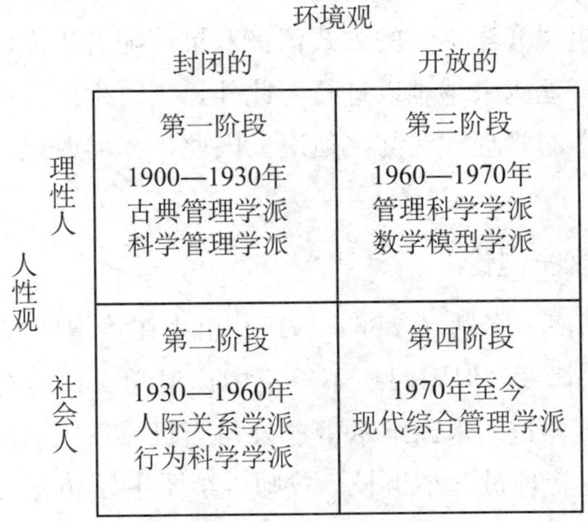

图 1－6 里·斯柯特矩阵

这个矩阵模型从两个维度考察了作为企业管理模式演进基础的不同管理观念。这两个维度是人性观、环境观。

人性观是指管理者对被管理员工的本性的认识。从根本上说，这可分为两类：理性人，即员工是只受金钱诱使的，是纯理性的；社会人，即员工并不只关心和追求物质待遇，还关心别人（包括上级和同事）对自己的尊重、信任、关切、友谊等人际因素的满足。

环境观是指对企业与环境间关系的认识。可分为两类：封闭性关系，即企业对其员工的管理纯属内部事务，与环境无关，在管理中无须注意环境条件的特点与变化；开放性关系，即企业与环境是密不可分的，两者间存在不断的相互作用，因而内部管理不能不考虑外部环境的制约。

从这两个维度来考察可以看出，现代管理思潮发展的早期两阶段尽管在如何看待员工的人性上大相径庭，但在认识企业与环境的关系上是一致的，都持封闭性观念。20 世纪 60 年代后则出现了环境观的进步与人性观的短暂退步。70 年代后则出现了人性观与环境观在新的高度上的一致。

一、古典管理学派

（一）科学管理理论

19 世纪末之前，工业上实行的是传统的管理办法，它的特点在于工厂的管理主要凭借工厂主个人的经验。不仅管理凭经验，生产方法、工艺制定以及人员培训也都凭个人经验。由于普遍实行经验管理，在当时美国的企业中，存在大量低效率甚至无效率的现象。工厂主不知道工人一天到底能干多少活，但总嫌工人干活少、拿工资多，于是就通过延长劳动时间、增加劳动强度来加重对工人的剥削；而工人也不确切知道自己一天到底能干多少活，但总认为自己干活多、拿工资少。工厂主如果加重对工人的剥削，工人就用“磨洋工”的方式消极对抗。随着工人阶级的成长和壮大，这种凭借经验的生产和管理越来越难以进行。此外，当时生产力的发展水平也急需一套系统的管理理论和科学的管理方法与之适应。因此，如何改进工厂和车间的管理成了迫切需要解决的问题。

1. 泰勒与科学管理理论

弗雷德里克·温斯洛·泰勒（1856—1915）出生在美国费城一个富裕的律师家庭，中学后考入哈佛大学法律系，但因眼疾不得不中途退学。1875 年，泰勒进入费城的一家机械厂当学徒，1878 年进入米德维尔钢铁公司当机械工人，由于工作努力，表现突出，先后被提升为车间管理员、小组长、技师、绘图主任和总工程师。1897 年离开米德维尔钢铁公司，1898—1901 年，泰勒在宾夕法尼亚的伯利恒钢铁公司工作。1901 年以后，他把大部分时间用于写作和演讲。1906 年，泰勒担任美国机械工程协会会长。泰勒的职业生涯中大部分时间是在米德维尔钢铁公司和伯利恒钢铁公司度过的。在这两家公司，泰勒奠定了科学管理的理论基础，并在 1911 年出版了《科学管理原理》（The Principles of Scientific Management）一书。这本书的问世标志着管理由经验上升为科学，标志着科学管理（scientific management，用科学的方法确定完成一项工作的最佳方式）理论的正式形成，为现代管理理论奠定了基础。

泰勒的科学管理理论的主要内容包括：

（1）工作定额。要制定出有科学依据的“合理的日工作量”，就必须进行时间和动作研究。其方法是选择合适且技术熟练的工人；研究这些人在工作中使用的基本操作或动作的精确序列，以及每个人所使用的工具；用秒表记录每个基本动作所需的时间，加上必要的休息时间和延误时间，找出做每一步工作的最快方法；消除所有错误动作、缓慢动作和无效动作；将最快最好的动作和最佳工具组合在一起，成为一个序列，从而确定工人“合理的日工作量”，即工作定额。

（2）标准化。包括操作方法标准化、工具标准化和作业环境标准化。只有使工人在标准设备、标准条件下工作，才能对其工作成绩进行公正合理的衡量。在搬运生铁的试验中，泰勒得出一个结论：适合做搬运工作的工人在正常情况下，原来一天只能搬12.5吨铁块（日工资1.15美元），现在至少可搬47～48吨铁块（57%的时间用于休息，日工资1.85美元）；在铲具试验中，他得出铁锹每次铲物在重21磅时劳动效率最高的结论；在长达26年的金属切削试验中，他得出影响切割速度的12个变数以及反映它们之间相关关系的数学公式等，为工作标准化、工具标准化和操作标准化提供了科学的依据。

（3）能力与工作相适应。科学地挑选工人并对工人进行培训教育，使之成为“一流的工人”，使工人的能力同所承担的工作相匹配，根据雇员能力为其找到最合适的工作。一流的工人是其所具有的能力适合做这种工作，且该工人也愿意去做这种工作的人。

（4）差别计件工资制。实行刺激性的计件工资报酬制度，按照工人是否完成其定额而采用差别计件工资制。这种计件工资制包括三点内容：首先，通过时间和动作研究制定有科学依据的工作定额。其次，实行差别计件工资制来鼓励工人完成或超额完成工作定额。所谓差别计件工资制，是指计件工资率随着完成定额的程度而上下浮动。工人完成或超额完成定额，则定额内的部分连同超额部分都按比正常单价高25%计酬；如果工人完不成定额，则按比正常单价低20%计酬。最后，工资支付的对象是工人而不是职位，即根据工人的实际工作表现而不是根据工作类别来支付工资。

（5）计划职能和执行职能相分离。泰勒认为应该用科学工作方法取代经验工作方法。经验工作方法是指每个工人采用什么操作方法、使用什么工具等，都根据个人经验来决定。科学工作方法是指每个工人采用什么操作方法、使用什么工具等，都根据试验和研究的结果来决定。为了采用科学工作方法，泰勒主张把计划职能同执行职能分开，由专门的计划部门承担计划职能，由所有的工人和部分工长承担执行职能。计划部门的具体工作包括：进行时间和动作研究；制定科学的工作定额和标准化的操作方法，选用标准化的工具；拟定计划，发布指令和命令；对照标准，对实际的执行情况进行控制等。

总体上，泰勒使产量提高了200%或更高，并获得了持续改善。鉴于他将科学原理用于工人工作的开创性研究，泰勒被称为“科学管理之父”。他的思想在美国和其他国家流传，并鼓舞了其他人研究和发展科学管理方法。其最著名的追随者是吉尔布雷斯夫妇。

2. 其他管理学家对科学管理理论的贡献

（1）吉尔布雷斯夫妇。作为一名建筑承包商，美国的弗兰克·吉尔布雷斯（Frank Gilbreth）聆听了泰勒在专家会议上的一次演讲后放弃了自己原来的事业。弗兰克和他的妻子心理学家莉莲（Lillian Gilbreth）探究了怎样减少那些无效率的手部和身体动作。

弗兰克最著名的可能是他的砌砖实验。通过仔细分析砌砖工人的工作，他把砌外墙砖的动作数量由18个减少到5个，砌内墙砖的动作数量由18个减少到2个。运用他的方法，砌砖工人更加高产，工作结束时的疲劳程度也减轻了。

吉尔布雷斯夫妇发明了一种精密的计时装置，可记录工人的动作以及在每个动作上花费的时间。肉眼看不到的无效率动作可以被观测到，并予以剔除。吉尔布雷斯夫妇还设计了一种分类方法，能够更为精确地分析工人的手部动作，归纳出17种基本的手部动作（如伸、抓、握）。

（2）亨利·甘特。美国管理学家、机械工程师亨利·甘特是泰勒的同事和重要合作者。甘特的重要贡献是他在1917年首创每日平衡图（甘特图），这是一种用线条表示的计划图，现在常用来编制进度计划。甘特的另一贡献是提出了“劳动报酬奖励制”的理论，即除了按日支付有保证的工资，超额部分给予奖励；完不成定额的，仍可以得到原定日工资，这种制度弥补了差别计件工资制的不足。

阅读材料

联合包裹服务公司

联合包裹服务公司（UPS）雇用了15万名员工，平均每天将900万个包裹发送到美国各地和180个国家或地区。为了实现公司的宗旨“在邮运业中办理最快捷的运送”，UPS的管理当局系统地培训员工，使他们以尽可能高的效率从事工作。UPS的工业工程师对每一位司机的行驶路线都进行时间研究，并对运货、暂停和取货活动设立了标准。这些工程师记录了等红灯、通行、按门铃、穿过院子、上楼梯、中间休息喝咖啡，甚至上厕所的时间，将这些数据输入计算机，从而给出每位司机每天工作的详细时间标准。

为了完成每天取送130件包裹的目标，司机们必须严格遵循工程师设计的程序。接近发送站时，他们松开安全带，按喇叭，关发动机，拉起紧急制动，把变速器推到空挡上，为送货完毕的启动离开做好准备，这一系列动作严丝合缝。然后，司机从驾驶室下来，右臂夹着文件夹，左手拿着包裹，右手拿着车钥匙。他们看一眼包裹上的地址把它记在脑子里，然后以每秒1米的速度快步走到顾客的门前，先敲一下门以免浪费时间找门铃。送货完毕后，他们在回到卡车上的路途中完成登记工作。

资料来源：管理学案例2：联合邮包.（2011-05-07）. http：//www.docin.com/p-197560634.html.

（二）一般管理理论

在以泰勒为代表的美国人倡导科学管理的时候，欧洲也出现了一些同样考察管理问题的研究者，其中影响最大的是法国的亨利·法约尔（1841—1925）。泰勒关注一线管理者和科学方法，而法约尔的注意力指向了所有管理者的活动，他形成和发展了古典管理理论的一个重要分支——一般管理理论（general administrative theory），强调整个组织的管理是关于管理者做什么，以及什么构成了良好的管理实践的更一般的理论。亨利·法约尔被后人尊称为“管理过程之父”。

亨利·法约尔是在法国里昂的圣艾蒂安国家矿业学院接受的教育。1860年毕业后，他进入法国的科芒特里-富香博采矿冶金公司，成为一名矿业工程师。1888年，法约尔被任命为公司总经理，当时公司处于破产的边缘，他将公司从破产的边缘拯救回来，并在1888—1918年一直担任该公司的总经理，这家矿业集团公司今天依然在经营。根据自己的管理经验，法约尔完成了其代表作《工业管理与一般管理》，1916年发表在法国矿业协会的年报上，这标志着一般管理理论的形成。一般管理理论主要包括以下内容。

1. 经营和管理的概念

法约尔认为任何组织都存在六种活动，包括：技术活动，指生产、加工制造；商业活动，指采购、销售、交换；财务活动，指资金的筹措、运用和控制；会计活动，指盘点、会计、成本和统计；安全活动，指设备的维护和人员的保护；管理活动，指计划、组织、指挥、协调和控制。法约尔认为，经营是努力确保以上六种活动的顺利运转，指导和引导一个组织趋向某一既定目标的活动；而管理只是六种活动中的一种。

2. 管理的职能

法约尔是第一个提出管理职能学说的人，他认为管理的职能包括计划、组织、指挥、协调、控制。计划职能是指预测未来和安排工作计划的活动。组织职能是指建立企业的物质和人事组织机构，把人力、物力和财力资源组织起来，为达到预定目标提供所需一切条件的活动。指挥职能是指对下属人员给予指导的活动。协调职能是指让企业的人员团结一致，使组织的各项工作统一起来，保持协调，以取得成功而进行的一切活动。控制职能是指为了确保实际工作与制定的计划相符合而进行的一切活动。

3. 管理的14条基本原则

法约尔提出了14条管理原则（principles of management）——可以应用于所有组织并可以在学校中讲授给学生的管理的基本原则，包括：

（1）分工。法约尔认为，分工并不仅限于技术工作，也适用于管理工作。通过分工可以减少浪费，增加产出，便于进行工作培训。

（2）权力与责任。权力是指“指挥他人的权以及促使他人服从的力”。在行使权力的同时，必须承担相应的责任，不能出现有权无责或有责无权的情况。此外，法约尔对正式权力和个人权力进行了区分，前者来自个人的职位高低，后者由个人的品德、智慧和能力等个人特性形成。

（3）纪律。纪律是企业管理者同下属之间在服从、行为、尊敬等方面所达成的一种协议。组织内所有成员都要根据各方达成的协议对自己在组织内的行为进行控制。

（4）统一指挥。组织内的每一个人只能服从一个上级并接受他的命令。

（5）统一领导。凡目标相同的活动，只能有一个领导、一个计划。

（6）个人利益服从整体利益。个人或小群体的利益不能超越组织的利益。

（7）报酬合理。报酬制度应当公平，对工作成绩和工作效率优良者给予奖励，但奖励应有一个限度。法约尔认为，任何优良的报酬制度都无法取代优良的管理。

（8）集权与分权。集权是指决策权更多地集中在公司的高层管理者，分权是指决策权更多地下放到中基层管理人员。要根据企业的性质、人员的素质、企业自身的条件、企业所面临的环境等因素恰当决定并适时改变集权和分权的程度。

（9）等级链与跳板。等级链是指"从最高层的管理者直到最低等级的基层管理者的等级系列"，它表明了权力等级的顺序以及信息传递的路径。严格遵循等级链有利于保证命令统一，但也可能因此带来信息的延误。鉴于此，法约尔设计了"跳板"，即允许同级之间直接进行横向沟通，但在沟通前要征求各自上级的意见，并且事后要立即向各自的上级汇报，从而维持了统一指挥的原则。

（10）秩序。秩序是指"有地方放置每件东西，且每件东西都放在该放置的地方；有岗位安排每个人，且每个人都安排在应安排的岗位上"。

（11）公平。在待人上，管理者必须做到"善意与公道相结合"。

（12）人员稳定。培养一个胜任工作的员工需要花费时间和金钱，所以人员特别是管理人员的经常变动对组织来说非常不利。管理者应设法保持员工队伍的稳定。

（13）首创精神。首创精神是创立和推行一项计划的动力。管理者不仅本人要有首创精神，还要鼓励全体成员发挥他们的首创精神。

（14）集体精神。在组织内部要形成团结、和谐与协作的气氛。

（三）行政组织理论

1. 韦伯的官僚行政组织理论

马克斯·韦伯（1864—1920）是德国的社会学家、经济学家和德国古典管理理论的代表人物。韦伯描述了一种理想的组织类型——官僚行政组织（bureaucracy），他是对组织结构进行正式分析的先驱，被称为"组织理论之父"，其代表作是1924年出版的《社会和经济组织理论》。

韦伯认为，等级、权威和行政制是一切社会组织的基础。他提出了三种类型的权威：（1）个人崇拜式权威，其基础是"对个人的明确而特殊的尊严、英雄主义或典范的品格的信仰……"；（2）传统式权威，其基础是先例和惯例；（3）理性-法定的权威，它以遵守法律为基础，是"那些被晋升到权力地位者……发布命令的权力"。韦伯认为，在三种权威中只有理性-法定的权威才是理想的组织形式的基础。

韦伯的官僚行政组织包括以下要素：进行劳动分工，明确规定每位成员的权力和责任，将这些权力和责任作为正式任务合法化；将各种职务或职位组织成权力层级，从而形成一种权力链或等级原则；根据通过正式考试、培训或教育获得的技术资格来选拔所有的组织成员；官员是任命的，而不是选举产生的（在某些情况下，整个组织的负责人例外，例如，选举产生的公共关系负责人）；行政管理人员领取固定薪酬，他们是专业的管理人员；行政管理人员不是他们所管理组织的所有者；行政管理人员要严格遵守与其官方任务相关的规则、纪律和制约，这些规则和制约是客观的和去个性化的，毫无例外地适用于所有情况。

韦伯的官僚行政组织试图阐明组织的理想原型。虽然韦伯的官僚行政组织的很多特点在大型组织中仍然存在，但是现在，他的模型远不如在20世纪那样流行。很多管理者认为，官僚行政组织的结构阻碍了员工发挥个人的创造性，限制了组织对越来越动态变化的环境的快速响应能力。然而，即使在拥有创造性专业人员的灵活组织（如谷歌、三星、通用电气或思科）中，官僚机制对确保高效使用资源仍然必要。

2. 巴纳德对组织理论的贡献

切斯特·巴纳德（1886—1961）长期在美国电话电报公司工作，1927年成为新泽西贝尔公司的总裁。他最著名的著作《经理人员的职能》包含非常丰富的管理思想。

巴纳德将组织定义为"两个或两个以上的人员自觉协调行为力量的系统"。在组织中经理人员的职能可以概括为三个方面：首先是建立沟通的系统；其次是促进保证关键活动的安全；最后是构建和定义目标。

巴纳德提出了非正式组织的概念，认为非正式组织存在于所有正式组织中，包括小圈子和自然出现的社会群体。组织不是机器，非正式的关系是一股强大的力量，如果管理得当，对组织是有帮助的。

二、行为科学理论

行为科学理论始于20世纪二三十年代，它运用人类学、社会学和心理学等学科的理论和方法来研究人和群体的行为以及产生这些行为的原因，以协调组织内部的人际关系，达到提高工作效率的目的。行为科学理论早期叫作人际关系学说，之后发展成为行为科学，也称组织行为学（organization behavior，OB），主要研究工作中人的行为。当今对管理者在管理人时做了什么的研究大多来自组织行为学，如激励、领导、建立信任、团队工作、管理冲突等。

虽然20世纪早期很多人认识到了人对于组织成功的重要性，但仅有思维杰出的学者被确认为组织行为学方法的早期倡导者：罗伯特·欧文（Robert Owen）、雨果·芒斯特伯格（Hugo Munsterberg）、玛丽·帕克·福莱特（Mary Parker Follett）以及切斯特·巴纳德。他们做出了各自独特的贡献，但都相信人是组织最重要的资产，应该进行管理。他们的想法为诸如员工选聘程序、激励计划和工作团队等管理实践提供了基石。表 1－2 总结了他们每个人最重要的思想。

表 1－2 组织行为学方法的早期倡导者

倡导者	出现的时间	主要思想
罗伯特·欧文	18 世纪晚期	（1）担忧糟糕的工作条件。 （2）提出了理想的工作场所。 （3）认为花在改善劳动力上的金钱是聪明的投资。
雨果·芒斯特伯格	20 世纪早期	（1）工业心理学的先驱——对工作中的人进行科学研究。 （2）建议在员工选聘时使用心理学测验，在员工培训方面学习理论概念，开展对员工动机的人类行为研究。
玛丽·帕克·福莱特	20 世纪早期	（1）首先明确可以从个人和群体行为视角观察组织的学者之一。 （2）比科学管理的追随者提出了更多人本导向的想法。 （3）认为组织应该基于群体道德。
切斯特·巴纳德	20 世纪 30 年代	（1）是实际的管理者，认为组织是需要合作的社会体系。 （2）相信管理者的工作是沟通和激励员工积极努力。 （3）首位认为组织是开放系统的学者。

（一）人际关系学说

1. 霍桑试验

毫无疑问，对组织行为学领域的最大贡献来自霍桑试验（Hawthorne Studies）。霍桑试验是 1924—1932 年在美国西方电气公司设在伊利诺伊州辛辛那提的霍桑工厂进行的试验，试验的目的是测定各种有关因素对劳动生产率的影响程度。霍桑试验在管理学的发展中不仅具有重要的理论意义，而且具有重要的方法论意义。埃尔顿·梅奥（1880—1949）是美籍澳大利亚人，霍桑试验的重要领导人物。他在 1922 年移居美国从事教学与科学研究工作，从霍桑试验中提出了人际关系学说，其代表作是《工业文明中人的问题》和《工业文明中的社会问题》。霍桑试验分为四个阶段。

（1）第一阶段：工作场所照明试验（1924—1927 年）。从理论上说，提高照明强度可以提升员工的士气，从而可以提高劳动生产率。初期的照明试验就是按照科学管理理论，研究照明对生产率的影响。研究人员挑选了两组具有相同经验和绩效水平的工人，将其中一组设定为实验组，变换光照的强度，另一组设定为控制组，照明条件不变。两个小组被安置在不同的工作场所中，与工厂里的其他工人隔开。试验的结果是：无论照明条件如何变化，两组工人的产量都提高了。接下来的重复试验发现，即使在月光一样微弱的照明强度下，工人也能够保持工作效率。

通过这一阶段的试验，研究人员发现照明强度只是影响生产效率的一个微不足道的因素，而另有未被掌握的因素在起作用，有必要继续进行研究。

（2）第二阶段：继电器装配室试验（1927—1928 年）。试验的目的是研究各种工作条件的变化对工作效率的影响。为了准确地测定工作条件的变化与产量的关系，一个由自愿参加的装配工组成的试验小组搬进了一间隔离的专门实验室，选择增加工间休息、供应午餐和茶点、缩短工作时间、实行集体计件工资制、改变工作作风与工作方式等可能提高生产率的因素进行试验，试验结果表明产量不断上升。在这些措施实施一年半以后，又恢复到原来的工作条件，结果产量仍然维持在高水平上。

研究小组经过研究分析发现：工作条件不是影响员工生产效率的重要原因，重要的是员工的工作态度和情绪。工人的态度在实验室发生了明显的变化，有了高度的集体精神，而工作态度的变化是因为实验室里有较自由的气氛，实验室的管理人员对工人较少采用直接命令的方式，表现出更多的人情味和兴趣。

（3）第三阶段：大规模访谈研究（1928—1931 年）。访谈研究的目的是调查员工的士气，了解员工对工作、工作环境、监工、公司和令他们烦恼的任何问题的内心感受。2 年内他们访谈了 21 000 人次，在访谈中发现按照事先设计好的问答式访谈并不能获得他们所需要的资料，相反工人愿意自由地谈一些他们认为重要的事情，工人们通过交谈可以发泄闷气，许多人认为这是公司所做的最好的事情。工人们看到他们的许多建议被采纳后提高了工作热情，认为他们参与了公司的经营与管理，而不是只做一些没有挑战性和不被承认的工作。

通过访谈研究发现，影响生产率最重要的是工作中发展起来的人际关系，而不是待遇和工作环境，而且任何一位员工的工作绩效都受其他人的影响。

（4）第四阶段：接线板接线工作室试验（1931—1932 年）。试验的目的在于揭示一些能激励工人动机的重要的社会因素。试验是在工厂的继电器绕线机组工作室中进行的，对工作室成员的行为进行了深入的研究。在这个工作室中以集体计件工资制为刺激，企图形成“快手”和“慢手”的压力以提高效率。

研究人员发现，大部分成员都自行限制产量。公司确定的工作定额为每人每天 7 312个接点，但研究小组发现，工人们无形中形成了默契的行为规范——仅完成 6 000～6 600 个接点。调查发现，工人有意压低产量的原因有：一是怕公司提高工作定额；二是怕造成一部分人失业；三是保护那些速度慢的同事，以免他们受到管理层的斥责。研究人员还发现工人对不同级别的上级持不同的态度。他们把小组长看成是自己人，对小组长以上的上级，级别越高，工人越尊敬，同时顾忌心理就越强。成员中存在小派系。每个派系都有自己的行为规范。谁要加入这个派系，就必须遵守这些规范。

2. 人际关系学说的主要内容

梅奥对霍桑试验进行了总结，完成了《工业文明中人的问题》一书。在书中，梅奥阐述了与古典管理理论不同的观点——人际关系学说，主要包括以下内容。

（1）工人是社会人，而不是经济人。科学管理学派认为金钱是刺激人们工作积极性的唯一动力，把人看作经济人。梅奥认为，工人是社会人，除了物质需求，还有社会、心理等方面的需求，因此不能忽视社会和心理因素对工人工作积极性的影响。

（2）企业中存在非正式组织。这种非正式组织是企业成员在共同工作的过程中，由于具有共同的社会情感而形成的非正式团体。非正式组织同正式组织相互依存，以其独特的情感、规范和倾向对生产率的提高有很大的影响。

（3）生产率主要取决于工人的工作态度以及他和周围人的关系。梅奥认为提高生产率的主要途径是提高工人的满意度，即个人对社会因素特别是人际关系的满意程度。如果满意度高，工作的积极性、主动性和协作精神就高，生产率也就高。

（二）行为科学的形成

20 世纪 20 年代以后，随着美国经济危机的加剧和工人觉悟与需求层次的提高，过去泰勒等人提出的以“经济人”假设为依据的古典管理理论和由此制定的以“物质奖励与惩罚”为基础的管理制度，表现出很大的局限性，以新的“社会人”假设为依据的行为科学理论应运而生。1949 年在美国芝加哥召开的一次跨学科的会议首先提出了行为科学这一名称，1953 年美国福特基金会召开的各大学科学者参加的会议正式将其定名为行为科学。

行为科学主要在以下四个领域获得了继续发展：关于人的需要和动机、激励的理论研究；关于管理中的“人性”的理论研究；关于领导的理论研究；关于企业群体行为的理论研究。

行为科学的基本思想是“以人为中心的管理”。由原来以“事”为中心发展到以“人”为中心；由原来对“纪律”的研究发展到对人的“行为”的研究；由原来的“监督”管理发展到“动机激发”管理；由原来的“独裁式”管理发展到“参与式”管理。在研究方法上综合运用社会学、心理学、生理学、经济学、人类学等多学科知识，使管理理论研究进入了一个新阶段，在理论上和实践上取得了一系列成就，诸如激励理论和方法、有效的领导方式、目标管理、参与管理、工作内容丰富化等。

三、管理科学理论

定量方法（quantitative approach）从用于解决第二次世界大战中军事问题的数学和统计学决策发展而来。第二次世界大战期间，运筹学的方法在组织和管理大规模的军事活动，特别是军事后勤活动中，取得了巨大成功。第二次世界大战结束后，很多用于军事问题的策略被应用在商业领域。例如，一位被称为“神童”（Whiz Kids）的军官在 20 世纪 40 年代中期加入福特公司，并着手使用统计模型和量化模型来改进决策。

运筹学家认为，管理基本上是一种数学程序、概念、符号以及模型等的演算和推导。这样就出现了管理科学学派。该学派认为，如果管理工作、制定决策是一个合乎逻辑的过程，那么就可以利用数学符号或关系式来描述；在研究和解决管理问题（包括决策）时，要着重强调合理性、定量分析和准确衡量。它涉及运用统计学、最优模型、信息模型、计算机模拟及其他量化方法进行管理活动。例如，管理者可以利用线性规划来改进资源配置的决策。通过使用关键路径排程分析法，工作时间表可以变得更加有效。

经济订货批量模型可以帮助管理者确定最佳的存货水平。

四、现代综合管理学派

随着科学技术的不断进步、社会政治经济环境的复杂多变，管理所面临的问题也日益复杂。20 世纪 80 年代以来出现了新的管理思潮和管理理论，概括如下。

（一） 系统方法和权变方法

正如我们所见，管理学理论早期方法的很多元素仍在影响管理者的管理方式。其中大部分聚焦管理者在组织内部的考虑事项。从 20 世纪 60 年代开始，管理学研究者开始考察在组织边界之外的外部环境中发生了什么事情。两个当代管理学视角——系统和权变——就是这种研究方法的代表。

1. 系统方法

系统理论是物理科学中的基础理论，但是一直未被应用于组织的人力领域。1938 年，担任一家电话公司高管的切斯特·巴纳德首先在他的著作《经理人员的职能》中写道："组织像一个合作系统一样运作。"然而，直到 20 世纪 60 年代，管理学研究者才开始更细致地研究系统理论及其与组织的联系。

系统（system）是一套相互联系、相互依赖的部分以特定方式组合起来的一个整体。封闭系统和开放系统是两种基本的系统类型。封闭系统（closed system）不受环境的影响，也不与环境互动。相反，开放系统（open system）受到环境的影响，并与环境产生互动。今天，当我们将组织描述为系统时是指开放系统。组织从环境中获得投入，将这些投入资源转化或加工为产出，再将其分配到环境中。组织对环境开放并与之互动。如果一个组织忽视政府管制、供应商关系以及其他变化的外部因素，不可能长久地存续下去。

系统方法认为，管理者在组织的各个部分协调工作活动，他们确保所有这些部分都在协作，以实现组织的目标。例如，不论生产部门效率如何，营销部门都必须预期到顾客偏好的变化，与产品开发部门合作，创造顾客喜欢的产品，否则组织的整体绩效将下滑。另外，系统方法认为一个组织领域的决策和行动会影响另一领域。例如，如果采购部门没有获得正确的原材料数量和质量信息，生产部门就无法完成自己的工作。

2. 权变方法

早期的管理学家认为他们提出的管理原则是通用的。后来的研究却发现了很多例外。例如，劳动分工理论很有价值，而且运用广泛，但是工作可能会被过分专门化。官僚行政组织在很多情况下是可取的，但是在某些情况下，其他结构设计可能更有效。管理并不是基于简单原则去适应所有情况。不同的和不断变化的环境要求管理者运用不同的策略。

权变方法（contingency approach），有时也叫情境方法（situational approach），认

为组织是不同的，面对不同的情况需要采用不同的管理方法。一种很好的对权变方法的描述是“如果……那么……”如果这是我面对的情况，那么这是我处理这种情况的最好方法。这一理论的核心是力图研究组织与环境的联系，并确定各种变量的关系类型和结构类型。它强调管理要根据组织所处的环境随机应变，针对不同的环境寻求相应的管理模式。比如，在经济衰退期，由于企业面临的市场环境是供大于求，集权的组织结构可能更为适合；而在经济繁荣期，由于企业面临的市场环境是供不应求，分权的组织结构可能更为适合。

（二）全面质量管理

20世纪八九十年代，一场质量革命席卷了商业和公共领域。它由几位质量管理专家发起，其中最著名的是爱德华兹·戴明（W. Edwards Deming）和约瑟夫·朱兰（Joseph M. Juran）。20世纪50年代，他们倡导的理念在美国几乎没有支持者，却受到了日本企业的广泛欢迎。20世纪80年代，在电子、家电、汽车等产业，日本企业在产品质量方面击败了美国竞争者，这引起了美国等西方理论界和实务界对全面质量管理的高度重视。他们的理念成为今天质量管理的基础。

全面质量管理（total quality management，TQM）本质是由顾客需求和期望驱动企业持续不断改善的管理理念，要点包括：（1）密切关注顾客。顾客包括购买组织的产品和服务的外部顾客，以及在组织中接触并服务其他人的内部顾客。（2）注重持续改善。“很好”不是终点，质量永远能够被提升和改善。（3）关注流程。把工作流程视为产品或服务质量持续改善的着眼点，而不仅仅是产品和服务本身。（4）提高组织所做的一切的质量，包括设计最终产品、如何处理送货、组织对投诉的反应速度、员工接听电话是否礼貌以及其他类似的事务。（5）精确测量。运用统计方法对组织工作流程的每一关键工序或工作进行测量，把测量的结果与标准或标杆进行比较，识别问题，深究根源，消除问题。（6）向员工授权。全面质量管理事关组织中的所有员工，质量管理小组、工作团队将全面质量管理广泛运用于工作之中。

（三）业务流程再造

詹姆斯·钱皮和迈克尔·哈默的著作《企业再造》于20世纪90年代问世并畅销全球。钱皮和哈默将业务流程再造定义为“从根本上对企业经营流程进行重新思考和彻底的重新设计，以求在成本、质量、服务和速度等重要的经营绩效的衡量指标上获得显著的改善”。业务流程再造理论的基本思想是组织必须明确自己的关键生产过程，并使之尽量简单有效。

（四）精益思想

精益思想源于以日本丰田生产方式为原型的精益生产方式。精益生产即企业把客户、销售代理商、供应商、协作单位纳入生产体系，同他们建立利益共享的合作伙伴关系，进而组成一个企业的供应链。沃麦克、琼斯和鲁斯（Womack，Jones & Roos，1996）在《精益思想》中指出，所谓精益思想，就是根据用户需求定义企业生产价值，让用户的需求拉动产品生产，而不是把产品硬推给用户，暴露出并根除价值流中隐藏的消耗资源而不创造价值的一切活动，不断完善，达到尽善尽美。

（五）学习型组织

知识的力量成为通往竞争优势的新途径。德鲁克在1992年出版的《未来管理》一书中提到“从现在起，最关键的是知识。世界正变得不是劳动密集、不是物质资料密集、不是能源密集，而是知识密集”。人们越来越认识到，如果企业想生存下来并繁荣昌盛，就必须成为“学习型组织”。彼得·圣吉的著作《第五项修炼》使得学习型组织的概念广为人知。学习型组织是这样一个群体，其中的每个人都在不断提高自己创造未来的能力。圣吉指出，学习型组织有五个组成部分：系统思考；自我超越；心智模式；共同愿景；团队学习。

选择题（只有一个选项是正确的）

1. 管理者是（　　）。

A. 不需要报酬的员工

B. 协调和监管其他人的工作，以使组织目标能够实现的人

C. 经理

D. 销售人员

2. 区分管理岗位和非管理岗位的一个标志是（　　）。

A. 该岗位员工薪酬的多少　　B. 是否协调他人的工作

C. 是否启动新项目　　D. 是否拥有技术技能

3. 王娟注重减少浪费，她更像是一名（　　）管理者。

A. 有效率的　　B. 有效果的

C. 目标导向的　　D. 拥有技术能力的

4. 效果通常被描述为（　　）。

A. 工作活动有助于组织实现目标

B. 赋予尽可能多的责任

C. 由自己管理过程

D. 用资金状况来评估一个项目的结果

5.（　　）与完成任务的方式有关，而（　　）与结果或者组织目标的实现有关。

A. 效果；经济　　B. 效果；效率

C. 效率；效果　　D. 经济；效率

6. 技术技能对于一名（　　）来说是最为重要的。

A. 中层管理者　　B. 总经理

C. 基层管理者　　D. 高层管理者

7. 对于管理者来说，想要扮演好人际关系角色，（　　）是至关重要的。

A. 人际技能　　B. 决策技能

C. 概念技能　　D. 技术技能

8. 对于高层管理来说，（　　）是最重要的。

A. 技术技能　　B. 人际技能

C. 财务技能　　D. 概念技能

9. 王杰是一名生产工厂经理，他向总经理李丹汇报工作。王杰是（　　）。

A. 高层管理者　　B. 中层管理者

C. 主管　　D. 基层管理者

10. 关于管理的应用范围，人们的认识不同，你认为下列说法中最好的是（　　）。

A. 只适用于营利性工业企业　　B. 普遍适用于各类组织

C. 只适用于非营利组织　　D. 只适用于营利性组织

11. 下列选项中反映了管理者决策制定角色的是（　　）。

A. 启动新项目，并对其进行监督　　B. 对信息共享进行监管

C. 雇用新员工，并对其进行培训　　D. 充当工作团队之间的联络人

12. 收集、接收并传播信息反映了管理者的（　　）角色。

A. 决策制定　　B. 组织领导

C. 人际关系　　D. 信息传递

13. 根据明茨伯格的管理角色理论，管理者的人际关系角色包括（　　）。

A. 领导者　　B. 监听者

C. 发言人　　D. 资源分配者

14. （　　）提出了14条管理原则，并且认为这些原则普遍适用于所有的管理系统。

A. 玛丽·福莱特　　B. 韦伯

C. 亚当·斯密　　D. 法约尔

15. 田猛是某大型企业集团的总裁助理，年富力强，在助理岗位上工作得十分出色。他最近被任命为集团销售总公司总经理，从而由一个参谋人员变成了独立部门的负责人。下面是田猛最近参与的几项活动，你认为其中几乎与他的领导职能无关的是（　　）。

A. 向下属传达他对销售工作目标的认识

B. 与某用户谈判以期达成一项长期销售协议

C. 召集各地分公司经理讨论和协调销售计划的落实情况

D. 召集公司有关部门的职能人员开联谊会，鼓励他们克服困难

16. 第二次世界大战期间，数学和统计方法大量应用于解决军队问题，这促进了（ ）的发展。

A. 定量方法　　B. 学习型组织

C. 电子企业　　D. 官僚行政组织

17. 霍桑试验分析了（ ）。

A. 工人的安全需求　　B. 被替代的家庭生产者的心理需求

C. 不同照明水平对工人生产率的影响　　D. 公司高层管理人员的自尊需求

18. 霍桑试验对下列管理理念中产生了巨大影响的是（ ）。

A. 高层管理承诺的重要性

B. 组织中个人行为的作用

C. 科学管理原则的重要性

D. 组织可以通过许多方式来应用官僚管理原则

19. 今天，我们把组织描述为一个（ ）系统。

A. 开放　　B. 封闭

C. 全面质量管理　　D. 全球

20. 权变方法又称（ ）。

A. 情境方法　　B. 动态方法

C. 概念学习方法　　D. 评估性愿景研究

21. 戴明和朱兰对（ ）的发展做出了贡献。

A. 贫乏型管理　　B. 目标管理

C. 全面质量管理　　D. 重组管理

22. （ ）是一种管理理念，包括持续的改进以及对顾客需求和期望的响应。

A. 权变方法　　B. 系统方法

C. 知识管理　　D. 全面质量管理

23. 某位技术专家原来从事专业工作，业务专精，绩效显著，近来被提拔到所在科室负责人的岗位。随着工作性质的转变，他今后应当（ ）。

A. 放弃技术工作，全力以赴，抓好管理和领导工作

B. 重点仍以技术工作为主，以自身的榜样带动下级

C. 以抓管理工作为主，同时参与部分技术工作，以增强与下级的沟通和理解

D. 在抓好技术工作的同时，做好管理工作

24. 某公司新近从基层选拔一批管理人员担任中层管理职务。上岗之前，公司委托你对他们进行培训，你认为，这种培训的重点应当放在（ ）。

A. 总结他们在基层工作的经验教训

B. 熟悉公司有关中层管理人员的奖惩制度

C. 促进他们重新认识管理职能的重点所在

D. 帮助他们完成管理角色的转变

25. 某高技术企业的总裁，其个人并未接受过相关高技术教育及从事过相关领域的经营，而只有接受过MBA教育并在其他非高技术企业成功经营的履历，但他上任后，在短短不到3年时间里就迅速扭转了公司多年亏损的局面，完成了当初董事会提出的盈利目标。这一事例说明（　　）。

A. 企业高层管理者不需要专业知识和技能，有管理经验就行了

B. 成功的管理经验具有通用性，可以不分行业地成功移植

C. 企业核心领导者的管理水平会对企业的发展产生不可估量的作用

D. 这只是一种偶然发生的现象，可能是该总裁正好遇到市场机会

26. 作为（　　），管理者把重要的信息传递给工作小组成员；作为（　　），管理者把信息传递给单位或者组织以外的个人。

A. 监督者；传播者　　　　B. 传播者；发言人

C. 发言人；传播者　　　　D. 传播者；监督者

27. 管理活动既具有科学性又具有艺术性。随着时间的推移、管理研究的不断深化、管理理论的不断繁荣，以及环境变化速度的日趋加快，管理活动最有可能发生的变化是（　　）。

A. 随着科学性的不断增强，其艺术性将呈下降趋势

B. 其科学性和艺术性都将会不断增强

C. 随着艺术性的不断增强，其科学性将呈下降趋势

D. 科学性不断增强，而其艺术性绝不会降低

28. 某公司总经理认为，业务能力是衡量一个中层经理人员是否胜任的最重要标准。一个优秀的中层经理人员必须在本部门的业务方面拿得起、放得下。只有在业务方面出色，才能赢得下属的尊重，才能带好队伍。你认为以下判断中最适当的是（　　）。

A. 该总经理深谙中国文化背景之下的企业用人之道，企业一定会得到快速发展

B. 组织中的活动分为管理性活动和作业性活动两类，管理者是从事管理工作的人，业务能力并不重要

C. 该总经理以业务能力作为评价中层经理人员的标准，会导致中层经理人员自己完成易于见到成效的工作，以证明自己业务能力突出

D. 该总经理的评价标准会引导中层经理人员不断提升自己的业务能力，增强企业的核心竞争力

29. 小王是某公司的革新能手，曾多次攻克生产的难关，同事们也都很喜欢与他交往。然而当公司去年将小王提升为质量部部门经理后，尽管小王工作得更加卖力，质量部的工作却每况愈下。你认为作为一名管理人员，小王缺乏的是（　　）。

A. 组织技能　　　　B. 技术技能

C. 人际技能　　　　D. 概念技能

30. 关于公司总经理与中层管理人员之间的区别，存在以下几种不同的说法。你认

为其中最为贴切的是（　　）。

A. 总经理比中层管理人员更需要环境洞察力

B. 总经理比中层管理人员更需要拥有发言权

C. 总经理比中层管理人员更需要掌握反映公司经营问题的信息

D. 总经理的行为比中层管理人员较少受约束

31. 对于管理人员来说，一般需要具备多种技能，如概念技能、人际技能、技术技能等。越是处于高层的管理人员，对于概念技能、人际技能、技术技能的需要，就越是按以下顺序排列：（　　）

A. 首先是概念技能，其次是技术技能，最后是人际技能

B. 首先是技术技能，其次是概念技能，最后是人际技能

C. 首先是概念技能，其次是人际技能，最后是技术技能

D. 首先是人际技能，其次是技术技能，最后是概念技能

32. 在做出是否收购其他企业的决策时，管理者必须从多个角度出发全面分析拟购企业的目前状况及可能的发展余地等。这时，管理人员需要的技能主要是（　　）。

A. 诊断技能　　B. 人际技能

C. 概念技能　　D. 技术技能

33. 五洲旅行公司刘总经理在总体市场不景气的情况下，以独特的眼光发现了惊险性旅游项目与40～45岁男性消费者之间的相关性，在此基础上设计了具有针对性的旅游路线与项目，并进行了前期宣传。因为涉及与交通管理、保险、环保等部门的协调，新项目得到正式批准的时间比预期的晚了整整一年，由此丧失了大量的市场机会。你认为下列说法中最能概括刘总经理的管理技能状况的是（　　）。

A. 技术技能、人际技能、概念技能都弱

B. 技术技能、人际技能、概念技能都强

C. 技术技能和人际技能强，但概念技能弱

D. 技术技能和概念技能强，但人际技能弱

34. 为了保证目标以及为此而制定的计划得以实现，需要有（　　）职能。

A. 计划　　B. 组织

C. 领导　　D. 控制

35. 从发生的时间顺序看，下列四种管理职能的排列方式中更符合逻辑的是（　　）。

A. 计划、控制、组织、领导　　B. 计划、领导、组织、控制

C. 计划、组织、控制、领导　　D. 计划、组织、领导、控制

36. 美国管理学教授彼得·德鲁克说过，如果理解管理理论，但不具备管理技术和管理工具的运用能力，你还不是一个有效的管理者；反过来，如果具备管理技术和能力，而不掌握管理理论，那么充其量你只是一个技术员。这句话说明（　　）。

A. 有效的管理者应该既掌握管理理论，又具备管理技术与管理工具的运用能力

B. 是否掌握管理理论对管理者工作的有效性来说无足轻重

C. 只要理解管理理论，就能成为一名有效的管理者

D. 有效的管理者应该注重管理技术与工具的运用能力，而不必注重管理理论

37. 国内经济管理界所谓的“新理论”“新概念”“新模式”层出不穷，时髦但不持久，这给许多力求取得卓越成绩的实际管理人员增加了无形的压力。这种现象在国外同样存在，到底是管理实践确实需要这么多的“新东西”，还是管理理论界不甘寂寞，人为“创新”？对此，管理学界有许多争议，以下是其中的一些说法，你最赞同的是（　　）。

A. 在环境变化的情况下，不可能“一招鲜吃遍天”，所以，管理理论必须以这种方式推陈出新

B. 管理模式需随经济发展而变，其形式与内涵均需做大幅调整，否则就会落后

C. 管理要出奇制胜，这样才有可能让竞争对手无所适从，所以，管理模式必须创新

D. 万变不离其宗，管理的核心仍离不开如何建立选人、引人、用人、育人、留人机制

38. 对于管理人员来说，一般需要具备多种技能，如概念技能、人际技能、技术技能等。当一名管理人员在组织中的职位趋升时，这三种技能相对重要性的变化情况是（　　）。

A. 同时等幅增加

B. 概念技能的重要性增加最明显，其次是人际技能，最后是技术技能

C. 概念技能的重要性增加，技术技能的重要性降低，人际技能相对不变

D. 人际技能的重要性增加最明显，其次是概念技能，最后是技术技能

39.（　　）对于所有层级管理者的重要性大体相同。

A. 技术技能　　B. 人际技能

C. 概念技能

40. 什么是管理？有这样几种说法：（1）管理就是为在集体中工作的人员谋划和保持一个能使他们完成预定目标和任务的工作环境。（2）管理就是实行计划、组织、指挥、协调和控制。（3）管理就是决策。（4）管理就是通过其他人来完成工作。（5）管理就是由一个或更多的人来协调他人活动，以便收到个人单独活动所不能收到的效果而进行的各种活动。对于这些观点，下面的判断中更为科学的是（　　）。

A.（1）的说法更为科学，所以大多数管理学教材都遵循这种框架

B. 这些说法本质上并没有什么差别，只是描述的角度不同而已

C.（5）的说法更科学，这反映出管理要追求增效效应的本质

D. 这些说法都只是关注管理的某方面局部问题，所以才有不同的解释

简答题

1. 什么是管理？

2. 管理的职能有哪些？

3. 泰勒的科学管理理论对当前我国小型制造企业是否有借鉴意义?

4. 霍桑试验的结论是什么?对企业管理者有何启示?

案例分析1-1

该聘哪位厨师

有个酒店需要招聘一位厨师长。这个酒店的湖蟹很有名,每天都能卖出许多。湖蟹在进蒸笼前需要用麻绳捆绑起来,这是个很烦琐的工序,而且一不小心还会让湖蟹夹住手,几乎所有的厨房员工都不喜欢这个工序。所以,每次绑湖蟹都是由厨师长亲自带头,其他员工才会陆续加入进来。

有两位厨师同时来应聘,按常规,两人各自上岗试工3天,等6天后才决定聘用谁。第一位试工的厨师很勤快,也很有管理头脑,他除了自己带头,还经常与其他厨师来一场"绑湖蟹比赛"。比赛的时候,大家都尽量地加快手脚,但是,无论其他厨师如何加快手脚,也比不上他,包括酒店老板在内的所有人都为他娴熟的技术所折服——他5分钟能绑20只湖蟹,其他厨师最多绑12只!让老板更加满意的是,他懂得用比赛来提高大家做事的效率——之前他们5分钟最多只能绑10只。

接下来的3天是另一位应聘者。他也是一位非常有管理经验的厨师,而且他与前面那位厨师一样,也懂得"竞争"的道理,所以每天一开始绑湖蟹,他就号召大家来比赛,但是他不用手表掐时间,光是手脚比划、数个数什么的。

让所有人都没有想到的是,这位厨师的手脚并不快,虽然他的喊声最大,但是每次一开赛,别的厨师一认真起来就很容易超过他,这几乎成为大家的笑料。

尽管如此,那位厨师并没有觉得羞愧,他反而用更大的声音喊着一定要追上其他厨师,他拼命加快速度,其他员工自然也就拼命地不让他追上。直到第3天试工结束,他绑湖蟹的效率依旧落在那些厨师的后面。

很快到了决定聘用谁的时候。第一位厨师认为老板聘用的一定是他,酒店其他员工也都这样认为。但是当老板做出决定的时候,所有人都怀疑自己是否听错了——他聘用了第二位厨师!作为一名厨师长,干活的效率竟然比手下的员工还慢,那怎么服众啊?

酒店老板说出了其中的奥秘:第一位应聘厨师虽然手脚很快,但是正因为他的速度没有人可以超过,所以尽管开展了比赛,大家却缺乏自信和动力,也就是说,尽管都响应了比赛,但实际上大家都觉得这是场不可能赢的比赛,反正都是输,哪里还能拿出真正的动力和积极性?

而第二位厨师做事手脚虽然慢,但他的"步步紧追"逼迫着大家既兴奋又紧张地拼命加快速度,不让他追上,就在这追与赶之间,每个人都在无意识中提高了劳动效率。接着,老板让所有员工再绑一次湖蟹做试验,这次几乎让所有员工都意外——他们竟然每5分钟可以绑18只湖蟹了。

员工们没有想到的是,刚才在老板的办公室里,第二位厨师当着老板的面绑过一次湖蟹，他的效率是每 5 分钟绑 25 只湖蟹。

“我是故意让别人赢的！只有赢才会给人自信和动力！”他说，“我一个人少绑 10 只湖蟹，但是其余 10 个人由此有了积极性，每个人多绑了 6 只，也就是说，我一个人少了 10 只，其余的人却由此而增加了 60 只。60 只减去 10 只，总效率就相当于每 5 分钟增加了 50 只！”

作为一个管理人员，他的价值不仅在于个人创造的效益如何，还在于他管理之下的整体效益如何！输给下属，这是一个管理者的智慧和胸襟。

资料来源：陈亦权．输给下属的价值．协商论坛，2008（12）：63.

思考题：

你认为第二位厨师胜出的主要原因是什么？

案例分析 1－2

唐僧为什么可以领导孙悟空

小时候读《西游记》总有一个疑问——唐僧那么无能，为什么孙悟空非要带着他去取经呢？如果孙悟空自己去取经，麻烦不就少多了吗？后来长大了，工作了，先被人领导，之后又领导别人，总算明白了，原来唐僧领导孙悟空是有道理的，如果不是这样，取经这项伟大的事业就不能成功。唐僧究竟有什么是孙悟空没有的呢？究竟是什么因素让唐僧是一个领导者，而孙悟空只是一个打工者呢？

崇高信念

第一个东西，唐僧有，而孙悟空没有的是——“崇高信念”。唐僧在自己的崇高信念面前，丢掉性命都不会眨眼，而孙悟空就不会了，他能力很强，但是没有坚定不移的信念，多次打退堂鼓。没有信念的人，就不能给别人以信心，就不能给别人以动力，遇到困难就容易退缩，领导者都胆怯了，退缩了，团队就会散掉；而信念不够崇高也不行，自私自利的信念、小富即安的信念，都会让别人离你而去。我们对比一下《水浒传》里的宋江，一个没有崇高信念的人，最后被招安了，他的最高理想就是这样，所以葬送了他的团队。

现在有些企业家总是抱怨员工的忠诚度不高，刚刚学会点业务知识就跳槽，刚刚结交几个客户就自己去开公司了。这当然有社会的因素，有员工自身的原因，但是企业家也要检讨一下自己是否有崇高的信念。一个企业的终极目标是为老板创造更多的利润，并留下最多的钱给他的子女；而另一个企业的终极目标是为社会提供更加优质的产品和服务，企业家更是在去世之后把多数个人财产捐给社会。请问哪一家企业更配拥有忠诚的员工？

“无能”也是一种领导者的财富

第二个东西，唐僧有，而孙悟空没有的是——“无能”。“无能”也是一种领导者的财富！唐僧那么无能，但是他会欣赏有本事的人，能够包容能人的缺点，才能找到三个有本事的徒弟来保护自己。如果唐僧神通广大，孙悟空就不会愿意跟着他了，正是因为唐僧无能，孙悟空才有了用武之地，可以充分实现自己的价值。

我们看看能力很强的孙悟空，他在花果山的徒子徒孙都是饭桶，没有一个有用的。他本事太大，就瞧不起其他有本事的人，于是其他有本事的人就不喜欢跟着他。他自己太强，他的团队就变成了一群饭桶。有一次，孙悟空和唐僧闹翻了，自己搞了一个假团队打算去取经——幸好没去，要不然见到厉害的妖怪，把孙悟空捉住，谁去救他呢？谁去搬救兵呢？他自己的团队都是饭桶，只好看着自己的领导送死。而唐僧不会，别看什么都不会，但是他却很安全。当年司马懿抓住蜀国的小兵，问他诸葛亮每天都干些什么，小兵想这个不算情报吧，就说丞相凡是责罚20杖以上的军法事宜，都要亲自监督。司马懿由此就知道，诸葛亮肯定会被累死——太能干的领导，敌人没来，自己就累死了，而唐僧这个无能的长生肉，却能一直很安全。

中国很多企业都有一个非常能干的老板，同时带着一群饭桶员工。开始创业的时候，为了生存，这可能是必需的，但是一旦生存问题解决了，企业家就要考虑怎么给员工搭建让他们发挥自己价值的平台，同时去寻找那些弥补自己不足的员工，而不是事必躬亲，甚至在一些专业问题上不懂装懂，这样一方面自己筋疲力尽，穷于应付，自然没有发展的余力；另一方面，员工也被矮化成“手脚”，企业就陷入了发展瓶颈。

仁德

第三个东西，唐僧有，而孙悟空没有的是——“仁德”。唐僧有仁德之心，对妖怪都会怜悯性命，自然不会恶意算计自己的下属，克扣他们的工资，欺骗他们加班，对他们进行洗脑教育，利用他们承担法律责任、规避自身风险等。唐僧虽然利用三个徒弟保护自己，但是又绝对没有恶意剥削他们的意思，而是带领他们一同努力，共同成长，一起成功。最后，唐僧的三个徒弟也都有了自己的成就，唐僧没有像赵匡胤一样，“杯酒释兵权”，或者“狡兔死，走狗烹”。对比孙悟空，他的这种意识就差远了，他后来成了斗战胜佛，而花果山的猴子们呢？还是一群猴子罢了。

日本有一家企业，把员工的父亲都请到公司里来和管理者座谈，企业老板对所有管理者说，当你们不知道该怎么对待自己的下属时，就回想一下今天，这些员工的父亲把孩子托付给你们，是希望你们可以教他们成长，带领他们成功。你们要想一想自己是否对得起这样的托付。中国的很多老板认为做老板的只有剥削工人，才能够赚到钱，而且理所应当地认为资本的原始积累必须是肮脏的。其实，一个真正的领导者是要带领员工创造新的价值，带领他们一同成功。

人际关系

第四个东西，唐僧有，而孙悟空没有的是——“人际关系”。唐僧的前生是如来佛的弟子，而孙悟空则是天生地造的一个没有任何关系网络的石猴，虽然也拜了一个师父，但是和师兄弟的关系都不好，还被师父赶走了；和牛魔王拜把子，后来又闹翻了；和东海龙王是邻居，还抢了人家的东西；和二郎神等一些天官天将是同事，可是不给人家面子，后来还大闹天宫。总之，孙悟空的人际关系不大好。而唐僧就不同了，他见到神仙就磕头，没有任何仇家。他不仅是如来佛的弟子，还是唐王李世民的拜把子兄弟。

人神两界的高层关系他都有了。人际关系不仅好，而且都是高层关系，通天的关系呀，这样的人做老板，就会顺风顺水。

资料来源：雷军．雷军高眼看唐僧．特别关注，2015（7）.

思考题：

从管理者的技能和管理者的素质层面，谈谈唐僧为什么可以领导孙悟空。

案例分析 1-3

允许员工炒股一小时

马云叱咤商场多年，公司管理得也井井有条。但在2015年3—4月炒股大潮袭来时，马云遇到了管理上的难题。

在股票连连看涨的时候，阿里巴巴的员工也大多加入炒股大军。这些办公室白领除了工作，每天最关心的就是大盘指数，电脑桌面上是客户资料，眼睛盯的却是手机炒股软件。每天上午9点半开始，从中层管理人员到一般员工，几乎所有人的心思都进入股市，他们的眼睛一边盯着随时可能出来转悠的老板，一边争分夺秒地找准时机在手机上完成交易。领导们的单间办公室成了“大户室”，外边的格子间像是“散户厅”。在工作时间炒股已经是大家心照不宣的秘密，严重影响公司的正常工作秩序。

员工上班时间炒股影响工作，马云心知肚明。有几次，他在楼梯间就遇到几位员工在交流炒股经验。公司各办公室也都召开员工会议，下令禁止上班时间炒股，如有违规者，除了罚款，还要取消全年福利，严重者将被公司开除。

但禁令一出，马云就感觉像是在和员工玩“暗战”。没事时，马云会走出办公室转一转，间接给众人提个醒。科室许多员工下载桌面隐藏软件，逮着机会就偷瞄一眼大盘走势，而且外出办事、去厕所的人数明显增多，还尽可能地拖延时间。员工的心思根本不在工作上，不但工作拖拉，而且经常出现失误现象。面对公司这种乱象，马云及时召开高层例会。会上，有人提出对上班时间炒股的员工进行重罚，也有人提出对上班时间炒股的员工一律开除。

马云提出了不同想法，与其和员工玩“暗战”，还不如放开，每天上午9点半到10点、下午2点半到3点各开放半小时让员工看盘炒股，其余工作时间则不得炒股。最终，马云的想法得到大多数高层领导的认可。制度实行一周后，负责考核的领导汇报说，没有一个员工违规，而且工作效率有明显提升。

资料来源：成子．允许员工炒股一小时．特别关注，2015（12）.

思考题：

你是否认同马云的做法？阐述理由。

第 2 章
决　策

无论是作为普通人，还是作为组织中的管理者，都需要进行决策。决策者受内外部环境因素的影响，依据适量的信息，遵循满意原则，按照决策的程序，运用定性或者定量的决策方法进行决策。

第 1 节　决策概述

一、决策的含义

（一）决策

决策是指决策者发现并解决问题的过程，或者决策者利用机会的过程。对于这一定义，可做如下理解：(1) 决策者既可以是管理者，也可以是普通员工；既可以是单独的个体，也可以是群体。(2) 决策的本质是一个过程，这一过程由多个步骤组成。(3) 决策的目的是解决问题或者利用机会。

阅读材料

赵武灵王胡服骑射

公元前 302 年，赵武灵王决定进行军事改革，改穿胡服，学习骑射。

赵武灵王是一个眼光远、胆子大的君主。赵国的大臣楼缓、肥义、公子成全是他的帮手。赵武灵王想进行军事改革已经很久了。有一天，他对楼缓说："咱们北边有燕国，东边有东胡，西边有林胡、楼烦、秦、韩等国，中间还有中山。四面八方全是敌人，什么是咱们的保障呢？自己要是不发愤图强，随时都能被人家灭了。要发愤图强就得做好些事情。我打算先从改革服装着手，之后再改变打仗的方法。你瞧怎么样？"

楼缓说："服装可怎么改呢？"

赵武灵王说："咱们穿的衣服，袖子太长，腰太肥，领口太宽，下摆太大。穿着这种长袍大褂，做事多不方便。"楼缓把话接过去，说："还费衣料。"

赵武灵王把袖子晃了晃，下摆兜了兜，说："多费衣料倒在其次，穿上长袍大褂，不但做事不方便，而且走起路来摇摇摆摆，干起活来十分缓慢。因此，也就减弱了奋起直追的精神。全国的人都这样，国家怎能强盛起来？我打算仿照胡人（西北方的游牧和半游牧民族）的风俗，把大袖子的长袍改成小袖子的短褂，腰里系一根皮带，脚上穿一双皮靴。穿上这种衣服，做事方便，走路灵活。你再想大模大样、摇摇摆摆地走也就办不到了。"

楼缓听了很高兴地说："咱们仿照胡人的穿着，打起仗来灵便，是不是？"

赵武灵王说："是啊！咱们打仗全靠步兵，就是有马，只知道用马拉车，可不会骑着马打仗。我打算穿胡人那样的衣服，学习胡人那样骑马射箭。多么灵活！"

楼缓听得来劲，就去告诉肥义，肥义也很赞同。

第二天上朝的时候，赵武灵王、楼缓和肥义都穿着小袖子的短战衣出来。一众大臣瞧见他们这个样子，吓了一跳，还以为赵武灵王跟两位大臣犯了疯病呢。赵武灵王宣布了改变服装的事。大臣们总觉得这太丢脸了。这不是把中原的文化、礼仪都扔了吗？可是赵武灵王下定决心，非实行不可。他拿种种理由把他那个最顽固的叔叔公子成说服了。大臣们一见公子成也穿上了胡服，只好随着改了。

然后赵武灵王下了一道改革服装的命令。没过多少日子，全国的军队不分将军士兵，全部穿上了胡服。在民间，有的人开始时觉得有点不像样，后来因为胡服比以前的衣服实在方便得多，就时兴起来。

赵武灵王向胡人学习的第二件事，就是骑马射箭。不到一年工夫，赵国大队的骑兵训练成了。军事改革后，赵武灵王把邻近的中山国从魏国接收过来，又收服了东胡和邻近的几个部族，接着打发使者去联络秦国、韩国、齐国、楚国。赵国就这么强大了起来。到了实行胡服骑射的第七年，不但中山、林胡、楼烦都已经收服，还扩张了势力，北边直到代郡、雁门，西边直到云中、九原，一下子增加了很多土地。

资料来源：赵武灵王胡服．(2014－07－31). https：//www. chazidian. com/gushi16143.

（二）决策的原则

决策遵循的是满意原则，而不是最优原则。理想的决策行为是，决策者在决策时可以收集到制定行动方案所需的全部信息，列举一切备选方案并对每一方案的结果做出精确的预见和判断，谋求选择并实施“最佳”行动方案或谋求“最优化”。但是，在决策实践中，由于存在众多相互作用并对决策产生影响的因素（见图2-1），决策者常常出于各方面的考虑，往往不得不接受所能够发现的“最满意”的行动方案，而非“最优”的行动方案。

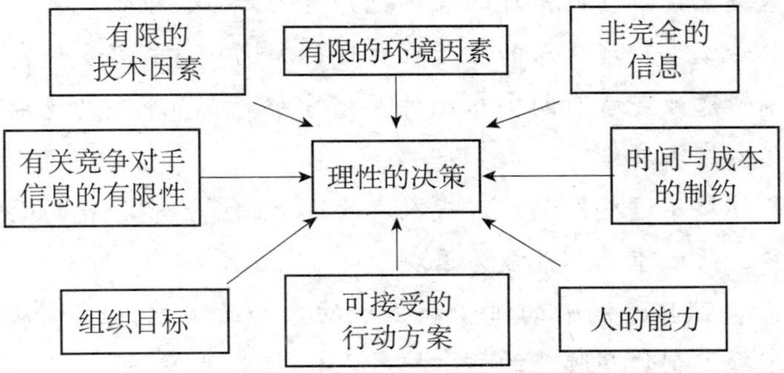

图2-1 决策的制约因素

资料来源：Frank H. F. The Managerial Decision-Making Process. 2nd ed. Houghton Mifflin Company，1981.

（三）决策的依据

决策时离不开信息，决策的依据是适量的信息。信息量过少会使决策者无从决策或导致决策收不到应有的效果，但这并不意味着决策者要不计成本地收集各方面的信息。决策者在决定收集什么样的信息、收集多少信息以及从何处收集信息等问题时，要进行成本收益分析，只有当因决策水平提高而给组织带来的利益超出收集信息所付出的成本时，才应该收集这些信息。

阅读材料

决策靠信息

20世纪40年代中期，塑胶工业在欧美国家兴起。中国香港作为世界自由贸易港，市面上很快就出现了从欧美国家输入的塑胶制品。

1950年夏，李嘉诚在筲箕湾创立长江塑胶厂。在工厂创办初期，中国香港的塑胶和玩具厂已多达300多家，长江厂虽然经营状况良好，但缺乏特色。看到这种情况，李嘉诚开始规划工厂今后的发展问题。时间到了1957年，第二次世界大战已经结束十多年，西方国家经济复苏，开始快速发展，人们越来越追求生活品质，此时长江厂迅速转型，开始主攻塑胶花生产。

作为一个居安思危的人，李嘉诚进军塑胶花行业的决策得益于他平时收集的信息。

在每天十多个小时的工作之后，李嘉诚还要自己做功课。每晚临睡前，他总是放松身体，斜躺在床头翻杂志。他购买和订阅了大量经济类杂志，从这些杂志中获取了大量的信息。

有一天深夜，李嘉诚在翻阅英文版《塑胶》杂志时被一则简短的消息吸引住：一家意大利公司已开发出利用塑胶原料制成塑胶花的技术，而且即将投入成批生产，预备推向欧美市场。

看到这个消息，一直苦苦寻找突破口的李嘉诚如迷途的夜行人看到了亮光，兴奋不已。

对于欧美的家庭来说，室内户外的装饰花卉是必需品。植物花卉需要经常浇水和施肥，还有剪修除草等工序。现代人的生活节奏日益加快，对家庭主妇变成职业妇女的家庭来说，并没有闲情逸致花费时间去养花种草。另外，植物花卉的花期是有限的，每一季都要更换品种，实在很麻烦。

而塑胶花正好弥补了这些缺陷。现代人喜欢追求时髦，塑胶花的面市必将会引发塑胶市场的一次革命，所以市场前景极为乐观。

1957年春，李嘉诚揣着满心的希望和强烈的求知欲飞往意大利考察。一番波折过后，李嘉诚终于掌握了制作塑胶花的核心技术。

考察归来的李嘉诚把主要的部门负责人和技术骨干召集到办公室，说出了他的决定：长江厂以生产塑胶花为主方向，并且一定要使其成为本厂的核心产品，以帮助长江厂更上一层楼。

到了1957年末，长江塑胶厂改名为长江工业有限公司。公司总部由新莆岗迁到北角，李嘉诚任董事长兼总经理。这时的分厂有两处，一处生产塑胶花，另一处生产塑胶玩具，并把塑胶花作为重点产品。

塑胶花为李嘉诚带来数千万港元的盈利，也使长江厂成为世界最大的塑胶花生产厂家。李嘉诚这个“塑胶花大王”不仅闻名全港，还为世界的塑胶同行所敬佩。

资料来源：张斌．总经理必读的209个经典管理故事．北京：中国纺织出版社，2015.

（四）决策的影响因素

组织的决策受到以下因素的影响。

1. 环境

环境对组织决策的影响是不言而喻的。这种影响是双重的：一方面，环境的特点影响着组织的活动选择。就企业而言，需对经营方向和内容经常进行调整。垄断市场上的企业通常将经营重点放在内部生产条件的改善、生产规模的扩大以及生产成本的降低上；竞争市场上的企业则需密切关注竞争对手的动向，不断推出新产品，努力改善营销宣传，建立健全销售网络。另一方面，对环境的习惯反应模式也影响着组织的活动选择。即使在相同的环境背景下，不同的组织也可能做出不同的反应。对环境的习惯反应模式限制着人们对行动方案的选择。

2. 组织自身的因素

组织文化、组织的信息化程度、组织过去的决策模式等都会影响决策。组织文化制约着组织及其成员的行为以及行为方式。在决策层次上，组织文化通过影响人们对改变的态度发生作用。任何决策的制定，都是对过去某种程度上的否定；任何决策的实施，都会给组织带来某种程度的变化。组织成员对这种可能产生的变化会持抵御或欢迎两种截然不同的态度。保守型组织文化中的人害怕失败，决策者会产生顾虑，往往是那些旨在维持现状的行动方案被最终选出并付诸实施。而进取型组织文化中的人欢迎变化，勇于创新，宽容地对待失败。在这样的组织中，容易进入决策者视野的是给组织带来变革的行动方案。有时，他们进行决策的目的就是制造变化。信息化程度对决策的影响主要体现在其对决策效率的影响上。信息化程度较高的组织拥有较先进的信息技术，可以快速获取质量较高的信息，而较高质量的信息又便于决策者快速做出较高质量的决策。在大多数情况下，组织决策并不是在一张白纸上进行初始决策，而是对初始决策进行完善、调整或改革。组织过去的决策是目前决策过程的起点；过去选择的方案的实施，不仅伴随着人力、物力、财力等资源的消耗，而且伴随着内部状况的改变，带来了对外部环境的影响。“非零起点”的目前决策不能不受到过去决策的影响。过去的决策对目前决策的制约程度要受到它们与现任决策者的关系的影响。如果过去的决策是由现在的决策者制定的，而决策者通常要对自己的选择及其后果负管理上的责任，就不愿对组织活动进行重大调整，而倾向于仍把大部分资源投入到过去方案的执行中，以证明自己的一贯正确性。相反，如果现在的主要决策者与组织过去的重要决策没有很深的渊源，则会易于接受重大改变。

3. 决策问题的性质

（1）问题的紧迫性。美国学者威廉·R. 金和戴维·I. 克里兰把决策类型划分为时间敏感决策和知识敏感决策。时间敏感决策是指那些对组织来说非常紧迫、急需处理的决策。战争中军事指挥官的决策多属于此类，这种决策对速度的要求远甚于质量。例如，一个人站在马路当中，一辆疾驶的汽车向他冲来，此时的关键是要迅速跑开，至于跑向马路的左边近些还是右边近些，相对于及时行动来说则显得次要。相反，知识敏感决策对时间的要求不是非常严格。这类决策的执行效果主要取决于其质量，而非速度。制定这类决策时，要求人们充分利用知识，做出尽可能正确的选择。组织关于活动方向与内容的决策，即前面提到的战略决策，基本属于知识敏感决策。这类决策着重运用机会，而不是避开威胁；着重于未来，而不是现在。所以，选择方案时，在时间上相对宽裕，并不一定要求必须在某一日期以前完成。但是，也可能出现这样的情况：外部环境突然发生了难以预料和控制的重大变化，对组织造成了重大威胁。这时，组织如不迅速做出反应，进行重要改变，则可能引发生存危机。这种时间压力可能限制人们能够考虑的方案数量，也可能使人们得不到足够的评价方案所需的信息，同时，还会诱使人们偏重消极因素，忽视积极因素，仓促决策。

（2）问题的重要性。问题的重要性对决策的影响是多方面的：其一，重要的问题可能引起高层领导者的重视，有些重要问题甚至必须由高层领导者亲自决策，从而保证决策得到更多力量的支持；其二，越重要的问题越有可能由群体决策，因为与个体决策相比，在群体决策时对问题的认识更全面，决策的质量可能更高；其三，越重要的问题越需要决策者慎重决策，越需要决策者避开各类决策陷阱。

4. 决策主体的因素

个人对待风险的态度、个人能力、个人价值观、决策群体的关系融洽程度等决策主体方面的因素都会对决策产生影响。

风险偏好型决策者往往在决策时会优先选择高风险、高收益的方案，而风险厌恶型决策者往往在决策时会优先考虑低风险、中等收益的方案。

决策者个人能力的强弱对决策的影响主要体现在：决策者的概念技能越强，则其获取信息的能力以及捕捉决策问题中的关键点的能力越强，越可能提出切中要害的决策；决策者的人际技能越强，则其提出的方案越有可能获得通过；决策者的组织能力越强，方案则越容易实施，越容易取得预期的效果。

决策者的个人价值观影响其决策。比如，一个持有“人是最宝贵的财富”观念的企业家，在制定薪酬制度时会倾向于与员工分享企业的利润而定期给员工加薪，不提倡加班，万不得已安排员工加班时也会支付给员工法定的加班费；相反，一个持有“人是成本”观念的企业家，在制定薪酬及人事制度时，则更倾向于提倡员工义务加班，实施低工资薪酬制度，在公司利润大幅增长时也不愿意给员工加薪。

群体决策中，决策群体的关系融洽程度对决策会产生影响。决策群体的关系融洽时，则质量较高的决策方案更容易通过且决策迅速；而决策群体的关系紧张时，往往是经历较长时间才通过一个折中方案，而非质量最高的方案。

二、决策的类型

按照不同的划分标准，可以对决策进行不同的分类。

（一）按照决策的重复程度

按照决策的重复程度，可以分为程序化决策和非程序化决策。

组织运行过程中存在很多问题，大部分问题是经常发生的，决策者的目标很清晰，例如，顾客去商店退货、一次重要交货中供应商的延迟，或是学校对选修课学生想要退课的处理。这些情况叫作结构化问题（structured problem）。对于这类问题，组织有相应的规章制度来解决，管理者按照相关的规定即可进行程序化决策（programmed decision），因此，程序化决策往往简单、重复性高、易于处理。在组织中，这类决策往往由基层或中层管理者做出。例如，一名服务员将饮料洒在了顾客的大衣上。顾客很沮丧，经理需要做些事情。因为这不是罕见的情形，所以处理这种问题可能会有一些标准流程。例如，经理主动提出清洗顾客的大衣并由餐馆负担费用。这就是我们所说的程序化决策，即可以通过某种例行方法来做出的重复性决策。管理者一般依赖三种程序化决策中的一种：程序、规则或政策。例如，一个一个地处理顾客的抱怨，不但会消耗大量的时间而且成本较高；一项“购后7天内保证换货”的政策却可以极大地简化问题，从而使决策者能够有更多的时间处理更棘手的问题。

非程序化决策（nonprogrammed decision）旨在处理那些例外的、不常发生的、信息模糊或不完整的问题，即非结构化问题（unstructured problems）。非程序化决策是独特的、非重复的，要设计量身定做的解决方案。

如果一个问题因其不常发生而没有被包含在政策之中，或因其非常重要或复杂而值得给予特别注意，就有必要作为非程序化决策进行处理。事实上，决策者面临的多数重要问题，如怎样分配组织资源，如何处理问题产品，如何改善社区关系等，常常都属于非程序化决策问题。随着管理者地位的提高，非程序化决策的数量和重要性都逐步提高，不确定性增大，决策的难度加大，进行非程序化决策的能力变得越来越重要，进行决策所需的时间也会相对延长。因此，许多组织都一方面设法提高决策者的非程序化决策能力，另一方面尽量使非程序化决策向程序化决策转化。有关程序化决策和非程序化决策在不同组织中的例子如表2-1所示。

表2-1　程序化决策与非程序化决策

决策种类	特点		解决程序	例子
程序化决策	问题类型	结构化	各种规则、标准、程序、政策的运用	企业：处理工资单 大学：处理入学申请 医院：准备诊治病人 政府：购买国产汽车
	管理层级	较低		
	频率	重复的、日常的		
	信息	已有信息		
	目标	清晰、明确		
	解决问题的时间框架	短期		
	解决方法的依据	程序、规则和政策		
非程序化决策	问题类型	非结构化	创造性的问题解决方式	企业：引入新的产品 大学：异地建设新的校区 医院：对地方疾病采取措施 政府：解决通货膨胀问题
	管理层级	较高		
	频率	新的、不常见的		
	信息	模糊或不完整		
	目标	模糊		
	解决问题的时间框架	相对较长		
	解决方法的依据	判断或创造力		

程序化决策与非程序化决策的划分不是绝对的，二者之间并没有严格的界限，在特定的条件下，二者可以相互转化。例如，一项关于定价的程序化决策可能会因为原料与产品供应情况、市场需求情况、竞争对手定价策略等方面的变化而转化为非程序化决策。同样，有关某项资源分配的非程序化决策也可能会因为信息的充分性而向程序化决策转化。完全的程序化决策与完全的非程序化决策仅仅代表事情存在的两个极端状态，在它们之间还存在许多其他类型的决策状态。随着现代决策技术的发展，很多以前被认为是完全的非程序化决策问题已经具有了程序化决策的因素，程序化决策

的领域日益扩大。

（二）按照决策主体

按照决策主体，可以分为集体决策和个人决策。集体决策是指在决策过程中有多人参与，决策的最终结果在不同程度上采纳和借鉴了参与者提供的信息、建议及对策。在组织中一般对于重大的问题由多人共同做出决策，如董事会对有关企业战略性的决策采用集体决策。需要注意的是，集体决策并不意味着多名决策者通过“举手投票”方式来“少数服从多数”，也不意味着决策参与者中某个“意见领袖”的见解被大家认可，更不意味着决策参与者热烈讨论并最终共同做出决策。集体决策应该一方面非常注重集思广益，充分收集并认真分析决策参与人的意见或方案；另一方面主要决策者绝不放弃最终的拍板权。

个人决策是指由一人做出决策。对于一些不是很重要的问题可以由个人决策，或者在情况紧急的条件下，重要问题也需要由个人决策。

阅读材料

林肯“独断”

美国总统林肯上任后不久，有一次将六个幕僚召集在一起开会。林肯提出了一个重要的法案，而幕僚们的看法并不统一，于是七个人便激烈地争论起来。林肯在仔细听取其他六个人的意见后，仍感到自己是正确的。在最后决策的时候，六个幕僚一致反对林肯的意见，但林肯仍坚持己见，他说：“虽然只有我一个人赞成但我仍要宣布，这个法案通过了。”

表面上看，林肯这种忽视多数人意见的做法似乎过于独断专行。其实，林肯已经仔细地了解了其他六个人的看法并经过深思熟虑，认定自己的方案最为合理。而其他六个人持反对意见，只是一个条件反射，有的人甚至是人云亦云，根本就没有认真考虑过这个方案。既然如此，自然应该力排众议，坚持己见。所谓讨论，无非就是从各种不同的意见中选择出一个最合理的。既然自己是对的，那还有什么可犹豫的呢？

在企业中，经常会遇到这种情况：新的意见和想法一经提出，必定会有反对者。其中有对新意见不甚了解的人，也有为反对而反对的人。一片反对声中，领导者犹如鹤立鸡群，陷入孤立之境。这种时候，领导者不要害怕孤立。对于不了解的人，要怀着热忱，耐心地说明道理，使反对者变成赞成者。对于为反对而反对的人，任你怎么说，恐怕他也不会接受，就干脆不要寄希望于获得他的赞同。

重要的是你的提议和决策是对的，只要真理在握，就应坚决地贯彻下去。多数人的意见是要听的，但做出决断的是一个人。

资料来源：经典哲理小故事 300 字.（2017－10－23）. http：//www. ruiwen. com/gushi/1113213. html.

（三）按照决策需要解决的问题

按照决策需要解决的问题，可以分为初始决策和追踪决策。初始决策是指组织对从事某种活动或从事该种活动的方案所进行的初次选择。比如新厂的建立、新产品的开发，都属于初始决策。追踪决策是在初始决策的基础上对组织活动方向、内容或方式的重新调整。比如一家企业进行股份制改革、生产转型，都属于追踪决策。追踪决策是由于环境发生变化引起的，组织中的决策大部分是追踪决策。

（四）按照决策使用的方法

按照决策使用的方法，可以分为定性决策和定量决策。定性决策是指在决策的过程中，依靠决策者的经验，在系统调查研究分析的基础上，根据掌握的情况进行决策的方法。定量决策是指运用计算机、数学模型进行决策的方法，需要决策者掌握大量的统计数据及组织的历史资料。

三、决策的过程

（一）明确问题（识别机会）

发现问题是决策过程的起点。没有发现组织中的问题，就谈不上决策，因此，决策者首先要研究组织所处的内外部环境，发现问题，分析原因，提出解决问题的对策。

问题可以理解为在现有条件下，应该达到的理想状态和现实状况之间的差距。明确问题是进行决策的首要任务，如果问题界定错了，那么后续方案的选择就无法达到预期的目标，更无法解决问题。

尽管有很多人主张识别问题常常是非正式的或凭直觉，但以下四种信号的确有助于决策者正确地识别问题：（1）偏离过去的绩效或经验。即组织中以前建立的绩效模式遭到破坏或发生变化。例如，员工流动率提高、销售额下降、成本费用突然增加或废品率上升等都常常暗示决策者，可能出现了问题。（2）偏离既定的计划。即没有达到决策者的期望水平。例如，新产品推出后没有达到预期的市场占有率水平，利润水平低于计划水平等。（3）其他人可能给决策者带来问题。例如，有关顾客对于延迟交货的抱怨、高层管理者为部门制定了新的绩效标准等。（4）竞争者的绩效水平。当竞争对手改进或形成新的生产程序时，决策者可能不得不对组织的过程或程序重新评价。

仅仅识别出问题并不是目的，关键还要根据各种现象诊断出问题产生的原因，这样才能考虑采取什么措施，选择哪种行动方案。否则，只能是不知病因就胡乱开药，或是头痛医头、脚痛医脚，造成资源的浪费。在此过程中，可以通过尝试性地询问一些诊断性问题来发现原因。例如，是组织内外的什么变化导致问题的产生，哪一类人与问题有关，他们是否有能力澄清问题等，可以利用鱼骨图等诊断分析工具逐步发现原因并分清主次。

（二）明确决策标准

一旦确认了一个问题，管理者必须明确对解决问题重要或与之相关的决策标准（decision criteria）。每位决策者都有指导其决策的一些标准，即使这些标准并未被清晰地说出来。比如，在选购新电脑时，决策标准会涵盖内存、硬盘、显示屏质量、电池寿命、保修期等。

（三）为标准分配权重

如果标准不是同等重要的，那么决策者必须对标准中的项目赋予权重，使它们在决策中具有正确的优先级。如何做到呢？一种简单的方法是对最重要的标准赋予权重10，然后根据这个标准向剩余项目赋权。当然，我们可以使用任何数字作为最高权重。

（四）开发备选方案

为了达到决策目标，必须拟定备选方案。备选方案首先必须是可行的方案，也就是说在现有条件下可以实施的方案。有的方案看起来很好但是不可行，该方案就不是备选方案。在提出备选方案时，管理者必须把试图达到的目标铭记在心，而且要提出尽量多的方案。

在占有资料的基础上，为了使决策优化，应拟定几个备选方案。拟定备选方案时应注意：第一，整体详尽性。在可能的条件下，应拟定出所有的重要方案，大体上保持整体详尽性。第二，相互排斥性。相互排斥性是指不同的备选方案间必须相互排斥，不能同时执行几个方案，只能从中选取一个方案。

（五）分析备选方案

一旦备选方案被确认，决策者必须评估每一个方案。如何做到呢？通过使用第二步、第三步中建立的标准以及为标准赋予的权重，来计算各个方案的分值。

（六）选择备选方案

决策过程中的第六步是选择在第五步中得分最高的方案。

（七）实施方案

决策方案选定后，就要付诸实施。决策的成功取决于方案的有效实施。现实是，很多方案看起来很好，但由于没有得到有效的实施，只停留在纸上，因此实施方案是决策过程中的重要环节。管理者要明白，方案的有效执行需要足够数量和种类的资源做保障。如果组织内部恰好存在方案执行所需要的资源，那么管理者应设法将这些资源调动起来，并注意不同种类资源的互相搭配，以保证方案的顺利实施。如果组织内部缺乏相应的资源，则要考虑从外部获取资源的可能性与经济性。

管理者要善于做思想工作，调动广大员工的积极性，在可能的情况下，可以采取相应的补偿方案以消除或弥补方案实施过程中将给某些员工带来的损害或损失，消除方案在执行过程中遇到的阻力。

（八）评估效果

对方案的执行效果进行评估是指将方案实际的执行效果与管理者当初设立的目标进行比较，看是否出现偏差。如果存在偏差，则要找出偏差产生的原因，并采取相应的措施。具体来说，如果发现偏差的出现是由于当初考虑问题不周，对未来把握不准，或者所拟定的方案过于粗略，那么管理者就应该重新回到前面几个步骤，对方案进行适应性调整，以使方案更加符合组织的实际和变化的环境。从这个意义上说，决策不是一次性的静态过程，而是一个循环往复的动态过程。如果发现偏差是由方案执行过程中某种人为或非人为的因素造成的，那么管理者就应该加强对方案执行的监控并采取切实有效的措施，确保偏差不扩大甚至有所缩小，从而使方案取得预期的效果。

阅读材料

有效决策指南

决策是一件严肃的事。你作为一个有效决策者的能力和业绩记录将决定他人如何评价你的组织表现，以及你是否会晋升到更高的职位。这里是一些成为更好的决策者的建议。

- 理解文化差异。所有管理者都希望做出好的决策。然而，全世界并不存在一种最好的决策方法。在特定情境下，什么是好的决策方法取决于参与者的价值观、信仰、态度、行为方式。决策者需要深刻理解文化的差异，以便做出更有效的决策。

- 为好决策设置标准。好的决策是有远见的，利用了可用信息，考虑了所有备选方案，不会导致利益冲突。

- 懂得何时停止。如果决策很明显是无效的，不要害怕终止它。例如，比恩公司（L. L. Bean）的首席执行官叫停了在缅因州沃特维尔修建的新客户服务中心项目，因为T-Mobile公司宣布要在旁边修建自己的客服中心。比恩公司的首席执行官担心这个城市没有满足两家公司需求的足够数量的称职员工，因此将项目地址迁移到了89千米以外的班戈市。他知道终止的时机。然而，正如我们之前所说的，很多决策者拒绝或歪曲负面信息，因为他们不愿意相信自己的决策是错误的。他们过于依恋一项决策，即使是时候离开了。在当今剧烈变化的环境下，这种思维方式是不可能有效的。

- 采用有效的决策过程。专家认为有效的决策过程有六个特点：（1）关注重点；（2）符合逻辑且前后一致；（3）认可主观和客观的思考，直觉思维与理性分析相结合；（4）需要足够多的信息和分析以解决特殊问题；（5）鼓励和指导收集相关信息和富有见地的意见；（6）直接、可靠、易于采用而且灵活。

● 培养清晰思考的能力可以使你在工作和生活中做出更好的选择。做出好的决策的能力并不是天生的。你需要付出努力，阅读并学习与决策有关的内容。通过审视你的决策过程和结果来评估你的决策是否成功，并做好记录。

资料来源：斯蒂芬·罗宾斯，玛丽·库尔特．管理学：第 13 版．北京：中国人民大学出版社，2017.

四、决策理论

（一）古典决策理论

古典决策理论是基于"经济人"假设提出的，盛行于 20 世纪 50 年代以前。古典决策理论认为，应该从经济的角度来看待决策问题，即决策的目的在于为组织获取最大的经济利益。

古典决策理论的主要内容有以下几个方面：决策者必须全面掌握有关决策环境的信息情报；决策者要充分了解有关备选方案的情况；决策者应建立一个合理的层级结构，以确保命令的有效执行；决策者进行决策的目的始终在于使本组织获取最大的经济利益。

古典决策理论假设，决策者是完全理性的，决策者在充分了解有关信息情报的情况下，是完全可以做出实现组织目标的最佳决策的。古典决策理论忽视了非经济因素在决策中的作用，不可能正确指导实际的决策活动，从而逐渐被更为全面的行为决策理论代替。

（二）行为决策理论

1. 西蒙的行为决策理论

行为决策理论的发展始于 20 世纪 50 年代。对古典决策理论的经济人假设发难的第一人是诺贝尔经济学奖得主赫伯特·A. 西蒙，他指出，理性的和经济的标准都无法确切地说明管理的决策过程，进而提出"有限理性"标准和"满意"原则。其他学者对决策者的行为做了进一步的研究，他们在研究中也发现，影响决策的不仅有经济因素，还有决策者的心理与行为特征，如态度、情感、经验和动机等。

西蒙的行为决策理论的主要内容有以下几个方面：

（1）有限理性（bounded rationality）。人的理性介于完全理性和非理性之间，即人是有限理性的，这是因为在高度不确定和极其复杂的现实决策环境中，人的知识、想象力和计算力是有限的。

（2）满意原则。古典决策理论把人看成有绝对理性的"理性人"或"经济人"，在决策时本能地按照最优原则来选择备选方案，因而这是一种建立在绝对逻辑基础上的封闭式的决策模型。西蒙认为，“理性人”假说是没有根据的，因为人的头脑能够思考和解答问题的容量，同问题本身的规模相比是非常渺小的。因此，在现实中要找到最优的决策方案是非常困难的，甚至是不可能的。西蒙提出了满意的决策原则，即被采纳的决策不一定是最优的，但却是各方面满意的。现代决策理论认为，由于人们的有限理性，决策只能找出“令人满意的”方案，而不可能找出“最好的”方案。

（3）决策资源的有限性。决策资源包括决策者的认知能力、决策时间、决策可利用的其他资源等内容。由于认知能力有限，决策者往往仅把问题的部分信息当作认知对象的全部；由于受决策时间和可利用资源的限制，决策者即使充分了解和掌握有关决策环境的信息情报，也只能做到尽量了解各种备选方案的情况，而不可能做到全部了解。

（4）决策者的风险偏好程度。在风险型决策中，与对经济利益的考虑相比，决策者对待风险的态度对决策起着更为重要的作用。比如，厌恶风险的决策者倾向于接受风险较小的方案，尽管风险较大的方案可能带来较为可观的收益。

阅读材料

直觉决策

管理者常常使用他们的直觉帮助决策。直觉决策（intuitive decision making）是基于经验、感受和积累的判断力做出决策。研究管理者使用直觉决策的学者确认了直觉的五个不同方面：（1）基于价值观或伦理的决策；（2）基于经验的决策；（3）基于感受或情绪的决策；（4）基于技能、知识等认知层面的决策；（5）潜意识心理过程（即管理者使用潜意识中的数据帮助他们决策）。

直觉决策有多普遍？一项调查发现，几乎半数受访的总经理“相比正式的分析，更常使用直觉来经营公司”。

直觉决策可以补充理性决策（rational decision making）和有限理性决策。首先，对同类问题或情况有经验的管理者常常在过去经验的帮助下，对有限的信息做出快速的反应。同时，最近的一项研究发现，在决策时体验到强烈感受和情绪的人实际上会获得更高的决策绩效。管理者应该在决策时忽略情绪的古老说法可能不是最佳的建议。

资料来源：斯蒂芬·罗宾斯，玛丽·库尔特．管理学：第13版．北京：中国人民大学出版社，2017.

2. 渐进决策理论

除了西蒙的“有限理性”模式，林德布洛姆的“渐进决策”模式也对“完全理性”模式提出了挑战。林德布洛姆认为，决策过程应是一个渐进过程，而不应大起大落，否则会危及社会稳定，给组织带来组织结构、心理倾向和习惯等方面的震荡甚至资金困难，也使决策者不可能了解和思考全部方案并弄清每种方案的结果。决策者不能只遵守一个固定的程序，而应根据组织外部环境与内部条件的变化进行适时的调整和补充。邓小平同志领导中国人民走上改革开放之路，就属于“摸着石头过河”的渐进式决策。

阅读材料

摸着石头过河

1980年12月在中央工作会议上，陈云讲话称：“我们要改革，但是步子要稳……随时总结经验，也就是要‘摸着石头过河’……”① 邓小平对陈云提出的“摸着石头过河说”完全赞同。邓小平所提出的要坚决地试、大胆地闯、杀出一条血路来，都体现了这种思想。

“摸着石头过河”是对在勇敢实践中不断总结经验的一种形象的说法，是改革开放三条经验——“猫论”“摸论”“不争论”中的一条。“摸着石头过河”对于大胆解放思想、积极稳妥地推进改革起到了巨大的指导作用，成了在中国家喻户晓的经典话语。

资料来源：改革开放三十年流行语录之政事篇.（2008－12－03）. http：//focus. cnhubei. com/original/200812/t514822. shtml.

第2节　决策方法

现代决策的方法有很多，总的来说可以分为两大类：定性决策方法和定量决策方法，但很多情况下将这两种方法结合运用，对于一些重要的决策更是如此。

一、定性决策方法

定性决策方法又称主观决策法，是指采取有效的组织形式，依靠专家们的知识和经验，根据已掌握的情况和资料，提出决策目标及实现目标的方法，并做出评价和选择。定性决策方法简便易行，容易被一般管理者接受，而且特别适用于非常规决策，同时还有利于调动专家的积极性，提高他们的工作能力。但因其缺乏严格论证，容易产生主观性，容易受决策组织者个人倾向的影响。常用的定性决策方法有头脑风暴法、德尔菲法、名义小组法等。

（一）头脑风暴法

头脑风暴法（brain-storming）的特点是：针对拟解决的问题，相关专家或人员聚在一起，在宽松的氛围中敞开思路，畅所欲言，寻求多种决策思路。

头脑风暴法的创始人是美国的奥斯本（A. F. Osborn）。该决策方法的四项原则是：

（1）各自发表意见，对别人的建议不做评论。

（2）建议不必深思熟虑，越多越好。

① 陈云文选：第3卷.北京：人民出版社，2005：279.

（3）鼓励独立思考、奇思妙想。

（4）鼓励完善已有的意见。

头脑风暴法旨在倡导创新思维，时间一般控制在1～2小时，参加者以5～7人为宜。[①]

（二）德尔菲法

德尔菲法（Delphi technique）是由美国兰德公司提出的使专家们对影响组织某一领域的看法达成一致意见的结构化方法。德尔菲法的步骤如下：

（1）根据问题的特点，选择和邀请做过相关研究或有相关经验的专家。专家可以是管理人员，也可以是普通员工。总之，这里的专家不是学者意义上的，而是对所研究的问题有深入了解的人员。

（2）工作人员将与问题有关的信息分别提供给专家，请他们各自独立发表自己的意见，并写成书面材料。

（3）由工作人员收集并综合专家的意见后，将综合意见反馈给各位专家，请他们再次发表意见。如果分歧很大，可以开会集中讨论；否则，工作人员分头与专家联络，向专家们发出第二次征询表，同时把汇总的情况一同寄去，让每一位专家看到全体专家的意见倾向，据此对所征询的问题独立地提出修改意见或重新做一次评价。

（4）如此反复多轮，最后专家们的意见趋于一致，形成代表专家组意见的方案。

（三）名义小组法

在集体决策中，如大家对问题性质的了解程度有很大差异，或彼此的意见有较大分歧，直接开会讨论效果并不好，可能争执不下，也可能权威人士发言后大家随声附和，这时，可以采取名义小组法。

名义小组法又称名义小组技术（nominal group technique），是管理决策中的一种定性分析方法。管理者先选择一些对要解决的问题有研究或者有经验的人作为小组成员，并向他们提供与决策问题相关的信息。小组成员各自先不通气，独立思考，尽可能把自己的方案和意见写下来，然后再按次序一个接一个地陈述其方案和意见。在此基础上，由小组成员对提出的全部备选方案进行投票，根据投票结果，赞成人数最多的备选方案即为所需的方案，当然，管理者最后仍有权决定是接受还是拒绝这一方案。

二、定量决策方法

定量决策方法是建立在数学工具基础上的决策方法，其核心是把决策的变量与变量

---

① Osborn A F. Applied imagination. New York：Scriber's，1963.

之间，以及变量与目标之间的关系，用数学模型表示出来，然后根据决策的条件，通过计算工具运算，寻求决策方案。

（一）确定型决策方法

决策的理想情况是确定性（certainty）情况，决策者可以做出正确的决策，因为每个备选方案的结果都是已知的。确定型决策必须具备的条件如下：存在决策人要达到的一个明确的决策目标，比如所选行动方案能使收益（损失）达到最大（最小）；决策者掌握决策所需的所有信息；决策者对每个备选方案的结果很确定。但大多数管理决策并非如此。

解决确定情况下最优方案的抉择问题，归结起来有以下两种方法：单纯选优决策法、模型选优决策法。

单纯选优决策法是一种简单的决策方法。如果决策者遇到的是这样一类决策问题，其行动方案是有限个，而且只需直接比较选出最优方案，这种决策就是单纯选优决策法。例如，某企业可向三家银行借贷，但利率不同，分别为8%，7%和8.5%，显然，企业向利率最低的银行借款为最佳方案。

模型选优决策法是建立一定的经济数学模型来解决确定情况下最优方案的抉择问题，比如采购决策、库存决策、线性规划决策。这里主要介绍模型选优决策法中的盈亏平衡分析法。盈亏平衡分析法又称量本利分析法，即通过产量（销售量）、成本、利润的关系来分析企业的盈亏情况，并进行方案选优的一种方法。盈亏平衡点就是总成本和总收入相等的点，盈亏平衡分析法就是确定盈亏平衡点所对应的产量（销售量）即保本量，保本量所对应的收入值为保本额。

设R为销售收入，C为销售成本，Q为产量（销售量），π为利润总额，a为总固定成本，p为产品单价，v为单位变动成本。则

$$R=p\times Q$$

$$C=a+v\times Q$$

$$\pi=R-C=p\times Q-(a+v\times Q)$$

盈亏平衡点上利润为0，即

$$p\times Q=a+v\times Q$$

得出保本量

$$Q^*=\frac{a}{p-v} \tag{2-1}$$

$p-v$是单件产品售价与单件产品的变动成本之差，称为单位边际贡献；$\frac{p-v}{p}$是单位产品的边际贡献与单件产品售价之比，称为边际贡献率；$(p-v)\times Q$是单位边际贡献与销售量的乘积，称为边际贡献总额。

设 B 为预期的目标利润额，则

$$B=p\times Q-(a+v\times Q)$$

得出

$$Q=\frac{a+B}{p-v} \tag{2-2}$$

式中，Q 为实现目标利润 B 时的产量或销售量。以保本额作为依据进行分析，在式（2-1）的基础上，等式两边同乘以 p，得出保本额

$$R^{*}=\frac{a}{1-\frac{v}{p}} \tag{2-3}$$

同理，可以得出获得目标利润 B 时的销售额

$$R=\frac{a+B}{1-\frac{v}{p}}$$

图 2-2 是一个简单的盈亏平衡分析图，横轴代表销售量，纵轴代表销售额或成本。假定销售额与销售量成正比，那么销售收入线是一条起于原点的直线。总成本线在等于固定成本的那一点与纵轴相交，且随着销售量的增加而成比例地表现为增长趋势。当销售量大于保本量时，总收入大于总成本，企业处于盈利状态；当销售量小于保本量时，企业处于亏损状态。

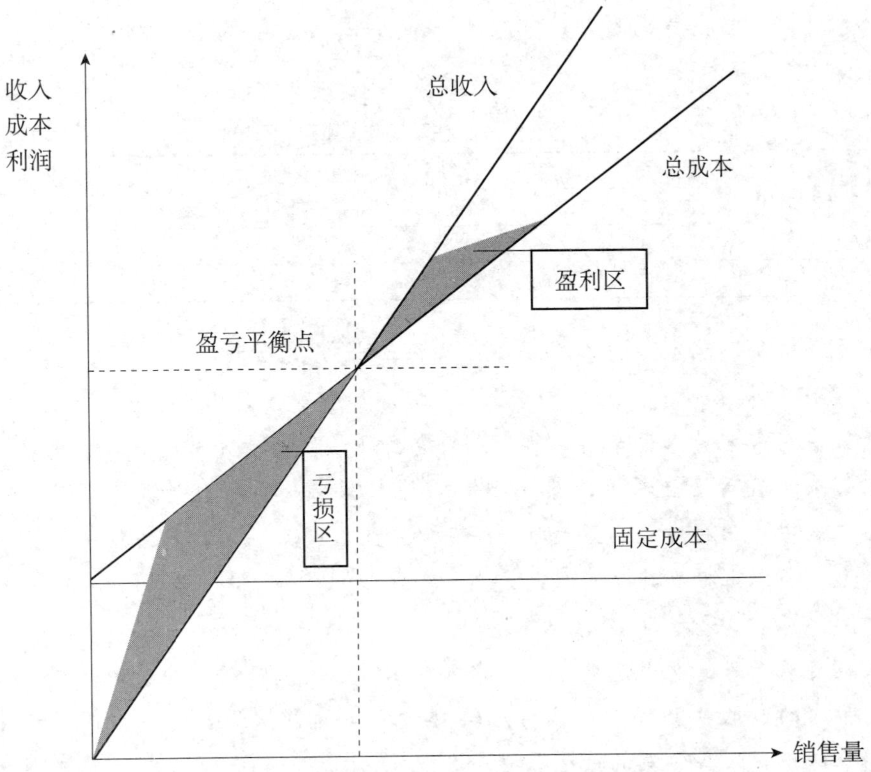

图 2-2 盈亏平衡分析图

例 2-1

某企业生产A产品，单价为2 000元/件，固定总成本为24 000元，单位变动成本为800元/件，则

$$Q^{*}=\frac{24\,000}{2\,000-800}=20(\text{件})$$

$$R^{*}=\frac{24\,000}{1-\dfrac{800}{2\,000}}=40\,000(\text{元})$$

（二）不确定型决策方法

决策者遇到的更加普遍的情况是存在风险（risk）。如果决策问题涉及的条件中有些是未知的，对一些随机变量，连它们的概率分布也不知道，这种情况称为不确定性（uncertainty），这类决策问题称为不确定型决策。这时，决策者在不确定情况下进行方案的选择，主要取决于决策者的经验和主观判断。不确定型决策选择哪种方案，在很大程度上取决于决策者的风险价值观，下面通过一个例子介绍几种不确定型决策方法。

例 2-2

某企业为了开发一种新产品，有三种方案可供选择：新建生产线、改进生产线、外包生产。产品销路有三种可能性：销路好、销路一般、销路差。各种方案的收益在表2-2中给出。

表2-2　企业产品生产各方案在不同市场情况下的收益　单位：万元

方案	销路好	销路一般	销路差
新建生产线	380	150	−110
改进生产线	270	100	−40
外包生产	100	70	10

常用的解决不确定型决策的方法有以下三种。

1. 大中取大法

决策者对未来持乐观态度，认为未来会出现最好的情况。决策时，对各种方案都按它带来的最高收益考虑，然后比较哪种方案的最高收益最高，简称大中取大法。在本例中，三种方案的最大收益分别为380，270，100，其中第一种方案对应的值最大，所以选择新建生产线的方案。

2. 小中取大法

决策者对未来持悲观态度，认为未来会出现最差的情况。决策时，对各种方案都按它带来的最低收益考虑，然后比较哪种方案的最低收益最高，简称小中取大法。在本例中，三种方案的最小收益分别为−110，−40，10，其中第三种方案对应的值最大，所以选择外包生产的方案。

3. 最小最大后悔值法

决策者在选定方案后，如果条件改变，其他备选方案会取得更好的收益，企业将遭受机会损失，决策者会因此而后悔。由此产生了最小最大后悔值决策方法，其步骤是：

第一步，计算每个方案在每种情况下的后悔值，定义为：

$$后悔值=\begin{matrix}该情况下的各方案\\中的最大收益\end{matrix}-\begin{matrix}该方案在该\\情况下的收益\end{matrix}$$

第二步，找出各方案的最大后悔值。

第三步，选择最大后悔值最小的方案。

表2-3给出了各方案在各种市场情况下的后悔值，最右边一列给出了各方案的最大后悔值，分别为120，110，280，其中第二种方案对应的最大后悔值最小，所以选择改进生产线的方案。

表2-3　企业产品生产各方案在不同市场情况下的后悔值　单位：万元

方案	销路好	销路一般	销路差	各方案的最大后悔值
新建生产线	0	0	120	120
改进生产线	110	50	50	110
外包生产	280	80	0	280

（三）风险型决策方法

如果决策问题涉及的条件中有些是随机因素，它们虽然不是确定性的，但决策者有来自过去经验或二手信息的历史数据，并据此知道特定结果的概率分布，这类决策称为风险型决策。常用的风险型决策方法有最大期望收益法和决策树法。

1. 最大期望收益法

最大期望收益法是选择期望收益最大的方案（见例2-3）。

例 2-3

某企业打算生产某产品。根据市场预测分析，产品销路有三种可能性：销路好、销路一般、销路差，这三种情况出现的概率分别为0.3，0.45，0.25。生产该产品有三种方案：新建生产线，改进生产线，外包生产。各种方案的收益值在表2-2中给出。

解：依据概率论知识，可以求出三种方案对应的期望收益。

$$E_{新建}=380\times0.3+150\times0.45-110\times0.25=154(万元)$$

$$E_{改进}=270\times0.3+100\times0.45-40\times0.25=116(万元)$$

$$E_{外包}=100\times0.3+70\times0.45+10\times0.25=64(万元)$$

显然，第一种方案对应的期望收益最大，所以选择新建生产线的方案。

2. 决策树法

决策树法是以决策收益表为依据，通过计算和比较各个方案的损益值，借助树枝图形，利用修剪方案枝的方法找出最优方案。由于每个决策或事件（即自然状态）都可能引出两个或多个事件，导致不同的结果，把这种决策分支画成图形很像一棵树的枝干，故称决策树。

决策树的构成要素有决策节点（方块节点）、状态节点（圆形节点）、方案枝、概率枝。由决策节点引出若干条细支，每条细支代表一个方案，称为方案枝；由状态节点引出若干条细支，表示不同的自然状态，称为概率枝。每条概率枝代表一种自然状态。在每条细枝上标明客观状态的内容及其出现概率。在概率枝的末端标明该方案在该自然状态下所达到的结果（收益值或损失值）。这样树形图由左向右、由简到繁展开，组成一个树状网络图。

决策树法的决策程序如下：第一步，绘制树状图，从左往右绘出决策节点，根据方案的个数绘出方案枝，方案枝上标明方案的内容。然后在方案枝末端绘出状态节点，根据自然状态的个数，引出概率枝，在概率枝上标明自然状态及概率值。最后在概率枝末端标明不同自然状态下的期望值。第二步，进行剪枝，计算并比较各个方案的期望损益值，将期望损益值小的方案剪掉，所剩的最后方案即为最佳方案。

例 2－4

某企业根据市场预测分析，明年的销路有两种可能：销路好和销路一般，两种情况出现的概率分别为0.6和0.4。为适应市场需求可能的变化，企业在今年第四季度有两种方案可供选择：新建生产线以满足销路好的需求，改进生产线以满足销路一般的需求。如果今年没有新生产线，到明年市场需求旺盛，企业还可以采取两种方案：紧急安装新生产线；加班生产和外包。各种方案的收益值如表2－4所示。

表2－4　　各种方案在不同市场情况下的收益　　单位：万元

项目	销路好	销路一般
新建生产线	4 000	－300
改进生产线		700
紧急安装新生产线	1 800	
加班生产和外包	2 200	

图2－3是解这一问题的决策树。图中的矩形节点称为决策节点，节点A代表今年的决策，节点B代表明年的决策，从决策节点引出的分支称为方案枝；圆形节点称为状态节点，从状态节点引出的分支称为状态枝，图2－3中标出了相应的概率和收益值。

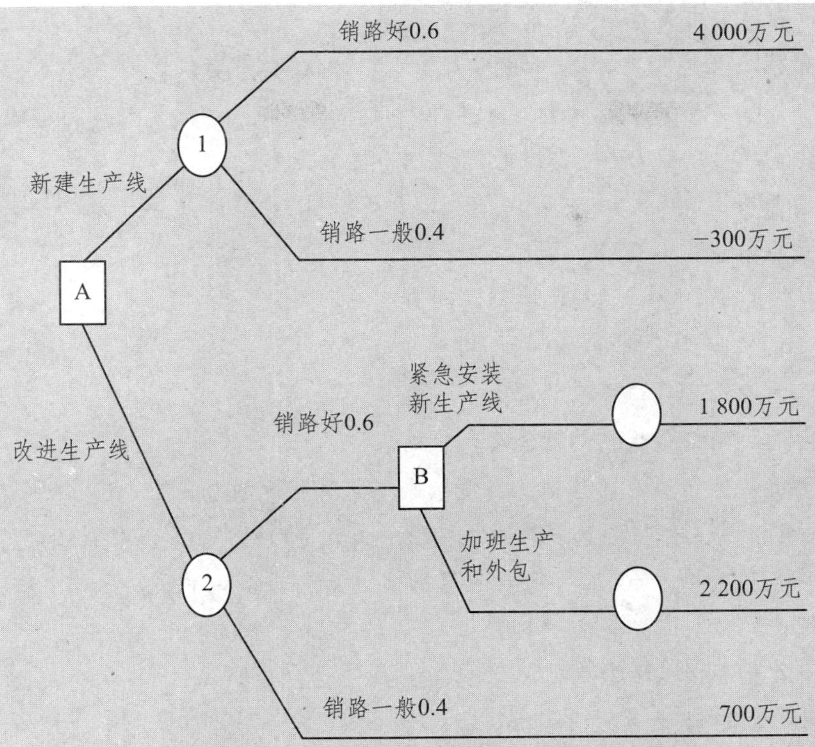

图 2-3 用决策树解多阶段生产规模问题

求解的次序是从决策树的末端开始，基本步骤如下：

(1) 先遇到决策节点 B，取从该决策节点出发的方案枝中的最大值，作为该决策节点的值。

决策节点 B 的值=max(1 800，2 200) =2 200(万元)

(2) 遇到状态节点，依据各种状态的概率计算期望收益。

状态节点 1 的期望收益 E_1= 0.6×4 000+0.4×(−300)= 2 280(万元)

状态节点 2 的期望收益 E_2= 0.6×2 200+0.4×700= 1 600(万元)

(3) 在决策节点 A，比较两个方案枝相连的两个状态节点上的期望收益。

状态节点 1 的期望收益为 2 280 万元，状态节点 2 的期望收益为 1 600 万元。取其中最大的作为采用的方案。

最后得到的决策方案是：今年新建生产线，这种方案的期望收益是 2 280 万元。

选择题（有一个或多个选项是正确的）

1. 下列选项中不属于企业短期决策的是（　　）。

A. 投资方向的选择　　B. 人力资源的开发

C. 组织规模的确定　　D. 企业日常营销

2. 决策者只寻求满意结果的原因有（　　）。

A. 只能满足于在现有方案中寻找　　B. 决策者缺乏能力

C. 选择最佳方案需要花大量的时间和金钱　　D. 决策者只需要有满意的结果

3. 通过（　　）等方法可以提出富有创造性的方案。

A. 独自思考　　B. 头脑风暴法

C. 名义小组法　　D. 德尔菲法

4. 过去的决策会影响现在的决策是因为（　　）。

A. 过去的决策是正确的

B. 过去的决策是目前决策的起点

C. 过去的决策都是现在的管理者制定的

D. 过去的决策给组织内外部的环境带来了某种程度的变化

5. 喜好风险的人往往会选取风险程度（　　）而收益（　　）的行动方案。

A. 较高，较高　　B. 较高，较低

C. 较低，较低　　D. 不确定

6. 头脑风暴法的实施原则有（　　）。

A. 对别人的建议不做任何评价

B. 建议越多越好，想到什么就说什么

C. 鼓励每个人独立思考

D. 可以补充和完善已有的建议使它更具说服力

7. 决策是工作和日常生活中经常要进行的活动，但人们对其含义的理解不尽相同。你认为以下比较起来最正确的理解是（　　）。

A. 出主意　　B. 拿主意

C. 既出主意又拿主意　　D. 评价各种主意

8. 某大学 MBA 班同学在国庆长假前纷纷向班委会成员提出建议，让班委会组织同学在假期搞一次旅游活动，以增进同学的相互了解和友谊。班长早就有这个想法，一看同学们积极性这么高，立即召集班委会成员研究一个似乎是很简单的问题：到什么地方去旅游？开会时大家七嘴八舌，讨论了半天也没有取得任何收获。最后的结果是国庆长假中大家各奔东西，没有组织成任何活动。根据经验，你认为造成这种情况最主要的原因是（　　）。

A. 班长缺乏主见，没能有效地坚持自己的意见和看法

B. 班委会成员之间存在矛盾，互不服气

C. 会议程序控制不当，方案的提出与方案的评价同时进行，相互干扰和抑制

D. 班委会成员都过分坚持自己的观点，不向他人让步

9. 现有两个所需代价相同的投资方案，其成败的可能性与损益情况如下表所示。以下说法中正确的是（　　）。

方案	情形			
	成功		失败	
	获利	可能性	损失	可能性
1	100万元	60%	50万元	40%
2	500万元	60%	650万元	40%

A. 由于这两个方案都有40%的可能失败，因此均不可能获利

B. 方案2的经营风险要比方案1大

C. 这两个方案的获利期望值都是40万元，所以没有什么差别

D. 方案2成功时可获利500万元，由此可见，方案2要比方案1好

10. 一位经济学者指出，生活中遇到的一切问题都涉及“成本”问题。例如，向前迈一步的成本是不能退一步，快乐的成本是失去另一种快乐；撒谎的成本是还得撒一个更大的谎，诚实的成本是常常吃亏；偷懒的成本是失去工作，勤劳的成本是引来嫉妒；学习的成本是寂寞，思考的成本是孤独；清高的成本是失群，随和的成本是被轻视；权力的成本是义务，享乐的成本是虚度……从管理的角度看，上述说法反映出（　　）。

A. 决策两难问题

B. 科学性和艺术性问题

C. 正确地做事还是做正确的事的问题

D. 成本和利润问题

11. 某上市公司拟收购一家企业，公司总经理责成战略规划部负责收集潜在收购对象的信息，供董事会和高层经理决策参考。战略规划部经过调研，确定了六家可供选择的收购对象，并提供了每一家潜在收购对象详尽的财务、技术、市场、管理等方面的分析报告。董事会开过两次会议之后，形成三种不同的意见。一部分人赞同收购甲企业，一部分人赞同收购乙企业，还有一部分人赞同收购丙企业。三家企业各有特点，虽多次开会，仍难以达成一致。在下述原因中，最可能的是（　　）。

A. 决策层内部不团结，存在利益冲突与权力斗争

B. 没有明确收购目标和收购的约束条件，造成不同的人用不同的标准评价不同的方案

C. 董事长或总经理对企业控制能力弱，无法掌控局面

D. 战略规划部提供的信息有倾向性，致使董事会难以识别真相

12. 在某产品的量本利关系图中，如果先是产品单价递增而其他生产经营条件保持不变，然后是固定费用递增而其他生产经营条件保持不变。在这样的情况，盈亏均衡点Q的变动是（　　）。

A. 先左移，后右移

B. 先左移，后左移

C. 先右移，后右移

D. 先右移，后左移

13. 某企业集团拟投资开发新产品，现有两个方案，假定其开发费用相同。开发甲产品，估计投产后市场竞争不激烈时每年可获利150万元，市场竞争激烈时每年要亏损50万元。开发乙产品，估计投产后无论市场竞争激烈与否，每年均可获利70万元。根据预测，这两种拟开发的产品投产后，出现市场竞争不激烈情况的概率为0.6，出现市

场竞争激烈情况的概率为0.4。如果只能在这两个方案中选一个，你的评价是（　　）。

A. 开发甲产品比开发乙产品好　　B. 开发乙产品比开发甲产品好

C. 开发甲产品与开发乙产品没什么差别　　D. 根据以上资料尚无法下结论

14. 企业面临的境况日益复杂多变，企业的决策越来越难以靠个人的智力与经验来应付了，因此现代决策应该更多地依靠（　　）。

A. 多目标协调　　B. 集体智慧

C. 动态规划　　D. 下级意见

15. 相对于个人决策而言，群体决策既有优点，也存在比较明显的缺点。因此，必须根据所做决策的具体情况，决定采用相应的决策方式。以下几种情况中，通常不采取群体决策方式的是（　　）。

A. 确定长期投资于一种股票　　B. 决定一个重要副手的工作安排

C. 选择某种新产品的上市时机　　D. 签署一项产品销售合同

16. 以下几项管理业务中，（　　）应由企业总经理亲自处理和拍板。

A. 关于公司各部门办公电脑的分配方案

B. 对一位客户投诉的例行处理

C. 对一家主要竞争对手突然大幅削价做出反应

D. 对一位公司内部违纪员工按规章进行处理

17. 你正面临是否购买某种奖券的决策。你知道每张奖券的售价以及该期共发行奖券的总数、奖项和相应的奖金额。在这样的情况下，该决策的类型是（　　）。加入（　　）信息以后，该决策将变成一个风险型决策。

A. 确定型决策；各类奖项的数量

B. 风险型决策；不需要加其他信息

C. 不确定型决策；各类奖项的数量

D. 不确定型决策；可能购买该奖券的人数

18. 在管理决策中，许多管理人员认为只要选取满意的方案即可，而无须苛求最优的方案。对于这种观点，你认为以下解释中最有说服力的是（　　）。

A. 现实中不存在所谓的最优方案，所以选中的都只是满意方案

B. 现实管理决策中常常由于时间太紧而来不及寻找最优方案

C. 由于管理者对什么是最优决策无法达成共识，只有退而求其次

D. 刻意追求最优方案，常常会由于代价太高而最终得不偿失

19. 历史上，福特公司在向市场投放经济实用的艾德舍尔型汽车之前，曾花大力气收集了可能得到的大量统计数据。所有数据都显示，这种型号的汽车正是市场所需要的。可当时顾客购买汽车从量入为出转为凭爱好购买这一情况的变化却被忽略了。在这种变化被数字统计捕获到时，为时已晚——福特已经将这种型号汽车投放市场且遭遇惨重失败。这个实例说明（　　）。

A. 只要使用适当的统计方法，是能够预测到趋势中的各种转变的，福特公司因配

备的统计分析人员反应不灵敏而遭遇失败

B. 福特公司的失败主要是因为其市场研究人员过于倚重可量化的数字，由此阻碍了他们去觉察现实中出现的变化

C. 依赖量化信息的收集和处理是理性决策法优越于经验决策法的主要方面，福特公司的失败就在于没有摈弃传统的经验决策法

D. 就一项重大决策的质量而言，信息收集中的问题与信息处理中的问题相比较，后者所起的作用更为重要，福特公司的实例就有力地说明了这一点

20. 有一种说法认为“管理就是决策”，这实际上意味着（　　）。

A. 对于管理者来说只要善于决策就一定能够获得成功

B. 管理的复杂性和挑战性都是由于决策的复杂性而导致的

C. 决策能力对于管理的成功具有特别重要的作用

D. 管理首先需要的就是面对复杂的环境做出决策

简答题

1. 决策的含义、原则、依据各是什么？
2. 试述头脑风暴法的内容。
3. 试述德尔菲法的内容。
4. 风险型决策与不确定型决策有哪些区别？
5. 决策树的要素有哪些？

案例分析 2-1

黄光裕如何决策

国美创始人黄光裕是如何决策的呢？

对少年时期就闯荡江湖的黄光裕来说，商道成长的轨迹就是：通过360度地汲取周边的商业灵感和精华，最终形成决策的黄氏风格。所谓黄氏风格，就是以竞争为导向，以打击对手为目的，比如并购永乐。其实黄光裕本人对于这样的投资决策并不是很熟悉，何况是这样动辄上亿元的手笔、刀锋上的商业决策。他依仗的是背后的智囊团队将资本运作的操作手法提供给他，黄本人会仔细倾听，之后详细询问，尤其是对某些细节，问明白之后，才会做出决策。

在国美内部，有一个叫作“决策委员会”的机构。这个机构由7人组成，都是资历与功劳的公司高管，多是来自公司的业务部门和职能部门的关键人物，以机构的形式替代创始人的部分经营者权力。同时，国美设置了两个研究部门用以辅助决策，一个是偏重外部宏观研究和公司战略的发展研究室，另一个是偏重内部经营管理持续优化改进的经营管理研究室。

国美80%的决策授权转交给了决策委员会，几乎涵盖了所有日常的和战术性的决

策。决策委员会按少数服从多数的机制运作。事实上，集团的决策委员会人数并非僵化地固定为7人，这个数字往往会增加少许。据悉，国美的决策体系由四部分组成：董事会主席、集团总裁、决策委员会和常务副总裁。7人的决策委员会只负责内部运营，而资本运作的体系与内部运营体系是分开的。对于这些决策，黄光裕通过一些国美的项目牵线，更多地倚重国际投行及顶尖咨询公司，包括美林证券、摩根士丹利、波士顿咨询集团、高盛等。

黄光裕说："专业的事情可以通过专业的机构去完成，并不一定都需要自己去做。"早年黄光裕并没读过多少书，仅有初中学历。但几年下来，当他谈起并购、重组、财务、金融上的问题时，俨然是专业水准。"黄很有宏观思路，在资本运作方面，不是天才，就是刘备型的。"跟他熟悉的人大多这么说。对黄光裕来说，经商智慧的来源可以是每天接触的每一位朋友，黄光裕并不言必称韦尔奇，也没有将李嘉诚等任何人作为商业偶像。他能够从经常交往的朋友身上学。"我觉得每一个人都是我的老师，我信奉一点，每一个人都有对和错，但在别人身上错的在你身上并不一定会错，在别人身上对的在你身上也并不一定对。"黄光裕说，"向一个人学习与向几百号人、上千号人学习，你说哪样学得多？"

黄光裕还表现出超乎常人的出色的学习能力，他虽然不懂资本市场的事情，但什么事情专业人士只要跟他说一遍，他就完全懂了。最终，国美就形成了管理决策集中、经营决策分散的稳定与灵活柔性结合的风格。

资料来源：黄光裕的江湖决策基因．(2008-06-18). http：//www. ceconlinebbs. com/FORUM_POST_900001_900055_890011_0. HTM.

思考题：

黄光裕在运用集体决策方法时有哪些可取之处？

案例分析2-2

有时需要杀伐果断

有一句业界流传的俗话：小事开大会，大事开小会，重大的事不开会。越重大的事，需要参加讨论的人越少。

那么，顶级的重大事务呢？只能老大跟自己开会。

所以，老大的独立思考和决策能力必须足够。有些事是不能跟别人商量的，比如企业的组织结构调整和上层人事调整。

一个成长性企业发展一段时间之后，老大发现公司的直线职能制组织结构对业务开展掣肘很大，决定把结构调整为事业部制。他试探性地跟副总经理和部门经理探讨，发现阻力很大。这样的调整对很多经理来说，首先想的不是调整后业务会怎样，而是我会坐上什么样的位置。

在中国这种"官本位"的文化环境中，大家有这样的想法，一点儿都不奇怪。

不仅如此，公司还会出现各种各样的谣言，有说要裁人的，有说要精简的，还有说谁跟谁要合并的，不一而足。

公司里弥漫着不安定的气氛，更有一些喜欢挑事儿、喜欢热闹、唯恐天下不乱的人，借此机会，搬弄是非。

询问一圈，老大发现这样“民主”下去，不但办不成事，还会有无穷的麻烦。

老大花了两个月的时间，研究市场状况、公司情况、每个可能涉及的人的情况，尤其是调整可能会给一些关键人员带来的问题，甚至考虑这样的调整会使哪些人离开，离开之后的解决方案是什么，等等。

两个月之后，大家已经忘记调整这件事，回归到正常状态，老大突然宣布了机构调整方案，并在一天的时间里和所有关键人员一一对话，决定去留。

整个机构调整和人事安排在三天之内完成。

很快，工作回到正常轨道。

老大不但用最小的代价完成了一件大事，而且在下属心里树立“杀伐果断”“有霸气”的印象，服气的人更加服气，不服气的人也变得服气。

关乎公司战略的大问题，最考验领袖的独立思考能力。

领袖和领导的区别在于，领导和下属站在同一个台阶，或是高出一个半个台阶；领袖则高出几个台阶。领袖要高瞻远瞩，因为站得高，所以能够看到许多别人看不到的东西。你和别人讨论他完全看不到的东西时，基本上就是对牛弹琴，不谈也罢。搞不好你本来看得很高，结果讨论下来，被他拉下水也说不定。

你没法在大事上跟别人商量，只能“独断”。在别人不能理解时，你只能“专行”，坚定地走你选择的路。俗话说：“听蝲蝲蛄叫，还不种庄稼了？”

独断专行，并不意味着谁的意见都不听，能和你站在同样高度的人的意见是要听的，尤其是要听那些站得更高的人的意见。

当年，朱元璋的经典战略“高筑墙、广积粮、缓称王”，就是谋士朱升提议的。关键在于，不管谁给你建议，在下属面前，你的决定就是你的。

资料来源：刘博．有时需要杀伐果断．特别关注，2014（10）.

思考题：

1. 业界流传这样一句话：“越重大的事，需要参加讨论的人越少。那么，顶级的重大事务呢？只能老大跟自己开会。”这是否意味着本章所学的头脑风暴法、德尔菲法、名义小组法等集体决策方法并没有什么实际意义？谈谈你对此的看法。

2. 文中谈到“领袖要高瞻远瞩，因为站得高，所以能够看到许多别人看不到的东西。你和别人讨论他完全看不到的东西时，基本上就是对牛弹琴，不谈也罢。”这是否意味着管理者特别是高层管理者跟下属的沟通不重要？谈谈你的看法。

第3章

计　划

计划过程是决策的组织落实过程。计划可以按照从抽象到具体划分为一种层次体系，其中最抽象的计划是使命，它阐述一个公司存在的目的和理由；最具体的计划是预算，它是数字化的计划。计划的编制应遵循一定的步骤。计划实施方法主要有目标管理、滚动计划法和网络计划技术等。

第1节　计划概述

一、计划的含义

"计划"（plan）有名词和动词之分。名词的计划是指用文字或指标等形式所表述的，在未来一定时期内组织以及组织内不同部门和不同成员，关于行动方向、内容和方式安排的管理文件。它告诉人们为实现既定目标需要在什么时间，由什么人，采取什么方法，去开展什么活动以最终实现既定的目标。动词的计划又称计划工作，是指在时间和空间两个维度上进一步分解任务和目标，选择任务和目标的实现方式，规定进度，检查与控制行动结果等。无论在名词意义上还是动词意义上，计划的内容都包括"5W1H"，计划必须清楚地确定和描述这些内容：

（1）Why——在了解原因的基础上明确目标；

（2）What——任务；

（3）Who——实施者、监督者；

（4）When——开始时间、结束时间、计划期内各项任务的起止时间；

（5）Where——地点；

（6）How——预算、实现目标的主要矛盾及其解决方法。

二、计划与决策

计划与决策是相互联系的。决策是计划的前提，计划是决策的逻辑延续。决策为计划的任务安排提供了依据，计划则为决策所选择的目标活动的实施提供了组织保证。在实际工作中，决策与计划是相互渗透的，有时甚至是不可分割地交织在一起的。决策制定过程中，不论是对内部优势或劣势的分析，还是在方案选择时对各方案执行效果或要求的评价，实际上都孕育着决策的实施计划。反过来，计划的编制过程既是决策的组织落实过程，也是对决策更为详细的检查和修订过程。

三、计划的类型

因为人类管理活动的复杂性和多元性，计划的种类也随之复杂和多样。根据不同的标准，计划可以分为不同的类型。

（一）按照计划的时间期限

按照时间期限，计划可以分为长期计划、中期计划和短期计划。在传统的时间范围上，一般长期计划是指五年以上的计划；中期计划是指一年以上五年以内的计划；短期计划是指一年及一年以内的计划。当然，现代社会的组织面临的内外部环境变化越来越快，对于计划的时间期限也不再局限于上述传统的划分。通常长期计划主要是方向性和长远性的计划，它主要回答的是组织的长远目标与发展方向以及大政方针方面的问题，通常以工作纲领的形式出现；中期计划是根据长远计划制定的，它比长期计划详细、具体，是考虑了组织内部与外部的条件与环境变化情况后制定的可执行计划；短期计划则比中期计划更加详细、具体，它是指导组织具体活动的行动计划，一般是中期计划的分解与落实。在管理实践中，长期计划、中期计划和短期计划必须有机地衔接起来，长期计划要对中期计划、短期计划具有指导作用，而中期计划、短期计划的实施要有助于长期计划的实现。

（二）按照计划对执行者的约束程度

按照对执行者的约束程度，计划可分为指令性计划和指导性计划。指令性计划是由上级主管部门向下级下达的具有行政约束力的计划，目标与具体措施明确，具有很强的可操作性。指令性计划一旦下达，下级单位必须遵照执行，并且要调动一切资源予以保障。指导性计划与之相反，不具有严格的约束力，一般规定具有参考性的目标、方向、方针和政策。指导性计划下达之后，执行单位可以根据自己的实际情况自行决定如何执行。

（三）按照计划内容的综合性程度

计划可按照其所涉及的活动内容分成综合计划、专业计划与项目计划。其中综合计划一般会涉及组织内部许多部门和许多方面的活动，是一种总体性的计划。专业计划则是涉及组织内部某个方面或某些方面活动的计划，例如，企业的生产计划、销售计划、财务计划等。项目计划通常是组织针对某个特定课题制定的计划，例如，某种新产品的开发计划、某项工程的建设计划等。

（四）按照计划内容的抽象与具体程度

哈罗德·孔茨和海因茨·韦里克从抽象到具体把计划分为一种层次体系：使命、目标、战略、政策、程序、规则、方案、预算[①]，如图3－1所示。下面简要分析各种层次的计划。

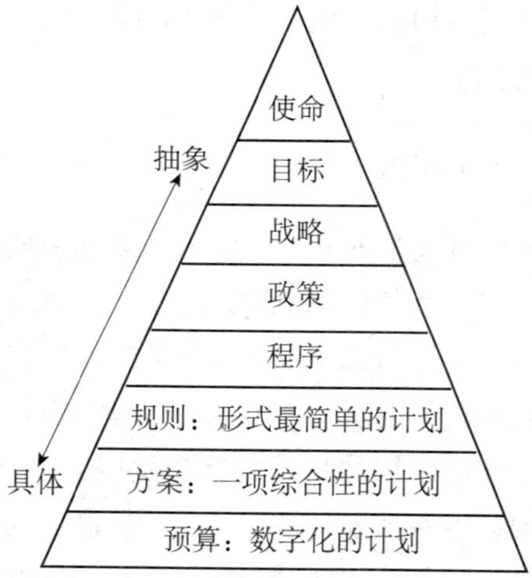

图3－1　计划的层次体系

1. 使命

企业使命（mission）是企业存在的目的和理由。使命是对组织目的的宽泛陈述，对组织成员认为什么是重要事项提供一种总体指导。使命陈述应遵循“一含三不”原则。“一含”是指使命应该富含社会责任感。“三不”是指不宜太宽泛，否则别人看到该使命陈述后仍不清楚企业到底是哪个行业、做什么的；不宜太狭窄，太狭窄会束缚企业业务的拓展；不要与口号混淆。

下面列举几个组织的使命陈述，如表3－1所示。

① 哈罗德·孔茨，海因茨·韦里克：管理学：第9版．北京：经济科学出版社，1993：70.

表 3-1 企业使命陈述的例子

企业名称	使命陈述
迪士尼	让人们快乐
沃尔玛	让普通百姓买到有钱人用的东西
微软	致力于提供使工作、学习、生活更加方便、丰富的个人电脑软件
麦肯锡	帮助杰出的企业和政府更加成功
玫琳凯	为女性提供无限机会
索尼	体验发展技术造福大众的快乐
惠普	为人类的幸福和发展做出技术贡献
耐克	体验竞争、获胜和击败对手的感觉
中国移动	创无限通信世界，做信息社会栋梁
华为	聚焦客户关注的挑战和压力，提供有竞争力的通信解决方案和服务，持续为客户创造最大价值

2. 目标

目标是人们期望获取的成果。组织的使命往往太抽象，太原则化，需要进一步具体化为组织一定时期的目标和各部门的目标。组织的使命支配着组织各个时期的目标和各部门的目标，并且组织各个时期的目标和各部门的目标是围绕组织存在的使命制定的。比如大学的使命是教书育人，其在完成使命时会进一步具体化为不同时期的目标和各院系的目标，比如最近3年培养多少人才、发表多少篇论文等。

每位管理人员都要制定目标，但处于不同组织层级的管理人员所关注的目标是不同的，进而可以把目标分成四个层次，其中宗旨和使命是最高层次的，由董事会负责制定；高层管理者主要负责制定战略，战略是指导全局和长远发展的方针，涉及发展方向以及资源分配方针等；中层管理人员主要负责制定战术目标；基层管理人员则负责制定具体作业目标，如图3-2所示。

3. 战略

战略是组织为了适应竞争性环境，谋求长期的生存和发展而做的一种整体性计划。[①] 战略的目的是通过一系列的政策来决定和传达企业期望成为什么样的组织。

4. 政策

政策（policy）是指导或沟通决策思想的全面的陈述书或理解书。不是所有政策都是陈述书，政策也常常会从主管人员的行动中侧面反映出来。比如，主管人员处理某问题的习惯方式往往会被下属作为处理该问题的模式，这就是含蓄的、潜在的政策。

---

① 王迎军，柳茂平．战略管理．天津：南开大学出版社，2003：11.

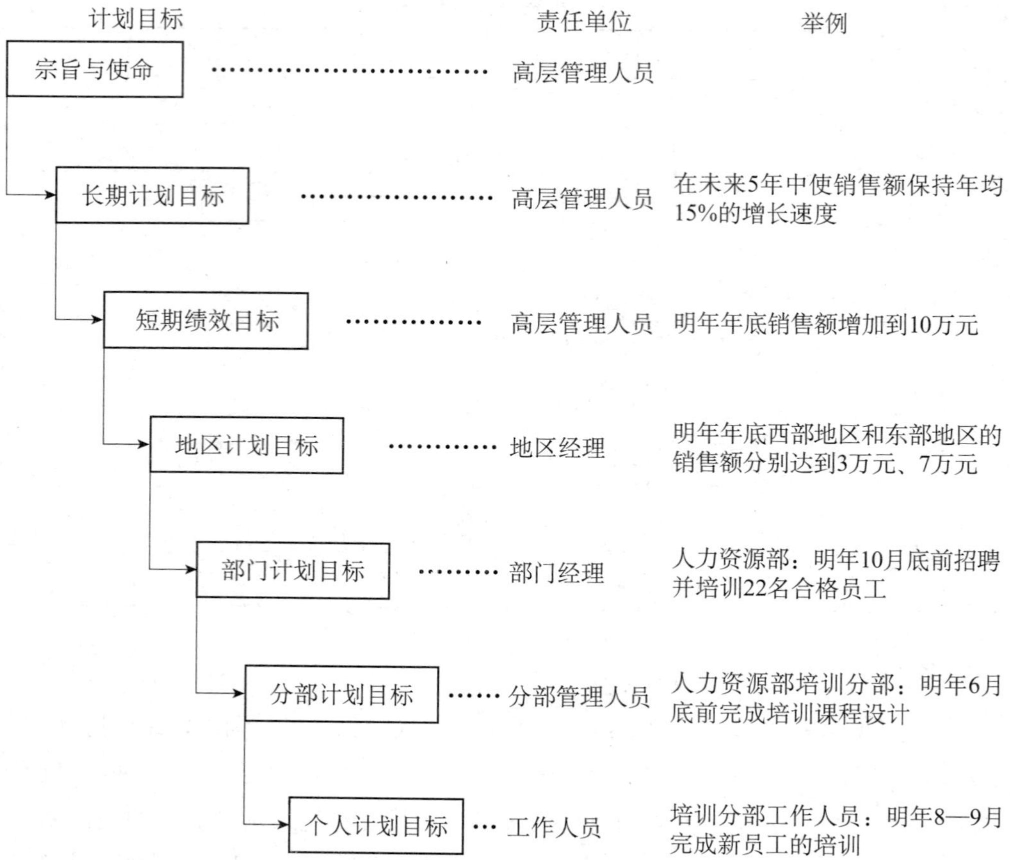

图3－2　不同层次计划目标示例

政策为管理者建立了综合参考，而不是特别说明什么该做、什么不该做。通常，政策包含模糊的措辞，留给管理者解读的空间。政策允许对某些事情有酌情处理的自由，一方面我们切不可把政策当作规则，另一方面我们又必须把这种自由限制在一定的范围内。自由处理权限的大小一方面取决于政策本身，另一方面取决于主管人员的管理艺术。以下是一些政策陈述的例子：

- 顾客始终是第一位的，我们应当始终保证顾客满意。
- 只要有可能，我们就实行内部晋升制。
- 员工薪酬应该具有竞争力。

注意，“满意”“只要有可能”“有竞争力”这些词语要求进一步解读。例如，“支付有竞争力的薪酬”虽然没有告诉公司的人力资源经理到底应该支付多少工资，但是会指导他们做出决策。

5. 程序

程序（procedure）是管理者应对结构化问题的一系列连续步骤。它详细列出完成某类活动的切实方式，并按时间顺序对必要的活动进行排列。它与战略不同，是行动的指南而非思想的指南。它与政策不同，没有给管理者自由处理的权力。在实际工作中，程序往往表现为组织的规章制度，比如，企业会计部门记载往来业务的程序。组织中每个部门都有程序，基层的程序更加具体，数量也更多。

6. 规则

规则（rule）是告诉管理者能做什么和不能做什么的明确声明。规则没有酌情处理的余地。规则是形式最简单的计划。由于规则很容易遵守，能确保一致性，因此被广泛运用。例如，有关迟到和缺勤的规则使管理者能够快速公正地做出决策。

阅读材料

分粥

有一个由七个人组成的小团体，其中每个人都是平凡且平等的，但免不了自私自利。他们想通过制定制度来解决每天的吃饭问题——每天要分食一锅粥，但并没有称量用具，大家试验了不同的方法。

方法一：指定一个人负责分粥事宜。很快大家就发现，这个人为自己分的粥最多。于是又换了一个人，结果总是主持分粥的人碗里的粥最多、最好。阿克顿勋爵得出的结论是：权力会导致腐败；绝对的权力会导致绝对的腐败。

方法二：大家轮流主持分粥，每人一天。虽然看起来平等了，但是每个人在一周中只有一天吃得饱而且有剩余，其余六天都饥饿难耐。大家认为这种办法造成了资源的浪费。

方法三：大家选举一个信得过的人主持分粥。刚开始这位品德尚属上乘的人还能公平分粥，但不久他就开始为自己和溜须拍马的人多分。

方法四：选择一个分粥委员会和一个监督委员会，形成监督和制约。公平基本上做到了，可是由于监督委员会常提出种种议案，分粥委员会又据理力争，等分粥完毕，粥早就凉了。

方法五：每个人轮流值日分粥，但是分粥的那个人要最后一个领粥。令人惊奇的是，在这个规则下，七只碗里的粥每次都一样多。每个主持分粥的人都认识到，如果七只碗里的粥不相同，他确定无疑将享用那份最少的。

资料来源：王志勇．艾瑞克马斯金及其“机制设计理论”评析．(2009－06－18). http://www.chinavalue.net/Finance/Article/2009－6－18/181405.html.

7. 方案

方案是一个综合性的计划，它包括目标、政策、程序、任务分配、采取的步骤、要使用的资源，以及为完成既定行动方针所需的其他因素。

8. 预算

预算是一份用数字表示预期成果的报表。预算通常是为规划服务的，但其本身可能就是一项规划。

第 2 节 计划的编制与实施

一、计划的编制过程

任何计划的编制过程都是相似的，其包含的步骤依次是确定目标、确定计划的前提条件、拟定和选择可行性行动计划、制定派生计划、编制预算。

（一）确定目标

一般而言，确定目标包括三个方面：首先，要确定目标的内容和顺序；其次，要确定目标责任，把组织目标分解为各部门的分目标和每个员工的个人目标；最后，要确定适当的目标实现期限。

（二）确定计划的前提条件

确定计划的前提条件就是预想计划实施的未来环境。当然，并不是把未来所有的细节都描绘出来，这既是不现实的，也是不经济的，而是把那些对计划具有关键性战略意义的条件进行假设并取得共识。

（三）拟定和选择可行性行动计划

拟定和选择可行性行动计划包括三个内容：拟定可行性行动计划、评估计划和选择计划。拟定可行性行动计划阶段，需要集思广益，充分利用组织内外的专家，产生尽可能多的行动计划，这样被选计划的相对满意度会更高。评估计划可以用定性的方法，也可以用定量的方法。评估计划时要认真考量其总体效益，既要考虑到有形的可以量化的因素，也要考虑到无形的无法量化的因素，如计划实施可能带来的潜在的、间接的损失等。选择计划不是在众多计划中选取某一项作为执行计划即可，而是按照各计划的评分进行排序，形成一个从高到低的优先次序。一般，把评分最高的作为首选计划，至少再选取一个作为后备计划。

（四）制定派生计划

选择、确定的计划一般都是组织的主体计划，为了使之具有更强的针对性与可操作性，还需要制定一系列的派生计划予以支持和保障。

（五）编制预算

编制预算就是把计划数字化，其实质上就是对组织的资源进行分配。一方面，编制预算可以进一步平衡各类计划，更好地配置组织的资源；另一方面，这也是衡量计划执行的一种工具，成为管理者重要的控制依据。

二、计划的实施

实践中计划的组织实施行之有效的方法主要有目标管理、滚动计划法和网络计划技术。

（一）目标管理

1. 目标管理的含义

目标管理（management by objectives，MBO）由彼得·德鲁克在 20 世纪 50 年代提出，经过发展逐渐成为普遍采用的系统制定目标并进行管理的有效方法。

目标管理的重点是让组织中的各层管理人员都与各自的下属围绕下属的工作目标以及如何达成这些目标进行充分的沟通。[①] 目标管理的基本假设是组织中的全体人员都必须而且能够亲自参加制定目标和实施计划，在工作中实施自我控制，并努力完成各自的工作目标。由于它特别适用于对各级管理人员的管理，因此被称为“管理中的管理”。

目标管理之所以能行之有效，主要在于它有科学的理论依据。从彼得·德鲁克的著作中可以看出，目标管理的理论依据主要有三个方面：一是组织及其管理工作必须有目标。“组织的使命必须转化成目标”，“一个领域没有特定的目标，这个领域必然会被忽视”。二是组织中的各种目标之间在方向上必须高度一致。“没有方向一致的分目标来指导每一个人的工作，则组织的规模越大、人员越多，发生冲突和浪费的可能性就越大。每个管理人员和普通员工的分目标就是组织总体目标对他的要求，同时也是每个管理人员和普通员工对组织总目标的贡献。”三是组织总体目标的达成取决于自下而上的层层保证。“只有每个管理人员和普通员工都完成了自己的分目标，整个组织的总目标才有完成的希望，组织中的管理人员对下级进行考核和奖惩也要根据这些分目标。”目标管理体系示意图如图 3－3 所示。

2. 目标管理的实施

实施目标管理，包括三个阶段：

（1）第一阶段——目标确立阶段。包括确定组织的总体目标、部门和个人的分目标。总体目标是组织在未来从事活动要达到的状况和水平，其实现有赖于全体成员的共同努力。为了协调不同成员在不同时空的努力，各个部门的各个成员都要建立与组织目标相结合的分目标，这样就形成了一个以组织总目标为中心的目标体系。在制定每个部门和每个成员的目标时，上级要向下级提出自己的方针和原则，下级要根据上级的方针

---

① Gatewood R D，Taylor R R，Ferrell O C. Management：comprehension，analysis，and application. IRWIN Inc.，1995：263.

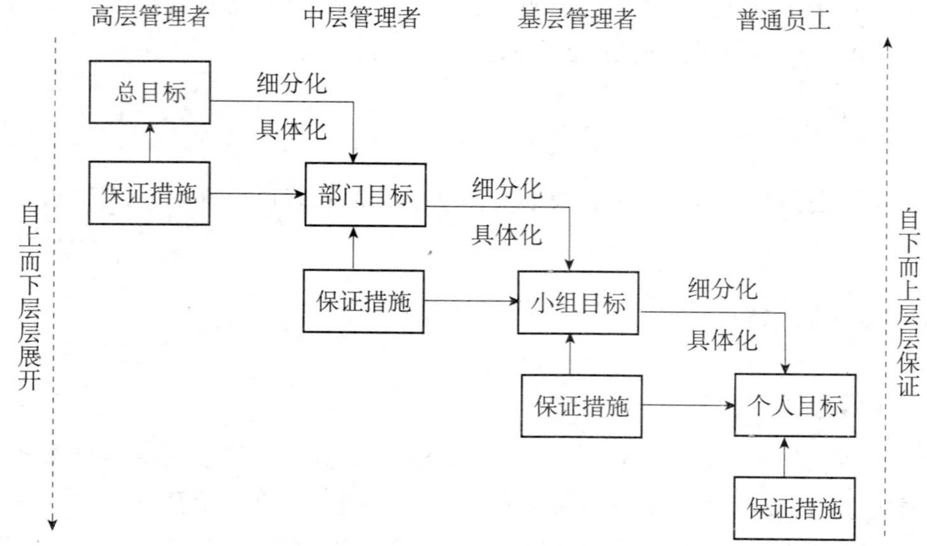

图3-3 目标管理体系示意图

和原则制定自己的目标方案，在此基础上进行协商，最后由上级综合考虑后做出决定。一般为了易于认识、理解、接受、执行和考核，制定目标需遵循SMART原则，即目标必须是具体化的（specific）、可衡量的（measurable）、可实现的（attainable）、具有相关性的（relevant）和具有时间期限的（time-based）。

（2）第二阶段——目标实施阶段。这一阶段的工作内容主要包括：对下级按照目标体系的要求进行授权，以保证每个部门和员工能独立地实现各自的目标；加强与下属交流意见，进行必要的指导，最大限度地发挥下属的积极性和创造性；严格按照目标及保证措施的要求从事工作；定期或不定期地进行检查，及时发现并解决问题。

（3）第三阶段——成果评价阶段。在达到预定期限时，上下级一起对目标的实施情况进行考核，客观地评价目标的完成情况，以目标完成情况为依据，按绩效状况奖惩，并找出取得成绩的原因和出现问题的教训，总结经验，为下一期目标管理工作的改进和提高奠定基础。

阅读材料

惠普的目标管理

惠普是美国著名的咨询科技公司、全球首屈一指的个人计算机生产厂商。在企业管理中，惠普以高效的“目标管理”著称。它的“目标管理”分为以下四个部分。

第一，设定目标。员工根据岗位职责和公司整体目标，与主管经理一起讨论并确定自身的阶段性目标。

第二，制定工作计划、方法、策略。在主管经理的指导下，员工细分阶段性目标，独立提出达成目标的策略和方法。这也是员工成长为合格领导者的关键步骤。

第三，定期进行“进展总结”。在这一过程中，主管经理、员工和业务团队一起，分析进度与目标的差距，寻找弥补差距、完成目标的具体措施。

第四，进行绩效评估。如果员工没有达成目标，要检查原因；如果超出目标，则要总结原因和经验，并及时与团队分享。

资料来源：李芳．我的第一本智慧哲理书——从88个企业案例中学管理．北京：人民邮电出版社，2013.

（二）滚动计划法

滚动计划法是用来编制和调整长期计划的一种十分有效的方法，其目的是增大计划的弹性和适应性，保证计划符合实际情况进而得以顺利实施，示意图如图3-4所示。

图3-4 滚动计划法示意图

这种方法的基本思想是，由于长期计划所涉及的时间期限比较长，而计划又是面对未来的工作，未来的不确定因素很多，必然会有许多情况事先无法准确地预测和估计，如果硬要将远期的计划也制定得像近期计划那样具体，势必影响计划工作的经济性。所以在编制长期计划时，就应采取“近细远粗”的方法，对近期计划制定得尽量具体，以便于计划的实施；对远期的计划只规定出大概的要求，使员工明确奋斗的方向。然后根据计划在具体实施过程中发现的差异和问题，不断分析原因，并结合对内外环境情况的分析，予以修改和调整。在计划的实施过程中将远期计划逐渐予以具体化，使之成为可实施的计划，进而把长期计划与短期计划，甚至与具体的执行计划有机地结合起来。这样既保证了计划工作的经济性，又能使计划与实际情况相吻合，提高计划工作的科学性。

（三） 网络计划技术

网络计划技术是 20 世纪 50 年代后期在美国产生和发展起来的。它包括各种以网络为基础制定计划的方法，如计划评审技术、关键路线法、组合网络法等。1956 年美国的一些工程师和数学家组成了一个专门小组首先开始这方面的研究。1958 年美国海军武器计划处采用了计划评审技术，使北极星导弹工程的工期由原来的 10 年缩短为 8 年。1961 年，美国国防部和国家航空航天局规定，凡承制军用品必须用计划评审技术制定计划上报。大约在海军发展此技术的同时，杜邦公司为了解决把新产品从研究投入到生产时日益增长的时间和成本问题，搞了一套类似的技术，称为关键路线法。

网络计划技术的原理是把一项工作或项目分成各种作业，然后根据作业顺序进行排序，通过网络图对整个工作或项目进行统筹规划和控制，以便用最少的人力、物力、财力资源，以最快的速度完成工作。网络图是网络计划技术的基础。任何一项任务都可分解成许多工作，根据这些工作在时间上的衔接关系，用箭线表示它们的先后顺序，画出一个由各项工作相互联系并注明所需时间的箭线图，这个箭线图就称作网络图。图 3－5 便是一个简单的网络图，表 3－2 列示出该项目中的全部工作，其中的紧前作业是指该项作业开始之前必须完成的相邻作业。

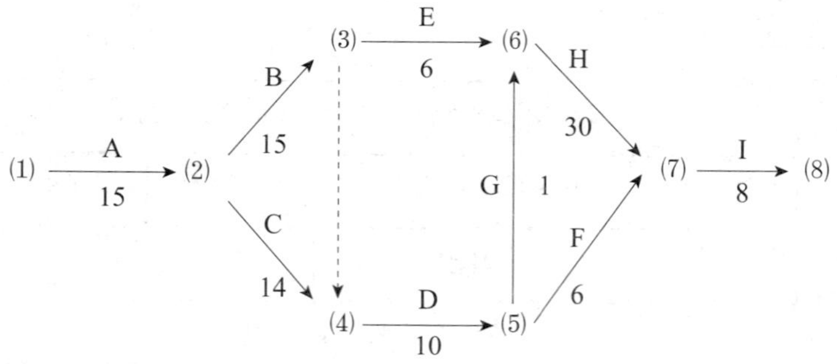

图 3－5　网络图

表 3－2　工作明细表

作业代号	紧前作业	作业时间（小时）
A	—	15
B	A	15
C	A	14
D	B，C	10
E	B	6
F	D	6

续前表

作业代号	紧前作业	作业时间（小时）
G	D	1
H	E，G	30
I	F，H	8

网络图由以下部分构成。

第一，工序。用箭线表示，是一项工作的过程，有人力、物力的参加，经过一段时间才能完成。图中箭线下的数字便是完成该项工作所需的时间。此外，还有一些工序既不占用时间，也不消耗资源，是虚设的，叫虚工序，在图中用虚箭线表示。网络图中应用虚工序的目的是避免工序之间关系含混不清，正确表明工序之间先后衔接的逻辑关系。

第二，事项。事项是两个工序间的连接点。事项既不消耗资源，也不占用时间，只表示前道工序结束、后道工序开始的瞬间。一个网络图中只有一个始点事项和一个终点事项。

第三，路线。网络图中由始点事项出发，沿箭线方向前进，连续不断地到达终点事项的一条通道。一个网络图中往往存在多条路线，例如图 3-5 中从始点(1) 连续不断走到终点（8）的路线有 4 条，即

路线一：(1) → (2) → (3) → (4) → (5) → (6) → (7) → (8)

路线二：(1) → (2) → (3) → (6) → (7) → (8)

路线三：(1) → (2) → (4) → (5) → (7) → (8)

路线四：(1) → (2) → (4) → (5) → (6) → (7) → (8)

比较各路线的路长，可以找出一条或几条最长的路线，这种路线称为关键路线，例如图 3-5 的关键路线是路线一，其用时为 79 小时。关键路线上的工序称为关键工序，关键路线的路长决定了整个计划任务所需的时间，关键路线上各工序完工时间提前或推迟直接影响整个活动能否按时完工。确定关键路线，据此合理地安排各种资源，对各工序活动进行进度控制，是利用网络计划技术的主要目的。

值得注意的是，关键路线是相对的、可变的。在计划执行过程中，由于对关键工序加以有效控制和调度，原来的关键路线可能变为非关键路线，而原来的某一条或某几条非关键路线就有可能变为关键路线。这时控制的重点就应转移到新的关键路线上，并对新的关键工序实施重点控制。

选择题（有一个或多个选项是正确的）

1. 实践中对计划组织实施行之有效的方法主要有（　　）。

A. 决策树法　　B. 滚动计划法

C. 网络计划技术　　D. 目标管理

2. 对经常发生、原因明确的结构化问题，应制定明确的政策、规则、程序来解决。

在下述问题中，属于政策层面的是（　　）。

A. 百货公司处理顾客退货，对在何种情况下可以退货、何种情况下不可以退货的规定

B. 某IT公司提出："在未来5年内，公司将大大提高员工的素质。"

C. 某公司为控制加班失控问题而制定的由谁来负责审核、批准的规定

D. 某公司决定将出差人员住宿费标准由每日200元提高到每日350元

3. 孙成芬最近被提拔为一家医疗器械制造公司的研发部主任。为适应公司发展和市场竞争的需要，她制定了一份工作计划，列出了一系列重要目标。你认为在这些目标中，从管理角度看较为完善的是（　　）。

A. 使本公司在今后若干年形成有层次的技术储备

B. 在最短时间内使本公司主力产品XP 2000成像仪达到欧洲国家准入标准

C. 从现在起一年半时间内完成公司所有产品售后服务标准的编制与完善

D. 用两年时间使全部研发人员接受高水平业务培训

4. 某公司为提高管理水平，对公司内部的各种问题进行了梳理与分类，对那些经常发生、反复出现的问题，通过制定明确的政策、规则、程序加以规范。在下述内容中，属于政策层面的是（　　）。

A. 员工在上海、北京、深圳出差，每日住宿与交通费总额不得高于300元

B. 客户服务部必须在24小时内对客户的投诉做出反应

C. 公司只招聘最合适的人员，而不是最优秀的人员

D. 任何车间出了质量事故，都至少要扣发该车间主任的当月奖金

5. 把战略性计划所确定的目标在时间和空间两个维度展开，（　　）。

A. 具体地规定了组织的各个部门在目前到未来各个较短的时段应该从事何种活动

B. 从事该种活动应达到何种要求

C. 为各组织成员在近期内的行动提供了依据

D. 保证了组织目标的实现

6. 计划制定中的滚动计划法是动态的和灵活的，它的主要特点是（　　）。

A. 按前期计划执行情况和内外部环境变化，定期修订已有计划

B. 不断逐期向前推移，使短、中期考虑有机结合

C. 按近细远粗的原则来制定，避免对不确定性远期进行过早过死安排

D. 以上三方面都是

7. 滚动计划法的作用是（　　）。

A. 使计划更加切合实际，并且使战略性计划的实施更加切合实际

B. 使长期计划、中期计划与短期计划相互衔接

C. 使短期计划内部各阶段相互衔接

D. 大大增加计划的弹性

8. 评价行动计划，要注意（　　）。

A. 认真考察每一个计划的制约因素和隐患

B. 要用总体的效益观点来衡量计划

C. 既要考虑有形的可用数量表示的因素，又要考虑许多无形的不能用数量表示的因素

D. 不仅要考虑计划执行带来的利益，还要考虑计划执行带来的损失

9. 制定计划重要，实施计划更重要。据此判断，以下说法中最为适当的是（　　）。

A. 层层分解落实计划指标，责任到人，严格考核制度，加强控制

B. 做好思想动员，层层分解落实计划指标，坚持两个文明一起抓，加强控制

C. 做好员工发动，层层分解落实计划指标，加强检查和控制

D. 层层分解落实计划指标，加强检测评比，严格考核制度和控制

10. 某产品的加工需要经过A，B，C，D，E五道工序，其所需要的时间分别为1，1，2，5，4天。其中：A工序和B工序可以同时进行，C工序必须在B工序完成后进行，A工序和C工序必须在D工序开始之前完成，E工序只能在D工序完成之后进行。则完成该产品的生产至少需要（　　）天。

A. 13　　B. 12

C. 10　　D. 9

11. 计划是（　　）。

A. 面向未来的　　B. 过去的总结

C. 现状的描述　　D. 面向行动的

简答题

1. 计划的内容有哪些？
2. 计划可以按照哪些方式进行划分？
3. 请选择自己熟悉行业的一个企业，试为它拟定使命。
4. 计划的编制过程包含哪些步骤？
5. 试述目标管理的含义。
6. 试述滚动计划法的内容。
7. 项目计划过程包括哪些环节？

案例分析3-1

新宇化工公司的目标管理

新宇化工公司是一个地方中型企业，在实行目标管理之前，公司领导者总感到员工的积极性没有最大限度地发挥出来，上下级之间的关系也比较紧张，管理很不顺畅。公司效益从2008年起连续下滑。为从根本上扭转这种被动的管理局面，向管理要效益，

公司领导班子达成共识，决定从“十二五”规划第一年（2011年）开始在公司实行目标管理。

确定目标

新宇公司根据企业“十二五”规划的总体要求确定公司的总目标。总目标包含以下四个方面，并尽量用定量指标表达，目标又分期望和必达两种。具体如下（以2011年为准）：

（1）社会贡献目标。新宇公司作为一个地方化工企业，不仅要满足地区经济发展的物质要求，而且要满足人民群众对化工产品的不断增长需求。具体指标为：总产值必须达到7 914万元，期望达到8 644万元；净产值必须达到1 336万元，期望达到1 468万元；上缴税收必须达到517万元，期望达到648万元。

（2）市场目标。随着市场经济的发展与深入，化工产品的市场竞争越来越激烈。新宇公司在省内是具有竞争力的企业，所以在力图巩固现有市场份额的基础上，强化市场营销策略，不断扩大销售量，并开拓外省（市）市场，从而提高市场占有率。销售指标为必须达到年增6%～7%，期望年增8%～10%；市场占有率指标为必须达到34%，期望达到38%。

（3）公司发展目标。新宇公司根据发展规划，确定其发展目标为：销售收入必须达到6 287万元，期望达到7 100万元，且年增6%～8%；资产总额必须达到650万元，且年增10%～12%；必须开发5个新系列化工产品，期望开发6个新系列化工产品；员工人数年增长3%，实行全员培训，员工培训合格率必须达到85%，期望达到98%。

（4）公司利益和效益目标。确定的具体表达指标如下：利润总额必须实现480万元，期望实现540万元；销售利润率必须达到7.6%，期望达到8.5%；劳动生产率必须年增85%，期望年增105%；年成本降低率达到5%；合格品率必须达到92%，期望达到95%；物质消耗率年下降7%；一级品占全部合格品的比重必须达到50%，期望达到60%。

目标分解

新宇公司对于总目标的每一个表达指标，都按纵横两个系统从上至下层层分解。从横向系统看，公司每一个职能部门都细分各自的目标，并且一直到科室人员。从纵向系统看，从公司总部到下属车间、工段、班组直至每个岗位的工人都要落实细分的目标。由此形成层层关联的目标连锁体系。

现以公司实现利润总额480万元为例，对其进行目标分解。为确保2011年实现利润总额480万元，经过分析关键在于成本的降低，而成本降低又分解为原材料成本、工时成本、废品损失和管理费用4个第三层次的目标，然后继续分解下去，共细分成96项具体目标，涉及降低物耗、提高劳动生产率、保证和提高产品质量以及管理部门节约高效等具体要求。最后按归口分级原则落实到责任单位和责任人。

执行目标

新宇公司按照目标管理的要求，让各目标执行者自主管理，使其能在自我控制下充分发挥积极性和潜能。为员工实现自己的细分目标创造一个宽松的管理环境，不再强调上级对下属严密监督和下级任何事情都必须请示上级的陈旧管理模式。

在此阶段，新宇公司的领导者注重做到以下几点：第一，对于大多数公司所属部门和岗位，都进行充分的分权和授权，提高自主管理和自我控制的水平。对于极少数下属部门和岗位，上级领导对下属部门和成员仍实施一定的监督，以确保这些关键部门和岗位的目标得以实现。第二，公司建立健全管理信息系统，创造了执行目标所需的信息交流条件，使得上下级和平级之间的不同单位、部门、人员都能在执行各自的目标中得到信息的支持。第三，公司各级领导者对下属部门和成员并不是完全放任、不管不问。他们的职责主要表现在以下方面：为下属创造良好的工作环境；对下属部门和成员做好必要的指导和协调工作；遇到例外事项时，上级要主动到下属中去协商研究解决，而不是简单地下指令。

在上述新宇公司成本降低的96项具体目标落实到公司有关部门和个人后，他们就按各自的目标制定具体的实施方案。实施方案包括执行目标所需的权限、工作环境、信息交流渠道、工作任务、计划进度、例外事项处理原则等。在每天的工作中，每个执行目标者都要问自己："我今天要做些什么才能对自己目标的完成做出贡献?"然后对每天的工作和时间进行最佳组合的安排，尽可能达到最高的工作效率。

评定成果

新宇公司在进行目标管理时，很重视成果评定。在预定目标实施期限结束时（一般为一年），就大规模开展评定成果活动，借以总结成绩，鼓励先进，同时发现差距和问题，为更好地开展下一轮的目标管理打好基础。

新宇公司强调评定成果要贯彻三项原则：一是以自我评定为主，上级评定与自我评定相结合；二是考虑目标的达到程度、目标的复杂程度和执行目标的努力程度，并对这三个主要因素进行综合评定；三是按综合评定成果进行奖励，体现公平、公正的激励原则。

例如，三车间聚丙乙烯产品的成本目标是6 500元/吨，公司考核部门的标价标准是：达到6 500元/吨，得100分；降至6 400元/吨以下，得120分；超过6 600元/吨，得10分；处在6 500～6 600元/吨，得50分。三车间全体员工经过一年奋斗，成功使成本降至6 400元/吨以下，在目标达到程度这一因素上取得了最优级。

成本是一个综合项目，涉及企业管理的许多方面。三车间的成本目标定为6 500元/吨，属于比较复杂、困难、繁重的目标。公司考核部门在制定评价标准时，把6 500元/吨定为难度比较大的目标，记为100分；6 400元/吨以下为难度极大的目标，记为120分；6 600元/吨以上为较为容易的目标，记为10分。在评定时，影响成本的环境和条件没有大的改变。所以，三车间和公司考核部门一致确认，6 500元/吨的成本目标应记为100分。

在评定执行努力程度时，公司考核部门也制定了很努力、比较努力、一般努力三个等级，分值分别是120分、100分和80分。三车间自评结论是全车间同心协力、努力奋斗一年，应该记120分。

当然，在确定目标的复杂程度和执行的努力程度时，公司考核部门还有更多的细分指标和因素来保证。比如，执行努力程度要看出勤率、工时利用率、合理化建议多少等。对于不同层级的部门和岗位，三个因素在评定成果中所占的比例有所不同。一般越是上级职位和部门，第一要素所占比重越大。三车间属于基层部门，可按5∶3∶2的比例，对其成果分值最终予以确定。

三车间综合评价分＝120×50% ＋ 100×30% ＋ 120×20% ＝114(分)

目标达到程度 目标复杂程度 执行努力程度

由于三车间进行的目标管理成绩很大，新宇公司对其进行了表彰和奖励。三车间每个员工也通过评定成果，做了一次认真全面系统的总结。每个员工也有自己细分目标的评定结果，成绩并非完全相同。表现落后的员工会认真总结教训和学习先进员工的经验，以便把下一轮目标管理搞好。

新宇公司执行目标管理的第一年就取得了丰硕成果。公司总目标都超额实现，总产值达到8 953万元，净产值达到1 534万元，上缴税收680万元。总目标中对社会贡献的目标全部超过期望目标。在市场目标方面：2011年比2010年销售量增长9%，市场占有率达到35%，都超过了必须达到目标。在公司发展目标方面：销售收入达到7 130万元，增长85%；资产总额达到730万元，增长15%；开发出6个新系列化工产品；员工培训合格率达到93%。在公司利益和效益目标上，实现利润总额630万元，其他各项经济效益指标也全部达到甚至超过预定目标。

同时，公司内部的上下级关系和人际关系开始变得融洽、和睦，员工的积极性、主动性、创造性得以真正发挥。全公司呈现一种同心协力、努力奋斗、力争实现公司目标的新景象。

资料来源：新宇化工公司的目标管理．(2012－06－14)．https：//wenku.baidu.com/view/1bf43a69b84ae45c3b358cef.html.

思考题：

1. 新宇公司为什么要推行目标管理？
2. 你认为在实际应用目标管理的过程中还要注意哪些问题？

案例分析3－2

思达公司工作分析案例

公司背景

思达公司是一家大型汽车生产集团公司。由于近年来公司发展迅速，员工人数飞速增长，许多问题也逐渐暴露出来。突出的问题就是岗位职责不清。现在使用的职位说明书已经是几年前的版本了，无法对现在的实际工作起到指导作用。由于没有清晰的岗位职责，各职位的用人标准也比较含糊，这样在员工招聘选拔方面全凭领导者的主观意见，公司的薪酬激励体系也无法与岗位价值相对等。员工在这方面的意见比较大，士气也有所下降。最近，公司进行了一系列重组工作，年轻有为的新高层团队开始发挥作用，他们看到公司目前面临的问题，决定请专业的咨询顾问进行一次系统的人力资源诊断和设计工作。由于工作分析是人力资源管理各项活动的基础，因此专家建议首先从工作分析入手。

工作分析相关知识

通俗地讲，工作分析要确定各个职务是“干什么的”，以及“什么样的人适合干”。工作分析的结果是编制出职位说明书，主要是对相关岗位概况、工作职责及其任职资格的完整说明，例子如表3-3所示。工作分析是人力资源管理的基石。没有工作分析做出对各职位的职责和任务及其任职资格的清晰界定，就无法开展有效的招聘、培训、绩效考核、薪酬管理等工作。

表3-3　　销售部业务员职位说明书

<table>
<tr><td>岗位名称</td><td>业务员</td><td>岗位编号</td><td>XSH-G-00001</td></tr>
<tr><td>所在部门</td><td>销售部</td><td>岗位定员</td><td>30人</td></tr>
<tr><td>直接上级</td><td>销售经理</td><td>工资等级</td><td>6级</td></tr>
<tr><td>直接下级</td><td>无</td><td>薪酬类型</td><td>绩效工资制</td></tr>
<tr><td>所辖人员</td><td>无</td><td>岗位分析日期</td><td>2018年3月</td></tr>
<tr><td colspan="4">工作概要：进行市场开发，签订销售合同；跟踪订单，对客户进行售后服务</td></tr>
<tr><td colspan="4">职责与工作任务：</td></tr>
<tr><td rowspan="3">职责一</td><td colspan="3">职责表述：协助销售经理制定销售计划</td></tr>
<tr><td rowspan="2">工作任务</td><td colspan="2">协助销售经理制定本部门年度销售计划，制定个人年度销售计划</td></tr>
<tr><td colspan="2">收集和分析本销售区域的销售信息，为公司决策提供参考意见</td></tr>
<tr><td rowspan="4">职责二</td><td colspan="3">职责表述：负责寻找代理商，进行销售区域市场代理商的开发与维护</td></tr>
<tr><td rowspan="3">工作任务</td><td colspan="2">负责寻找和了解代理商信息，对代理商提出评价意见，负责拟定代理商合作协议</td></tr>
<tr><td colspan="2">负责持续掌握代理商的情况，保持与代理商的关系，做好代理商与公司间的信息沟通</td></tr>
<tr><td colspan="2">负责根据公司销售政策提出本区域内代理商的政策建议，并监督代理商实施公司的销售政策</td></tr>
<tr><td rowspan="5">职责三</td><td colspan="3">职责表述：负责销售工作，完成销售目标</td></tr>
<tr><td rowspan="4">工作任务</td><td colspan="2">负责向代理商传达公司的产品信息、企业文化与销售政策</td></tr>
<tr><td colspan="2">积极争取代理商的订单，完成销售目标</td></tr>
<tr><td colspan="2">负责组织和参与对代理商的商务谈判，拟定销售合同</td></tr>
<tr><td colspan="2">负责销售合同履行中与代理商接洽，促进货款回收</td></tr>
<tr><td rowspan="4">职责四</td><td colspan="3">职责表述：负责对销售市场的信息收集</td></tr>
<tr><td rowspan="3">工作任务</td><td colspan="2">负责协调代理商定期收集市场信息</td></tr>
<tr><td colspan="2">负责定期走访市场，亲自了解相关国家政策、市场用户、竞争对手、渠道等信息</td></tr>
<tr><td colspan="2">负责寻找多种渠道，获得销售市场相关信息</td></tr>
<tr><td rowspan="3">职责五</td><td colspan="3">职责表述：负责销售区域市场推广工作</td></tr>
<tr><td rowspan="2">工作任务</td><td colspan="2">针对本销售区域的特点，提出市场推广建议</td></tr>
<tr><td colspan="2">根据公司的市场推广方案，负责协调和参与本销售区域内的实施工作，并进行评价数据收集</td></tr>
</table>

职责六	职责表述：协助产品创新工作	
	工作任务	针对本市场的特点，提出新产品开发建议
		协助新产品开发中的产品试销与市场推广工作，做好信息反馈
职责七	职责表述：参与售后服务工作	
	工作任务	负责参与协调代理商退换货
		负责参与质量问题分析，协调回收或检查代理商退换货物原件
		负责组织对代理商的技术培训，实施简单的技术培训
职责八	职责表述：完成销售经理交办的其他工作任务	
权力：		
销售经理授权范围内的合同签订权		
客户服务条款的建议权		
新产品开发的建议权		
推广方案的建议权		
工作协作关系：		
内部协调关系	销售经理、运作支持部、财务部、技术品管部等	
外部协调关系	代理商、销售区域内相关政府机构、行业协会等	
任职资格：		
教育水平	大学专科以上	
专业	机电相关专业或营销、管理相关专业	
培训经历	市场营销、销售管理、公共关系、推销技巧培训	
经验	2 年以上工作经验，1 年以上本行业或相近行业营销或管理经验	
知识	通晓国际贸易业务知识，掌握市场营销相关知识，具备财务管理、法律等方面的知识，了解公司所经营产品的技术知识	
技能技巧	熟练使用 Word，Excel 等办公软件，具备基本的网络知识，熟练使用英语	
个人素质	具有一定的判断与决策能力、人际能力、沟通能力、计划与执行能力、客户服务能力	
其他：		
使用工具/设备	计算机、一般办公设备（电话、传真机、打印机、Internet/Intranet 网络）、通信设备	
工作环境	办公场所、各市场区域	
工作时间特征	经常需要加班	
所需记录文档	汇报文件或报告、总结等	
考核指标：销售额、利润率、市场占有率、客户满意度、应收账款拖欠天数及坏账率		
职业晋升路径：业务员—销售经理—销售总监—总经理		

常用的工作分析方法有观察法、访谈法、问卷法、工作日志法（见表 3-4）。这些工作分析方法各有其优缺点，如表 3-5 所示。

表 3-4　　工作分析方法

方法名称	内容说明
观察法	观察法即实地观察工作的技术及工作流程的方法。当工作分析人员实际分析时，应将工作分析表式样牢记，以便详细记录所需分析的项目

续前表

方法名称	内容说明
访谈法	访谈法是获得工作资料的通用方法。有三种访谈的形式可用来收集工作分析资料：个别访谈、集体访谈、管理人员访谈
问卷法	问卷法又称间接调查法，也称自行分析法，通常被认为是最快捷、最省时间的方法。最首要的事情在于决定问卷的结构化程度以及应该包含哪些问题。在一种极端的情形中，问卷是非常结构化的；在另一种极端的情形中，问卷的问题形式非常开放。最好的问卷应介于这两种极端情形之间，既有结构化问题，也有开放性问题
工作日志法	工作日志法指工作分析人员要求员工逐日记载所有的工作活动及花费的时间，以实际了解工作的状况

表3-5　各种工作分析方法的优缺点

方法名称	优缺点	
观察法	优点	工作人员能够比较深入和全面地了解工作
	缺点	1. 干扰正常工作行为或工作者的心智活动 2. 无法感受或观察到特殊事故 3. 如果工作本质上偏重心理活动，则成效有限
访谈法	优点	1. 可获得完全的工作资料，免去员工填写工作日志的麻烦 2. 可进一步使员工和管理者沟通观念，以获取谅解和信任 3. 可以不拘形式，问题内容较有弹性，又可随时补充和反问，这是问卷法所不能办到的 4. 收集方式简单
	缺点	1. 信息可能受到扭曲——因受访者怀疑分析者的动机、误解或分析者访谈技巧不佳等因素而造成信息的扭曲 2. 分析项目繁杂时，费时、成本高 3. 占据员工的工作时间，妨碍生产
问卷法	优点	1. 成本低且迅速 2. 容易进行，且可同时分析大量员工 3. 员工有参与感
	缺点	1. 很难设计出一个能够收集完整资料的问卷 2. 一般员工不愿意花时间正确地填写问卷
工作日志法	优点	1. 对工作可充分地了解，有助于主管对员工的面谈 2. 在工作活动后及时记录，可以避免遗漏 3. 可以收集到最详尽的资料
	缺点	1. 员工可能会掩饰或隐藏某些活动，同时夸大其他行为 2. 费时、费成本且干扰员工的工作

资料来源：闫飞龙．人力资源管理．北京：中国人民大学出版社，2018.

思考题：

试为此次工作分析编制一个计划。

第4章 战略

企业战略是企业为适应竞争性环境，谋求长期生存与发展而制定的整体性计划，企业战略从宏观到微观可以分为公司战略、竞争战略、职能战略。战略管理应遵循一定的过程模式。企业外部环境分析可以从宏观环境、行业竞争环境两个层面进行，以了解企业面临的机会和威胁；企业内部环境分析可以从经营结构分析、价值链分析、资源与核心能力分析三个层面进行，以了解企业的优势和劣势。

第1节　战略概述

一、企业战略

（一）竞争的多层次性

按由表及里来划分，企业之间的竞争大体可以分为产品-市场层面的对抗、创造价值活动层面的对抗、资源与核心能力层面的对抗和战略意图层面的对抗，如图4－1所示。竞争是在这四个层面上同时展开的，每一层面都有独特内容，且彼此之间存在内在一致性。下一层面的活动为上一层面的活动提供支持，上一层面的活动把下一层面的活动转化为某种结果，企业的整体竞争优势则由每个层面的活动聚合而成。

（1）产品-市场层面的对抗。产品-市场层面的对抗是人们最容易观察到的对抗行

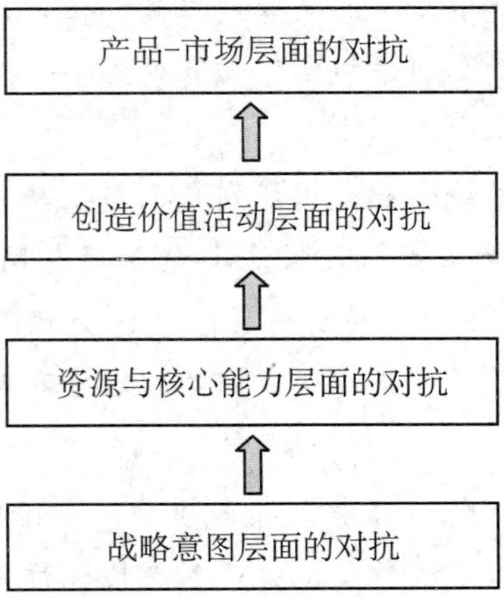

图 4-1 竞争的多层面对抗特征

动。比如企业通过调整价格来扩大市场占有率，发起各种促销活动来提高销售收入，或是推出一种新产品，都会直接影响竞争对手的利益，这些行动具有明显的竞争性。

（2）创造价值活动层面的对抗。企业是创造价值的组织，参与创造价值的各项活动，比如产品设计与研发、原材料采购、生产加工、销售、售后服务，都有可能为企业带来优势和劣势。

（3）资源与核心能力层面的对抗。企业可以通过提升关键资源和培育核心能力的活动，来获取持久的竞争优势。

（4）战略意图层面的对抗。《孙子兵法》强调“上兵伐谋”，而战略意图的对抗正是企业一系列“谋”的核心。战略意图的对抗是一种观念的对抗，当企业决定把既定的战略意图付诸行动时，它将影响到以上三个层面的对抗行为。

（二）企业战略的含义和内容

企业战略（strategy）是企业为适应竞争性环境，谋求长期生存与发展而制定的整体性计划。企业战略的核心是企业的发展方向与对未来环境的适应性。

阅读材料

传统行业试图接近互联网思维

互联网时代，你只有两种选择：拥抱互联网，或者被拥抱互联网的竞争对手击垮。面对虎视眈眈并且随时可能出现的颠覆者，对于天生就不具备“互联网思维”的传统企业而言，究竟如何才能实现互联网转型？

互联网时代，随时可能出现颠覆者。2013 年末，焦虑的万科造访阿里、腾讯，向马云、马化腾等人请教，又到海尔参观访问，听张瑞敏演讲。2014 年春节刚过，万科又赴小米取经。万科总裁郁亮表示，他担心未来房地产行业出现类似小米的搅局者，以互联网思维模式打破旧秩序，威胁甚至取代以万科为代表的行业模式。眼下，不少传统企业都在努力应对互联网，接触新鲜的互联网工具。但是，对于天生就不具备“互联网思维”的传统企业而言，究竟如何才能实现互联网转型？

“触网”只是个开始

首先从“触网”开始，传统企业需要找到自己与互联网的恰当关系。如果实在不知道怎么开始，那就试试把渠道拓展到天猫这类电子商务网站上。当传统产业与互联网（尤其是移动互联网）开始结合时，创新的灵感也许会就此打开。以电子商务为例，过去人们认为网购只是实体渠道的补充，现在网购则冲击和颠覆了传统零售业，甚至商业地产。

当然，互联网绝非作为一个销售渠道那么简单，仅仅把渠道搬到线上还远远不够。利用互联网，企业能够创造出新的行业机会，激发传统行业在细分领域的潜力。移动浪潮下，甚至连互联网企业都已成为传统企业，门户网、电子商务、设备商/运营商都需要跟上移动互联的步伐。

“从群众中来，到群众中去”

互联网时代用户需求碎片化，企业可以从规模化生产向个性化定制转变。有一家生产家具的电子商务网站，所有的设计方案都放在网上由用户评分，企业只生产用户评价排名前5位的家具产品。来自意大利OSVehicle汽车制造公司的“虎斑猫”，是全球首部采用模块化设计的开源汽车。虎斑猫将互联网思想引入汽车生产中，登录其开源平台，就可以下载设计图并自行组装。只要一小时，就能完成一辆模块化设计的开源汽车的制造和组装。当前，不少中国服装企业陷入了“规模陷阱”，耐克的运动鞋定制能够为它们带来一些启示：用户可以在网上选择不同的产品样式，不同的定制规模对应不同的产品价格。逐渐地，互联网思维要渗透到企业的每个细胞和每个业务单元。眼下的电子商务中，用户的需求和体验是全流程的。在线上，用户要求参与和购买；在线下，用户需要实体店的体验、快捷的物流和送装一体。只有通过线上和线下的虚实融合，才能够满足多样化的用户需求。海尔的“虚网”有海尔商城、天猫旗舰店等，其营销网、物流网、服务网等“实网”能够和“虚网”实现线上线下融合。以海尔物流网为例，它承接的是来自互联网的订单，调动的是营销网中的产品库存和服务内容，针对家电等大件产品的物流配送，提供全国范围24小时按约送达、送装一体的物流服务。通过线上线下融合，海尔保证了电子商务交互、交易、交付三大功能的实现。

最大的困难是“组织转型”

传统企业的互联网转型难点在于组织转型。企业的经营历史越成功，组织就越难以变革。海尔认为互联网思维就是企业平台化发展。通过构建“平台型企业”，海尔一边聚集着引领企业创新的用户需求，一边连接着供应商资源和解决方案，形成创新生态系统，通过开放式资源整合，不断为用户创造价值。海尔是传统的家电制造企业，但是现在正在搭建“并联平台的生态圈”，使得企业更加适应互联网时代的节奏。互联网时代，海尔已经不再是单纯的制造企业，它强调“差异化的用户全流程体验”，在产品设计、电子商务、产品制造、售后服务、物流配送等所有环节都应用了用户需求导向的经营哲学。有些传统企业在工业化时代做得风生水起，反而难以拥抱互联网和移动浪潮，比如新东方正面临YY在线教育的挑战。面对“社区”“粉丝”等，不能继续采用老的思维，简单把其归结为“消费者”。传统企业面对互联网感到焦虑，根源在于互联网未来的不确定性，但也正因如此，创新型的传统企业正面临前所未有的发展空间。

资料来源：长江商学院教授：互联网时代虎视眈眈的颠覆者．（2014－09－30）．http：//edu. takungpao. com/zcpx/q/2014/0926/2756088. html.

德鲁克认为，企业战略回答的两个基本问题是：企业现在是什么，企业应该是什么。战略的起点是企业的现状，重点是企业的未来，如何从现有的基础走向未来的目标，构成了企业战略的主线。

企业战略通常包括以下几个方面的内容。

1. 市场定位

在企业与外界环境的关系中，选择哪些顾客作为目标顾客，提供什么样的产品来满足目标顾客的需求，这是一个根本性的问题。所谓市场定位，就是明确企业的目标顾客，认清他们的需求，以及企业能够从哪些方面为满足这些需求做出贡献。企业只有充分考虑到目标顾客的特点，针对他们的某种需求不断推出新产品，才能形成自己的经营特色，在未来的竞争中立于不败之地。20世纪40年代，IBM只是一家名不见经传的制造商业数据处理机的中型企业。1947年，第一台计算机研制成功，仅应用于军事方面。当时工业界流行的看法是：计算机是用于科学计算的高速运算工具。而IBM的缔造者托马斯·沃森则预见到计算机最主要的用途将是数据处理领域。于是，他为IBM制定了新的战略：集中力量研制高效和廉价的、用于会计和工资计算这类商业日常事务和信息处理业务的计算机。正是这一战略，使IBM在1953年率先推出650型商业数据处理用计算机，在5年之内就售出了1 800台，而这一数字是当时最权威的市场研究人员对整个20世纪全世界计算机销售最乐观的预测数据的两倍。

2. 企业的远景目标

远景目标勾画出企业未来的蓝图，体现企业的经营观念。设定远景目标可以帮助企业领导者认清目前资源条件与远景目标之间的差距，并为缩小这种差距而努力。另外，设定远景目标本身就是一个积极的管理过程，这一过程包括：将企业成员的注意力集中到成功的关键要素上；企业成员围绕经营观念相互沟通，并从中受到激励；为个人和群体的发展提供空间；根据环境的变化不失时机地调整策略等。

3. 成长方式

根据产品和市场的不同特性，可以把发展方式分为四种类型，企业的成长方式则是这四种发展方式的组合，如表4－1所示。

表4-1 企业的成长方式

项目	现有产品	新产品
现有市场	市场渗透	产品开发
新市场	市场开发	多元化经营

4. 竞争优势

竞争优势是指与竞争对手相比，企业在某些产品-市场领域中具有的优越条件和特性。竞争优势主要可以从创造价值活动层面、关键资源与核心能力层面、战略意图层面来培养。竞争优势是企业选择经营领域的主要依据，在选定的市场上，企业将利用这些条件提高获利能力，巩固市场地位。

阅读材料

宜家餐厅：被餐饮行业忽略的巨头

宜家家具的名声可谓如雷贯耳，如果要说宜家也是一个餐饮业巨头，一般人恐怕不太相信。然而，事实上在2002年之前，宜家餐厅全球的营业额就接近20亿美元。作为全球餐饮业领袖的麦当劳，直到2005年末，总销售额才首次突破200亿美元。

宜家餐厅是宜家整体商业模式重要的组成部分。宜家早在创立之初，就信奉“饿着肚子促不成好生意”，初期的小茶座逐渐发展成为一进门就可以看到的餐厅。宜家餐厅不仅为宜家贡献了一定的营业额和利润，更重要的是它增强了宜家作为商业形态本身的整体吸引力和人气指数，增加了顾客的停留时间。对商业形态而言这就是效益。

强大的粉丝群体和巨大的人流量是宜家餐厅存在和发展的原动力。宜家拥有庞大的会员群体，在全球范围约有会员2亿人，每家店都拥有巨大的人流量。以北京为例，早在2007年宜家单店的人流量就达到每天1.5万～3万人，这还是非促销季的统计数字。宜家通过为会员提供免费咖啡等服务，吸引会员更频繁地光顾。

宜家餐厅具有有竞争力的产品组合。虽然由顾客托着餐盘自取食物、统一到收银台结账的模式看上去很像快餐店，不过在产品组合方面，宜家餐厅下足了功夫。即使是在中国的分店，宜家的菜单也是偏西餐风格的。西餐有利于批量标准化出品，而且在原料的使用和菜肴的特色方面，宜家也采用了与普通餐饮店不同的策略。以早餐常见的咖啡和果酱为例，咖啡豆是按照有机食品标准种植的，全自动的蒸汽咖啡机操作十分方便，顾客可以随意续杯，而且每位顾客仅收费几元钱，十分超值。果酱是低糖的，体现出对健康的特别关注。宜家的产品口味和价值感都大幅超越了普通快餐和简餐的标准。

同时，宜家餐厅还具有独特的成本优势。房屋租金是餐厅经营重要的成本费用之一。在商业地产价格高涨的环境下，宜家餐厅的规模令很多同行羡慕。因为常常处于城市边缘，地价较低，而且店面都是由自己规划建设，所以在房屋租金上宜家餐厅具有显著的优势。宜家餐厅还设置由顾客自行清理桌面的流程，以有效地控制人员成本。

资料来源：宜家餐厅：被忽略的餐饮巨头　在华年营业额近2亿元.(2014-09-26). http://fj.winshang.com/news-390568-2.html.

5. 实现远景目标的具体计划

企业想从目前状态走向远景目标，还需要周密地计划各项工作。远景目标需要展开为一组阶段性目标，再分解为部门乃至个人的工作目标，这样人们就能看清当前的工作与企业战略之间的关系。没有阶段性目标，远景目标就会成为空洞的设想。在编制计划的过程中，各种可行的方案会被相互比较，不切实际的设想会被抛弃，还可以从中引发许多有意义的变革。另外，战略决策通常是在信息不充分的情况下制定的，企业的外部环境中包含相当一部分不确定因素，而通过编制和落实计划，这些因素的影响将被限制在最小范围内。

（三） 企业战略的层次

企业战略（corporate strategy）就是决定企业从事或想从事什么业务以及如何从事这些业务的战略。按照从宏观到微观，可分为三个层次：公司战略、竞争战略、职能战略。

1. 公司战略

公司战略反映公司整体的发展策略，有成长战略和防御战略之分。成长战略又分为一体化战略、多元化战略、加强型战略；防御战略又分为收缩战略、剥离战略、清算战略。

2. 竞争战略

竞争战略（competitive strategy），又称为战略经营单位（strategy business unit，SBU）战略，反映某一具体业务发展的竞争策略。企业想要得到顾客青睐、获取竞争优势，可以从两个层面努力：其一，就是在质量和性能相近时企业的产品或服务价格更低，此时考虑使用的竞争战略是低成本战略，或成本领先战略；其二，就是在价格相近时企业提供的产品或服务更能满足顾客的特殊需求，此时考虑使用的竞争战略是差异化战略。战略管理专家迈克尔·波特认为，企业的竞争战略包括成本领先战略、差异化战略、聚焦战略，如表 4-2 所示。

表 4-2　　三种战略的关系

项目	被顾客察觉的独特性	低成本地位
全产业范围	差异化战略	成本领先战略
特定细分市场	聚焦战略	

阅读材料

让客户自己组装

宜家是全球最大的家具零售商，销售价格合理的各式待组装家具。这家瑞典公司的主要创新之处在于产品采用平板包装方式，降低了公司的劳动成本，提高了配送效率，节约了仓库的储存空间。

与其他公司销售已组装完毕的家具不同，宜家让客户自己动手组装家具。让客户投入体力劳动有一个看不见的好处。宜家认为，通过自己动手，客户对自己组装的家具会产生一种非理性的喜爱。很多企业会利用用户的投入赋予自己的产品更高的价值，其原因仅仅是用户曾为产品付出努力，对产品投入了自己的劳动。

资料来源：尼尔·埃亚尔．让客户自己组装．特别关注，2018（1）．

3. 职能战略

职能战略（functional strategy）反映具体 SBU 某一职能领域的策略，如人力资源战略、营销战略、财务战略、生产战略。

以海底捞为例，其公司层面的战略是成长战略；SBU 层面的竞争战略是差异化战略；职能层面的人力资源战略是投资战略（公司招聘超出店面编制需要的员工，投资培养以备扩展之需）。

二、战略管理的过程模式

企业要制定富有远见又切实可行的战略，并把这项战略转化为最终成果，需要进行一系列的工作，这些工作按照时间先后顺序连在一起，构成了战略管理过程（strategic management process）模式，如图 4-2 所示。实际上，战略管理的各项工作之间不一定存在清晰的界限，有些工作会相互交叠在一起，企业在进行环境分析时，就可能萌生出新的战略构想，而这种构想又对环境分析提出了进一步的要求。但无论如何，在环境分析和战略目标确立之前，企业不可能制定出完整的战略方案。本章后续内容主要介绍企业外部环境分析和企业内部环境分析的框架和方法。

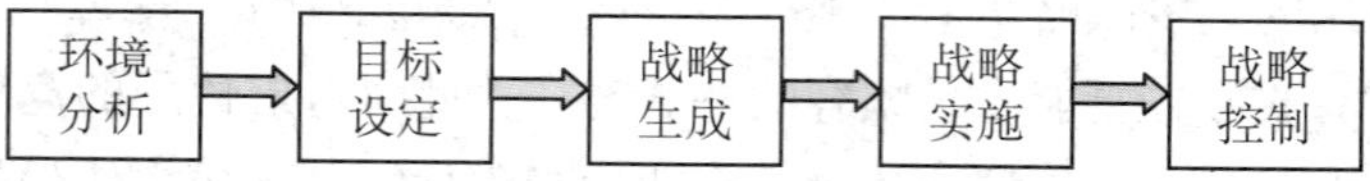

图 4-2 战略管理过程模式

第 2 节 企业外部环境分析

通过外部环境分析，管理者能够准确地找出组织可能利用的机遇以及组织必须抵制或阻止的威胁。机遇（opportunities）是外部环境的积极趋势，威胁（threats）则是消极趋势。外部环境分析一般包括两个方面：宏观环境分析、行业竞争环境分析。

一、宏观环境分析

宏观环境又称一般环境，是对各个产业都不同程度地产生影响的共同的外部环境因素，可以笼统地概括为 PEST 分析范围，即政治与法律（political）环境、经济（economic）环境、社会与文化（sociocultural）环境、技术（technological）环境等四个主要方面，如表 4－3 所示。

表 4－3 一般外部环境分析的主要内容

主要方面	主要内容
政治与法律	政治制度、政治形势、国际关系、环境保护、社会保障、反不正当竞争法以及国家的产业政策
经济	国内外的经济形势、政府财政和税收政策、银行利率、市场状况、政府收支、外贸收支及汇率、物价波动、通货膨胀
社会与文化	公民的环保意识、消费文化、就业观念、风俗习惯、文化传统、教育水平、价值观念、道德伦理、宗教信仰、商业习惯等
技术	既包括生产技术，如劳动手段、工艺流程的改进、发展与完善，特别是新技术、新设备、新工艺、新材料、新能源的生产与制造等，也包括管理技术，如管理方法、计划决策方法、组织方法及推销方法的改进与更新等，还包括生活技术、服务技术等内容

资料来源：Hitt M A，Irland R D，Hoskinsson R E. Strategic management. 2nd ed. West Publishing Company，1996.

宏观环境因素往往通过影响行业环境因素来影响企业，这就要求企业识别出所在行业对宏观环境因素的敏感性。这实际上是企业在宏观环境因素中识别出对本行业和本企业有意义的一组因素，从而也大大缩小了企业分析宏观环境的范围。

阅读材料

我国某中成药企业的宏观环境分析

政治与法律环境分析的因素，比如我国的医（院）药（房）分离制度和非处方药（OTC）管理制度；新型的社会保障体系逐渐取代传统的公费医疗制度；加入世界贸易组织以后，我国中成药产品的出口前景发生了变化。

经济环境分析的因素，比如城乡居民收入持续上升，居民的保健意识不断提高；我国的资本市场不断发育、成长，企业的融资渠道和融资方式趋向多样化。

社会与文化环境分析的因素，比如国民教育水平逐步提高，越来越多的人愿以科学的眼光看待药品和保健品；人口结构呈现老龄化，老年人的保健和治疗问题受到重视。

技术环境分析的因素，比如各种新型的萃取技术可能在制药领域得到广泛的应用；生物医学技术的发展可能形成一些互补性或是互为替代的产品。

资料来源：王迎军，柳茂平．战略管理．天津：南开大学出版社，2003.

阅读材料

杜邦公司抓住机遇实现飞跃

第二次世界大战爆发后，美国开始研究原子弹。罗斯福总统责成陆军部全权负责这个项目，并下令不惜任何代价尽快研制成功，这就是美国著名的曼哈顿计划。

陆军部把全美国有实力的公司罗列在一起，筛选出几家大公司，并把这个绝密计划报给它们。然后，各个公司提出总体计划并编制预算，由总统确定最后承办者。陆军部最后呈给总统的报告中，只报了杜邦公司一家，这让罗斯福很不解。罗斯福询问为什么由刚开始选定的几家公司竞争变成了唯一一家公司杜邦。对此，陆军部给出解释：杜邦公司提出，如果这项计划由它来完成，除了规定的成本，利润仅收1美元。

这是为什么？要知道，完成这项计划，不但要把工厂搬迁到4 000千米以外，还要安置近6万名员工，还有科研投入……然而，白纸黑字，合同上确实就是这样写的。一直为战争经费发愁的罗斯福当然喜欢这个方案。

原来，杜邦接到这个计划后，先后召开6次会议研究，最终公司高层一致同意，不惜任何代价，一定要拿下这个工程。他们认为，这个惊天计划在美国政府主导下，必将网罗大批最优秀的科学家、工程技术人员、项目管理者……几十年后，这个计划就是无穷无尽的财富。正如他们所料，完成曼哈顿计划后，杜邦公司得到质的飞跃。靠着一批顶尖的科学家和工程技术人员，下属公司的项目延伸到航空、飞机制造、化学、电视、电脑……几乎渗透到全美国国民经济甚至全世界经济的各个领域，在每个领域都有顶尖的领军科学家。有人形容杜邦集团是一株覆盖世界的巨树，它也成为控制美国的十大财阀之一。

资料来源：杜邦集团——用1美元控制了整个美国.(2017-05-20). http://dy.163.com/v2/article/detail/CKSA1JG10523G12A.html.

这里介绍一种宏观环境分析方法——脚本分析法，又称为情境分析法。企业预测在将来某个时间节点可能面临的将给企业带来重大机会或致命威胁的环境脚本，分析为了在这种环境脚本发生时生存和发展，需要从现在就开始采取哪些调整举措，然后付诸实施。

以日本小松公司为例。日本小松公司成立于1921年，至今已有90多年的历史，一直从事工程机械为主的产品创新、开发、制造及销售活动，多年以来一直是世界第二大工程机械生产商。小松公司曾经运用脚本分析法渡过了一次因日元升值而带来的危机。我们知道，日本产品在国内销量有限，主要靠出口，而汇率是影响出口的一个很重要的经济环境因素。20世纪70年代初，小松公司预见到将来日元兑美元可能出现升值的环境情景，当时1美元可以兑换300日元。小松公司管理层运用脚本分析法，提出了一个"180日元计划"，即小松公司需要从当时就开始做哪些调整，才能在日元升值至180日元兑换1美元的环境脚本出现时得以生存和发展。管理层一致认为，只有立即开始进行成本控制、降低成本，才可以应对这种危机。后来，日元逐渐升值，小松公司由于未雨绸缪，得以在日元升值后安然渡过危机。

二、行业竞争环境分析

企业与生产同样产品的竞争对手交互作用，而且它们又同时面对着一组相同的供应商、顾客等外部因素，这些竞争对手及外部因素构成了企业的行业竞争环境。迈克尔·波特教授提出的五种竞争力量模型（见图4-3）是行业竞争环境分析最为流行的一种分析工具。他把行业结构特征归纳为五个方面，即行业内部的竞争、与替代品的相互影响、抵御潜在进入者的力量以及与上游和下游产业的竞争关系。波特认为，一个行业的内部竞争激烈程度以及效益水平受这五种力量的共同支配，企业如果能够针对这五种力量培育自己的反应机制，就可能改变竞争地位，赢得超额收益。

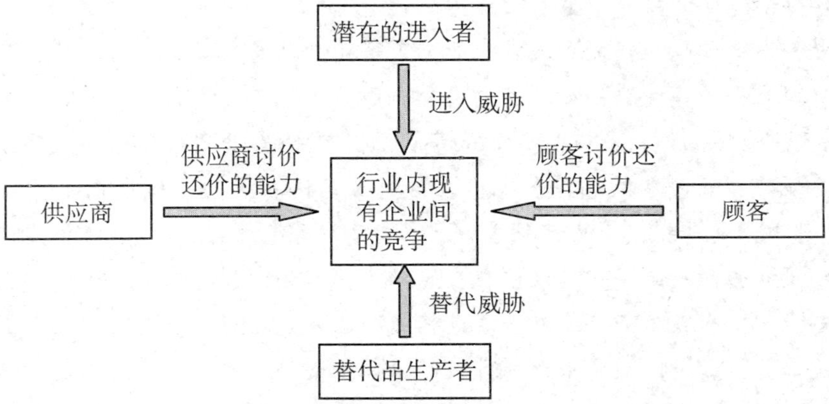

图 4-3 波特的五种竞争力量模型

（1）顾客。顾客是那些购买企业产品或服务的个人或组织。企业总是寻求投资回报的最大化，而顾客则希望用最低的价格购买高质量的商品。一个企业可能要面对多种顾客，如个人和组织、批发零售商和最终消费者、国内顾客和国外顾客等，企业的顾客会因收入水平、教育水平、生活方式、地理条件等众多方面的不同而对企业的产品和服务提出不同的要求，企业在市场营销、质量管理、战略决策等方面必须充分关注顾客。企业要尽量选择对价格不太敏感的顾客、供货成本合理的顾客。

（2）供应商。供应商是组织从外部获取投入的来源，对于一个企业来说，供应商可能是组织也可能是个人，企业从他们那里获得原材料、劳动力、信息、能源等。供应商提供产品和服务的质量、价格直接影响到企业产品和服务的质量及成本水平，因此，许多企业对供应商有诸多要求，同时也给予稳定的供应商一定的支持。企业应尽量分散采购、与供应商结成战略合作伙伴关系、采用适当的后向一体化策略、使原材料和零部件尽量标准化，以便在与供应商的讨价还价中处于有利地位。

阅读材料

亚马逊的供应链管理

如果说“无人便利店”是眼前继共享经济后最火的“风口”，可能没有什么项目能出其右。仅7月初，国内无人便利店在一周内的2笔融资即超过1.3亿元。

这些无人便利店其实都是亚马逊“Amazon Go”的中国学徒。

2016年底，亚马逊推出全球首个革命性的线下实体无人商店Amazon Go，让用户无须排队买单，即拿即走。Amazon Go颠覆了传统超市、便利店的运营模式，它通过计算机视觉传感器和深度的学习算法等技术，精准地捕捉和计算用户的购物行为。

Amazon Go的出现给全球零售业和科技创新领域带来了不小的震撼和影响。

“无人售货便利店是共享经济之后的新投资潮。”清华-北卡商学院EMBA项目主任蔡临宁教授在《商学院》的“走进亚马逊”活动上如是说，“但无人便利店的关键不在‘无人’，更大的挑战来自后台的运营。它考验的是企业的供应链能力。现在主张的‘新零售’其实背后竞争的就是‘供应链能力’。”

在蔡教授看来，供应链能力就是企业未来商业升级的核心竞争力。而供应链能力正是亚马逊可以在全球高速且高效运营的关键能力。

“亚马逊一直引领电商物流创新的脚步，通过部署全球化的智能物流体系，实现了海量商品跨地域、无国界的调拨和配送。这是亚马逊独有的、短期内不易被复制的优势。”亚马逊全球副总裁、亚马逊全球物流中国总裁薛小林曾说，“智能物流是一家电商企业综合物流能力的反映。它不仅体现在自动化技术和设备的应用，还体现在整个供应链管理的智能化。今天，亚马逊在全球包括中国已率先启用了全新的‘无人驾驶’智能供应链系统，这可谓是赋能未来商业升级的‘最强大脑’。”

日前，《商学院》杂志、中国经营者俱乐部会员走进亚马逊北京运营中心，探秘亚马逊的智能物流系统，并一窥赋能未来商业升级的“最强大脑”——无人驾驶智能供应链。

一切只为“消费者”体验

走入亚马逊的运营中心，你会惊讶地发现商品随机存放在货架上。这正是亚马逊特有的“随机上架”运营方式。但在“看似无序”的储存背后是一套最大化运作的智能运营系统。员工在上架储存商品、拣货时通过系统扫描，精确记录商品的位置，让每个货位的每件商品都有一个专属条码，如GPS一般，使商品各就其位。这样做的好处是，合理利用仓储空间、缩短拣货距离、缩短发货时长，从而提升消费者体验。

在智能运营系统的指令下，即便是新手也能快速完成上货、拣货、出货等一系列流程。这种看似“随意”的摆放方式让亚马逊处理每张订单的平均时间远远短于传统拣货方式，从而实现效率的提升。从经济生产角度来看，员工的拣货动作产生价值，走动不产生价值，一次拣多件商品比一次拣一件商品效率要高。因此，系统会为员工设计好行进路线，减少不必要的走动时间。另外，机器人已经开始在亚马逊的仓库里充当实实在在的劳动力。在亚马逊全球25个机器人运营中心内，“著名”的机器人Kiva会根据系统计算出的路线，把装满货物的架子直接运送到负责分拣的工人面前，工作人员只负责有生产价值的“拣货”这个动作。而在亚马逊中国运营中心内，AGV无人重货搬运车也能按照规划路径在不同站点间精准停靠，大大减少人工搬运时间。

薛小林表示，亚马逊的机器人是全球应用最成熟、真正意义上在实际大规模应用的机器人。

早在2009年下半年，亚马逊中国已经完成了从前台的商品搜索、推送、下达订单到后台的订单处理、仓储物流等系统的对接、改造和优化。亚马逊智能供应链可以精准地计算出任何一种商品的成本、配送时间，从而计算出最快和成本最低的方式。货到付款和移动POS机刷卡及当日达、次日达服务，都是亚马逊中国根据中国消费者习惯所做的本土化改造。而节省时间的秘密就在于亚马逊神奇的仓库。

这些系统的逻辑只有一个：满足客户需求，提升客户体验。据说，亚马逊创始人杰夫·贝佐斯有一个习惯，每次开会，一定会在会议室放一把空椅子，代表顾客。他希望亚马逊的每个动作都能带来好的客户体验。好的客户体验是亚马逊“飞轮”的起点和终点，在亚马逊甚至有一个职位叫“客户体验官”。

全球智能物流能力为跨境电商“双引擎”保驾护航

确保跨境电商“双引擎”运转的是亚马逊的智能物流能力，包括智能仓储、智能运营系统、全球化网络、运输配送以及智能供应链系统。在亚马逊智能物流能力的保驾护航下，亚马逊中国“一进一出”的跨境电商业务得以顺利进行。

“一进”指的是亚马逊依托亚马逊全球供应商资源和跨境物流体系，将来自世界各地的高品质国际商品引进中国，拉动消费升级。在2017年7月结束的亚马逊中国Prime会员日活动，更是将海外购推向高潮。

“一出”指的是亚马逊的“全球开店”项目，助力中国企业“走出去”拓展全球市场，推动实体经济转型升级。

确保亚马逊“跨境电商”双引擎的运转，正是亚马逊全球领先的智能物流能力，它成为亚马逊跨境电商业务持续增长的加速器。

在智能物流能力中，核心的“最强大脑”，正是被薛小林称为“无人驾驶”的智能供应链系统。

这是一个基于云技术、机器学习和大数据分析的系统，可以自动预测，自动采购，自动分仓，自动指导精准发货，实现对海量商品库存进行自动化、精准化管理。整个过程是全自动的，几乎零人工干预。这是系统体系的“无人驾驶”，是真正意义上的智能供应链。它已经开始在全球包括中国采用了。

它的预测可以精准到每一个产品、每一个小时的数据变化，并根据客户需求自动实时动态调整。“在今年亚马逊中国首届Prime会员日这样的高峰期，我们的精准送达率可以做到98%以上。通过供应链提前对库存合理分配，缩短了客户等待时间，使配送更加快速。”薛小林介绍。

伴随着消费升级，全球化运营成为越来越多电商企业的命题，而未来电商的全球化竞争会带来“新一轮电商物流革命”，它将驱动全球物流能力的加速构建。

薛小林认为，在这一背景下，随着跨境电商的加速发展，未来全球物流资源的布局将会更加明显地突破地域边界的限制，只有借助全球化智能供应链才能高效完成对新技术和全球资源的整合创新。这也正是蔡教授所说的未来商业升级的核心竞争力——智能供应链体系。

资料来源：石丹．走进名企·标杆学习．(2017-09-22)．http：//finance.sina.com.cn/roll/2017-09-22/doc-ifymesii4938392.shtml.

（3）潜在的进入者。潜在的进入者是行业的重要竞争力量，它会对该行业带来很大的威胁。这种威胁称为进入威胁。进入威胁主要是由于潜在的进入者会带来该行业生产能力的扩大，除非这种产品的市场需求不断增长，否则将导致与现有企业的激烈竞争。潜在的进入者要获得资源（如钢铁生产中的矿石和焦炭等）进行生产，可能使得行业生产成本升高。进入威胁的状况取决于进入障碍以及预期的报复措施。如果进入障碍高，原有企业预期将激烈反击，潜在的进入者难以进入本行业，进入威胁就小。

比如 2000—2005 年，中国客车行业就因为大量潜在进入者的进入而导致竞争非常激烈。当时，一些还没有做过客车的汽车生产商，以及一些从来没有生产过汽车产品的企业纷纷进入客车行业。这都源于大家对客车行业的乐观预期——中国公路网尤其是高速公路网的快速建设，使得旅游客车需求将会增加；全中国都在进行城镇化建设，且城中企业纷纷搬迁到城郊，相应地，通勤车和公交车的预期需求量也会增加。而客车行业恰恰是进入门槛比较低的行业，它实质上是组装行业，企业可以从供应商那里买底盘、汽车电气产品、内饰件等，然后进行组装。大量的潜在进入者进入客车行业，使得即使像宇通、金龙这样的客车巨头，在那几年拿到订单时也基本无利润可赚，只能艰难维持。经过几年的行业大洗牌，长城客车等纷纷退出客车领域，铩羽而归。

（4）替代品生产者。我们通常容易识别生产相似产品又相互竞争的公司，但满足同一市场需求、同样功能不同性质的产品，是满足顾客需要的另一种方式。如果替代品价格较低，它投入市场会使本行业产品的价格上限只能处在较低水平，而且导致原来的忠实顾客转向购买替代品，从而限制本行业的收益。替代品的价格越有吸引力，这种限制作用就越强，对本行业构成的压力就越大。此外，当购买者选择替代品只需承担很小的转换成本时，替代品的威胁就大；如果转换成本高，购买者不愿去购买替代品，替代品的威胁就小。

（5）行业内的竞争者。行业内企业之间竞争的产生是由于一个或多个竞争者感受到竞争的压力或看到改善其地位的机会，其竞争手段主要有价格战、广告战、引进产品以及增加对消费者的服务等。如果一个企业的竞争行动对其竞争对手有显著影响，就会招致报复或抵制。如果竞争行动和反击的竞争行动逐步升级，则行业中所有企业都可能遭受损失，行业内的竞争加剧。对行业内竞争者的分析主要从诸如竞争者对行业的假定（如儿童自行车生产企业假定自己是“儿童用品生产企业”与假定自己是“自行车生产企业”，行业环境将有很大不同）、竞争者的优势和劣势、竞争者目前正在实施的竞争战略等层面进行分析。

第 3 节 企业内部环境分析

企业内部环境分析是围绕认识企业的优势（strengths）与劣势（weaknesses）这条主线展开的。企业的内部环境分析可以分为三个主要层面：一是经营结构分析，包括不同的产品、经营领域以及它们的比例关系；二是价值链分析，即分析创造价值的各项活动及这些活动之间的相互关系；三是企业的资源与核心能力分析。

一、经营结构分析

经营结构可能表现为产品结构、产品线结构、市场地域的多样化结构、经营领域的多样化结构等。以产品结构来说，许多企业都同时生产多种产品，真正能为企业带来收益的产品却为数不多，而且还要受到产品生命周期的限制。企业管理者必须及时调整产品结构，重点发展一些收益好的产品，放弃那些占用企业资源而又不能带来收益的产品，把企业的长期收益维持在比较高的水平。

（一）波士顿矩阵

波士顿矩阵（BCG matrix）是波士顿咨询集团（Boston Consulting Group，BCG）在 20 世纪 60 年代设计出的一种战略分析工具，又称 BCG 方法。BCG 方法要回答的主要问题是，企业如何以合理的经营结构来保证长期收益。BCG 方法实际上是通过优化资源配置来实现经营结构调整的方法。它的主要内容有以下几个方面。

1. 划分经营领域

在划分经营领域时，对于不同的产品品种而言，依据应该是产品成本与产品特色两者的结合，当这种特色对顾客有价值时就可以划分为一个经营领域。例如，自行车公司可以把运动自行车、玩具自行车、普通自行车看作三个经营领域，在每个领域中，成本就成为决定竞争优势的主要因素。又如，饮料公司可以根据南方和北方、沿海城市和内地城市把市场划分为若干个领域，只不过这样的分析不是产品结构而是市场地域结构而已。

2. 评价经营领域

波士顿咨询集团提出使用两个维度来评价经营领域，即市场增长率和相对市场份额。其中，市场增长率是指某个领域的市场在若干年中的复合增长率或平均增长率，相对市场份额是在给定市场上企业在该经营领域的销售额与最大竞争对手的销售额之比。例如，0.1 的相对市场份额表示公司在该经营领域的销售额仅占市场领先者销售额的 10%，而 5 则表示公司在该经营领域是市场领先者，并且市场份额是该市场上处于第二位的公司的5倍。以市场增长率为纵轴并以10%作为市场增长率高低的分界线，以相对市场份额为横轴并以1作为相对市场份额大小的分界线，可以绘制出一个由四个方格构成的矩阵图，即所谓的波士顿矩阵，如图4-4所示。

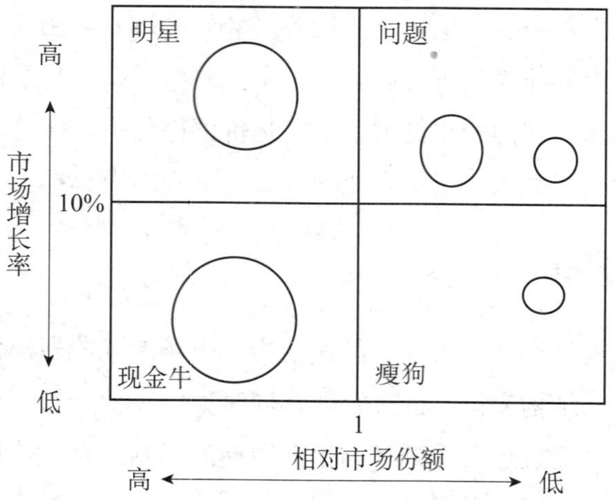

图4-4 波士顿矩阵

图4-4中，圆圈代表各个经营领域，圆圈的圆心表示在矩阵中的位置。绘图时，第一个圆圈的大小是任意画的，但应以清楚醒目为原则。其他圆圈的大小则以画出的第一个圆圈所代表的经营领域为参照，依据该经营领域的销售收入在公司总销售收入中所占的比例来确定。

3. 优化资源配置

波士顿咨询集团的专家为矩阵的每个方格分别取了名称，这些名称也反映出对经营领域评价的结果。波士顿咨询集团建议，企业应该放弃瘦狗领域，利用现金牛领域获取资金，把资金有选择地投向一些问题领域，使这些问题领域发展成为明星领域。而明星领域的市场增长率迟早会降低，届时明星领域又变成了现金牛领域，从而使资源配置实现良性循环，确保公司的长期收益水平。

（二）政策指导矩阵

荷兰皇家壳牌公司创立的政策指导矩阵主要根据市场前景吸引力和竞争能力确定各经营单位在矩阵中的位置，且每个矩阵都对应着“发展”、“有选择地发展”或“撤出”策略，如图4-5所示。

图4-5中，市场前景吸引力分为强、中、弱三类，并用盈利能力、市场增长率、市场质量和法规形势等因素加以量化。竞争能力分为强、中、弱三类，由市场地位、生产能力、产品研发等因素决定。

经营单位的竞争能力 \ 市场前景吸引力	弱	中	强
强	有选择地发展	发展	发展
中	撤出	有选择地发展	发展
弱	撤出	撤出	有选择地发展

图4-5 政策指导矩阵

二、价值链分析

企业的竞争优势可以划分为两种基本类型，即低成本优势和差异化优势。前者是指企业以较低的成本推出自己的产品或服务；后者是指企业成功地塑造出产品功能、服务、质量、品牌形象等顾客认可的特色。竞争优势在市场上的表现形式多种多样，但从顾客角度看，竞争优势是指企业的产品或服务能为顾客提供最大的价值。顾客一般都倾向于能以更低廉的价格购买到同等质量和性能的产品，或者能以同等的价格购买到质量和性能更优异的产品。企业在创造价值的过程中，通过一系列活动赋予产品或服务以价值，这些活动理所当然地构成了战略分析的基本内容。

所谓价值链，是指企业为创造价值而开展的各项生产经营活动，这些活动相互支持，以确保企业经营目标的达成。迈克尔·波特教授把这些活动区分为基本活动和支持活动两大类。其中，基本活动是指那些通过改变物品的物理或时空形态来创造价值的活动，包括进货、生产、发货、营销和服务。支持活动包括采购、技术研发、人力资源管理和企业基础设施。基本活动按照一定的顺序前后衔接，直接改变产品的价值；支持活动则与基本活动同时进行，对这些活动产生主要影响，如图4-6所示。一项活动是否重要，并不取决于它是基本活动还是支持活动，而取决于它在整个创造价值过程中的作用。如果把图中每项活动对应的区域形象地比作该项活动引起的费用，把整个图形看作企业的产出，则差额部分刚好代表企业创造的利润。

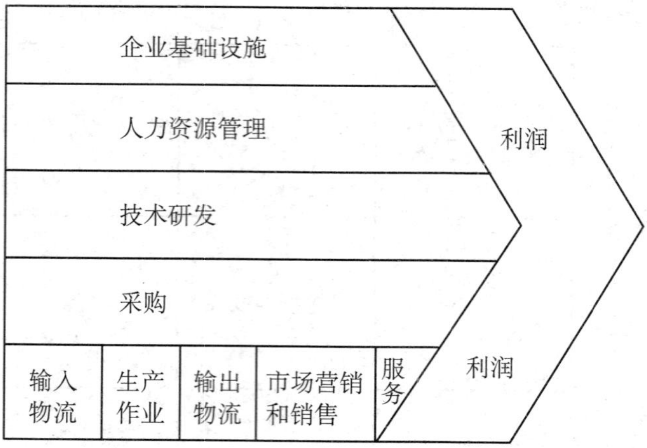

图4-6 基本价值链

资料来源：迈克尔·波特．竞争优势．北京：华夏出版社，1997：37.

三、资源与核心能力分析

（一）企业的资源

如何获取竞争优势和如何使竞争优势持久是两个不同层次的问题。在有些情况下，企业只要简单地改变价值链就可以获得一定的竞争优势，但竞争对手的反击或模仿又会很快地将这种优势瓦解。

从20世纪80年代开始，战略管理领域的研究日益关注竞争优势的持久问题。一批学者开始把目光转向更深层次，即企业用以维系持久竞争优势的某些资源与能力。其中，以维纳菲尔特（B. Wernerfelt）、格兰特（R. M. Grant）、巴尔奈（J. Barney）等人为代表的学者对企业资源（firm resources）进行的研究，促成了战略管理理论一个新流派——基于资源的观点（resource-based view，RBV）的产生。

企业资源的种类如表4-4所示。

表4-4 企业资源的种类

资源种类	主要内容
财务资源	现金及企业的融资能力、创造现金收益的能力
物化资源	生产设备及其布局、原料以及采购渠道
技术资源	各种知识产权以及与之相关的技术知识
创新资源	技术人员和研发所需的设备
商誉资源	顾客和供应商所认可的品牌、信誉及合作关系
人力资源	员工的培训水平、适应力、判断力和工作态度
组织资源	企业的组织结构和它的计划、控制、协调系统

资料来源：Hitt M A，Ireland R D，Hosikisson R E. Strategic management. West Publishing Company，1995：72-73.

一个企业在经营活动中要同时投入多种资源，但不是所有资源都具有同样的价值。毫无疑问，企业应该把那些最具价值的战略性资源作为管理的重点，把这类资源的开发、积累、整合与运用作为战略的一条主线。

巴尔奈列举了战略资源的五个基本特征，分别是：(1) 在创造价值过程中发挥重要作用，使企业能更好地把握机遇或减少威胁。(2) 具有稀缺性，即资源的数量限定了它不能被多家企业共同使用。(3) 具有不可模仿性，竞争对手为模仿或复制这类资源需要投入大量的时间、人力和财力。(4) 具有不可替代性，即竞争对手无法用其他资源取代这类资源的效用。(5) 企业能够以低于竞争对手的成本来获取这些资源。

内部资源扩充主要通过积累与创新这两种不可分割的活动来实现。资源的积累是一个渐变过程，比如专业知识的学习、生产经验的积累、技能的逐步提高、创新意识的培养、对先前成果的继承和提炼等，都是资源积累的不同形式。当这些资源积累到一定程度时，就会为创新活动打下坚实的基础，而创新又会引起资源的质的飞跃。

提升资源的途径有很多种，普拉哈拉德和哈梅尔对这些途径进行了归纳，如表4-5所示。

表4-5 有效提升资源的途径

方法	方法的内容
1. 目标统一	达成战略目标的共识
2. 专注	明确目标并建立一致的标准
3. 瞄准目标	强调高附加值的活动
4. 学习	充分运用每一位员工的智慧
5. 借用资源	借助合作伙伴的力量和资源
6. 整合	以新的方式组合各种技能和资源
7. 平衡	取得重要的互补性资源
8. 重复利用	注重对可以重复使用的技能和资源的开发
9. 联合	找出与他人沟通的目标
10. 保护	防止资源流失
11. 加速	缩短资源的回收时间

资料来源：加里·哈梅尔，C.K. 普拉哈拉德．竞争大未来．北京：昆仑出版社，1998.

（二）核心能力

1. 核心能力的含义

核心能力包括两层："硬"的核心能力，即一组相互关联的知识、技能和技术的组合体；"软"的核心能力，即企业文化。

核心能力这一概念的出现与基于资源的观点有着相同的缘由，都产生于人们对持久竞争优势的关注。1990年普拉哈拉德和哈梅尔发表的《公司的核心能力》一文在理论界和企业界引起了强烈反响。普拉哈拉德和哈梅尔把核心能力比作企业竞争优势之树的根，由能力之根生长出核心产品，再由核心产品到各经营单位生产出各种最终产品。多种经营的企业就好比一棵大树，为其提供营养的根系就是核心能力；树干和树枝是核心产品；较小的树枝是经营单位；树叶、花、果实则是最终产品。

2. 核心能力的特征

核心能力是一种难以模仿的能力，人们研究这种能力的目的是希望找出持久竞争优势赖以存在的基础。虽然企业的经营活动千差万别，能力结构不一而同，但一种能力要保持竞争优势，必须具有以下一些基本特征。

（1）核心能力是多种资源的组合体。核心能力是一组相互联系的知识、技能和技术的组合体，当这些资源被组合在业务流程之中时，组合的复杂性往往使得竞争对手难以模仿。也就是说，核心能力兼具资源的难以模仿性和组合的难以模仿性。从这个意义上讲，尽管有些企业凭借单项技术也可以在一定时期内形成自己特有的优势，但单项技术不能称为核心能力。例如，一个制造企业以大量的资金购入一台最先进的精密加工设备，它可能使产品质量领先于竞争对手，但这种加工技术还不构成核心能力。将多种资源有机地组合在一起，才是核心能力的基本特征。

（2）核心能力不是一种资产。核心能力由多种资源组合而成，资源的活性也就赋予了核心能力的活性。因此核心能力不是一种会计意义上的资产，不是那些随着时间不断贬值的资产，而是一种可以持续增强的能力。比如，廉价的劳动力资源不能构成核心能力，原因就在于这种资源的价值会随着企业的发展而不断贬损。在战略管理实践中，有人误把一个数据库、一个配方或一个品牌当作核心能力，这种认识无助于培养和增强核心能力，因为这些资产在内涵不能更新时，其价值都会随着时间的推移而不断降低。但开发和扩充数据库的能力、研制配方的能力、建设品牌的能力却可能成为一些企业的核心能力。

（3）核心能力可以为顾客创造大量价值。核心能力是公司能够为顾客提供根本利益的能力，也就是在顾客最关心的一些产品性能、特征方面，能够有最出色的表现。因此，核心能力与非核心能力的划分主要取决于对顾客利益的区分。一般而言，一项产品的性能指标虽然有很多项，但顾客最关心的问题往往只集中在几个方面。如果企业管理者列出40～50种能力，那么他们很可能是在描述单项技能，而不是核心能力；如果只列出一两种能力，那么他们很可能是在描述更广泛的总体能力，也不是核心能力。

（4）核心能力是企业实现高收益、高成长的基础。核心能力的概念来自人们对高成长、高收益企业内部结构的解析和归纳，它实际上是这类企业所共有的一些结构性特征。这首先意味着并不是每个企业都已经拥有核心能力，对更多的企业而言，这种能力还只是处在萌芽状态。过早地断言已经拥有某种核心能力，对于企业的战略决策未必有益。其次，核心能力作为高收益的基础，不能仅靠投入巨额资金来获得。核心能力的投入和产出之间应该呈现出非线性关系，从而保证拥有该种核心能力的企业可以利用它开展高收益的经营活动，而其他企业只能望尘莫及。

（5）核心能力是通向未来市场的基石。有关核心能力的研究为范围经济这一概念提供了最好的诠释。范围经济的前提是企业在不同领域的活动存在内在联系，这些联系可以使企业建立某种资源共享或能力共享机制，使资源或能力的效用放大，从而创造出多元化经营的竞争优势。由于当代科学技术的广泛结合冲淡了技术的行业界限，几乎每一种技术的应用领域都在扩大，技术特别是核心能力就自然成为多样化经营的主要基础，或者说是范围经济的重要来源。

3. “硬”的核心能力

“硬”的核心能力，即一组相互关联的知识、技能和技术的组合体。

例如，佳能公司最突出的核心能力只有3项，它们却为该公司在复印机、激光打印机、照相机、成像扫描仪、传真机等20多个领域提供了有力的支撑，如图4-7所示。

照相机	□	□	
传真机	□	□	□
光仪器	□	□	
……			
核心能力	精密机加工	光学	微电子技术

图4-7 佳能公司的核心能力与产品

其他企业核心能力的例子有：本田公司的核心能力主要是在发动机传动系统方面的核心技术专长，它不但生产出独具竞争力的核心产品本田摩托车（省油、易发动、易加速、噪声小、成本低），而且扩展到小汽车、外用发动机、扫雪车、轿车、田间耕作机、割草机、四轮车、节能车等。索尼公司凭借其小型化的核心能力，生产出各种各样的家用电器、音像产品。美国联邦快递和麦当劳的核心能力表现在独具特色的服务上。JVC公司在录像机行业建立起全球性领先地位，其核心能力则是机电一体化技术、视频显示器技术、生物工程和微电子技术。夏普公司利用其在平面屏幕相关能力上的领先地位和液晶显示技术，进入了笔记本电脑、便携式电脑、微型电视、液晶投影电视等多个领域。

4. “软”的核心能力

“软”的核心能力，即组织文化。

组织文化研究热潮的兴起源于日本经济的崛起对美国所造成的冲击。1979年，美国的沃尔格发表了《日本名列第一》一书，开创了企业文化研究的先河。

20世纪80年代，美国理论界接连出版了四本畅销书：《Z理论——美国企业界怎样迎接日本的挑战》《日本企业管理艺术》《企业文化——企业生活中的礼仪与仪式》《追求卓越——探索成功企业的特质》。这四本著作以其崭新的思想、独到的见解、精辟的论述和丰富的例证，构成了一个理论体系，被誉为组织文化的“四重奏”。它们的出版标志着组织文化理论的诞生。

迄今为止，学术界对组织文化的概念有各种不同的表述。

美国麻省理工学院教授埃德加·沙因认为：组织文化是在组织成员相互作用的过程中形成的、为大多数成员所认同的，并用来教育新成员的一套价值体系，包括共同意识、价值观念、职业道德、行为规范和准则等。

威廉·大内在《Z理论——美国企业界怎样迎接日本的挑战》一书中认为：“一个公司的文化由其传统和风气构成。这种企业文化包括一整套象征、仪式和神话。它们把公司的价值观和信念传输给雇员。这些仪式给那些原本就稀少而又抽象的概念添上血肉，赋予它们生命。”

本书推荐罗宾斯对组织文化的界定。组织文化（organization culture）是指影响组织成员行动、将不同组织区分开的共享的价值观、原则、传统和行为方式。在多数组织中，这些共享价值观和惯例经过长时间的演变，在某种程度上决定了“这里的事情应该如何完成”。该定义暗示了三个方面：第一，文化是一种感知。它不是可以被实际触摸或看见的物体，但是员工基于自己在组织中的经历可感知到它。第二，组织文化是描述性的。它与成员如何感知文化和描述文化有关，而与他们是否喜欢文化无关。第三，即使个人可能有不同背景或在组织的不同层级工作，他们也趋向于用相似的词语描述组织文化。那是文化中共享的方面。

所有组织都有文化，但并非所有文化都同等地影响员工的行为。与弱文化相比，强文化（strong cultures）——核心价值观被广泛和深度共享的文化——对员工有更大的影响力。表4-6比较了强文化与弱文化。越多员工接受组织的关键价值观，他们对那些价值观的承诺越高，文化就越强。大多数组织都有中等偏强的文化，即对于什么重要，“好的”员工行为表现，前进需要什么等都有较高的认同。文化变得越强，对管理者计划、组织、领导和控制的影响越大。为什么拥有强文化如此重要？一方面，强文化的组织比弱文化的组织拥有更加忠诚的员工。研究暗示，强文化与良好的组织绩效相关。很容易理解其中的原因。总之，如果价值观清晰并且被广泛地接受，员工知道他们应该做什么以及组织对他们有什么期待，员工就可以快速地处理问题。然而，强文化的缺陷是强文化也可能阻止员工尝试新的方法，尤其当情况迅速变化时。

表4-6　强文化与弱文化

强文化	弱文化
价值观广泛共享	价值观局限于小部分人——通常是高层管理者
文化传达了对于什么是重要的一致信息	文化传达了对于什么是重要的矛盾信息
大多数员工可以讲述关于公司历史或英雄人物的故事	员工对公司历史或英雄人物知之甚少
员工强烈认同文化	员工对文化的认同程度低
共享价值观和行为之间存在强连接	共享价值观和行为之间不存在什么联系

组织文化往往会被打上组织创始人的深刻烙印，创始人的风格直接影响着企业文化。但是，当公司发展至成熟期时，就有必要设置专门的组织文化部门或人员，负责梳理和重塑公司的组织文化。

组织文化有三个层次结构，即精神层、工具层和行为层。

精神层是文化的深层次内涵，是组织文化的核心和主体，触及社会中人们最根深蒂固、不容置疑的东西，主要包括管理哲学、敬业精神、组织的价值观和信仰等，它们是文化的精髓，影响组织成员的行为和决策。

工具层又包括制度层和物质层，是精神层组织文化实现的载体。制度层文化是某个具体组织独具特色的各种规章制度、道德规范和员工行为准则的总和，也包括确定内部分工协作关系的组织结构，是一种强制性文化。物质层是组织文化的表层，是可见的人造物品，它既包括组织整个物质的和精神的活动过程、组织行为、组织产出等外在表现形式，也包括组织实体性的设备、设施等。总的来说，工具层包括制度、规则、组织成员的着装、行为模式、有形的标志（logo）、组织内刊、组织仪式、运动会、便签、信纸、一次性纸杯、产品和各种物质设施。

行为层的组织文化是指一个企业的员工的具体行为表现，最能体现一个公司组织文化的实质内涵。例如，某公司的精神层组织文化书面文件中虽然没有“节俭”字眼，工具层组织文化中也没有规定“鼓励节俭、减少浪费”的相关制度，但员工行为普遍有“非对外的正式文件，一律用二次用纸”“自助工作餐没有剩菜剩饭现象”“员工离开工作场所时主动关闭电源”等，那我们就可以断定“崇尚节约”就是该公司组织文化的一个元素。行为层的组织文化是衡量一个公司组织文化的关键，因为精神层和物质层的组织文化无论多么优秀，如果没有通过行为层的员工实际行为展现出来，充其量只算是“纸上谈兵”“空中楼阁”。

组织文化的精神层、工具层和行为层是不可分割、浑然一体的（见图4－8）。精神层是物质层和制度层的思想内涵，是组织文化的核心和灵魂；工具层是精神层的物质载体；精神层最终要通过工具层落实在员工的行为层。例如，某公司的精神层组织文化是鼓励员工创新，这就要求公司制定的相关制度和规则要围绕这一精神层内容服务。如果员工由于运用创新的工作方法或工艺流程而给公司的生产或者经营带来损失，就不应该严厉惩罚。否则的话，即便有鼓励创新的精神层组织文化，员工也不愿意在工作中进行创新。

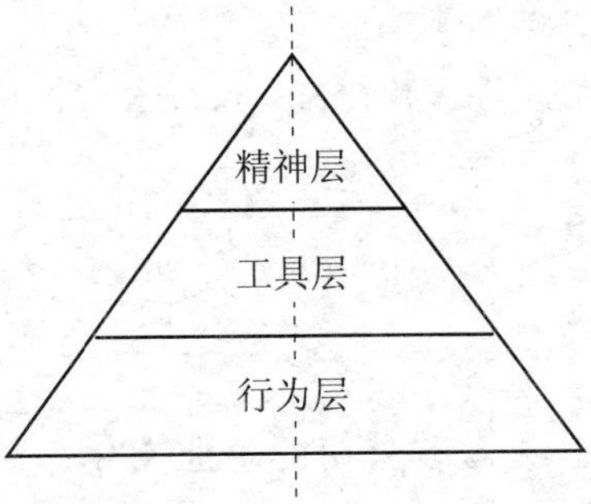

图4－8 组织文化的层次结构图

阅读材料

如何了解一个公司的组织文化

如果某天你在组织中找到了令你兴奋到每天（或大多数日子里）都愿意去上班的工作，这难道不是一件很开心的事吗？虽然其他因素会影响工作选择，但组织文化可能是

“合适”的重要指标。组织文化不同，每个个体也不同。组织文化会帮助你找到适合你的地方。通过将个人倾向与组织文化匹配，你更可能在工作中找到满足感，降低离职的概率，也更可能得到积极的绩效评估。下面是你可以用来了解一个公司组织文化的事情：

（1）做好背景调查。登录公司网站，你印象如何？列出公司价值观了吗？使命陈述呢？寻找关于公司的时事新闻，尤其是高离职率或最近的管理层改组的证据。寻找年报和其他组织文件中透露的故事线索。尽可能找到公司前员工，然后与他们交谈。你也可以与组织员工所属的行业贸易协会成员交谈。

（2）观察自然环境和公司象征。注意商标、指示牌、海报、图片、照片、着装风格、头发长度、办公室的开放度、办公室装饰与布置。员工在哪里停车？大楼和办公室的自然环境如何？办公室如何布局？自然格局鼓励或者不鼓励哪些行为？这些事情表明了怎样的组织价值观？你觉得自己可以在那里工作并享受工作吗？

（3）你如何描绘你遇到的人？他们是正式的、随意的、愉快的、开放的还是不愿意提供信息？什么故事被反复诉说？谈话中有玩笑或奇闻趣事吗？员工们如何互相称呼？头衔中透露了组织的什么特色？组织层级是严格的还是松散的？这些都表现了什么样的组织价值观？

（4）查看组织的人力资源手册（如果可以）。有正式的制度和规定吗？有多详细？包含哪些内容？你觉得自己可以适应这些内容吗？

（5）向遇到的人提问。例如，现任高管的背景是什么？他们是内部提升的还是空降的？组织为了使新员工奋发向上做了什么？职业成功是如何定义的？什么礼仪是重要的？什么事件会被纪念？为什么？你能描述一个效果不太好的决策，以及决策者后来的结果吗？你能描述一个最近发生在组织中的危机或关键事件，以及高层管理者是如何应对的吗？这些说明了怎样的组织价值观？

资料来源：斯蒂芬·罗宾斯，玛丽·库尔特．管理学：第13版．北京：中国人民大学出版社，2017.

阅读材料

微软公司的企业文化

1975年，保罗·艾伦和比尔·盖茨合伙创建微软公司。产品是微软BASIC，雇员仅3人，当年收入16 000美元。1977年，微软在日本推出BASIC。1982年，微软在英国建立欧洲分部。1986年，微软在纳斯达克上市。

1986年上市后，微软的经营利润率持续保持在30%以上，控制了个人电脑软件市场中最重要的部分——操作系统的80%～85%。这些软件在操作系统上运行，使用户能在计算机上执行特定的任务。没有哪一个与计算机或信息技术有关的行业和用户不受到微软及其产品的影响。微软是目前全球最大的电脑软件提供商。2012年微软在世界

500强企业排行榜中排名第119位，2013年排名第110位。

微软从最早卖程序设计语言，到出售操作系统，再到向零售店出售各种应用软件产品，从国内到国外，不断获得发展。但微软始终保持着公司早期结构松散、反官僚主义、微型小组文化等特性的基本部分，从而与顾客更接近，更了解市场的需要。

面对市场和技术方面的挑战，微软总是奉行最基本的战略，向未来进军。它拥有出色的总裁和高级管理队伍，以及才华过人的雇员，拥有高度有效和一致的竞争策略和组织目标，组织结构灵活，产品开发能力强、效率高。微软人有一种敢于否定自我、不断学习提高的精神。当然，在其优点和成绩之后也潜藏着很多弱点。微软正是在克服弱点和发挥优势的过程中不断向前发展的。

微软令人吃惊的成长速度引起世人的广泛关注。透过辉煌业绩，我们不难发现其成功不仅在于科技创新和优异的经营管理，更重要的是创设了知识型企业独特的文化个性。

比尔·盖茨缔造了微软的文化个性

比尔·盖茨独特的个性和高超的技能造就了微软的文化品位。这位精明、精力充沛且富有幻想的公司创始人，极力寻求并任用与自己类似的既懂得技术又善于经营的经理人员。他向来强调以产品为中心来组织管理公司，超越经营职能，大胆实行组织创新，极力在公司内部和应聘者中挖掘同自己一样富有创新和合作精神的人才并委以重任。比尔·盖茨被其员工形容为一个幻想家、一个不断积蓄力量和疯狂追求成功的人。他的这种个人品行深深地影响着公司。他雄厚的技术知识存量和高度敏锐的战略眼光以及在他周围汇集的一大批精明的软件开发和经营人才，使自己及其公司矗立于这个迅速发展的行业的最前沿。盖茨善于洞察机会，能紧紧抓住这些机会，并使自己的精神风范在公司内贯彻到底，从而使整个公司的经营管理和产品开发等活动都带有盖茨色彩。

管理创造性人才和技术的团队文化

知识型企业的一个重要特征就是拥有一大批具有创造性的人才。微软的文化能把那些不喜欢大量规则、组织、计划，强烈反对官僚主义的电脑程序员团结在一起，遵循“组建职能交叉专家小组”的策略准则；授权专业部门自己定义它们的工作，招聘并培训新雇员，使工作种类灵活机动，让人们保持独立的思想性；专家小组的成员可在工作中学习，从有经验的人那里学习，没有太多的官僚主义规则和干预，没有过时的正式培训项目，没有“职业化”的管理人员，没有耍“政治手腕”、搞官僚主义的风气。经理人员非常精干且平易近人，从而使大多数雇员认为微软是该行业的最佳工作场所。这种团队文化为员工提供了有趣且不断变化的工作及大量的学习和决策机会。

始终如一的创新精神

知识经济时代的核心工作内容就是创新，创新精神应是知识型企业文化的精髓。微软人始终作为开拓者——创造或进入一个潜在的大规模市场，然后不断改进一种成为市场标准的好产品。微软不断进行渐进的产品革新，不时有重大突破，在公司内部形成了一种不断新陈代谢的机制，使竞争对手很少有机会能对微软构成威胁。其不断改进新产品、定期淘汰旧产品的机制，使公司产品成为或不断成为行业标准。创新是贯穿微软经营全过程的核心精神。

创建学习型组织

世界已经进入学习型组织的时代，真正创建学习型组织的企业才是最有活力的企业。微软人为此制定了自己的战略，通过自我批评、信息反馈和交流力求进步，向未来进军。微软在充分衡量产品开发过程的各要素之后，极力在进行更有效的管理和避免过度官僚化之间寻求一种新平衡；以更彻底地分析与客户的联系，视客户的支持为自己进步的依据；系统地从过去和当前的研究项目与产品中学习，不断地进行自我批评、自我否定；通过电子邮件建立广泛的联系和信任，盖茨及其他经理人员极力主张人们保持密切联系，加强互动式学习，实现资源共享；通过建立共享制影响公司企业文化的发展战略，促进公司发生变化，保持充分的活力。建立学习型组织能使公司整体结合得更加紧密，效率更高地向未来进军。

资料来源：Microsoft：别具一格的文化个性．(2012－01－16)．http：//lebohr. com/hrtools/120115/1835. htm.

选择题（有一个或多个选项是正确的）

1. 技术环境分析除了考察与企业活动直接相关的技术手段的发展变化，还应及时了解（　　）。

A. 国家对科技开发的投资和支持重点

B. 该领域技术发展动态和研发费用总额

C. 技术转移和技术商品化速度

D. 专利及其保护情况

2. 行业内现有竞争对手分析包括（　　）。

A. 竞争对手基本情况研究　　B. 主要竞争对手研究

C. 主要竞争对手发展动向研究　　D. 次要竞争对手研究

3. 竞争对手基本情况研究包括（　　）等方面。

A. 竞争对手的数量

B. 竞争对手的分布

C. 竞争对手的领域

D. 竞争对手各自的规模、资金、技术力量等

4. 中国国际航空公司面临十分复杂的竞争格局。参与该领域竞争的有铁路运输、公路运输、波音飞机制造公司、空中客车飞机制造公司、航空油料供应公司以及国内其他航空公司，其中的国内其他航空公司不仅在国内航线而且在国际航线上与中国国际航空公司展开竞争。此外，还有许多省份也看中该领域，想开展民航运输业务。根据这一

情况，你认为以下说法中正确的是（　　）。

A. 同行业竞争者是国内其他航空公司；潜在竞争者是其他想从事航空运输业务的省份；替代品生产者是铁路运输公司、公路运输公司；供应者是航油公司、波音公司、空中客车公司

B. 同行业竞争者是铁路运输公司、公路运输公司；潜在竞争者是其他想从事航空运输业务的省份；替代品生产者是波音公司、空中客车公司；供应者是航油公司、国内其他航空公司

C. 同行业竞争者是波音公司、空中客车公司；潜在竞争者是其他想从事航空运输业务的省份；替代品生产者是铁路运输公司、公路运输公司；供应者是航油公司、国内其他航空公司

D. 同行业竞争者是国内其他航空公司；潜在竞争者是铁路运输公司、公路运输公司；替代品生产者是波音公司、空中客车公司；供应者是航油公司、其他想从事航空运输业务的省份

5.（　　）可作为企业的竞争对手。

A. 不在本行业，但可以克服进入壁垒进入本行业的企业

B. 进入本行业可以产生明显的协同效应的企业

C. 通过战略实施而自然进入本行业的企业

D. 通过后向或前向一体化进入本行业的买方或供方

6. 年末，某具有多元化业务的公司的高层经理人员在一起开会，研究公司下一年度各业务部门的预算安排。在讨论预算分配的基准问题上，形成了如下几种意见。你认为其中最可取的是（　　）。

A. 以上年度的预算为基准，在此基础上做少量增减

B. 以去年各业务部门对公司的贡献为依据，哪个部门贡献大，今年的预算就多

C. 根据公司整体发展战略的需要考虑预算安排

D. 根据调动有关部门积极性的需要考虑预算安排

7. 某公司总经理认为，企业开发新业务必须奉行实用主义原则，脚踏实地，什么赚钱干什么，“短、平、快”的项目更是优先选择的对象。在这一思想指导下，公司开发了许多新业务。然而，多数新业务最初看起来很好，但是当公司真正进入这个业务领域之后，要么因为大量追随者进入，使本来有利可图的业务陷入困境，要么因为缺乏足够的资金和管理人才而穷于应付。关于公司业务选择存在问题的原因，下述评价中最中肯的是（　　）。

A. 公司缺乏经过审慎选择的愿景、使命与战略目标

B. 公司选择的业务领域进入壁垒太低

C. 公司的资源分散配置，效率较低

D. 公司经理没有把握住进入新业务领域的正确时机

8. 某公司经过几年发展之后，在战略方面有很多经验和教训，所以决定全面分析

公司内外部环境，制定一个系统的公司战略；在公司识别的如下竞争优势或劣势中，不属于优劣势范畴的是（　　）。

A. 公司高层管理者之间团结，凝聚力强

B. 经济增长速度加快，大幅提高了对公司产品的需求

C. 公司销售渠道的实力比主要竞争对手弱，覆盖面比主要竞争对手小

D. 公司在新技术的整合能力方面有待进一步加强

9. 某公司以前主要生产塑料制品，经营状况不理想。后来注意到，影视作品及电视广告中出现的家庭多使用各色塑料百叶窗，这种现象渐成时尚。于是公司推出了各种款式、尺寸、颜色的百叶窗，取得了不错的经营业绩。该公司的这一调整是对下列哪种环境要素所做的何种反应？（　　）

A. 对技术环境的利用与引导

B. 对经济环境的利用与引导

C. 对社会与文化环境的适应

D. 对经济环境的适应

简答题

1. 战略的含义、内容、层次分别是什么？
2. 试述战略管理的过程模式。
3. 企业宏观环境分析一般从PEST四个主要方面进行，它们分别指什么？
4. 试述波特五种竞争力量模型。
5. 试述波士顿矩阵的内容。
6. 试分别举出使用低成本与差异化竞争战略的例子。
7. 企业文化的含义及其结构分别是什么？

案例分析 4-1

杨元庆与联想二十年

多年前，柳传志送给杨元庆一件颇有象征意义的雕塑——一只高飞的雄鹰。柳传志还为杨元庆高声朗读了雕塑上的一行文字："展翅高飞，高到被全世界看见！"

如果说深谙中国国情与体制是柳传志获得成功的原因之一，那么彼时联想的继任者杨元庆面临的局面不仅复杂而且陌生。虽然他的前辈已经塑造了一个强大的商业帝国，在混乱无序的市场中建立了新的规则，但他要为这个帝国开辟新的发展脉络，令其变得更加稳固。

本土传奇

1994年，在柳传志创办联想10年之后，柳传志说服准备出国的杨元庆，让他来执掌联想刚刚成立的微机事业部。在此之前，与微机有关的员工散布在各个部门，机构庞

大，官僚作风异常严重。杨元庆将一个产品的整个流程作为基础梳理微机事业部的管理逻辑，摈弃了过去那种以所有产品生产的某个环节为根基的旧体制，独揽微机事业部大权，裁减掉300名员工中的2/3，留下精兵强将，接着，震撼市场的产品问世。

杨元庆指出："为中国3亿家庭提供的电脑，一定要和他们的购买能力相适应。"于是，他把新一代电脑命名为"Economic"。E系列电脑的价格只是同类产品的1/3。不久之后，柳传志宣布：1994财年第一季度微机销售指标提前15天完成了。

时间推进到1996年，杨元庆的"野心"喷薄欲出。他告诉手下，要让联想微机在中国击败IBM、康柏、AST和惠普。他计划在3年时间里赶超这些IT大鳄，尽管当时联想微机的市场份额还不足康柏的1/3。3月15日，联想宣布旗下"奔腾"系列电脑全线降价，那是全世界计算机市场上最早出现的万元以下电脑。而在联想降价的很长时间里，跨国对手们依然按兵不动，眼睁睁地看着市场份额被联想抢走。1997年初，联想宣布自己的微机在中国拥有最大的市场占有率，当时人们对此充满质疑；到了这一年年底，IDC宣布，联想在中国市场占有率达到10.7%，把老对手IBM远远甩在了身后。

让世界联想中国

2000年，在崭新的世纪来临时，柳传志已经决定把手中的大旗交给杨元庆了。此时，联想家用电脑占到全国市场份额的42%，和上一年相比增幅为97%，远远高于杨元庆所定的50%的目标。到了秋天，美国《商业周刊》把联想列为"全球科技百强"第8名。

2001年，北京申奥成功，杨元庆决定让联想申请成为2008年北京奥运会"电脑技术赞助商"。这个赞助商是排他性的，其背后的含义是，至少在奥运会这个战场上，联想取代了IBM。

一代人做一代人的事

虽然大部分人对联想的历史充满赞誉，但抨击和"联想危机"也曾经甚嚣尘上。30年前，联想的目标是销售额达到200万元；20年前，这家公司的理想是让国产微机占领中国市场；10年前，联想征战海外；而现在，联想和杨元庆的梦想是，成为一家充满魅力的国际化公司。

2004年夏天一个平淡无奇的早上见证了联想的雄心——一家年销售额30亿美元的中国公司居然鲸吞了年销售额130亿美元的世界级公司，进而成为一家世界500强的企业。将IBM的全球个人计算机业务收入囊中，这家强调民族性的企业终于实现了蜕变，进入了国际化浪潮。

柳传志和杨元庆不同，他是个懂得妥协的大师；而杨元庆果敢，甚至专断。IT界流传的说法是：没有杨元庆，联想不敢收购IBM。

当时，柳传志已经把公司的权力交给了杨元庆和郭为，但他没有想到，这两个优秀的年轻人因为收购面临了如此大的压力。在并购复盘的首日，联想股票报收于2.575港元，跌0.1港元，跌幅3.738%。外界开始质疑联想的收购是否成功，他们看到过太多收购失败的案例，历经坎坷的联想会是一个传奇吗？

一个新时代

跨出国门的联想在2008年也难逃金融危机的厄运。这年底，联想第三财季财报显示，公司亏损9 000多万美元，这是联想11个季度以来首次亏损。2009年2月5日，为了摆脱亏损，退隐江湖近5年的柳传志重新出山担任董事长，而杨元庆退居为首席执行官（CEO），“杨柳配”再战江湖，但此次柳传志的回归有着精神领袖的意味，而让联想重生的还是杨元庆。他的战略非常明确：一个拳头防守，守住中国市场和海外大客户这两个核心业务；另一个拳头出击，开拓新兴市场和消费业务，用进攻得分。凭借“双拳战略”，联想终于在2009年11月初的二季财报上，终结连续三个季度亏损的噩梦，杨元庆上任CEO时说的“一年内扭亏为盈”的承诺提前实现。接着，截至2011年9月底，联想实现销售额77.86亿美元，同比增长35%，创出历史新高；净利润1.44亿美元，同比大增88.9%。这份财报让柳传志放心，因为这是柳传志复出后3年里最具成就感的战绩。于是，柳传志在此时离开联想，而杨元庆又一次成为联想集团董事长兼CEO。

1984年，柳传志创业刚刚开始，面临无数磨难和阻碍，他喜欢引用鲁迅的话说：空气稀薄，大家都睡着了。你最先醒了，感到窒息，有一种临死前的恐惧，却发现四周都是铁壁，捶打不开。

30年后，柳传志凭借自己高超的“妥协”技术打开了铁壁，而杨元庆则在铁壁之外创造了一个新的世界。

资料来源：杨元庆与联想二十年.（2014-07-03）. http：//www.go-gddq.com/wap.aspx?cid=59&nid=1257207&sp=3.

思考题：

1. 杨元庆重塑联想微机事业部使用了哪种竞争战略？
2. 请为杨元庆提供一个企业内外部环境分析的框架。

案例分析4-2

万科的企业文化

万科集团简介

万科企业股份有限公司成立于1984年5月，是目前中国最大的专业住宅开发企业之一。公司连续6次获得“中国最受尊敬企业”称号，2008年入选《华尔街日报》（亚洲版）“中国十大最受尊敬企业”。万科共有15个项目获得“詹天佑奖优秀住宅小区金奖”，其中天津水晶城、广州四季花城、珠江中山城市风景项目先后获得“中国土木工程詹天佑奖”。2008年，万科集团上海公司荣获由中国质量协会颁发的“2008年全国质量奖”，成为房地产行业首家获此殊荣的企业。万科从2007年开始每年发布社会责任报告。2008年12月31日，由公司全额捐建的四川绵竹遵道镇学校主教学楼及卫生院综合楼交付仪式在四川遵道镇正式举行，这是震后首批企业捐建的永久性公共建筑。在由中国民政部主办的2008年度中华慈善大会颁奖典礼上，万科集团荣获“中华慈善奖——最具爱心内资企业”称号。

万科的企业文化

万科集团能够取得如此辉煌的成就与万科的企业文化密不可分。企业竞争到一定阶段，企业之间的差异会直接体现在企业文化上。企业文化打着不同的个性发展烙印，直接渗入企业的管理构架，融入企业的组织结构设计，塑造企业中的每个员工，并通过对企业使命和核心价值的沟通认知使大家成为一个拥有强大凝聚力的团队。而企业文化往往包含物质文化（产品）、行为文化、制度文化（规章）、精神文化4个方面。

（1）物质文化：提升与创新。万科四季花城、城市花园、金色家园、俊园、水晶城，每个项目的推出都是一次系列产品的提升与创新。四季花城的蓬勃生机、东海岸的异域风情、青青家园的小资氛围、水晶城的文化韵味、兰乔圣菲的豪华典雅给人们带来的是全新的视角和体验。打动人心的细节随处可见，给人以安全感的栏杆设计、围合式的组团布局、开放式的社区规划、积木式的色彩组合都让人记忆深刻。这里有为了防止雨水而设计的金属脚踏、为了防止人们误入车道设计的景观绿地、为了防止车速过快设计的缓坡道路。一切都很细小，甚至有些微不足道，但传递给人们的却是无处不在的人性关怀。细一思量，这正是万科集团“建筑无限生活”“全国性思维，本土化运作”以及产品创新意识的具体体现。

（2）行为文化：尚方宝剑也要自己造。万科集团的思维方式有点与众不同，这使一些初到万科集团的专业人才不大适应。肖楠原任北京建筑设计院深圳分院副院长，后被万科集团挖来。进万科不久，集团领导打电话给他：“总部成立设计工程部，你过来搞。”双方简单谈了十几分钟。肖楠想，以后还应该会有领导找他长谈，推心置腹地交底，摆一摆详细的宏图。结果等来等去，直到领导问他“你们怎么还没有动静?”肖楠才醒悟过来：这就是万科的工作方式，一件事情交给了你，就要你去想办法、拿主意，“连尚方宝剑也要自己造!”于是肖楠拼命赶写部门规划，向领导汇报的时候才发现，他们其实早已胸有成竹，每一点都想得比较透彻，可就是不告诉你，就是为了激发你的创造性，这样才能由下至上产生碰撞。肖楠深有感触：这就是万科!

（3）制度文化：制约与保障。和万科人在一起，最大的感觉就是年轻、个性、活跃、张扬和理想同在。就是这样一群人，他们因为相同的价值取向、独特的文化传递模式走到了一起，又因为万科集团越来越完善的培训体系、企业管理体系以及看得见的成长空间愈加团结、努力、进取，在越来越严格的现代企业机制的掌控下，他们和谐地工作并不断得到自我的提升。在万科集团开放个性的背后实际上有太多的规章规范在支撑这个企业的严密运转，在规章上有《员工手册》《职工职务行为守则》，在产品上有《住宅使用标准》《住宅性能标准》，在设计上有建筑设计顾问有限公司和建筑研究中心。正因为如此，王石才会笃定地说，万科离开了我完全能照常运转。也正因为如此，周卫军开着自己的玩笑，万科“疑人要用，用人要疑”的文化让我从一个“坏人”变成一个“好人”，那是因为有监督机制。

（4）精神文化：遗传与皈依。万科集团在精神领域给大家印象最深的莫过于《万科周刊》，这本已创刊20余年的内部刊物一直潜移默化地在业界传递着“建筑无限生活”的企业理念。《万科周刊》给自己的定位是“理想主义企业视角，网络时代人文情怀”。这里有对企业管理、经济领域的专业探讨，有对健康丰盛人生的积极引导，更有人文板块倡导的自由天地宽容精神。它快速传播着企业的经营策略和文化理念，加速公司内部员工的交流以及公司与同行专家学者的交流。《万科周刊》传递出来的品质特征和其背后的万科公司可以说是一脉相承的，如同企业的遗传基因在过往传承中给员工以精神上的皈依，给业内以专业上的引导，而留给读者的是一份开放、自由、丰盛的人文大餐。

资料来源：陈春花，曹洲涛，曾昊．企业文化．北京：机械工业出版社，2013.

思考题：

按照教材中对组织文化结构的界定，组织文化分为精神层、工具层和行为层，而本案例显示万科的组织文化分为物质文化、行为文化、制度文化、精神文化，试将万科四个层面的组织文化分别归入精神层、工具层、行为层结构之中。

案例分析4-3

永不上锁的门

惠普是世界最大的信息科技公司之一，成立于1939年，总部位于美国加利福尼亚州帕洛阿尔托市，主要专注于打印机、数码影像、软件、计算机与资讯服务等业务。惠普下设三大业务集团：信息产品集团、打印及成像系统集团和企业计算及专业服务集团。

惠普的创办人之一比尔·休利特要求公司的零件箱和储藏室始终保持开放，不用上锁。一开始，并不是每个人都领会了其中的深意。

在一个星期六的上午，员工都去度假了，休利特悄悄到下属的一个工厂巡视。他发现那里的实验库房区上了锁，便到维修班找来了一把螺丝刀，把库房门上的锁撬了下来。

到了周一上午，上班的工人们见到了他留的字条：“永远不要将此门锁上，谢谢！”

为什么库房竟然不上锁？

这正是惠普公司与众不同的地方。该公司实行实验室库房开放政策，实验室库房不锁门，全天候开放，工程师不仅可以随意出入库取用物品，而且可以把零部件带回家去。

这种做法的理由是：不论工程师拿这些物品或设备去做什么，不管是不是做与他们的工作有关的事，只要他们在这些物品上动了脑子，或多或少会产生一些新想法，这样在企业的技术革新方面一定会产生正面作用。

资料来源：张斌．总经理必读的209个经典管理故事．北京：中国纺织出版社，2015.

思考题：

试依据案例信息，找出惠普组织文化的要素，针对其分别陈述精神层、工具层、行为层的内容，并解释它们是如何浑然一体的。

第5章 组织

企业在明确使命之后，需要据此制定公司、部门、员工个人的目标，进而在进行内外部环境分析后，确定其公司战略、竞争战略及职能战略。而要顺利实现上述使命、目标、战略，还需要组织保障，即企业需要进行组织结构的设计和变革。

第1节　组织设计概述

一、职权

（一）职权的类型

组织职权（authority）是组织各部门、各职位在职责范围内决定事务、支配和影响他人或集体行为的权力。职权从根本上是由管理职位决定的，但职权行使的效果有赖于管理者的素质、被管理者的态度和能力等。组织职权的特点主要表现在：它是一种制度化的权力；职权与相应的职责和义务是对等的；职权具有强制性，它赋予管理者通过他人来实现组织目标的权力。

职权从层次上可以划分为直线职权、参谋职权、职能职权三种类型。直线职权是管理者直接指导下属工作的命令指挥权。参谋职权是由于个人或团体具备某些核心专长或高级技术知识而拥有的，向直线管理者提供建议和服务的职权。职能职权是由直线管理者向自己辖属以外的个人或职能部门授权，允许他们按照相关制度在一定的职能范围内行使的某种职权。职能职权的设立主要是为了发挥专家的核心作用，减轻直线主管的任务负荷，提高管理效率。例如，一个公司的总经理为了节约时间，加快信息的传递，就可能授权财务部门直接向生产经营部门的负责人传达关于财务方面的信息和建议。

需要指出的是，组织中同一职位的员工，依据其职权的指向不同，可能同时拥有直线职权、参谋职权和职能职权这三种职权。以财务部经理为例，其指挥和指导本部门下属的职权就属于直线职权；他为公司总经理提供一份《融资方案可行性分析报告》属于发挥参谋职权；为使财务部成本会计能够实时、准确统计各车间的生产成本，他对各车间主任下辖的生产统计人员进行指导，培训他们如何填报车间生产人员领用原材料实时统计单，则是在行使职能职权。

（二）集权与分权

集权（centralization）是指决策权在组织系统中较高层次上的集中。绝对的集权式组织结构是不存在的，我们通常说某公司的组织结构是集权式的，只是意味着该公司的集权程度远高于分权程度。集权式组织可借助其高度集中的行政指挥体系，使各个层级对决策迅速组织实施。

组织中几乎普遍存在一种集权的倾向。集权倾向主要与组织的历史和领导者的个性有关，但有时也可能是为了追求行政上的效率。首先，如果组织是在自身较小规模的基础上逐渐发展起来的，其集权倾向可能更为明显。因为组织规模较小时，大部分决策都是由最高主管直接制定和组织实施的，决策权的使用可能已经成为其习惯；随着事业不断发展，组织规模不断扩大，最高主管或最高管理层仍然愿意保留不应集中的大部分权力。其次，个性较强和自信的领导者往往喜欢所辖部门完全按照自己的意志来运行，而集中控制权力则是保证个人意志绝对被服从的先决条件。

分权（decentralization）是指决策权在组织系统中较低管理层级上的分散。其特点是：中下层有较多的决策权；上级的控制较少；在统一规划下可以自主经营；实行独立核算。不存在绝对的分权式组织结构，我们说某公司的组织结构是分权式的，只意味着该公司的分权程度远高于集权程度。

影响集权与分权的因素主要表现在以下方面：（1）决策的代价。一般来说，从经济标准和其他无形标准来衡量，代价越高的决策越不适宜交给下层决策者。重大决策也不宜分权。（2）政策统一性的要求和现代控制手段的使用情况。企业组织内部执行统一政策，集权的程度就会较高，如果组织内部具备良好的控制手段，企业可以进一步分权。（3）组织的规模和空间分布广度。企业组织的规模大，决策数目多，协调、沟通及控制不易，宜分权。相反，组织规模小，决策数目少，分散程度较低，则宜集权。（4）组织的历史。若组织是由小到大扩展而来的，则集权程度较高；若组织是经联合或合并而来的，则分权程度较高。（5）人员数量与素质。如果人员数量充足，经验丰富，训练有素，管理能力较强，则可较多地分权，反之则趋向集权。（6）组织所处的生命周期。在组织成长的初始阶段，为了有效地管理和控制组织的运行，会倾向于集权；随着组织的成长，组织规模扩大，管理的复杂程度增加，组织分权程度会加大。(7) 外部环境的影响。客观地看，决定分权程度的因素大部分属于组织内部，但影响分权程度的还有政治因素、经济因素等，这些外部因素不确定时，常促使企业组织集权。在困难时期和竞争加剧的情况下，也会助长企业走向集权。

（三） 授权

授权（empowerment）是组织为了共享内部权力，奖励员工努力工作，而把某些职权授予下级。这些职权委派给下级之后，下级可以在其职权范围内自由决断，灵活处理问题，但同时也负有完成任务并向上级报告的责任，上级仍然保留着对下级的指挥与监督权。授权的含义有：(1) 分派任务，即向被托付人交代所要完成的任务。(2) 授予权力，即授予被托付人相应的权力，使之有权处理原本无权处理的事务。(3) 责任不可下授，即无论被托付人任务完成情况好坏，最终都由托付人负全责。

有效授权必须掌握以下几个原则：(1) 重要性原则。所授权限不能是无关紧要的部分，应使下级充分认识到上级的信任和管理工作的重要性，并把具体任务落到实处。(2) 适度原则。授权过少往往造成主管工作量过大，授权过大又会造成工作杂乱无序，甚至失控。(3) 级差授权原则。组织只能在直接上下级之间进行级差授权，越级授权可能会造成中间层在工作上的混乱和被动，破坏管理秩序。

（四） 分权与授权的区别

分权与授权的区别主要有：分权是法定的，授权是主观人为的；分权分出的权力不能收回，授权授出的权力可以随时收回；分权是针对职位的，授权是针对个人的；分权时责任和权力同时分给某下辖职位，授权时权力下授，但责任不下授。

阅读材料

蔡元培为下属担责

1912年，蔡元培就任中华民国教育总长。一个叫胡玉缙的人写的《孔学商榷》引起他的浓厚兴趣。连读几遍后，他决定将其聘请到部中任职。于是，他指示下属官员起草一封信。

胡玉缙在学术界还是无名小卒，有蔡元培这样的大人物举荐，本应感激不尽。出乎意料的是，胡玉缙接到邀请信后给蔡元培写了一封抗议信。

问题出在信中的个别字上。信的全文是："奉总长谕：派胡玉缙接收（教育部）典礼院事务，此谕。"按字面理解，"谕"和"派"两个字是上级对下级的，包含必须服从的意思。胡玉缙还不是教育部雇员，不存在上下级关系，因此他感到不是滋味。特别是"谕"字，本来是封建专制时代使用的一个特定词，胡玉缙无法容忍。

蔡元培接到胡玉缙的抗议信后，立即复信表示歉意，称“责任由我来负责”。胡玉缙被蔡元培的诚意感动，欣然答应到教育部任职，后来成为国学名家。

资料来源：崔鹤同．蔡元培为下属担责．特别关注，2014（10）．

二、组织结构图构成要素

组织结构图（organizational chart）的构成要素有两个：矩形、直线。其中，矩形里面只能填写职位名称或者部门名称，比如“生产部”或者“生产部经理”；最顶端的矩形中一般填写“总裁”“总经理”“厂长”等内容。

三、组织设计的原则

（一）专业化分工原则

专业化分工（work specialization）是组织设计的基本原则。专业化分工指的是把工作活动划分为各项单独的工作任务，个体员工专门从事一项活动中的某一部分而不是整项活动以提高工作产出。企业的生产过程包括许多不同阶段，要求一定数量的参与者利用不同的技能和知识在不同时空进行或组织不同的活动。企业生产活动过程的复杂性决定了任何个人都不可能同时拥有现代工业生产所需的所有知识和技能，每个人都只能在有限的领域中掌握有限的知识和技能，从而相对有效率地从事有限的活动。专业化分工就是要把企业活动的特点和参与企业活动的员工的特点结合起来，把每个员工都安排在适当的岗位上积累知识、发展技能，不断提高工作效率。

根据泰勒的观点，专业化分工的原则不仅适用于生产劳动领域，而且适用于管理劳动领域。从某种意义上说，企业组织设计就是对管理人员的管理劳动进行分工：部门设计是根据相关性或相似性的标准对不同部门的管理人员的管理劳动进行横向分工；层级设计则是根据相对集权或相对分权的原则把与资源配置方向或方式选择相关的权力在不同层级的管理机构或岗位间进行纵向的安排。

（二）统一指挥原则

统一指挥原则（unity of command）是指组织中每位下属都应该有一个并且只能有一个上级，要求在上下级之间形成一条清晰的指挥链。如果下属有多个上级，就会因为上级可能下达彼此不同甚至互相冲突的命令而无所适从。虽然有时在例外场合必须打破统一指挥原则，但是为了避免多头领导和多头指挥，组织各项活动应该有明确的区分，并且应该明确上下级的职权、职责以及沟通联系的具体方式。

（三）权责对等原则

组织中每个部门和职务都必须完成规定的工作，而为了完成一定的工作，需要利用一定的人、财、物等资源。因此，在组织设计中，不仅要明确各部门的任务和责任，还要明确规定这些部门利用人、财、物以及信息等的权力。权责对等原则就是进行组织结构的设计时，既要明确规定各个部门、各个岗位的职责范围，又要赋予完成其职责所必需的管理权限，职责与职权必须协调一致。只有职责，没有职权或权限太小，则职责承担者的积极性、主动性必然会受到束缚，实际上也不可能承担起应有的责任；相反，只有职权而无任何责任，或责任小于职权，将会导致滥用权力。

（四）管理幅度原则

管理幅度（span of control）是指管理者有效管理下属的人数。任何一个管理者所能有效管理的下属人数必定有一个极限，因为人的知识、经验、能力和精力等都是有限的。因此，居于权力中心的管理者绝不可能无限制地直接管理和指挥很多人而又使他们的活动配合无间，他需要确定合适的管理幅度。

（五）柔性经济原则

所谓组织的柔性（flexibility），是指组织的各个部门、所有人员都可以根据组织内外环境的变化进行灵活调整和变动。组织的结构应当保持一定的柔性以减小组织的变革所造成的冲击和震荡。组织的经济性是指组织的管理层级与幅度、人员结构以及部门工作流程必须设计合理，以达到管理的高效率。组织的柔性与经济性是相辅相成的，一个柔性的组织必须符合经济的原则，而一个经济的组织又必须保持柔性。只有这样，才能保证组织结构既精简又高效，避免形式主义和官僚主义作风。

阅读材料

彼得·德鲁克关于组织工作的七项原则

（1）要明晰，但不是简单。哥特式大教堂在设计上并不简单，但在里面，你的位置是显而易见的；你知道站在何处，应该走向何方。一座现代化的办公大楼在设计上可能非常简单，但在里面却很容易迷路，它就不是明晰的。

（2）努力用经济来维持管理，并把摩擦减至最小限度。用于控制、监督、引导人们取得成绩的力量应该保持在最低限度。组织结构应该使人们能够自我控制，并鼓励人们自我激励。

（3）眼光直接投向产品，而不是投向生产过程；投向效果，而不是投向所做的努力。组织可以比作一种传输带，这种传输带越直接，各个活动取得成绩时的速度就越快，方向的改变就越小，组织也就越有效率。必须使意愿和能力为成果而工作，而不是为工作而工作；为未来而工作，而不是躺在过去的成绩上；为了增强实力，而不是为了虚胖。

（4）每个人都要理解自己的任务，以及组织总体的任务。组织的每一个成员为了把他的努力同共同的利益联系起来，需要了解如何使他的任务适应整体的任务，以及整体的任务对他自己的任务与贡献的要求是什么。组织结构需要促进而不是阻碍信息交流。

（5）决策时要面向行动，把注意力集中在正确的问题上，而且尽可能使基层的管理人员做出决策。

（6）要稳定，但反对僵化，以求在动乱中生存下来；要有适应性，以便从动乱中学到东西。它必须在其周围的世界处于动乱时仍能进行工作。稳定性并不是僵硬性，一个极其僵化的组织不是稳定的，而是脆弱的。只有组织结构能适应新的情况、新的需求、新的条件，以及新的面孔和新的个性时，它才能继续存在。

（7）要能永存和自我更新。一个组织必须能够从内部产生未来的领导者。为此一个基本条件是组织不应该有太多的层级；组织结构应该帮助每一个人在他担任的每一个职位上学习和发展，应该设计得使人能够继续学习；必须接受新思想并愿意和能够做新事情。

资料来源：彼得·德鲁克．管理：任务、责任、实践．北京：中国社会科学出版社，1987：684－688.

四、组织设计的思路与任务

组织设计（organizational design）的思路是分解与合成。管理者一方面需要把工作任务逐层分解为各项具体的工作，另一方面又需要保证这些分散的工作可以结合成整体性工作，通过分解与合成使得组织成为一个分工协作的系统。组织设计要完成的任务有职能与职务设计、管理幅度与管理层级设计、部门化。组织设计的思路与任务如图5－1所示。

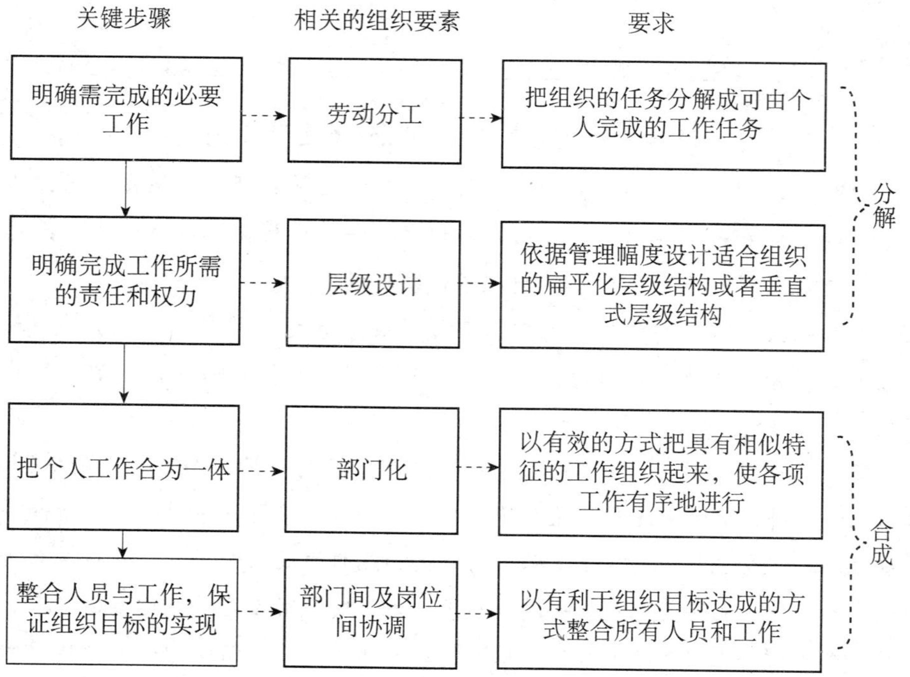

图5－1　组织设计的思路与任务

（一） 职能与职务设计

组织规模的扩大和生产经营活动的复杂性，要求将总任务和目标层层分解，分析并确定为完成组织任务所需要的基本职能与职务，设计和确定组织内从事具体管理工作所需的各类职能部门和各项管理职务的类别、数量，分析并确定每个职务应具备的资格条件、应享有的权力范围和应负的职责。

（二） 管理幅度与管理层级设计

如前所述，管理幅度是一个管理者有效管理下属的最多人数。

1. 管理幅度的有限性

在职能与职务设计以及部门划分的基础上，要根据各项工作的性质和内容及人力资源现状，确定管理幅度和管理层级。通过规范化的制度安排，使各职能部门和各项职务形成一个严密、有序的活动网络。当组织规模很小时，一个管理者可以直接管理每一位作业人员的活动，这时组织就只存在一个管理层级。而当规模的扩大导致管理工作量超出了一个人所能承担的范围时，为了保证组织的正常运转，管理者就必须委托他人来分担自己的一部分管理工作，这使管理层级增加到两个。随着组织规模的进一步扩大，受托者又不得不进而委托其他人来分担自己的工作，依此类推，从而形成了组织的等级制或层级管理结构。

关于一个管理者的管理幅度不可能无限制地扩大方面，绝大多数管理学著作都引用V. A. 格兰丘纳斯（V. A. Graicunas）的论证公式：

$$N=n(2^{n-1}+n-1)$$

式中，N 表示管理者与其下属之间相互交叉作用的最大可能数；n 表示下属人数。

例如，假定管理者 M，有两个下属 A 和 B。一种直接关系可能发生于 M 与 A 之间和 M 与 B 之间。但是有时 M 和 A 谈话而 B 在场，或者 M 和 B 谈话而 A 在场，这样可能就会有两种直接群体关系。此外，交叉关系可能存在于 A 和 B 之间，表现为 A 找 B 和 B 找 A。这三类关系加到一起，就存在 6 种可能的相互作用。当下属增加到 3 个时，这种可能的相互作用总数则增加到 18。依此类推，越来越大。当下属人数达到 100 人时，上面公式中的 N 便成为一个“巨大”的数字！虽然格兰丘纳斯没有说明 N 以多少为宜，但他的警告是清楚的——哪里增加一个下属，那就可能是一根能压断经理脊背的稻草。①

2. 管理幅度与管理层级成反比

当组织规模一定时，管理层级和管理幅度之间存在一种反比例的关系，管理幅度越大，管理层级就越少；反之，管理幅度越小，管理层级就越多，如图 5－2 所示。

---

① 亨利·西斯克．工业管理与组织．北京：中国社会科学出版社，1985：234.

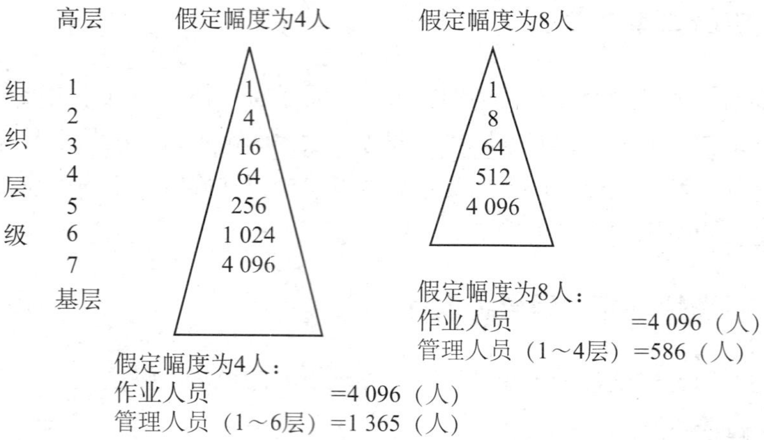

图 5－2　管理幅度与管理层级的关系

3. 确定合适的管理幅度

对组织来说，确定管理幅度需考虑以下影响因素：（1）计划制定的完善程度。事先有良好、完整的计划，工作人员都明确各自的目标和任务，清楚自己应从事的业务活动，则主管人员就不必花费过多的精力和时间进行指导和纠正偏差，管理幅度就可以大一些，管理层级就相对少一些；反之，计划不明确不具体，就会限制管理人员的管辖范围，管理幅度就相对较小。（2）工作任务的复杂程度。若主管人员面临的任务较复杂，解决起来较困难，并对组织活动具有较大影响，则他直接管辖的人数不宜过多；反之，可增大管理幅度。（3）组织中员工的经验和知识水平。当管理人员的自身素质较强，管理经验丰富，在不降低效率的前提下，可适当增加其工作量，加大管理幅度；同样，下属人员训练有素，工作自觉性高，也可采用较大的管理幅度，让他们在更大程度上实行自主管理，发挥创造性。（4）完成工作任务需要的协调程度。如工作任务要求各部门或一个部门内部的协调程度高，则应减少管理幅度，反之，则应增大管理幅度。（5）组织信息沟通渠道的状况。组织沟通渠道畅通，通信手段先进，信息传递及时，可加大管理幅度，反之，则应减少管理幅度。

管理幅度应该有一个合理的界限。若扩大管理幅度，可以减少管理人员，但会导致监督弱化、指导不力、无法集中精力处理重大事务等问题；若缩小管理幅度，有利于监督、指导、控制，但管理人员增多，管理成本加大。对于管理幅度到底设计为多大合适的问题，长期以来有许多学者和实业家进行过大量的研究工作。传统或古典管理学派对领导者管辖人数问题的态度和研究方法，一直是倾向于把有效的管辖人数普遍化，也就是想找出一个通用方案，并加以普遍推广。但经过长期调查研究，并未找出一个理想的通用方案，不同人的说法仍然不一致。

阅读材料

管理幅度的实践

20世纪初期，美国将军伊恩·汉密尔顿（Ian Hamilton）根据他作为一个军官的经验总结了对管理幅度大小的认识。他发现，一般人的头脑在管理3～6个人时将处于最佳的工作状态。一个军官在仅仅指挥3个士兵时并不十分忙碌，一个陆军中将难以指挥6个师长的活动。伊恩·汉密尔顿最后建议，越接近于整个组织的最高领导人，他的管理幅度越接近6个人为好。

亨利·法约尔指出，合适的管理幅度应该是最高经理管理4～5名部门经理，部门经理管理2～3名管理人员，管理人员管理2～4名工长，工长管理25～30名工人。

英国著名的管理顾问林德尔·F. 厄威克（Lyndall F. Urwick）上校提出了他观察到的心理现象：一个人的"注意力跨度"（即能够同时给予注意的事项的数目）是有限的，并以此为依据讨论管理幅度的大小。他的研究结论是："没有一个管理者能够直接管理超过5个工作紧密相关的下属的工作。"

美国管理学会1952年的研究报告介绍了当时对141家"公认的具有良好组织实践"的公司的调查结果，该项调查的主题是这些公司中总经理的管理幅度实践情况，结果发现总经理的管理幅度为1～24人不等。

资料来源：张玉利．管理学．天津：南开大学出版社，1999.

（三）部门化

随着组织业务活动种类的增加和所涉及专业领域的扩大，管理者为了提高工作效率，在劳动分工的基础上，把各项活动进行归类，使性质相同或相似的工作合并到一起，这样就形成了一个个专门化的部门，这个过程叫作部门化（departmentalization）。对同一组织而言，在不同时期和不同的战略目标指导下，划分部门的标准可以根据需要进行动态调整。在企业实践中，部门化的形式多种多样，典型的有以下几种。

1. 职能部门化

职能部门化是按照组织的各项主要业务和主要管理职能来划分和设置组织的横向部门，其主要业务和管理职能包括计划、人事、生产、销售和财务等。据此，可以把企业划分成若干职能部门，如总经理办公室、法务部、财务部、营销部、生产部、研发部等。图5－3所示的总经理下辖的各个部门就是按照职能部门化划分的。

2. 产品部门化

产品部门化是指按产品不同来划分和设置企业组织的横向部门。这种部门化组织形式适用于多样化生产经营的大型企业，它属于分权化的组织形式。产品部门化组织形式的优点是以产品部门为利润中心，便于对成本、利润和绩效进行测定和评价；它是分权

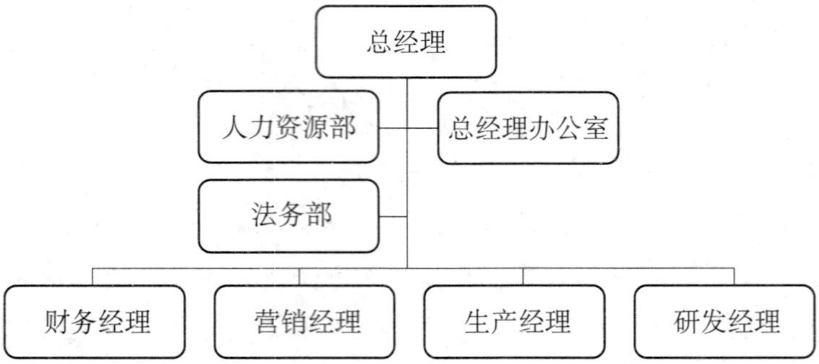

图 5－3　职能部门化示例

化的组织，有利于创新活动，有利于改善产品部门内部的协调工作，为产品部门经理提供最佳的训练机会。其缺点是产品部门可能发展得过于自主，增加了主管部门控制工作上的困难；要求有更多的通才；组织的纵向层次职能部门经常出现重复，造成专业力量分散。产品部门化适用于经营环境多变和实行多品种与多系列生产经营的大型企业和联合企业。图 5－4 中的 A 产品经理、B 产品经理、C 产品经理所在的部门就是按照产品部门化划分的。

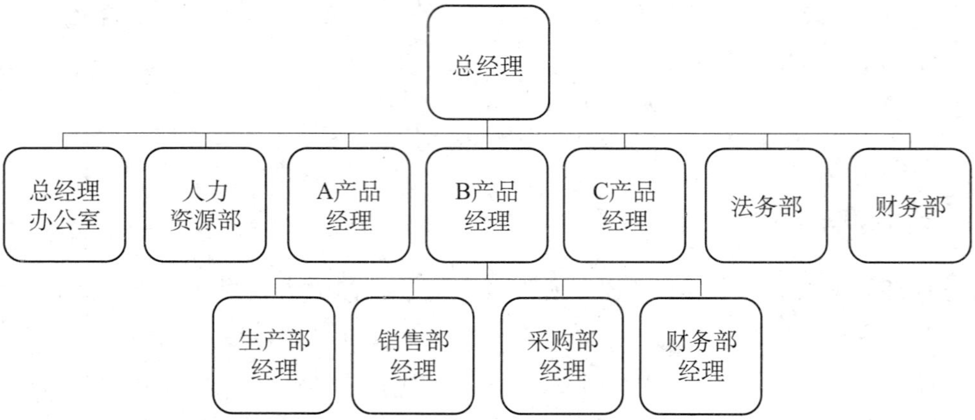

图 5－4　产品部门化示例

3. 流程部门化

流程部门化是指按照工作或业务流程来组织业务活动。人员、材料、设备比较集中或业务流程连续是实现流程部门化的基础。如机械制造企业中，生产流程需要经过铸造、热处理、加工和装配等几个主要过程。流程部门化的优点是：组织能够充分发挥集中的技术优势，易于协调管理，对市场需求的变动也能够快速敏捷地做出反应，容易取得较明显的集合优势；另外也简化了培训，容易在组织内部形成良好的相互学习的氛围，便于员工积累工作经验。流程部门化的缺点是：部门之间的紧密协作有可能得不到贯彻，也会产生部门间的利益冲突；另外，权责相对集中，不利于培养出“多面手”式的管理人才。图 5－5 中一家暖气片生产厂厂长下辖的四个车间就是按照流程部门化划分的。

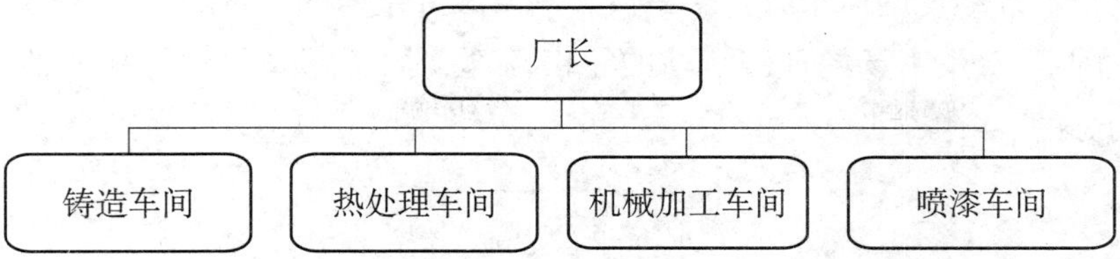

图 5-5 流程部门化示例

4. 区域部门化

区域部门化又称地域部门化，是根据地理因素来设立管理部门，把不同地区的经营业务和职责划分给不同部门的经理。其特点是把同一地区或区域内发生的各种业务活动划归为同一部门，然后按照这一部门所管辖的范围进一步建立有关的职能部门，这样一个地区或区域的业务活动被集中起来，交给一个管理者负责，能够充分利用这一区域内的人力、物力和财力，获取区域经营的效益。这种方法较多用于地理位置较分散的组织，特别适用于规模大的公司。图 5-6 中中国市场部、北美市场部、欧洲市场部、非洲市场部就是按照区域部门化划分的。

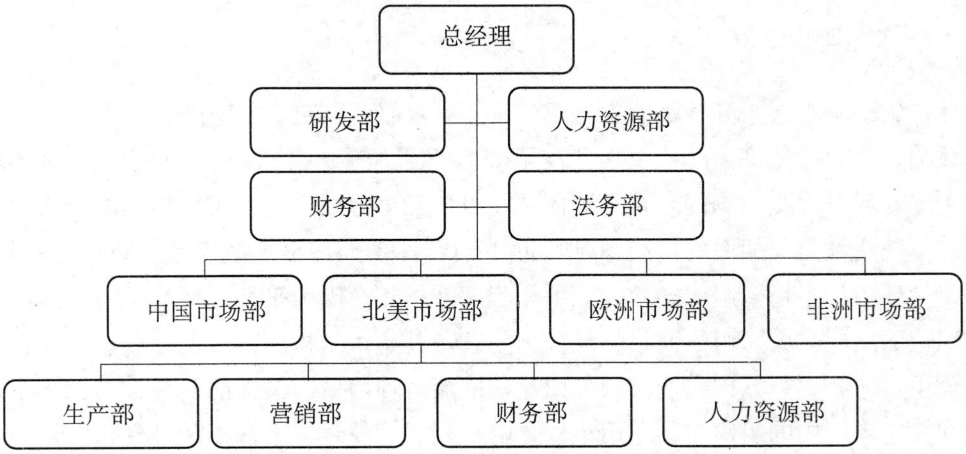

图 5-6 区域部门化示例

5. 顾客部门化

顾客部门化是指根据目标顾客的不同利益需求来划分组织的业务活动。在激烈的市场竞争中，顾客的需求导向越来越明显，企业应当在满足顾客当前需求的同时，努力创造顾客的未来需求，顾客部门化顺应了需求发展的这一趋势。顾客部门化的主要优点是：企业可以通过设立不同的部门来分别满足目标顾客各种特殊而广泛的需求；同时能有效获得用户真诚的意见反馈，并依此不断改进自己的工作；还有利于企业持续有效地发挥自己的核心专长，不断创造顾客的需求，从而在某一领域内建立持久的竞争优势。顾客部门化的缺点是：可能会增加与顾客需求不匹配而引发的矛盾和冲突；需要更多能妥善协调和处理与顾客关系的管理人员和一般人员；顾客需求偏好的转移可能使企业无法时时刻刻都明确顾客的需求分类，造成产品或服务结构的不合理，从而影响对顾客需求的满足。图 5－7 中市场经理部下辖的零售商部、批发商部、法人团体部就是按照顾客部门化划分的。

图 5－7　顾客部门化示例

五、组织设计的影响因素

面对日趋激烈的外部竞争环境和不确定的市场需求变化，任何组织都会觉察到管理日趋复杂和自身能力有限，这就要求以系统和动态的观点来设计组织。管理学家认为，不同的组织受到不同的组织环境、组织战略、组织规模与组织生命周期、组织技术等方面的影响。

（一）组织环境

任何组织都存在于开放的大系统中，其生存和发展都直接受到组织环境因素的影响。政治、法律、经济、社会文化、技术等因素是所有组织都必须面对的一般环境因素。组织环境对组织结构的影响主要体现在以下三个方面：（1）组织结构的复杂程度与环境的不确定性是负相关的，组织环境的不确定性越大，组织结构的复杂程度就越低。（2）组织环境越平稳，组织结构的规范化程度就越高，因为平稳的环境不需要组织对其做出快速的反应。（3）组织面临的环境越复杂，其组织结构就越趋于分权，因为在复杂的环境中，只有实行分权，使决策部门化，才能对环境做出灵活的反应；与此相反，在平稳和简单环境中的组织多会采用集权化的形式。此外，在一些复杂且变化频繁的环境条件下，组织也会采用集权的方式来控制。

（二）组织战略

对于现代组织来说，组织的战略目标是组织设计和发展的基本依据。因为组织的战略目标若想得到实现，就需要设计出相应的行动流程，建立组织可利用资源的分配和再分配制度，根据变化的需求、动荡的环境、新技术的发展、竞争对手的实力和行为，采取相应的行动方针和政策。研究发现，经营成功的公司，如保持在单一行业内发展，则偏好采用集权的直线制或者直线职能制组织结构，而实施多元化经营的公司一般采用分权的事业部制组织结构。组织需要根据战略目标设计系统结构，而战略目标的任何调整和转移都会对组织结构产生很大的影响。

（三）组织规模与组织生命周期

组织规模对组织结构的影响是显而易见的。所谓组织规模，是指一个组织所拥有的人员数量以及这些人员之间的相互作用。人员的数量在某种意义上对组织结构的影响是决定性的，一个三人小店与一个万人企业相比，组织结构的差别是巨大的。在组织发展的不同阶段，组织规模的影响又有所不同。在组织成立初期，组织的规模对组织结构的影响是决定性的，相比之下，组织规模达到一定程度时，在进一步扩大的过程中，其影响则会小一些。一般说来，组织的人员数量越多，即组织的规模越大，组织的标准化程度和规章制度的健全程度就应当越高，专业化分工的程度也就应当越细，分权化的程度也就应当越大。组织的规模与组织的专业化、规范化正相关，而与集权负相关。管理界普遍认为，组织像任何有机体一样存在生命周期。1972 年，格林纳（Greiner）提出了组织成长与发展的五阶段模型。他认为，一个组织的成长大致可以分为创业、聚合、规范化、成熟、再发展或衰退五个阶段。每阶段的组织结构、领导方式、管理体制、员工心态都有其特点，必须有不同的组织战略和组织结构与之相适应。

（四）技术

技术是指把原材料等资源转化为最终产品或服务的机械力和智力。任何组织都需要通过技术将投入转换为产出，于是组织的设计就需要因技术的变化而变化，特别是技术范式的重大转变，往往要求组织结构做出相应的改变和调整。技术受到两个方面的影响，即工作的多变性与可分析性。所谓工作的多变性，是指技术在工作过程中发生意外变化的概率，例如，对程序化的流水线工作而言，由于发生意外事件的可能性甚小，其工作的多变性就较低。所谓工作的可分析性，是指技术在工作过程中可被分析的难易程度，例如，品酒师的工作就需要有丰富的工作经验和直觉判断，其工作无法用现成的技术和程序去归纳，这项工作的可分析性就比较低。一般来说，组织内部门技术越是常规化，组织规范化、集权化程度就越高，采用机械式组织结构的效率就越高；组织内部门技术越是非常规化，组织规范化、集权化程度就越低，这时采用柔性组织结构的效率就越高。

第 2 节　常见的组织结构形式

管理学家哈罗德·孔茨认为："为了使人们能为实现目标而有效地工作，必须设计和维持一种职务结构，这就是组织管理职能的目的。"合理的组织结构是组织效率的保证，而合理的组织结构源于对组织结构的精心设计。所谓组织结构设计，就是通过对组织资源的整合和优化，确立企业某一阶段最合理的管控模式，实现组织资源价值最大化和组织绩效最大化。组织结构随着社会的发展而发展。对于任何一个企业而言，它采用何种结构完全取决于企业的实际情况，只要能有效实现其目标，运行顺利，这个企业的组织结构就是成功的。

企业组织结构（organizational structure）的形式多种多样，这里介绍几种常见的形式：直线制组织结构、直线职能制组织结构、事业部制组织结构、矩阵制组织结构和网络制组织结构。现实中并不存在一种完美的组织结构，每一种组织结构都有其优点和缺点，管理者应根据实际情况选用最适合本企业的组织结构形式。

一、直线制组织结构

直线制是最古老、最简单的一种组织结构形式。其主要特点是组织中各种职务按垂直系统直线排列，各级主管人员对所属下级拥有直接的领导职权，组织中每一个人只能向一个直接上级报告，组织中不设专门的职能机构，如图5-8所示。

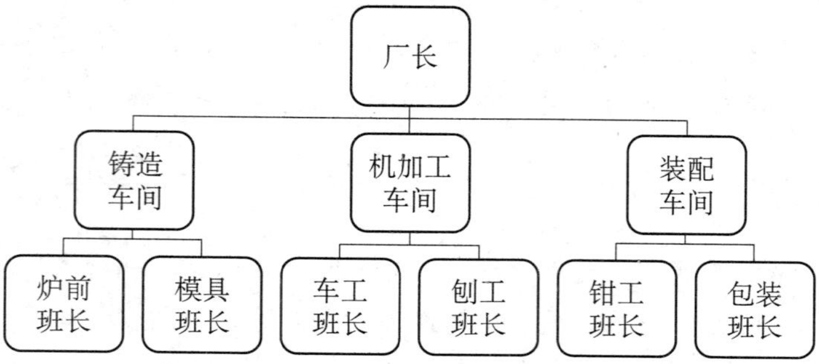

图5-8 直线制组织结构图

直线制是一种典型的集权式组织结构。其优点是：结构简单；命令统一；比较容易维护纪律和秩序。缺点是：由于所有的管理职能都集中由一人承担，往往会因为个人的知识及能力有限而难以深入、细致、周到地考虑所有管理问题，因此管理比较简单粗放；组织中的成员只注意上情下达和下情上达，每个部门只关心本部门的工作，因而部门间的横向联系与协调比较差，难以在组织内部培养出熟悉组织情况的全能型管理者。

一般，直线制组织结构适用于那些没有必要按职能实行专业化管理的小型组织，或者现场作业管理。

二、直线职能制组织结构

直线职能制组织结构以直线型组织结构为基础，在各级直线主管之下，设置相应的职能部门或者职能组，如图5-9所示。直线职能制也是一种典型的集权式组织结构。这种组织结构的最大特点是直线部门和人员在自己的职责范围内有决定权，对其所属下级的工作进行指挥和命令，并负全部责任，而职能部门和人员仅是直线主管的参谋，只能对上级提供建议或对下级机构提供业务指导，没有指挥和命令的权力。

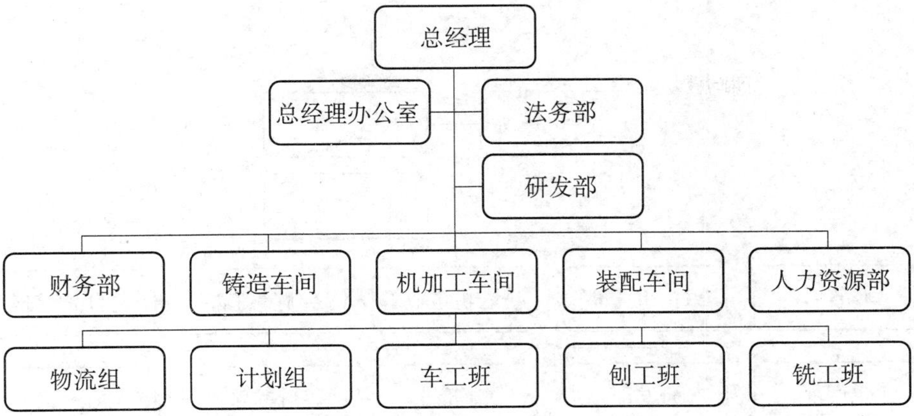

图5-9　直线职能制组织结构图

直线职能制组织结构综合了直线制组织结构和职能制组织结构的优点：既保证了集中统一指挥，又能发挥各种专家业务管理的作用；整个组织具有较高的稳定性。其缺点是：下级部门主动性和积极性的发挥受到限制；各部门自成体系，横向沟通较差；当职能部门和直线部门之间目标不一致时，上层主管的协调工作量增大；缺乏弹性，适应性较差，对新情况不能及时做出反应；管理费用增加。

各国的组织中采用直线职能制组织结构较为普遍，时间也较长。我国目前大多数企业、机关、学校、医院等都采用直线职能制组织结构。

三、事业部制组织结构

事业部制组织结构在20世纪20年代由美国通用汽车公司副总经理斯隆创立，又称“斯隆模型”，它是目前国内外大型企业普遍采用的一种组织形式。组织的最高层管理者下面设立多个事业部，各事业部作为利润中心，有各自独立的产品市场、责任和利益，实行独立核算。同时，事关大政方针、长远目标以及一些全局性问题的重大决策集中在总部，以保证企业的统一性。

事业部制组织结构的主要优点是：组织最高层摆脱了具体的日常管理事务，有利于集中精力做好战略决策和长远规划；能较好地调动经营管理人员的积极性，提高了管理的灵活性和适应性；有利于培养管理人才。它的缺点是：由于机构重复，造成了管理人员的浪费；各事业部主管人员考虑问题往往存在本位主义倾向，相互支援性较差。

事业部制组织结构适用于具有较复杂的产品类别或较广泛的地区分布的企业，图5-10为一家家电生产企业的事业部制组织结构图。

事业部制组织结构与直线职能制组织结构的区别及联系如下：第一，事业部制是由直线职能制发展而来的，当施行直线职能制的组织规模比较大时，比如员工达到1万人以上，直线职能制这种典型的集权制组织结构就不再适用，而事业部制这种典型的分权制组织结构则势在必行。第二，事业部制中每一个事业部是直线职能制组织结构。在事业部制组织结构图中，只需要画出一个事业部下辖的各部门。第三，事业部制组织结构

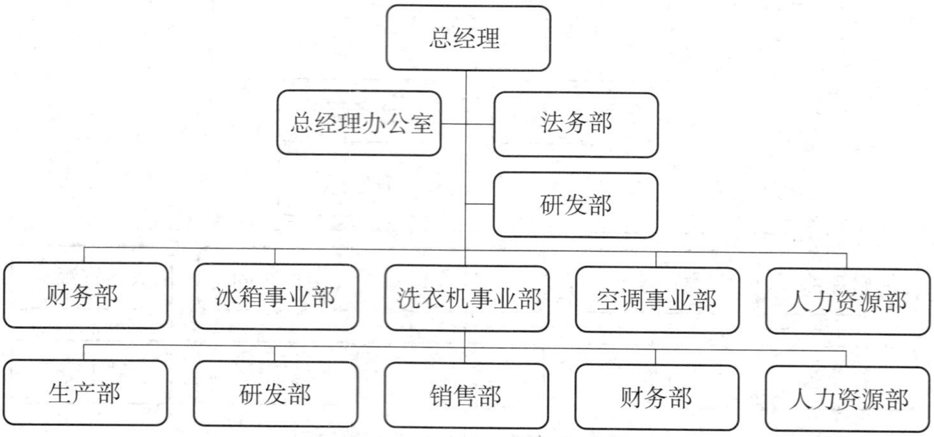

图5-10　事业部制组织结构图

图中会出现两套相同的职能部门，比如总经理和事业部经理下面都有人力资源部、财务部、研发部等。总经理直接下辖的职能部门服务于集团公司或总公司，而事业部下面的职能部门只为该事业部服务。第四，各事业部是有充分自主权的利润中心，其下面会有生产部、研发部、销售部等体现其利润中心特征的部门。此外，各事业部还应有办公室、财务部等职能部门。

四、矩阵制组织结构

矩阵制组织结构是把按不同方式部门化的两类部门相互交叉，形成矩阵。例如，可以把按职能划分的部门和按产品划分的部门相互交叉，组成一个矩阵，使同一个员工同时属于两个部门，所有部门在组织最高管理者直接领导下进行工作，如图5-11所示。

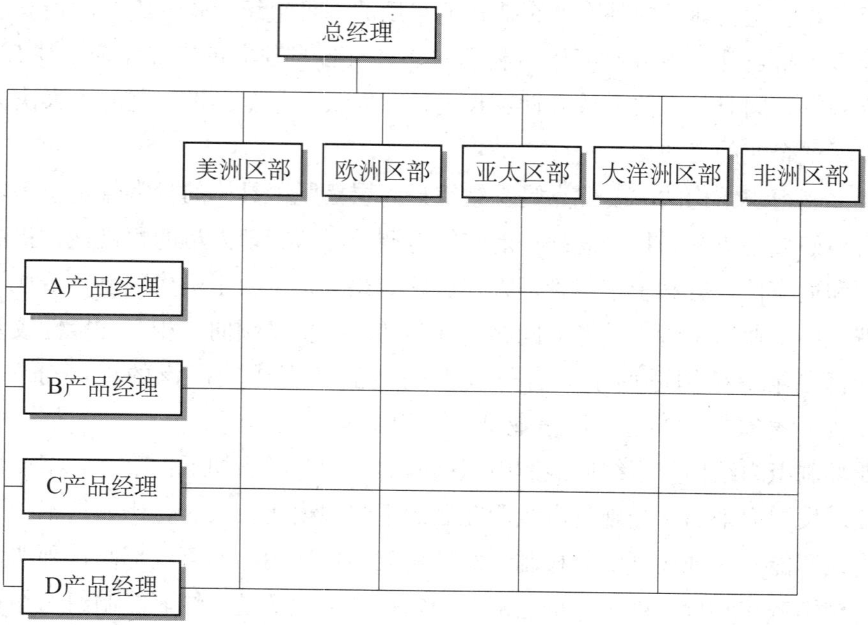

图5-11　矩阵型组织结构图

矩阵制组织结构的优点是：机构设置和人员安排机动灵活，适应性强；加强了职能部门间的配合，有利于发挥专业人员的优势。其缺点是：违背了统一指挥的原则，易造成多头领导，当不同的上级管理者发布的命令发生冲突时，会让下属无所适从；当员工发生工作事故时，也难以追究到底是哪位管理者领导失当所致。

矩阵制组织结构适用于需要集中多方面专业人员集体攻关的项目或企业，如航天航空企业、工程建设企业等。

五、网络制组织结构

网络制组织是基于信息技术的日新月异以及激烈的市场竞争而发展起来的一种临时性组织，它通过市场的组合方式代替了传统的纵向层级组织，实现了组织内核心优势与市场外部资源优势的动态结合，由于各个工作单元都是一个权力中心，因此可以及时进行应对市场变化的调整，且每个工作单元都与其他单元保持广泛的联系，不仅促进了知识与经验的交流，也使各单元的适应性调整有充分的知识和信息基础。在这种组织形态下运作的企业有完整的功能，如生产、营销、设计、财务等，但在企业内部并没有执行这些功能的部门。企业仅保留最关键的功能，然后将其他功能虚拟化，以各种方式借用外力进行整合，进而创造企业本身的竞争优势。网络型组织采用的是借用“外部资源整合”的策略，而非以往所说的“内部资源选择”的策略，如图 5-12 所示。

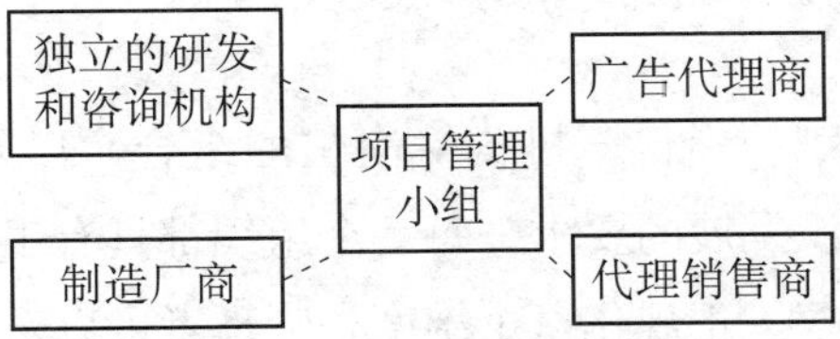

图 5-12　动态网络制组织结构图

网络制组织结构的优点是：具有更大的灵活性和柔性，以项目为中心的合作可以更好地结合市场需求来整合各种资源，而且容易操作，网络中的各条价值链可以根据市场需求的变动情况增加、调整或撤并；组织结构简单、精练，由于组织中的大多数活动都实行了外包，而这些活动更多地靠电子商务来协调处理，组织结构可以进一步扁平化，效率也更高。其缺点是可控性较差。这种组织通过与独立的供应商广泛而密切地合作来实现目标，一旦所依存的外部资源出现问题，组织会陷入非常被动的境地。另外，外部合作组织都是临时的，如果网络中的某一合作单位因故退出且不可替代，组织将面临解体的危险。

耐克公司是利用网络制组织结构抢占市场的成功公司之一。耐克公司是世界上最大的一家运动鞋供应商和制造商，公司将主要的财力、物力、人力投入到产品的设计和销售上，甚至样鞋也不靠自己生产，其生产活动完全在中国和越南等其他地区的企业中进行。公司的许多经理经常穿梭于全球寻找合适的生产合作伙伴。20 世纪 70 年代耐克与菲律宾、马来西亚、英国、爱尔兰的制鞋厂合作，20 世纪 80 年代耐克转向韩国等地谋求合作，20世纪90年代耐克对中国、印度尼西亚、泰国等又信心十足……耐克成功的关键是恰当地组建虚拟公司，并在虚拟公司中处于领导地位，从而获得低成本、高利润。

第3节 组织变革

组织变革（organizational change）是组织发展过程中的一种经常性活动。美国著名的组织学学者、哈佛大学教授格林纳指出，组织变革贯穿企业成长的各个时期，组织变革与组织演变相互交替，进而促使组织发展。组织变革是任何组织都不可回避的问题，是否可以顺利地引导组织变革是衡量管理工作有效性的重要标志。

一、组织变革的类型与过程

（一）组织变革的类型

按照变革的内容，组织变革可以分为组织结构变革、技术变革、人员变革、产品与服务变革、文化变革等。

1. 组织结构变革

组织结构变革是对组织的岗位、机构（岗位的组合）以及结构（机构间的权力配置）进行调整，以适应组织发展的要求。每一个组织都具有工作专业化、部门化、指挥链、管理幅度、集权与分权、正规化六个维度，管理者可以对这些结构要素的一个或多个进行变革。具体表现形式如报告关系的改变、协调机制的改变、员工授权的改变和工作再设计。

2. 技术变革

技术变革是指组织业务过程的变革，包括其保证差异化竞争的知识库、技能库等的变革，这些变革的目的是提高业务的工作效率和质量。对于企业来说，技术变革涉及产品或服务的制造技术，包括工作流程和使用方法及设备的改进。大多数早期的管理学研究都涉及技术变革。例如，科学管理方法即包括实施那些有利于提高生产效率的变革。今天，技术变革通常包括新的设备、工具或者方法的引进，自动化，以及计算机化（指建设信息系统、实现办公计算机化）。

3. 人员变革

人员变革是指通过改变员工的态度、期望、认知和行为进行改革。人是组织中最宝贵的资源，是实现组织所有变革的基础，此类变革侧重于改变人员和人际及工作关系。

4. 产品与服务变革

产品与服务变革是指变革一个组织输出的产品或服务。新产品包括对现有产品的小调整或全新产品，开发新产品的目的通常是提高市场份额或开发新市场等。

5. 文化变革

文化变革是指价值观、态度、信念、能力、员工行为的改变，它涉及员工思考方式的改变，难度最大，但效果持久。

事实上，一个组织的文化是由相对稳定而持久的特性构成的，这往往使得文化变革难以推行。一种文化的形成需要长时间的积淀，而一经成型往往变得根深蒂固。强文化尤其抵制变革，因为员工已经相当认同这些文化。例如，1993—2002年任职IBM首席执行官的郭士纳（Lou Gerstner），任职后不久就意识到了强文化的强大之处。作为执掌IBM的第一个外来者，郭士纳若是想要IBM重新获得计算机行业主导企业的地位，就必须对举步维艰、受传统束缚的公司进行彻底变革。在一个以其文化的悠久历史为傲的公司中完成这一壮举成了郭士纳最大的挑战。他说："我在IBM十年的生涯中逐渐明白，文化并不仅仅是这场游戏的一部分——它就是整场游戏。"有朝一日，如果某种特定的文化变成一种阻碍变革的障碍，管理者很可能根本做不了任何改变，特别是在短期内。即使是在最有利的条件下，文化变革也必须经历几年而不是几周或几个月，才能显现出效果。

促进文化变革的有利条件主要有以下几种情况：一次重大危机的出现；领导者变更；组织年轻且规模比较小；弱文化。

（二）组织变革的模式

组织变革的模式共有两种：激进式变革和渐进式变革。

1. 激进式变革

激进式变革力求在短时间内，对组织进行大幅的全面调整，以求彻底打破原有组织模式并迅速建立目标状态的组织模式。

激进式变革能够以较快的速度达到目标状态，因为这种变革模式对组织进行的调整是大幅的、全面的，所以变革过程较快；与此同时，这种变革会导致组织的平稳性差，严重的时候会导致组织崩溃。此类变革如能成功，其成果具有彻底性。在这个过程中关键是建立新的经营目标、新的市场定位、新的激励约束机制等。变革者应当意识到变革只是手段，提高组织效能才是目的，如果为了变革而变革，就会影响组织功能的正常发挥。

2. 渐进式变革

渐进式变革通过局部的修补和调整来实现。这种变革对组织产生的震动较小，而且可以经常性地、局部地进行调整，直至达到目标状态。这种变革方式的不利之处在于容易产生路径依赖，导致组织长期不能摆脱旧机制的束缚。

对于组织变革的两种典型模式，企业在实践中应当加以综合利用。在内外部环境发生重大变化时，企业有必要采取激进式变革以适应环境的变化，但是激进式变革不宜过于频繁，否则会影响组织的稳定性，甚至导致组织毁灭，因而在两次激进式变革之间，在更长的时间里，组织应当进行渐进式变革。

（三）组织变革的过程

勒温（Kurt Lewin）把组织变革过程归纳为一个解冻（unfreezing）、变革（changing）、再冻结（refreezing）的连续过程。

1. 解冻阶段

解冻阶段的目的是明确变革的必要性，并让个人、群体乃至整个组织都清楚地认识到这一点，进而产生必须变革的共识。这一过程强调快速与共识。为了让大家能够真正理解变革的必要性，管理人员要与员工一道收集现状不令人满意的证据；与其他组织进行横向比较，发现自身的差距；聘请外部专家帮助论证变革的必要性；指出必须进行变革的形势和压力。

2. 变革阶段

变革阶段往往由一个变革领导小组推动。这个小组最好由组织内部成员及外部聘请的咨询人员共同组成，由他们向员工解释变革的理由、日程安排、对组织和个人可能产生的影响等，鼓励员工参与变革计划的拟定和执行，就变革等问题向员工提供咨询，随时出面解决变革过程中出现的新问题。

3. 再冻结阶段

这是变革过程中的行为强化阶段。这一阶段的主要目的是通过对变革驱动力和约束力的平衡，使新的组织整体保持相对稳定。由于人们的传统习惯、价值观念、行为模式和心理特征等是在长期的社会生活中逐渐形成的，并非一次变革所能彻底改变的，因此要在改革措施顺利实施后对员工的心理状态、行为规范和行为方式等进行不断的巩固和强化，否则会使改革效果荡然无存。

二、组织变革的动力和阻力

勒温认为，组织变革不是一种静止的状态，而是相反方向作用的各种力量此消彼长的动态平衡过程。换句话说，组织变革是变革推动力量和变革阻碍力量较量的结果，推动力量强于阻碍力量，则会促使组织变革；阻碍力量强于推动力量，则会维持现状甚至倒退，如图5－13所示。

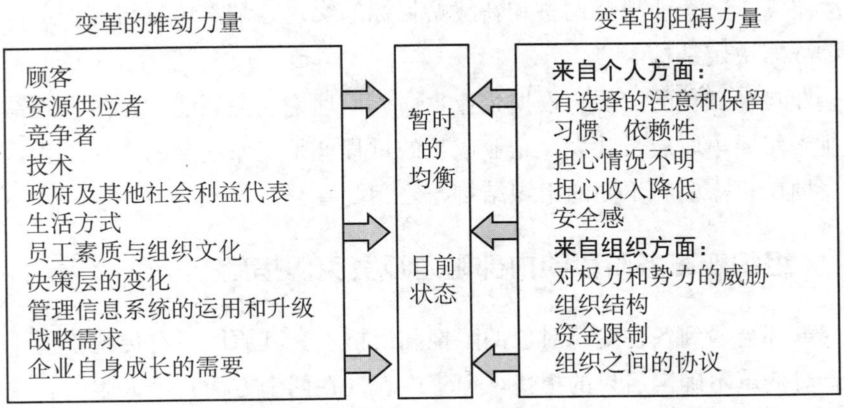

图5-13 组织变革的推动力量和阻碍力量

（一）组织变革的动力

1. 组织变革的外部动力

（1）顾客。随着社会的发展，顾客变得逐渐成熟，对产品和服务的要求也不断提高。要在激烈的竞争环境下生存，企业就要研究这些顾客变化，不断提高顾客的满意度，这样就能建立起以顾客为导向的组织结构和工作流程。

（2）资源供应者。任何企业都不是孤立存在的，企业的经营离不开资金、原材料、人力资源、信息等基本资源要素，企业的生产经营活动必须得到资源供应者的有效协助才能顺利开展。

（3）竞争者。企业从创建的那一天起就必须面对竞争，竞争环境的变化、主要竞争者的战略调整等都要引起企业的重视。为了在竞争中求得胜利，企业很可能通过组织变革来应对挑战。

（4）技术。科学进步引起产品升级换代，技术革新导致产业结构变化，这就要求企业必须做出相应的组织调整。

（5）政府及其他社会利益代表。政府、行业协会等组织出台的新法规、新政策，会直接导致企业进行组织调整。

2. 组织变革的内部动力

（1）员工素质与组织文化。如企业员工结构的改变，员工素质及理念的改变，人员数量、规模的增减等都会是企业组织变革的内在动因。

（2）决策层的变化。如推行现代企业制度的法人治理结构，决策层的人事变动以及企业股权结构的变更而导致的管理方式改变。新的决策者为了实现自己的利益，势必会对组织进行调整。

（3）管理信息系统的应用和升级。为了适应管理信息系统在企业管理中的应用和升级，企业必须调整组织结构，优化业务处理流程。

（4）战略需求。企业战略调整和新战略目标的实现，都需要有与之相适应的组织结构，正所谓战略决定结构。

（5）企业自身成长的需要。根据企业生命周期理论，在创建后，由于外部及本身的原因，企业必然要争取成长壮大，企业成长的过程就是生命周期的变迁过程，企业处在不同的生命周期，需要有不同的组织结构与之相配套。

（二）组织变革各阶段的内部阻力及其克服措施

任何变革都会遇到各种变革对象的阻挠和反抗，究其原因，有传统价值观念和组织惯性，也有对变革不确定后果的担忧，但集中表现在两个方面：个人阻力，主要包括利益上的影响和心理上的影响；组织阻力，主要包括组织结构变动的影响、人际关系调整的影响。

组织变革与自然演变不同，与改善活动也不同。改善是顺应现有组织结构，配合现状，日积月累地促使现有的运作更为完善流畅。变革则是突破现状，使组织活力再现，甚至因此获得再造重生。任何组织变革行为都有成本，有时甚至是巨大的。在阻碍变革的种种力量中，来自组织内部成员的阻力最为复杂。在推动变革时，包括管理层在内的各个层级，都可能出现抗拒甚至反对变革的人。随着变革的深入，不同时期会出现不同的内部阻力。管理者应分析来自内部成员的不同阻力，制定相应的克服措施，下面按所处的变革不同阶段讨论内部阻力来源及其克服措施。

1. 解冻阶段的内部阻力及其克服措施

（1）解冻阶段的内部阻力。组织的解冻是从领导变革者直接以改变现状的方式震撼组织成员开始的，此时领导变革者专制的做法非常有用。面对现状的改变，组织成员会开始担心、思索："我该怎么办？"由此可见，开始组织变革的关键是营造危机感，建立强有力的指挥组织。

（2）解冻阶段内部阻力的克服措施。解冻阶段可以从以下方面入手来克服内部阻力：1）营造危机感，以便克服惰性。要让员工认识到，现状若不改变将是一件非常危险的事情。领导者和管理当局应推动组织内部的公开沟通，与员工坦诚地分析容易使人产生危机感的事件，如强大竞争者加入、市场占有率下降、新技术出现、获利率下降、其他与竞争地位下降有关的现象等。由于人们一向讨厌报忧的人，因此还可以找来一些局外人，如管理顾问、顾客等，让他们帮助分析论证，这样更容易让员工感到危机逼近。2）建立强有力的指挥组织。除了传达组织急迫需要变革的信息，领导者还要成立强有力的变革小组，小组成员在职位、名声、关系及所拥有的信息与专业能力上都应是一流的，他们不仅要有非变革不可的信念，而且要愿意全力投入变革行动，以追求卓越绩效。

2. 变革阶段的内部阻力及其克服措施

（1）变革阶段的内部阻力。变革开始一段时间后，可能会遇到比较复杂的阻力。一方面阻力可能因组织成员既得利益受损而引起，处在直线命令链上的管理者是这类阻力的最大来源，因为他们都是原有组织的既得利益者。20世纪80年代以来，组织变革通常意味着组织规模的大幅缩减、大量裁员和人事变动，员工个人要进行艰苦的心理调适，各级管理人员或是担心变革后自己的职位受到威胁，或是担心在变革中做不出成绩，也会产生抗拒心理，甚至采取抵触行动；再者，由于在解冻阶段破坏多建设少，因此会让组织成员感到困惑和失望，产生失落感，以致心灰意冷。

（2）变革阶段内部阻力的克服措施。在变革阶段，领导者的责任是建立理想，勾勒出组织的未来蓝图，提供方向，并与组织成员进行有效的沟通。这一阶段需要特别指出两点：1）描绘美丽远景。指挥组织要为将来描绘出一幅美丽远景，远景蓝图不仅要明确、易于沟通，对顾客、股东及员工也应具有吸引力。远景的层次高于五年计划，它帮助员工看清今后努力的大方向。远景通常始于某个梦想，不过，当指挥组织开始运作三五个月或一年以后，远景即逐渐具体化。也就是说，远景将融入更多经过严谨分析思考的因素，逐渐减少梦想的成分。2）充分沟通，取得信任。应利用所有可能的沟通渠道，例如内部刊物、例会、谈话、演讲等，来传递远景及其战略信息，与所有人持续密集地进行沟通，鼓励风险共担，以便赢得他们的认同与支持。如果改革涉及裁员，这一工作将更富挑战性。为此，在沟通时应强调新的成长机会及公平对待可能被裁掉的员工。

3. 再冻结阶段的内部阻力及其克服措施

（1）再冻结阶段的内部阻力。变革需要时间，如果未设定短期目标，也未在达到目标时庆祝一番，参与者就可能失去变革的动力。换言之，如果在一两年内未见到具体变革成果，大多数参与者会感到不耐烦，整个变革方案也将无以为继。更有甚者，如果短期内没有成果，许多人不仅会放弃变革的努力，还有可能加入反对变革的队伍。但也不能过早宣布变革成功。过早宣布成功是打击变革动力、阻碍变革的罪魁祸首。既然已经成功了，不甘蛰伏的传统势力必然会重新抬头。具有讽刺意味的是，过早庆祝胜利通常是变革推动者与当初抗拒变革者两股势力妥协的结果。看到显著变革绩效，推动者通常会兴奋过度，抗拒者发现机会来了，开始赞扬推动者的变革成果，同时力劝推动者见好就收。推动者于是与抗拒者一同庆祝丰收，变革势力逐渐撤守，传统势力重新抬头。

（2）再冻结阶段内部阻力的克服措施。主要有：1）规划及创造短期成果，组织人员全力以赴实施，及时肯定并奖励对绩效改善有贡献的员工。2）乘胜追击，推动更多的变革行动。短期目标达成后，应以此建立员工对改革的信心，从而组织起更多的资源应对更大的问题，为变革注入新的活力。3）推动新方法制度化，将变革精神融入企业文化。应建立制度保住变革成果，确保变革继续。到了最后，变革精神应体现到每一个人的行为中，成为企业文化不可分割的一部分。

三、组织变革所需考虑的因素

在组织变革过程中，往往要考虑各方面因素，其中一些因素更应引起人们的格外重视，如图 5－14 所示。

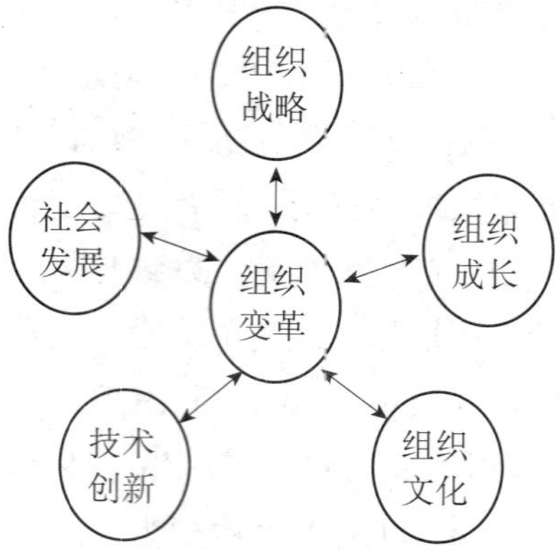

图 5－14　组织变革应考虑的关键因素

（一）组织战略

美国著名企业史学家小阿尔弗雷德·钱德勒通过对美国 70 家大型公司，特别是通用汽车公司、杜邦公司、美孚石油公司和西尔斯-罗巴克公司的发展史的考察，对企业战略与组织结构之间的关系进行了深入研究，得出“组织必须服从企业战略”的著名结论[①]，即组织设计与变革必须考虑未来的发展战略。

任何战略都不是一成不变的，随着组织规模的扩大、环境的变化、经营重心的转移，战略也要相应地发展变化。战略变化要求组织做相应的调整，重新确立关键职能及其承担机构的地位，调整好职能部门之间的分工协作关系，甚至改变组织成员的工作方式方法。战略变化了，而组织没有做相应的调整，那么不仅不会有助于战略的顺利实施，反而会成为战略实施的障碍。因此，在进行组织变革时，一定要始终关注战略。

（二）组织成长

组织成长意味着组织规模的扩大、经营范围的拓展、生存期限的延长，在组织成长的不同阶段，有不同的组织工作重点和不同的组织特征。从某种意义上说，组织成长是因为不断的组织变革才得以实现的。

这方面的论述很多，其中拉里·葛雷纳教授的模型最具影响，如图 5－15 所示。他认为组织成长的第一个阶段是因为创新而成长，这时靠的是领导者或合伙人的领导魅力。其后因为人员不断增加，产量不断增加，市场不断成长，这时需要一个具有知识与技术的管理人才出来领导，此时组织需要进行变革以应对领导危机。

通过强有力的集权管理，组织会进一步成长，但当产品及市场逐渐复杂后，这种指导式的管理模式存在无法让基层员工应付市场随时变动的危险，因此必须展开变革，通

---

① Chandler A D Jr. Strategy and structure. MIT Press，1962.

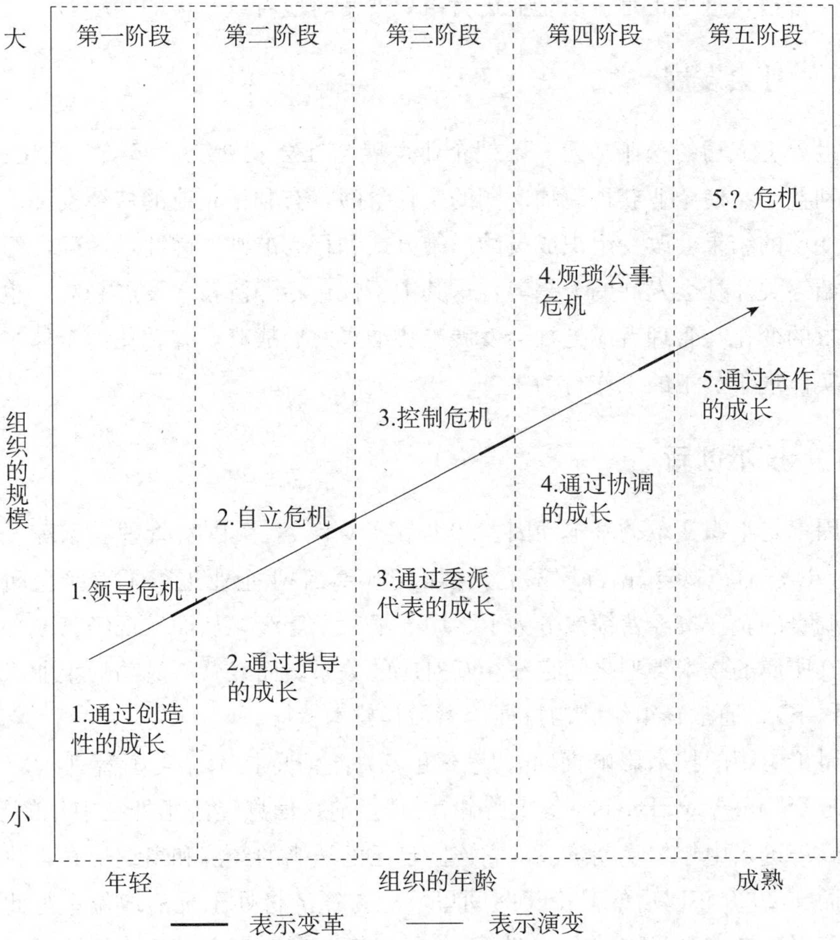

图 5-15 组织成长的五个阶段

资料来源：L. E. 葛雷纳．当组织成长而出现的演变和变革//哈佛管理论文集．北京：中国社会科学出版社，1985：360.

过授权应对缺乏自立的危机。

当权力下放到某种程度时，企业会发现内部产生竞争，并因竞争产生资源利用效率低下的问题，同时组织结构也因市场的扩大出现区域重叠的混乱状况，这时需要进行变革，即展开协调。企业在总部设立总管理部门，集中处理战略规划、人力资源、投资等重大决策问题，以应对缺乏控制的危机。

当组织规模继续扩大、进入国际市场时，管理更加复杂，带有部分集权形式的战略规划部门也无法掌握各种不同文化、不同顾客需求、不同国家政策法规的变化，常常因为决策过程太长、职能部门只凭报表及文件进行管理，企业成为一个类似政府的庞大官僚系统，效率低下。因此，企业又需要进行变革，即以联邦分权的形式，通过合作来克服烦琐公事的危机。

对于企业成长的下一个阶段会遇到什么危机，格雷纳教授并未论述，只是以“未明确的危机”带过，这也正是目前企业进行组织变革时应着重考虑的问题。

（三）社会发展

纵观世界上成功的企业，无一不把企业发展与社会发展统一起来。关注社会发展，关心大众利益，会使企业获得更加广阔的生存空间，有利于企业的持续发展。

组织变革的结果会改变组织成员的思维方式和行为准则。因此，为确保组织变革成功，必须始终关注社会发展的大趋势，这其中不仅包括经济技术发展趋势，也包括社会对组织要求的变化，管理者应把社会发展趋势纳入发展战略，并转化为全体员工的行动观念，切实体现于员工的工作行为中。

（四）技术创新

技术因素是组织变革的基本动因。20世纪50年代，英国女管理学家琼·伍德沃德（Joan Woodward）对英国南部埃塞克斯郡的100家工业企业进行了直接全面的调查研究。她把调查的企业按经营绩效分为上、中、下三个等级，从而发现经营成功企业的组织结构同其所属的技术类型之间存在相互对应的关系。而经营不成功的企业（处于平均成功程度以下），通常其组织结构特征偏离了其技术特征。

今天讨论组织的技术影响面时，应该更多关注信息技术。美国管理学家斯坦利·M. 戴维斯（Stanley M. Davis）等人曾预言：“目前，信息经济正处在中年的初期阶段，随着信息经济进入中年的晚期阶段，它连同自己的适当的经济和组织形式，将会开始流行起来。而在2020年以后的几十年时间里，生物经济将处于统治地位；与此同时，信息经济将变得衰老。当我们进入21世纪的最后25年时，建立在生物经济基础上的企业之增长速度将超过国民生产总值的增长速度；而建立在信息基础之上的企业之增长速度将放慢下来，就像制造业在从工业经济向信息经济过渡时放慢增长速度那样。”①

信息技术对企业组织的影响已经十分明显。信息技术有助于非程序化决策向程序化决策的转化，有助于重大决策问题的集中以及次要决策问题的分散，进而更好地解决组织管理实践中长期困扰人们的集权与分权的结合问题。另外，企业内部信息网络化将促进内部信息沟通，真正做到资源共享，也便于控制。信息技术的发展将使企业组织产生一种既高度集中又机动灵活的柔性特征。

（五）组织文化

一方面，组织文化建设的重要任务之一就是把员工个人利益和组织的兴衰融为一体，激励、增强尽责尽力的群体意识，组织变革应建立在组织文化的基础上；另一方面，组织变革也可能会改变组织文化的某些内涵，甚至重塑组织文化。总之，只有从组

---

① 斯坦利·M. 戴维斯，等. 2020年. 北京：新华出版社，1993：28.

织文化这样较深的层次上考虑，组织变革才会成功，才会塑造出更强大的竞争优势。

四、常见的组织变革方式

20世纪80年代以来，面对环境的剧烈变化，国内外企业展开了轰轰烈烈的组织变革热潮，产生了许多重大的组织变革举措，这些重大的举措对管理理论和实践已经并将继续产生重大的影响，下面择其重点略做介绍。

（一）组织扁平化

一般来说，传统的企业结构倾向于垂直式结构，偏重于控制和效率，比较僵硬。扁平化结构则被认为比较灵活，容易适应环境，组织成员的参与程度也相对较高。近年来，企业组织结构出现了一种由垂直式向扁平化演变的趋势，组织扁平化的目标是通过减少组织层级来提高组织的效率。据报道，规模庞大的美国通用汽车公司将组织层级由28层压缩到了20层；日本的丰田汽车公司则把原先的21层决策层级压缩至只剩下11层。

相对来说，垂直式组织结构属于集权式组织。它具有高度的权威性和统一性，决策和行动都比较迅速。其缺点和不足是不便于纵向联络沟通，缺乏灵活性和适应性，所需管理人员多，管理费用大。减少管理幅度，建立垂直式组织结构，在下述条件下显得更有效：（1）工作任务要求不明确；（2）下属人员自由处置权大；（3）工作责任重大，绩效衡量期限长；（4）成果不易测定或测量；（5）部属之间工作依赖性强。在此情况下，宜缩小管理幅度，以便实行有效控制。

扁平化组织结构属于分权式组织。它层级少，便于上下信息交流，有利于发挥下级人员的才干，灵活而有弹性，所需管理人员少，管理费用开支低。其缺点和不足是不便进行有效监督和控制，加重了交叉联络的负担，容易突出下属的特权和部门的利益。

组织扁平化需要具备一系列的条件：（1）直线管理者需要有更强的战略管理能力；（2）组织成员需要有更高的成熟程度；（3）要在组织内部创造出民主的环境和气氛，激励员工进行策略性思考与创新，让他们自主且高质量地完成各自的工作；（4）要求管理人员进行事实上的分权与授权，扩大管理跨度；（5）打破组织原有的界限，使垂直边界和水平边界变得模糊。

（二）精简组织结构

组织结构精简一般出于两种考虑：其一，出于战略需要，削减某些部门、职位，改从组织外部获取相应职能，使得组织与其外部相关单位构成一种虚拟的网络制组织结构。其二，为提高组织工作效率而减员消肿。

组织臃肿的确切含义是指不能充分利用人力资源，也就是存在不恰当的人力冗余。企业人员冗余是必然的，恰当的冗余如人才储备是正常的。臃肿仅是指不合理的、过度的冗余。这种冗余的更深层含义是企业没有更好的可行的投资项目去充分利用人力资源而造成人力过剩。如果企业高层管理者努力发现投资机会，并且通过教育与培训使员工有素质、有能力去完成投资，冗余也就会自动消失。

（三）团队建设

团队是由技能互补的成员组成的群体，团队成员致力于共同的宗旨、绩效目标和通用方法，共同承担责任。团队建设（team building）是 20 世纪 90 年代企业组织建设的重要内容，团队建设的核心在于培养团队精神。团队精神是指从团队的根本利益出发，坚持整体利益高于一切。团队精神的另一个含义是平等参与。组织面临的环境复杂且充满竞争性，如果组织的决策由一个人来承担，风险便会加大。另外，社会分工越来越细，科学技术发展越来越快，这使重大的创新由一个人完成变得越来越难。组织成员必须具备与他人合作的能力，掌握靠团队解决问题的方法。事实表明，团队建设加大了组织的灵活性，增强了对外部环境的适应能力。

选择题（只有一个选项是正确的）

1. 面对动态变化、竞争加剧的世界经济，管理者必须考虑环境因素的作用，以便充分理解与熟悉环境，从而能够做到有效地适应环境并（　　）。

A. 进行组织变革　　B. 保护组织稳定

C. 减少环境变化　　D. 推动环境变化

2. 组织设计的目的是（　　）。

A. 剔除企业内不利于管理的人员　　B. 提高产品的市场占有率

C. 响应政府的改革要求　　D. 企业生存下去

3. 属于决定组织结构的外部因素的是（　　）。

A. 组织的管理人才　　B. 组织改变其结构的能力

C. 组织战略　　D. 竞争的性质

4. 某企业是一家大型国有企业，其组织结构为直线职能型，即主要由按职能划分的各个部门，如设计科、采购科、销售科、检验科、工艺科和各个生产车间构成。你认为在发生什么情况时，该企业的组织结构最需要调整？（　　）

A. 重大人事变动，如更换总经理

B. 响应上级政府的要求，要减员增效

C. 外部竞争环境恶化

D. 企业规模大幅扩大

5. 销售部经理说："我们的销售队伍在竞争对手中是实力最强大的，要不是我们的产品缺乏多样性、不能及时满足消费者的需要，销售业绩也不会这么差。"生产部经理说："一流的熟练技术工人完全被缺乏想象力的产品设计局限了。"研发部经理打断说："创新思维凝结出的高科技含量的产品葬送在单调乏味而又机械的低产出生产线上。"上述谈话揭示该企业在组织上存在的严重问题是（　　）。

A. 各部门经理的论述都有道理，只是态度过于强硬

B. 各部门经理对各自角色及其在组织中的作用定位不清晰

C. 各部门经理过于强调本部门工作的重要性

D. 各部门经理对组织内各项职能的分工合作缺乏客观而准确的认识

6. 段正达是一家民营企业的职员，工作中他经常接到来自上边的两个有时甚至相互冲突的命令。以下说法中指出了导致这一现象的本质原因的是（　　）。

A. 该公司在组织设计上采取了职能型结构

B. 该公司在组织运作中出现了越级指挥问题

C. 该公司的组织层级设计过多

D. 该公司在组织运作中有意或无意地违背了统一指挥原则

7. 王芳在淘宝上开了一家女性服装及配饰的网店，目标顾客是18～30岁女性，她们喜欢原创的、彰显个性的服装和配饰，对价格比较敏感，对产品的质地和做工具有较强的包容性。她卖的产品有女士衬衫、鞋子、裙子、袜子、手套、帽子。王芳没有自己的生产工厂，设计完一款产品后，她会穿上样衣或配饰并拍照，在网上预卖。当买家比较多时，她会寻找合作生产厂家生产一批。经过三四年的发展，王芳的生意越来越好，现在她雇用了3名女孩，她们负责从生产厂家收货、在线上跟顾客交流、处理订单、发货、退货、开发票等工作。综上陈述，王芳的公司实施的是（　　）。

A. 直线制　　　　B. 直线职能制

C. 事业部制　　　　D. 矩阵制

E. 网络制

8. 邦德是一家合资企业，以物业经营为主要业务。目前有写字楼租户358家，公寓租户578家，商场租户106家。公司在总经理下设有物业部、市场部、财务部、人事部、公关部、业务发展部等部门。物业部下设写字楼管理部、公寓管理部、商场管理部以及其他配套部门。整个公司和物业部内部的组织结构设计分别采取了何种部门化或部门划分形式？（　　）

A. 职能部门化和顾客部门化　　　　B. 顾客部门化和职能部门化

C. 均为职能部门化　　　　D. 均为顾客部门化

9. 一天，某公司总经理发现会议室的窗户很脏，好像很久没有打扫过，便打电话将这件事告诉了行政后勤部负责人，该负责人立刻打电话告诉事务科长，事务科长又打电话给公务班长，公务班长派了两名员工很快就将会议室的窗户擦干净。过了一段时间，同样的情况再次出现。这表明该公司在管理方面存在的问题是（　　）。

A. 组织层级太多　　　　B. 总经理越级指挥

C. 各部门职责不清　　　　D. 员工缺乏工作主动性

10. 如果产品需要满足不同文化和传统的顾客的特殊需要，组织结构最好为（　　）。

A. 矩阵制　　　　B. 产品事业部制

C. 区域制　　D. 产品制和区域制相结合

11. 学习型组织是（　　）。

A. 组织学习潜力最大限度发挥出来的组织

B. 组织在不断学习所有知识的组织

C. 管理者不断要求组织进行学习的组织

D. 组织的创造性思维活跃的组织

12. 在组织中，直线与参谋两类不同职权在确保企业有效运行上存在的关系是（　　）。

A. 领导与被领导　　B. 一般协作同事

C. 负直接责任与协助服务　　D. 命令与服从

13. 解决直线与参谋间矛盾的主要方法有（　　）。

A. 取消参谋岗位　　B. 双方共同组成团队

C. 强制实行参谋制　　D. 增强直线权力

14. 中国有句古话："将在外，君命有所不受。"你认为对于这句话当中反映的管理观念应如何评价？（　　）

A. 这种提法不符合现代管理思想，因为容易导致失控

B. 这种管理思路是一种放任式的领导方式

C. 这样做的目的是锻炼将军在外作战的能力

D. 这种提法反映了集权和分权的一个正确观念

15. 分权组织能带来企业活力，是因为（　　）。

A. 减少了不同部门之间对名位和裁决权的争执

B. 在混合职能方面解决了协调问题，如采购时

C. 允许不同职能部门之间各项任务并行协调进行

D. 防止革新只限于某个项目

16. 对于管理者来说，进行授权的直接原因在于（　　）。

A. 使更多的人参与管理工作　　B. 充分发挥骨干员工的积极性

C. 让管理者有时间做更重要的工作　　D. 减少管理者的工作负担

17. 在某条交通流量很大的公路上，由于山洪暴发，交通受阻，被困的几十辆汽车的司机很快自愿组合起来，有的拿起手机通知交通部门请求援助，有的去寻找清理工具，有的去安排食宿，大家在统一的指挥下有条不紊、齐心协力地开展工作。对于上述司机们的行为和活动，你最倾向于以下哪一种评价？（　　）

A. 他们是一个临时性群体，与企业中的非正式组织没有什么不同

B. 当紧急事件产生时，人们会自动地组合起来，并快速地进行有效的分工。企业领导者如果经常营造出紧急事件，一定会提高组织的工作效率

C. 受困的司机中大部分都具有奉献精神，否则就不可能有这样的情况发生，因此在招聘员工时应把员工的奉献精神放在首位

D. 这些司机事实上已经形成了一个组织，因为他们为实现共同目标而组合成了有机的整体

18. SK公司由张萍和李楠合伙注册经营，其主要业务是为客户设计网页。到目前为止，公司一直没有招聘员工，两个人既当经理又当员工。几位MBA学员以这家公司为例，讨论起正式组织和非正式组织问题，你认为以下对于SK公司的判断中最合适的是（ ）。

A. 目前是一个非正式组织，当扩招员工后将变成一个正式组织

B. 是一个正式组织，但公司内部不会有非正式组织

C. 是一个正式组织，同时公司内部也可能存在非正式组织

D. 本身是一个正式组织，同时公司内部一定存在非正式组织

19. 美国克莱斯勒汽车公司的总经理艾柯卡曾讽刺说："等委员会讨论后决定射击，野鸡已经飞走了。"关于这句话，正确的理解是（ ）。

A. 委员会决策往往目标不明确

B. 委员会决策的准确性往往很差

C. 群体决策往往不讲究时效性，只考虑做出合理的决策

D. 群体决策往往难以把握市场的动向

20. 在下述组织中，处于相对简单而稳定的组织环境中的是（ ）。

A. 牙科诊所　　B. 果树农场

C. 唱片公司　　D. 外贸公司

21. 为消除组织变革中的抵制因素，企业的董事会做出了一个决定，你认为下列决定中最不可行的是（ ）。

A. 由企业总经理亲自负责整个变革过程

B. 鼓励与变革有关的人员参与变革的计划和实施过程

C. 在企业内宣传这次变革的意义

D. 对原生产零部件的工人进行培训

22. 网络制组织的特点是（ ）。

A. 必须以信息技术为支撑　　B. 可以跨越时间和空间的限制

C. 组织结构难以固定　　D. 组织成员动态变化

简答题

1. 是否有绝对的集权或者绝对的分权？
2. 分权和授权有何区别？
3. 组织设计的思路、任务、原则分别是什么？
4. 试述管理幅度的含义。它与管理层级有何关系？
5. 常见的部门化的方式有哪些？
6. 组织设计的影响因素有哪些？
7. 常见的组织结构形式有哪些？
8. 组织变革的过程可以分为几步？

案例分析5-1

某电子产品公司组织结构改进

图5-16为某电子产品公司的组织结构图。该图表明，总经理对公司的财务和人事工作全权负责，并直接管理家电产品车间、电信产品车间及机械产品车间3个部门，设副总经理2名，其中一名负责企业的行政部和办公室的工作，另一名负责研发部、销售部以及企业规划部的工作。企业规划部根据市场信息来规划产品研制与生产；研发部按照企业规划部的规划，负责新产品的研发工作；新产品研制成功并经公司领导讨论决定后，交由产品车间负责生产；销售部销售产品，并负责收集市场反馈信息。

随着企业的不断发展壮大，高层管理者日益感到现行组织结构存在不足，管理机构臃肿、人浮于事的现象比较严重；产品无法满足客户的需要，销售额出现下滑；各部门之间，尤其是生产部门与其他部门之间的冲突时有发生。在管理咨询专家的建议下，企业领导决定按照事业部制的方式对组织结构进行调整和变革，以达到提高管理效率、增强企业竞争力的目的。

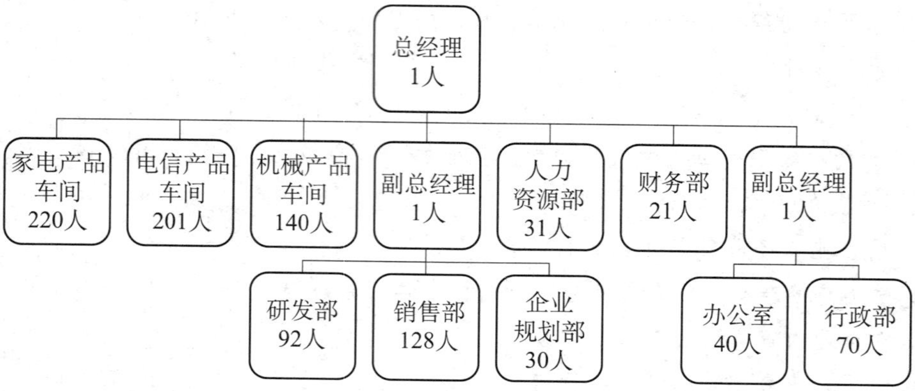

图5-16 某电子产品公司的组织结构图

资料来源：裴建国．企业人力资源管理师应试题解（二级）．北京：机械工业出版社，2009.

思考题：

1. 该公司现有组织结构存在哪些问题？
2. 如果改成事业部制组织结构可行，请设计出新的组织结构图。

案例分析5-2

MT公司的组织管理

MT公司不仅重视研发投资，而且在新产品的研发速度上也超越同行许多。英特尔公司花费两三年的研究项目，MT公司通常只要一年半即可完成，这种成效主要得益于该公司采用的组织结构。

MT公司采用了将地区部门化与产品部门化相结合的组织结构形式，具体地说，包括4个地区类的业务组织，分别为欧洲与中东地区、日本地区、亚太地区和美洲地区；

包括4个产品类的业务组织，分别为半导体、通信器材、一般系统技术和政府系统技术。二者交叉的结果构成了公司的整体组织结构。这种组织结构模式在新产品的研究开发中产生了极好的效果。

资料来源：裴建国．企业人力资源管理师应试题解（二级）．北京：机械工业出版社，2009.

思考题：

MT公司采用了哪种组织结构形式？这种组织结构的主要优点和缺点各是什么？试画出MT公司的组织结构图。

案例分析5-3

某汽车集团组织结构图

某汽车集团是一个有20年历史的大型国有企业，主要生产轿车和轻型汽车。该集团由总经理直接领导，下设多个职能部门，如总经理办公室、人力资源部、财务部、生产管理部、企划信息部。另外还有自己的投资室、审计室和战略研究所。

集团下属工厂除了总装厂，还有配套生产厂，如发动机厂、车身厂和变速器厂。各生产厂实行厂长负责制，彼此相互独立，它们除了有自己的研发中心、生产中心和销售中心，还有相应的职能机构，如计划科、厂长办公室、质量管理科等。集团赋予各生产厂尽可能大的生产经营自主权，但是，配套生产厂生产的产品主要供给总装厂使用。

资料来源：裴建国．企业人力资源管理师应试题解（二级）．北京：机械工业出版社，2009.

思考题：

1. 该集团适合采用哪种组织结构模式？请设计其组织结构图。
2. 发动机厂适合采用哪种组织结构模式？请设计其组织结构图。

第6章

人力资源管理

在设计好组织结构之后，还需要为组织的各个职位配置合适的人力资源并进行良好的人力资源管理工作。管理者应该摈弃人事管理理念，奉行人力资源管理理念；厘清直线经理与人力资源部经理在人力资源管理职责上的分工；通过招聘、培训、绩效考核、薪酬设计等职能工作有效达成组织的目标。

第1节　人力资源管理概述

一、人力资源与人力资源管理

人力资源指一定时期内组织中的人所拥有的能够为企业所用，且对价值创造起贡献作用的教育、能力、技能、经验、体力等的总称。

人力资源管理是指利用人力资源实现组织的目标。[①] 人力资源管理的目标是提高劳动生产率和员工满意度。

二、人力资源管理与人事管理的区别

在企业的人力资源管理实践中，人事管理与人力资源管理不加区分，同指对公司

① R. 韦恩·蒙迪，等．人力资源管理：第6版．北京：经济科学出版社，1998.

人力资源各模块的管理，如招聘、培训与开发、绩效管理、薪酬管理、员工关系管理等。

但在内涵层面，人事管理与人力资源管理二者有着本质的区别。其一，二者看待人的视角不同；其二，二者与战略的关系不同。持有人事管理理念的公司把人当成机器或者成本，人事部经理不能参与公司的战略制定，人事活动属于操作和执行层面。持有人力资源管理理念的公司把人当成宝贵的财富，人力资源部经理或者人力资源总监参与公司战略的制定，人力资源管理属于战略人力资源管理。

三、直线经理与人力资源部经理在人力资源管理职责上的分工

直线经理指除了人力资源部经理以外的其他部门的负责人。直线经理对本部门人员的招聘、培训、绩效考核等人力资源管理工作负主要责任，人力资源部经理负辅助、服务、咨询职责。

以财务部的成本会计岗位的招聘工作来说，在招聘前，企业需要拟定招聘启事，简要陈述成本会计的主要职责及其任职资格。而财务部经理最清楚成本会计岗位的职责及其任职资格，应由财务部经理阐述并草拟成本会计岗位的职务说明书，但由人力资源部经理为其提供公司统一的标准化职务说明书表格，并用工作分析的专业术语来对财务经理草拟的成本会计职务说明书进行修改，据此职务说明书编写成本会计职位的招聘启事。可见，在招聘前拟定招聘启事的过程中，财务部经理负主要责任，人力资源部经理负辅助责任。在招聘过程中，仍然是直线经理负主要责任，人力资源部经理负辅助责任。人力资源部经理或其授权的招聘主管在对应聘人员进行初步筛选之后，在最关键的复试环节中，由财务部经理最终决定到底哪位应聘者胜出。

四、人力资源管理的主要活动

人力资源管理的主要活动如图 6－1 所示。

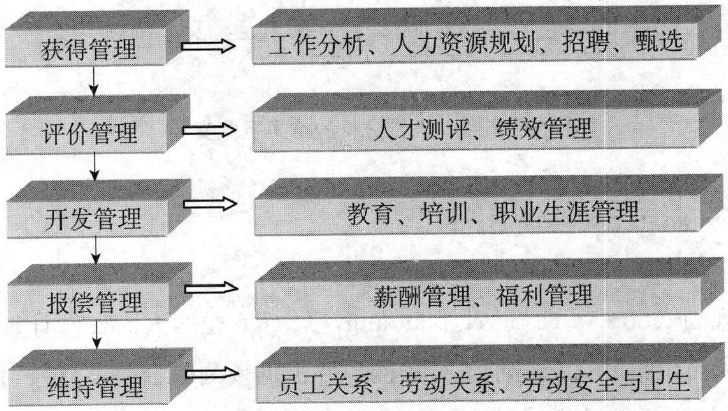

图 6－1　人力资源管理的主要活动

第2节　人力资源管理的主要活动

一、工作分析

通俗地讲，工作分析（job analysis）是确定各个职务是“干什么的”，以及“什么样的人适合干”。工作分析的结果是编制出所有岗位的职位说明书。职位说明书包含工作描述（job description）和工作规范（job specification）。工作描述是一份提供有关工作任务、职责信息的文件。工作规范包含每个人完成某项工作所必备的基本素质和条件。工作分析并不能一劳永逸，职位说明书需要依据岗位工作职责的变化及时修订。工作分析是人力资源管理的基石，没有工作分析做出对各职位的职责和任务及其任职资格的清晰界定，就无法有效地开展招聘、培训、考核、薪酬管理等工作（见图6-2）。

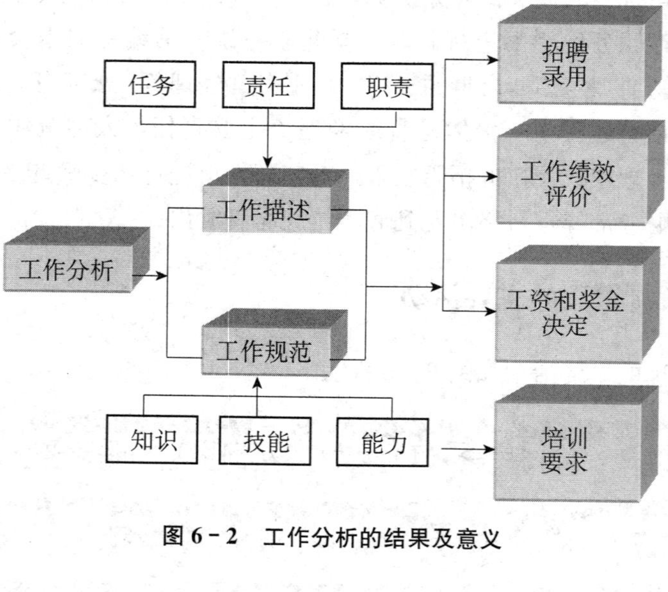

图6-2　工作分析的结果及意义

二、人力资源规划

人力资源规划（human resource planning，HRP）也叫人力资源计划，是指对企业在某个时期的人员供给和人员需求进行预测，并依据预测的结果进行人力资源平衡（见图6-3）。人力资源平衡的主要措施如表6-1所示。

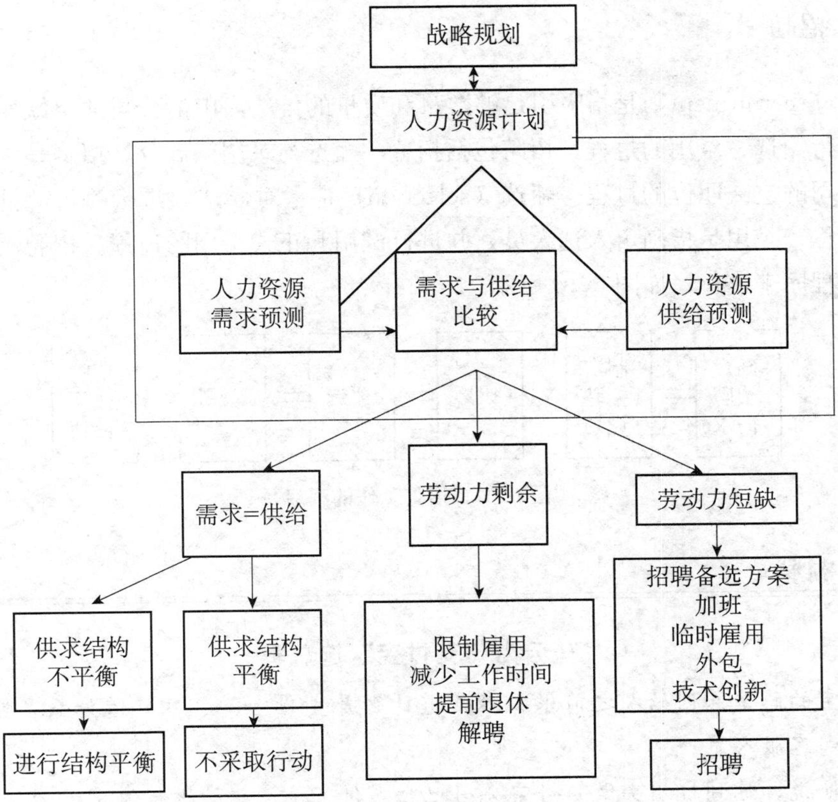

图 6－3　人力资源规划的过程

表 6－1　供求平衡的方法比较

方法		速度	员工受伤害的程度
供给大于需求	裁员	快	高
	减薪	快	高
	降级	快	高
	工作分享或工作轮换	快	中等
	退休	慢	低
	自然减员	慢	低
	再培训	慢	低
方法		速度	可以撤回的程度
供给小于需求	加班	快	高
	临时雇用	快	高
	外包	快	高
	培训后换岗	慢	高
	减少流动人员数量	慢	中等
	外部雇用新人	慢	低
	技术创新	慢	低

资料来源：雷蒙德·A. 诺伊，等．人力资源管理：赢得竞争优势：第 5 版．北京：中国人民大学出版社，2005.

三、招聘

招聘（recruitment）是指吸引足够数量和质量的候选人申请公司的空缺职位，并对候选人进行甄选、录用的过程。招聘包括招募、甄选与录用三部分。招募是指吸引候选人申报公司的空缺职位的过程。甄选（selection）是指对候选人进行评价，挑选最合适人选的过程。录用是指确定入选人员，并进行试用和正式录用的过程。招聘活动一般按照一定的程序来进行，如图6-4所示。

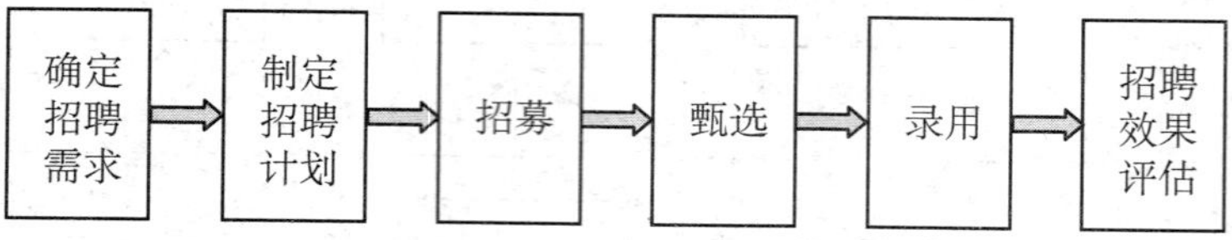

图6-4　招聘工作的程序

阅读材料

马云为“支付宝”选总裁

支付宝的总裁和创始人之前根本不知道什么是支付宝，也不知道什么是银行体系，他是销售和客服人员。

我跟他说，你到杭州去做支付宝公司吧。支付宝是纯粹的银行体系，为什么请不懂银行的人去做？原因很简单，我需要一个以服务为导向、了解客户痛处的人。领导者不需要什么都懂，但是需要知道请什么样的人，找对人是关键。

资料来源：马云．我们为什么成了富翁．特别关注，2015（8）.

各种招聘方式的有效性评价如表6-2所示。

表6-2　各种招聘方式的有效性评价

有效性	行政办公人员	生产作业人员	专业技术人员	销售人员	经理
第一	报纸招聘（84）	报纸招聘（77）	报纸招聘（94）	报纸招聘（84）	内部晋升（95）
第二	内部晋升（94）	申请人自荐(87)	内部晋升（89）	员工推荐（76）	报纸招聘（85）
第三	申请人自荐(86)	内部晋升（86）	校园招聘（81）	内部晋升（75）	私人就业服务机构（60）
第四	员工推荐（87）	员工推荐（83）	员工推荐（78）	私人就业服务机构（44）	猎头公司（63）
第五	政府就业服务机构（66）	政府就业服务机构（68）	申请人自荐（64）	申请人自荐（52）	员工推荐（64）

说明：括号内的数字是调查样本组织中采取该种招聘渠道的百分比。
资料来源：Milkovich G T，Boudreau J W. Human resource management. Richard D. Irwin，1994.

甄选工具包括简历、求职申请表、笔试、面试、评价中心、心理测试、工作样本、笔迹分析、投射测试、背景调查、体检等。通过查阅应聘人员的简历或者求职申请表可以对人员进行初步筛选。初步筛选简历或者求职申请表时，应关注客观性信息，比如所学专业、学历、主要工作经历、离职原因等，切忌对于应聘人员的自我主观性评价过多关注。当应聘人员非常多时，可以通过笔试进行初选。但由于笔试难以体现应聘人员的沟通与表达能力、分析复杂问题时的随机应变能力等，因此笔试在甄选过程中使用得不多。

面试（interview）是指通过应聘者与面试考官之间面对面的交流和沟通，从而对应聘者做出评价的方法，它是实践中企业最常用的甄选方法。按照面试的氛围可以分为压力面试和非压力面试。按照结构化的程度可以分为结构化面试、非结构化面试。结构化面试又称标准化面试，是根据特定职位的胜任素质要求，遵循固定程序，采用事先拟定的题目、评价标准和评价方法，通过考官与应聘者面对面的言语交流，评价应聘者胜任特征的人才测评过程和方法。非结构化面试是根据实际情况随机进行提问的面试。

评价中心（assessment centre）是基于多种信息来源对个体行为进行的标准化评估。它使用多种测评技术，通过多名经过训练的评价者对个体在特定的测评情境下表现出的行为做出评价。这些评价按照预先设计好的维度来进行，评价者将各自的评价结果集中在一起进行讨论以达成一致，或用统计方法对评价结果进行汇总，得到对求职者行为表现的综合评价。评价中心技术主要包括无领导小组讨论法、公文筐测试法、案例研究法、模拟面谈法、演讲法、管理游戏法等。测评维度与相匹配的评价中心技术对照表如表 6－3 所示。

表 6－3　　测评维度与评价中心技术对照表

测评维度	需要的评价中心技术
经营管理技巧	公文筐测试法
人际关系技巧	无领导小组讨论法、管理游戏法
智力状况	笔试
工作的恒心	公文筐测试法、无领导小组讨论法、管理游戏法
工作动机	想象能力测验法、面试、模拟面谈法
职业发展方向	想象能力测验法、面试、性格考查
依赖他人的程度	想象能力测验法

四、培训与开发

（一）培训与开发的含义

培训与开发是给新员工或现有员工传授成功完成本职工作所必需的知识、技能和态度的过程。培训与开发都是通过提高员工的能力来提升员工的业绩，进而提高企业的整体绩效；实施的主体都是企业，接受者都是企业的内部员工；两者使用的一些方法也是一样的，但二者也存在一定的区别，如表 6－4 所示。

表6-4 培训与开发的比较

	培训	开发
侧重点	当前	将来
工作经验的应用	低	高
目标	着眼于当前工作	着眼于未来变化
参与	强制	自愿

资料来源：雷蒙德·A. 诺伊，等. 雇员培训与开发：第3版. 北京：中国人民大学出版社，2007.

阅读材料

微软公司重视培训

微软公司打磨具有“微软风格”的人，重视技术培训。进入微软公司的第一步是接受为期1个月的封闭式培训，培训的目的是把新人转化为真正的微软职业人。光是关于如何接电话，微软公司就有一本手册，技术支持人员拿起电话，第一句话肯定是：“你好，微软公司！”一次，微软全球技术中心举行庆祝会，员工集中住在一家宾馆，深夜，某项活动日程临时变动，前台小姐只得一个一个房间打电话通知，第二天她面露惊奇地说：“你知道吗？我给145个房间打电话，起码有50个电话的第一句是‘你好，微软公司’。”在深夜里迷迷糊糊地接起电话，第一句话依然是“你好，微软公司”，事情虽小，但微软风格可见一斑。

微软公司也很重视对员工进行技术培训。新员工进入公司之后，除了进行语言、礼仪等方面的培训，技术培训也是必不可少的。微软公司内部实行“终身师傅制”，新员工一进门就会有一个师傅来带，此外，新员工还要接受3个月的集中培训。平时，微软公司也会给每位员工提供许多充电的机会：表现优异的员工可以去参加美国一年一度的技术大会；每月都有高级专家讲课。公司每星期都会安排内部技术交流会。在这里，除了技术培训，微软公司还提供诸如如何做演讲、如何管理时间、沟通技巧等各种职业培训。

资料来源：世界名企培训员工的方法.（2010-08-03）. http://info.ceo.hc360.com/2010/08/030009117998-2.shtml.

（二）培训与开发的类型

按照不同的标准，可以将培训与开发划分为不同的类型。按照培训对象的不同，可以将培训与开发划分为岗前培训和在职培训两大类。按照培训形式的不同，可以将培训与开发划分为在职培训和脱产培训两大类。按照培训性质的不同，可以将培训与开发划分为传授性培训和改变性培训。按照培训内容的不同，可以将培训与开发划分为知识性培训、技能性培训和态度性培训三大类。下面主要介绍岗前培训、在职培训、脱产培训。

1. 岗前培训

岗前培训亦称新员工导向培训或职前培训，是企业通过预先规划的各种活动，将新员工介绍到企业组织、部门中去，并使他们成为企业合格一员的培训。岗前培训的主要内容包括以下四个方面：

（1）公司概况。包括公司的创业、成长、发展过程，公司的经营战略和目标，公司的优势和面临的挑战；公司的组织文化和价值观、行为规范和标准，产品和服务，主要客户情况，经营活动范围，组织结构，主要经理人员等。

（2）主要政策及其程序。包括假期、请假、加班、报销的政策及其程序，购买内部产品的特权和享受内部服务等政策及其程序，工资、福利和奖励政策及其程序，员工培训和职业发展政策及其程序，绩效管理的政策及其程序等。

（3）公司设施和部门参观。包括参观设施、规定的用餐地点、急救站、员工出入口、停车场、禁区、部门工作休息室、个人物品储藏柜、火灾报警箱、主管办公室等。

（4）部门职能和岗位职责。包括部门目标及其最新优先事项或项目，与其他职能部门的关系，部门结构及部门内各项工作之间的关系，工作职责说明，工作绩效考核标准和方法，常见的问题及解决办法，工作时间和合作伙伴或服务对象，请求援助的条件和方法，加班要求，规定的记录和报告，设备的领取与维护等。

在进行岗前培训时，企业可以为新员工制作“新员工文件袋”，以便新员工尽快适应公司的工作和生活。“新员工文件袋”内容比较丰富，通常包括公司最新组织结构图，未来组织结构图；公司区域图；有关本行业、本公司或本工作的重要概念和术语；政策手册；工作目标及说明的副本；工作绩效评价的表格、日期及程序副本；其他表格副本，如费用报销等；在职培训机会表；重要的公司内部刊物样本；重要人物及部门的电话、地址等。

2. 在职培训

在职培训也叫在岗培训，最早产生于美国，是最古老的也是应用最广泛的培训方法。它是指员工在日常的工作环境中一边工作一边接受培训，目的在于学习或提高特定的技能。在职培训可以利用工余时间，如晚上或节假日，或占用一部分工作时间进行。

在职培训的优点有：不耽误工作时间；节约培训费用；建立经理与员工之间的沟通渠道；更有针对性和时效性。在职培训的缺点有：缺乏良好组织的培训环境，不规范；对个别员工指导不充分；能力开发不彻底。

3. 脱产培训

脱产培训是指离开工作和工作现场，由企业内外的专家和培训师对企业内各类人员进行集中教育培训。脱产培训可分为全脱产和半脱产两种，它不同于在职培训，在职培训注重企业员工实际操作能力的提高，脱产培训则注重员工素质和能力的提高。培训对象以全天的时间脱产参加培训为全脱产培训，一些行业协会、咨询机构和培训机构举办的各种内容的短期研讨会通常采用这种形式，如果训练需相当长的时间，为了避免影响工作，可以采用半脱产的形式，即培训对象每天或一周只接受若干小时的训练，其余时间仍返回工作岗位工作。

（三）职业生涯管理

1. 职业生涯的相关理论

（1）职业。职业是指人们在社会生活中所从事的，利用专门知识和技能，为社会创造财富，同时获得物质报酬并将其作为自己主要物质生活来源的工作。

（2）职业生涯。格林豪斯认为，职业生涯是贯穿一个人整个生命周期的与工作相关的经历的组合。

（3）职业锚。职业锚是个人经持续不断的探索确定的长期职业定位。美国哈佛大学心理学博士沙因最早提出职业锚理论，沙因通过面谈、问卷、人才测评等多种方式对麻省理工学院斯隆管理学院的 44 名 MBA 毕业生进行了为期 12 年的职业生涯研究，经过分析总结提出了职业锚理论。沙因提出了八种职业锚，即技术/职能型职业锚、管理型职业锚、自主/独立型职业锚、安全/稳定型职业锚、创造/创业型职业锚、服务型职业锚、挑战型职业锚、生活型职业锚。沙因认为这八种职业锚可以涵盖大部分人的事业追求。一个人只能拥有一种职业锚。个人的内心渴望和追求可能是多种多样的，但总会有一个才能、动机、价值观组合排序，而职业锚就处于这种组合排序中最优先的位置。如果一个人的职业锚不清晰，很可能是由于他不具备足够的社会经验来判断最需要什么。

（4）职业生涯规划。职业生涯规划侧重于个体职业生涯的内在方面，是个体综合对自己的了解以及外界的信息，进行职业选择和规划。

（5）职业生涯管理。职业生涯管理是指组织为了更好地实现员工的职业理想和职业追求，寻求组织利益和个人职业成功最大限度的一致，而对员工的职业历程和职业发展进行计划、组织、领导、控制时所采取的一系列手段。职业生涯管理包含个人职业渴望和企业提供机会的匹配问题。职业生涯管理过程如图 6－5 所示。

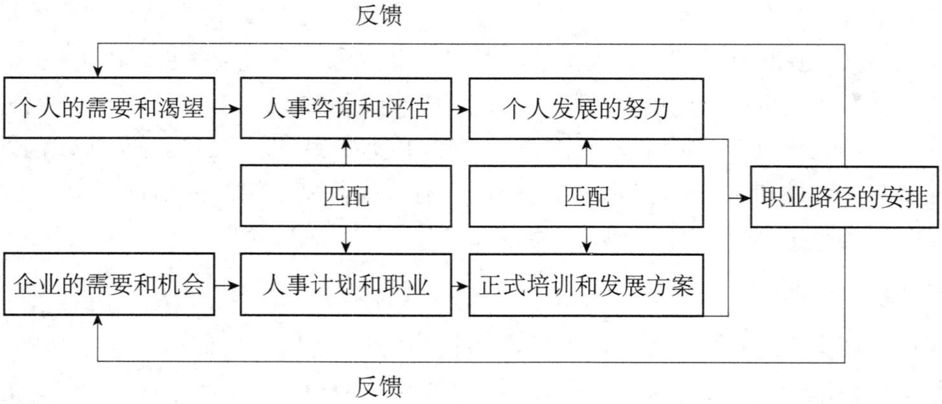

图 6－5 职业生涯管理过程

资料来源：Alpin J C，Gerster D K. Career development：an integration of individual and organizational needs. Personnel，1978，55（2）：23－29.

企业可以给员工提供大量的机会，以实现员工的职业发展。表 6－5 列出了不同企业或行业提供的职业发展项目类型。

表 6-5　　职业发展项目

职业咨询
- 面试期间的职业生涯咨询
- 绩效评估会议期间的职业生涯咨询
- 心理评估和职业选择计划
- 平日里上级为下级提供职业生涯咨询
- 为有潜力的员工提供专门的咨询

职业路径
- 为新员工规划工作进度
- 通过职业路径帮助管理者获取未来工作所必需的经验
- 委员会对管理人员的强项和弱项进行评价从而得出每一位管理人员的 5 年职业规划
- 在规定有详细目标的工作中对于很有潜力的员工用工作计划对他们进行安排
- 对监督者进行轮岗以安排更高的管理职位

人力资源
- 电脑编排的员工背景和技能的详细目录帮助进行身份置换
- 为所有层级的管理者制定接班计划或替换表格

职业信息系统
- 为非正式职业部署工作；个人可以提出申请
- 为临时工部署工作，为有薪水的员工提供职业咨询

管理或监督的发展
- 为从临时工到管理层制定专门的项目
- 通过部门经理的职责推进管理
- 管理发展委员会关心管理者的职业发展
- 内部先进的管理项目

培训
- 内部的主管培训
- 给低水平者的专门技能培训
- 外部的管理研讨班
- 工作轮换项目的正式化
- 内部培训项目
- 管理者职责的在职培训
- 学费补偿项目

专门小组
- 新职介绍项目
- 少数族裔员工的教导培训项目
- 有关女性职业管理的研讨班
- 退休前的咨询
- 女性员工和少数族裔员工的职业生涯咨询和工作轮换
- 中期职业生涯的管理者和再培训项目
- 女性员工和少数族裔员工的预先管理培训项目

资料来源：Morgan M A，Douglas T H，Martier A. Career development strategies in industry：where are we and where should we be?. IEEE Engineering Management Review，1981，56（1）：50-67.

（6）职业生涯阶段理论。格林豪斯从人生不同年龄段职业生涯发展所面临的主要任务的角度对职业生涯进行研究，并以此为依据将职业生涯发展划分为五个阶段。

1）职业准备阶段（0～18 岁）：这一时期主要是对职业进行评估和选择，接受必要的职业教育和培训。

2）进入组织阶段（18～25 岁）；这一时期主要是以求职者的身份出现在劳动力市场上，在获取足够信息的基础上，尽量选择一个合适的、较为满意的职业，并在一个理想的组织中获得一份工作。

3）职业生涯初期（25～40 岁）：这一时期主要是了解和学习组织纪律与规范，接受组织文化，逐步适应职业工作，适应和融入组织，以获取组织正式成员资格；不断学习职业技术，提高工作能力，为未来职业生涯的成功做好准备。

4）职业生涯中期（40～55 岁）：这一时期主要是不断学习新的知识；还需要对早期职业生涯进行重新评估，以便强化或改变自己的职业理想，重新选定职业；努力工作，力争有所成就。

5）职业生涯后期（55 岁至退休）：这一时期主要是继续保持已有的职业成就，成为一名良师，指导他人，维护自己的尊严，准备退休。

2. 职业测评工具

职业测评工具主要有人格测验和职业兴趣测验。人格测验也称个性测验，主要用于测量个人在一定条件下经常表现出的、相对稳定的性格特征，如兴趣、爱好、态度、价值观等。常用的人格测验有艾森克人格问卷（Eysenck personality questionnaire，EPQ）、卡特尔 16 种人格测验、迈耶斯-布瑞格斯类型指标（Myers-Briggs type indicator，MBTI）。现在较为常用的职业兴趣测验量表有库德职业兴趣调查（Kuder occupational interest survey，KOIS）、霍兰德职业爱好问卷（Holland vocational preference inventory）、斯特朗-坎贝尔兴趣量表（Strong-Cambell interest inventory，SCII）等。

五、绩效管理

绩效（performance）就是指员工在工作过程中表现出来的与组织目标相关的并且能够被评价的工作能力、工作态度、工作业绩，其中工作能力和工作态度指员工的行为，工作业绩是指员工的工作结果。绩效主要有多因性、多维性、动态性三个特点。绩效的多因性是指员工的绩效可能是激励、能力、环境等多种因素共同影响的结果；绩效的多维性是指员工的绩效体现在多个方面，既包括工作行为也包括工作结果；绩效的动态性是指员工的绩效并不是固定不变的，在主客观条件变化的情况下，绩效是会发生变化的。

绩效管理（performance management）是指确定员工的绩效目标并收集与绩效相关的信息，持续关注员工工作行为表现，并定期对员工的绩效目标完成情况做出评价和反馈，以保证组织目标完成的管理过程。绩效管理并不等同于绩效考核，绩效考核只是绩效管理的一个核心组成部分。绩效管理的最终宏观目的是改善员工的绩效，从而提升组织的整体绩效。

六、薪酬管理

（一）薪酬

薪酬（compensation）是指雇员作为雇佣关系中的一方所得到的各种货币收入，以及各种具体的服务和福利之和。薪酬包括直接性的经济报酬（包括基本薪酬和可变薪酬）和间接性的经济报酬（福利薪酬）。

基本薪酬（basic pay）又称为标准薪酬或基础薪酬，它是一个组织根据员工所承担或完成的工作本身，或者员工所具备的完成工作的技能或能力而向员工支付的稳定性报酬。

可变薪酬（variable pay）也称激励薪酬、浮动薪酬，是薪酬系统中与绩效直接挂钩的部分。可变薪酬的目的是在薪酬和绩效之间建立一种直接的联系，这种绩效既可以是员工个人的绩效，也可以是组织中某一业务单位、团队甚至整个组织的业绩。

福利薪酬（benefit pay）也称间接薪酬，是指企业以组织成员身份为依据，而不是以员工的劳动情况为依据支付给员工的间接薪酬。福利又分为法定福利和企业自主福利。法定福利具有强制性，任何企业都必须执行。法定福利为员工提供了工作和生活的基本保障。我国的法定福利主要有“五险一金”，即基本养老保险、基本医疗保险、失业保险、工伤保险、生育保险和住房公积金。自主福利是企业自愿向员工提供的其他福利项目，它们不具有任何强制性，具体的项目也没有一定的标准，企业可以根据自身的情况灵活决定。企业自主福利的类型很多，包括免费工作餐、交通服务或交通补贴、住房福利、购车福利、补充养老保险、寿险、意外险、财产险、带薪假期、牙齿保健、文娱体育设施、教育福利、子女教育辅助计划、退休前咨询、休闲旅游、员工持股计划（ESOP）等。

阅读材料

雷尼尔效应

位于美国西雅图的华盛顿大学选择了一处地点，准备修建一座体育馆。消息一传出，立刻引起了教授们的反对。最终学校管理者顺从教授们的意愿，取消了这项计划。

教授们为什么会反对校方修建体育馆呢？原来，与美国教授的平均工资水平相比，华盛顿大学教授的工资要低20%左右。教授们之所以愿意接受较低的工资，而不到其他大学去寻找工资更高的教职，完全是因为留恋西雅图的湖光山色：西雅图靠近太平洋，大大小小的湖泊星罗棋布，天气晴朗时可以看到美洲最高的雪山之一——雷尼尔山，还可以开车去圣海伦火山……为了美好的景色而放弃获取更高收入的机会，被华盛顿大学经济系的教授们戏称为“雷尼尔效应”。

资料来源：闫飞龙．人力资源管理．北京：中国人民大学出版社，2018.

（二）薪酬管理

薪酬管理（compensation management）指根据企业总体发展战略的要求，通过管理制度的设计与完善、薪酬激励计划的编制与实施，最大限度地发挥各种薪酬形式如工资、奖金、福利等的激励作用，为企业创造更大的价值。

（三）岗位评价

岗位评价（job valuation）是指借助一定的方法，确定企业内部各职位间相对价值大小的过程。岗位评价的原则是：评价的是岗位，而不是岗位上的员工；让员工积极地参与岗位评价工作，以便他们认同岗位评价的结果；评价的结果应该公开。

岗位与薪酬的对应关系可以是线性的，图6－6中的A和B两条直线反映了不同的薪酬差距，与直线B相比，直线A岗位之间薪酬差距大，激励作用大。岗位与薪酬的对应关系也可以是非线性的，图6－6中的曲线M反映了岗位等级低的薪酬增长的速度慢于岗位等级高的。实际上曲线M在企业中比较常用，表示岗位等级低的工资水平低，增加较少的薪酬就能产生激励作用；而岗位等级高的工资水平也高，需要增加较多的薪酬才能产生激励作用。

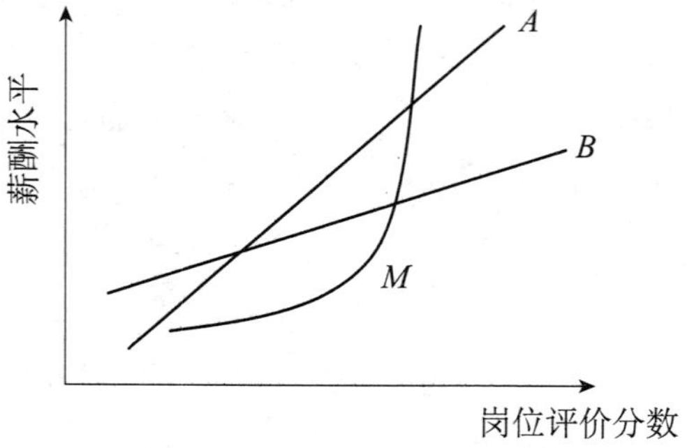

图6－6　岗位评价与薪酬的比例关系

选择题（有一个或多个选项是正确的）

1. IBM是一家家喻户晓的大型跨国公司，20世纪80年代之前一直坚持采用内部提升的选拔制度。对于这种选拔方式，你认为它存在的弊端是（　　）。

A. 难以避免任人唯亲　　B. 容易引起员工之间的不团结

C. 人才培养较难　　D. 以上三个都正确

2. 徐某因业务素质好，被人事部门任命为厂设备科副科长。徐某到任后经常下到车间，与工人一起干具体工作，潜心钻研业务，成绩显著。但他对车间工作的协调和指导缺少办法，工作抓不住重点，而且车间管理人员对他也有意见，认为他不信任他们。对徐某的这些情况，上下都有议论。你认为造成这种局面的原因是（　　）。

A. 徐某不专心本职工作　　B. 车间管理人员权力欲望过大

C. 人事部门的任命违反了决策中的科学原则，只考虑该职位的业务素质，而没有考虑该职位所应具有的管理素质

D. 以上选择都不是

3. 人力资源规划也称人力资源计划，是指对企业在某个时期的（　　）进行预测，并依据预测的结果来进行人力资源平衡。

A. 人力资源需求　　B. 人力资源供给

C. 人力资源质量　　D. 人力资源数量

4. 关于工作分析在人力资源管理各活动中所处的位置，下列陈述中最恰当的是（　　）。

A. 基石。没有工作分析，其他模块的人力资源管理活动都无法有效展开

B. 成果。通过收集整理有关工作方面的信息可以编制出全员职位说明书

C. 环节。工作分析是人力资源管理的一项重要活动，在工作分析之前需要做好人力资源规划工作

D. 可有可无。只要公司各项工作有序进行，无须工作分析，只需凭借企业积累的经验即可使企业有序运行

5. 公司最近从基层选拔了一批管理人员担任中层管理职务，你作为人力资源部负责人，在他们上岗之前应重点采取的培训举措是（　　）。

A. 总结他们各自在基层工作的经验教训，提出建议

B. 促进他们重新认识管理职能的重点所在

C. 帮助他们完成管理角色转变

D. 掌握公司有关中层管理人员新的奖惩制度

简答题

1. 试述人事管理理念与人力资源管理理念的区别。

2. 直线经理与人力资源部经理在人力资源管理上的职责分工是怎样的？

3. 人力资源管理的主要活动有哪些？

案例分析 6-1

“人事部”牌子引发的思考

赵罡看着办公桌上刚刚拆下的“人事部”的牌子，再回顾自己跟公司一起成长的这些年，不禁发起呆来……

2000 年，赵罡从河北工业大学铸造专业毕业后，来到一家石油机械公司工作。当时，该公司成立时间不长，公司总经理原来是一家国有石油机械厂的销售科长，在 1999 年中国石油系统执行“买断工龄”有偿解除劳动合同时，离开公司，利用自己长期在各个油田的销售通路和人脉关系，开了一家石油机械配件制造公司。一部分产品自己生产，另一部分产品去找外协工厂委托加工。由于公司成立时间很短，员工也仅有

41 人，赵罡除了跟一位老铸造工程师学习铸造技术，还肩负起公司的网络管理员、行政文员、人事专员等行政人事工作。赵罡喜欢电脑，对电脑的软硬件都小有研究，他家的电脑就是自己买配件攒的。所以当公司的电脑和网络出现问题时，赵罡自愿做起了义务网管，保障公司电脑和网络正常运行。赵罡的打字速度快，能熟练运用五笔输入法打字，所以公司经理办公室需要打字的活也都被赵罡承担下来。赵罡还用自己掌握的数据库技术为公司创建了一个工资保险数据系统，大大提高了核算工资和社保的工作效率，当然赵罡也就理所当然成了公司的工资、社保核算员。

总经理很欣赏赵罡的能干与韧劲，他下意识地不断给赵罡增加新的工作任务。2003 年，当公司人数增加到 120 人时，公司成立了综合部，负责行政及人事事务。赵罡也被提拔为综合部副经理。2005 年，公司人数增加到 347 人，公司成立了人事部，赵罡成为人事部第一任经理。此时，赵罡只有 1 名下属王睿。王睿是赵罡在任综合部副经理时自己招聘并一手培养出来的。公司成立人事部后，王睿就跟赵罡一同调入人事部工作。王睿是大专学历，所学专业是机电一体化，由于她有很好的亲和力和沟通能力，又细心，赵罡就把原属于自己的一些工作，比如招聘、培训、工资和社保等都逐渐转给王睿来做。在接下来的 2 年内，人事部又陆续增添了 2 名员工。

2007 年，赵罡开始读半脱产的 MBA，选择的专业方向是人力资源管理。这是赵罡第一次系统学习人力资源管理理论。在此之前，赵罡都是在书店买些书自学，在工作中自己去悟。赵罡很珍惜这次重入校园的机会。他不仅修了 MBA 所有开设的人力资源管理方面的专业课，还去旁听研究生、博士生的人力资源专业课。随着学习的课程越来越多，赵罡的思考也越来越多，原来工作中的很多困惑也逐渐解开了。

比如，这几年招聘到的大学生，他感觉不如前些年那么勤奋了。他原来认为这是时代的原因，现在则似乎想明白些了：现在房价很高，新毕业的大学生压力大，还面临结婚、家庭等很多事情。公司没有理由要求所有员工把公司当成自己的家一样去爱，而是应首先反思公司是否真正把员工当成“家人”；不能因为自己当年没日没夜地给公司义务加班且不要任何加班费，就要求现在的员工也不顾家庭一心工作，而应该反思自己怎么就没有考虑员工的真实需要，他们需要休息，需要下班后照顾老人小孩……

2008 年，赵罡在跟老总沟通后，把公司“人事部”的牌子换成了“人力资源部”。赵罡很清楚自己所做的工作还是那些工作，虽然现在自己看待人的视角跟原来不一样了，但那也只是自己的观念变了，他要想办法去影响公司的老总也能够转变观念。赵罡正在酝酿跟老总进行一次深谈，把自己上了 MBA 后的一些感悟跟老总做一次深入的汇报和交流，他希望将来这块“人力资源部”的牌子可以真正做到名实相符。

资料来源：闫飞龙．人力资源管理．北京：中国人民大学出版社，2018.

思考题：

1. 赵罡所在公司在把“人事部”牌子更换为“人力资源部”牌子前后，公司的人力资源管理活动有无实质改变？

2. 赵罡要想在公司实现真正的人力资源管理活动，还需做哪些努力？

案例分析 6－2

T公司的培训

为了打造学习型组织，T公司规定公司每年的培训经费为公司毛利的3%，并将其是否使用到位作为考核人力资源部的一项指标。某年初公司估计全年的毛利为5 000万元，因此培训费用预算为150万元。公司人力资源部认真做了培训需求分析并据此制定了年度培训计划。但到10月底，公司的经营状况非常好，毛利已经达到6 700万元，预计全年毛利达7 000万元左右。公司总经理指示人力资源部将培训费用调整为210万元。为了应付指标考核，人力资源部经理把这项任务交给了负责培训工作的小王。由于时间紧，小王就到网上搜索培训广告，凡是与本公司业务有关联的一律报名，然后要求各部门必须派人参加培训。由于年底工作任务比较重，各部门在派人参加培训时都是将非关键岗位上的人员派出去，而这些人员虽然觉得课上得不错，但由于和自己的工作关联不大，因此都不太重视。到12月28日，小王终于把增加出来的60万元培训经费用完了。

资料来源：裴建国．企业人力资源管理师应试题解（二级）．北京：机械工业出版社，2009.

思考题：

1. T公司的培训工作有何可取之处？
2. T公司的培训工作存在哪些问题？

案例分析 6－3

面试技巧点评

面试官：如果你的亲人患病住院，需要你的陪护，而此时公司有一项紧急任务需要你及时完成，你将如何处理？

求职者：我会毫不犹豫地将工作放在第一位。

面试官：如果你的亲人患的是急性病，比如心脏病、脑血栓，你也会丢下亲人不管而去完成工作吗？

求职者：（略加思索）这种情况我没有遇到过，如果遇到了，我会先选择工作，以工作为重，先干完工作再说。

面试官：假如患病的是你至亲的亲人呢？比如父亲、母亲或孩子？

应聘者：对不起，我认为已经回答了您的问题。

资料来源：裴建国．企业人力资源管理师应试题解（二级）．北京：机械工业出版社，2009.

思考题：

该故事中的考官是否具备充分的面试技巧？如果你来做考官，同样的问题，你会如何询问？

第 7 章

领　导

管理者除了做好决策与计划、组织工作，还需要识别下属在特定情境下的需求，以便运用相应领导方式，来赢得下属主动自愿的追随，达成预期的管理目标。

第 1 节　领导与领导风格

一、领导概述

（一）领导与管理

领导有两种词性含义：一是名词属性的领导，即领导者的简称；二是动词属性的领导，即领导行为的简称，指领导者所从事的活动。

领导和管理有着密切的关系，从表面上看，两者似乎没有什么差别，人们通常将它们混为一谈。实际上，两者既有紧密联系，又有很大差别。领导和管理的共同之处在于：从行为方式看，领导和管理都是在组织内部通过影响他人的协调活动实现组织目标的过程。从权力的构成看，两者也都与组织层级的岗位设置有关。但领导者和管理者的关注点存在差异，如表 7－1 所示。

表7-1 领导者与管理者不同的关注点

领导者	管理者
剖析	执行
开发	维护
价值观、期望和鼓舞	控制和结果
长期视角	短期视角
询问“做什么”和“为什么做”	询问“怎么做”和“何时做”
挑战现状	接受现状
做正确的事	正确地做事

就组织中的个人而言，可能既是领导者，又是管理者；可能只是领导者，而不是管理者；也可能只是管理者，而不是真正的领导者。两者分离的原因在于，管理者本质上是依赖被上级任命而拥有某种职位所赋予的合法权力进行管理，被管理者往往因追求奖励或害怕处罚而服从管理。而领导者本质上体现在被领导者的追随和服从，它完全取决于追随者的意愿，而不是领导者的职位与合法权力。

（二）领导的作用

领导者在带领、引导和鼓舞其下属为实现组织目标而努力的过程中，具有指挥、协调和激励三个方面的作用。

指挥作用是指在组织活动中，领导者能够帮助组织成员认清所处的环境和形势，指明活动的目标和达到目标的路径。

协调作用是指组织在内外因素的干扰下，需要领导者来协调组织成员之间的关系和活动，朝着共同的目标前进。

激励作用是指领导者为组织成员主动创造能力发展空间和职业生涯发展空间的行为。

（三）领导权力的来源

领导的核心是权力。领导权力通常就是指影响他人的能力，在组织中就是指排除各种障碍完成任务、达到目标的能力。根据弗伦奇（John French）和雷文（Bertram Raven）等人的研究，领导权力有五种来源。

1. 法定性权力

法定性权力是由个人在组织中的职位决定的，个人由于被任命担任某一职位，因而获得了相应的法定权力和权威地位。例如，在企业中，上级在自己的职责范围内有权给下级下达任务和命令，下级必须服从。但拥有法定权力的权威并不等于就是领导者，虽然我们通常把层级机构中担任各级职位的官员都称为领导者。有些官员根本没有自愿的追随者，只是凭借手中的权力对下属发号施令，这样的人并不是真正的领导者。

2. 奖赏性权力

奖赏性权力是指个人控制着对方所重视的资源而对其施加影响的能力。例如上级在其职权范围内可以决定或影响下级的薪水、晋升、奖金，或分配有利可图的任务、职位，或给予下属所希望得到的其他物质资源或精神上的安抚、亲近、信任、友谊等，从而有效地影响他人的态度和行为。

奖赏性权力是否有效，关键在于领导者能否确切了解对方的真实需要。人们的需要是多方面的，也可能各不相同，必须采用适当的方式有针对性地雪中送炭才能取得良好的效果。而被领导者也拥有某种奖赏权，例如对领导者的忠诚、顺从，更加积极地忘我工作，为了组织利益不计个人安危的英雄行为，甚至对领导者的热情招呼、演讲后的热烈鼓掌等，都可以看作被领导者对领导者的奖赏。这种奖赏权也能有效地影响领导行为。

3. 惩罚性权力

惩罚性权力是指通过强制性的处罚或剥夺而影响他人的能力，例如批评、罚款、降职、降薪、撤职、除名、辞退、开除、起诉等，或者调到偏远、艰苦、无权的岗位上去。这实际上是利用人们对处罚和失去既得利益的恐慌心理而影响和改变其态度和行为。

惩罚性权力需要慎重使用。尽管惩罚权是必要的，且见效很快，但毕竟是一种消极性的权力，如果使用不当，可能会产生严重的消极后果。例如下属在合法范围内拥有消极怠工、抗议、上访、静坐、游行、示威、罢工等权利，员工可以利用这种合法权利来对领导者的不当行为进行惩罚，甚至可能引发不应有的暴力事件。

4. 感召性权力

感召性权力是由于领导者拥有吸引别人的个性、品德、作风，引起人们的认同、赞赏、钦佩、羡慕从而自愿地追随和服从。例如无私工作、清正廉洁、思维敏捷、开拓创新、不畏艰辛、有魄力、关心群众疾苦、维护下属利益、倾听不同意见、结交下层朋友等模范行为，都会引来大批追随者，形成巨大的感召性权力。

感召性权力的大小与职位高低无关，只取决于个人的行为。不过具有高职位的人，其模范行为会有一种放大的乘数效应。一些行为对普通人来说可能是很平常的事，但对某些高层领导者就会变成非常感人的模范行为，产生巨大的影响力。但是任何组织中，总是有许多没有处在管理职位上的人，往往拥有巨大的影响力，成为非正式的群众领袖，他们对人们的影响力可能远远大于处在管理职位上的领导者。

5. 专长性权力

专长性权力是知识的权力，指的是因为人在某一领域所特有的专长而影响他人的能力。医术精湛的医生在医院中有巨大的影响力；资深的大牌教授、著名学者可能没有任何行政职位，但在教师和学生中具有巨大的影响力；企业中的财务专家、营销专家、工程师都可能拥有某种专长性权力，而在一定领域内产生巨大的影响。任何领导者绝对不可能在所有领域内都具有专长权，所以对组织中正式职位的领导者而言只要在他的工作职责范围内具有一定的专长权就可以，而不必要求一定是某一领域的专家。例如，大学校长只要具有正确的办学理念，能充分尊重和依靠各领域的专家教授，筹集到足够的办学经费就行，不一定非要“院士”不可。

组织中的各级领导者只有正确地理解领导权力的来源，精心地营造和运用这些权力，才能成为真正有效的领导者。即使已经成为真正有效的领导者，也必须清醒地认识到领导者与追随者、领导者与管理者的正确关系。没有追随者就没有领导者，没有埋头苦干的管理者，领导者也难以获得成功。一个组织的成功必须依靠领导者、追随者、管理者的共同努力；不仅领导者要成为有效的领导者，追随者也要成为有效的追随者，而不是一味地盲从，管理者也要成为有效的管理者，而不能只满足于循规蹈矩地工作。应当注意的是，在现实生活中，处于层级组织中各级职位的领导者在不同的情况下，往往要扮演多种角色。例如，在上级领导者面前，他是追随者和管理者；在下属面前，他又是领导者。

二、领导风格类型

（一）按权力运用方式划分

按领导者的权力运用方式，可以将领导风格分为两类：集权式领导者和民主式领导者。集权式领导风格对于组织在发展初期和面临复杂突变的环境时是有益处的，其优势在于通过完全的行政命令，获得较高的管理效率。但若领导者长期将下属视为某种可控制的工具，则不利于后者职业生涯的良性发展。

民主式领导者向被领导者授权，鼓励下属参与，并且主要依赖于其个人专长性和感召性权力影响下属。这种权力的分散性使得组织内部资源的流动速度减缓，因为权力分散一般会导致决策速度降低，进而增大组织内部的资源配置成本。但其给组织带来的好处也十分明显：通过激励下属的需要，发展所需的知识，尤其是意会性或隐性知识，能够充分地积累和进化组织的能力，员工的能力结构也会得到长足提高。因此，相对于集权式领导者，民主式领导者更能为组织培养所需的智力资本。

（二）按创新方式划分

按领导者在领导过程中进行制度创新的方式，可以将领导风格分为两类：魅力型领导者和变革型领导者。魅力型领导者有鼓励下属超越他们预期绩效水平的能力。他们的影响力来自以下方面：有能力陈述一种下属可以识别的、富有想象力的未来愿景；有能力提炼出一种每个人都赞同的组织价值观系统；信任下属并获取他们充分信任的回报；提升下属对新成果的意识；激励他们为了部门或组织利益而超越自身的利益。

变革型领导者鼓励下属为了组织利益而超越自身利益，并能对下属产生深远且不同寻常的影响，例如美国微软公司的比尔·盖茨。这种领导者关心每个下属的日常生活和发展需要，帮助下属用新观念分析老问题，进而改变他们对问题的看法，能够激励、唤醒和鼓舞下属为达到组织或群体目标而付出加倍的努力。

（三）按思维方式划分

按领导者在领导过程中的思维方式，可以将领导风格分为两类：事务型领导者和战略型领导者。事务型领导者又称维持型领导者，是指通过明确角色和任务要求，激励下属向着既定的目标活动，并且尽量考虑和满足下属的社会需要，通过协作活动提高下属的生产率水平。他们对组织的管理职能和程序推崇备至，勤奋、谦和而且公正。他们以把事情理顺、工作有条不紊地进行引以为豪。这种领导者重视非人格的绩效内容，如计划、日程和预算，对组织有使命感，并且严格遵守组织的规范和践行组织的价值观。

战略型领导者的特征是用战略思维进行决策，他们将领导的权力与全面调动组织的内外资源相结合，实现组织的长远目标，对组织的价值活动进行动态调整，在市场竞争中站稳脚跟的同时，积极竞争未来，抢占未来商机或领域的制高点。战略型领导者认为组织的资源由有形资源、无形资源和有目的地整合资源的能力构成，他们的焦点经常超越传统的组织边界范围中的活动，进入组织之间的相互关联区，并将这种区域视为组织潜在的利润基地。

三、追随模型

（一）波特与罗什巴赫追随模型

波特和罗什巴赫相信，追随者的投入对于团队绩效至关重要。因为追随者最接近任务发生地，往往也有最好的问题解决方案。他们的模型基于两个独立维度，即追随者的绩效水平和领导者-追随者的关系强度。绩效驱动（performance initiative）维度关注的是追随者个人能在多大程度上完成工作、与团队中的其他成员有效共事、接受变革，并将自己视为团队绩效完成过程中的重要力量。在这一维度上评分较高的追随者往往很有能力，可以与他人友好相处，支持领导者的变革努力，并能很好地照顾自己的员工；而评分较低的追随者则缺乏完成工作所需的技能，不能和他人和谐相处，会强力抵制变革。关系驱动（relationship initiative）维度关注的是追随者的行动在多大程度上是为了改善与其领导者的工作关系。在这一维度上评分较高的追随者往往很忠诚、认同领导者的未来愿景，但在必要时也会提出反对意见并讨论观点上的差异；而评分较低的追随者则忠诚度较低，即使在必要时也不愿提出反对意见，当个人与上级的工作安排重心不一致时，将会自行其是。

由于绩效驱动和关系驱动是两个独立的维度，以这两个维度分别为横轴和纵轴，可以描述四种不同类型的追随者，如图 7-1 所示。这四种不同类型的追随者是下属、贡献者、政治家、合作伙伴。

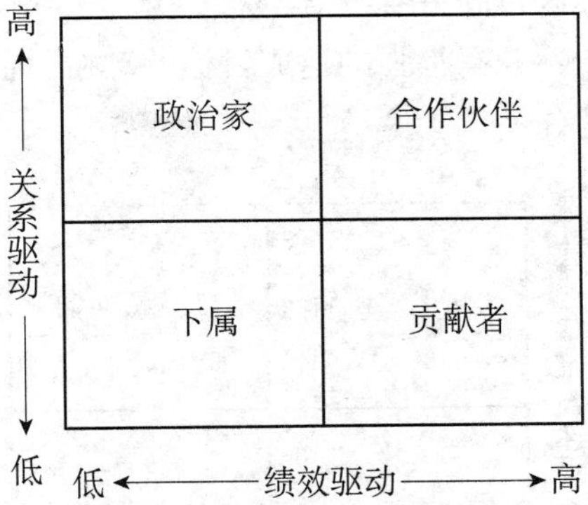

图7-1 波特和罗什巴赫追随模型

下属是那种传统意义上的追随者，他们按要求做事，遵守规则，有中等水平的绩效表现，与领导者之间并没有建立特别好的关系。这些人在官僚制组织中更为常见，因为他们往往在同一组织中任职很久，会避开麻烦，也不去制造纠纷。

贡献者的情况有所不同，他们工作努力，往往有很高的激励水平（想成为本组织的专家）。尽管这些人可以成为杰出的研究人员、程序员或会计师，但他们在人际关系、与领导者加强关系方面缺乏兴趣。他们很少设法了解领导者的观点，一般会等待上级指示，在独自完成工作时表现得最好。

政治家是一群有趣的员工，他们对与上级搞好关系的关注远胜于对完成工作的关注。他们是忠诚的员工，对人际关系极为敏感，因而可以帮助领导者很好地了解其他团队成员。似乎存在两种不同类型的政治家：一类人遵守规则，在需要与他人进行大量互动交流的职位上如鱼得水。他们往往将事务繁忙与高效率混为一谈，不擅长日常行政管理，由于他们善于与人交流、完成交易，多见于销售或公共关系类职位。另一类政治家则具有操纵欲很强、自私的特点，几乎病态地需要成为所有人关注的中心。这些人工作敷衍、传播流言蜚语、极少完成工作却争抢他人的功劳，喜欢说自己是领导不可或缺的得力助手。手下有这类政治家的领导者，其团队往往士气低下、绩效不佳。

合作伙伴是指那些努力达成高绩效，同时与领导者形成良好关系的员工。合作伙伴会花时间了解领导者的想法，认同他们对团队的愿景。由于他们乐于施加影响，合作伙伴与领导者密切合作以发现问题并找出解决方案。与政治家不同，合作伙伴更有可能提出令人不快的问题，并要求领导者做出决策。

（二）柯菲追随模型

柯菲追随模型包括两个维度和四种类型的追随者，如图7-2所示。柯菲模型中的两个维度分别是批判性思考和参与度。批判性思考（critical thinking）是指追随者有能力挑战现状、提出有价值的问题、发现问题并提出解决方案。在批判性思考维度上评分较高的追随者不断发现提升生产率、推动销售增长、减少成本的方法，而那些评分较低的追随者则相信发现和解决问题完全是管理层的责任。参与度（engagement）是指人们在工作中投入多大的努力。获得高分者具有乐观、努力工作的特性，必要时会长时间工作，乐于成为团队的一分子，并有很强的达成目标的动机；而获得低分者则懒惰、参与意愿不高，不愿从事目前的任务。

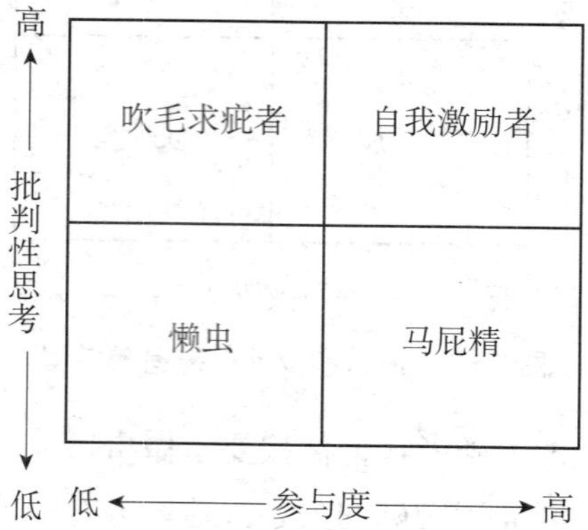

图7-2　柯菲追随模型

自我激励者对团队充满感情，是愿意付出努力使团队成功的人。他们也不断思考各种方法来提高团队绩效，为此他们提出问题、找出解决方案，并热心推行多种变革措施，当面对问题时，自我激励者往往会先解决问题，再告诉领导者自己做了什么，而不是等着领导者告诉自己该怎么做。这种追随者也有助于提高领导者的绩效，因为他们在领导者决策前提出个人意见，在不当决策后提供建设性反馈。自我激励者是高绩效团队中的重要组成部分，也是最有效的追随者。领导者需要了解，自我激励者基本上缺乏耐心。他们不会耐着性子和庸才相处，他们希望领导者能够迅速清除障碍，获得成功所需的资源。总是做出拙劣决策、犹豫不定、未能快速获取所需资源或坚持其承诺的领导者，其团队中将留不住自我激励者。自我激励者的领导者应传达清晰的团队愿景和目标，因为这类追随者往往会先斩后奏，事后寻求谅解，而非事前要求许可。如果自我激励者不知道团队未来的方向，他们可能做出不利于团队的决策和行动。同时，自我激励者的决策多次被推翻，也有可能降低其参与意愿，进而转变为吹毛求疵者或懒虫。除了确保这类人了解团队的愿景和目标，领导者也需要向自我激励者提供所需的资源、吸引人且有难度的工作、充分的授权和定期的绩效反馈、对高绩效的认可，以及晋升机会。简单地说，自我激励者可能是价值巨大但很难管理的团队成员，领导者要想成功地管理这些追随者，就要为他们提供最好的发挥平台。

马屁精都有很强的工作意愿，但缺乏自我激励者具有的批判性思考技巧，他们是一些认真、尽责、谨慎、忠诚的员工，他们愿意做领导者要求的任何事情。他们从不指出问题、提出反对意见，或者制造纠纷，他们会尽己所能地取悦上级。马屁精总是不停地向领导者汇报，事先获得领导者许可，绝不先斩后奏。毫不奇怪，很多领导者身边围着马屁精——这些人不断地阿谀奉承，告诉大家自己为这样的领导者工作有多幸运。同样不奇怪的是，马屁精往往可以在组织中爬得很高，特别是那些没有很好的工作绩效的人。在没有清晰目标和绩效评价标准的组织中，人事决策往往受到公司政治左右，而马屁精的奋斗目标就是永不树敌（你永远不知道下一个老板是谁），因而能在政治环境中如鱼得水。由于马屁精不会带来坏消息，总是报喜不报忧，从不对拙劣决策提出反对意见，不愿做出个人决策，拥有马屁精比例高的团队或组织能否成功，将完全取决于其领导者。但领导者也可以设法使马屁精转变为自我激励者，其中第一步就是要了解，导致马屁精行为的基本心理问题是害怕失败。马屁精往往具备解决问题所需的全部工作经验和技术特长，他们不想因“低级错误”而受到指责，也缺乏提出反对意见或制定决策所需的自信。因此，想改变马屁精的领导者在辅导下属时，需要的是增强其自信，而不是加强这些人的技术能力。当马屁精带着问题请示领导者时，领导者需要询问他们对如何解决问题的看法。要求马屁精承担解决问题的责任，将能增强这类人批判性思考的技巧和自信心。领导者应尽可能支持其提出解决方案，消除其疑虑，当解决方案不能完全奏效时也不过度干预，并定期询问他们从执行解决方案的过程中学到了什么。当马屁精能公开指出领导者面临的问题存在多种解决方案，以及这些方案的利弊时，他们就变成了自我激励者。

懒虫不愿意在工作中过多投入，相信自己只要露露面就该拿到工资，而解决问题则是管理者的事。懒虫会很聪明地避开工作任务，他们是行动隐蔽的员工，会连续几小时不见踪影，出工不出力，在项目未能完成时总是有很多借口，他们花大量时间设法避免完成任务。懒虫乐意花整天的时间在网上冲浪、购物、与人聊天，不时地进行工间休息，却不愿高效率地工作。但懒虫也想避开老板的注意，因此他们的工作往往足以使其避开麻烦，但从不会超过同事。将懒虫转变为自我激励者是极具挑战性的任务，因为领导者需要同时提高这类人的参与度和批判性思考技巧。很多领导者错误地认为懒虫是因为缺乏激励，但事实是，懒虫在与工作无关的活动上表现得很积极。这类追随者可能将数不清的时间用于电子游戏、骑摩托车、钓鱼、做副业或其他个人爱好，如果你问他的个人爱好，他的热情就会显现出来。懒虫工作是为了活着，而非活着是为了工作，他们将工作看作支付其他生活追求的手段。领导者需要找到方法吸引这类人的注意，使他们在工作活动上投入更多努力。增进其工作激励的一种方法是给他们分派与其个人爱好一致的任务。提高工作匹配度也是提高工作激励水平的方法，很多时候，追随者缺乏激励是因为工作不适合，将他们分派到团队或组织中匹配度更高的职位上，使他们从事感兴趣的工作，有助于提高这类员工的参与度和批判性思考技巧。但工作最终需要完成，很多时候，领导者无法向这类人员分派其偏好的任务或新工作。在这种情况下，领导者需要设定明确的目标，对工作绩效提供定期反馈，并逐渐提高对员工的绩效标准，要求其在解决问题方面投入更多努力。由于懒虫不喜欢受到关注，告诉他们要么改善绩效，要么成为领导者的关注重点，将会提高其工作激励和绩效。但毫无疑问，将懒虫变为自我激励者是一个困难而持久的过程。用有潜力成为自我激励者的员工替代懒虫，要比花时间实现这一转变容易得多。

吹毛求疵者是一些工作参与度不高但批判性思考技巧很强的追随者。可是，他们没有将其用于识别与工作相关的问题、找出解决方案，而是对领导者或组织的所作所为百般挑剔。吹毛求疵者总是不断向同事表示：领导者哪里做错了；哪些变革努力注定要失败；与竞争者相比，自己的公司有多糟糕；管理层又否决了哪些优化建议。吹毛求疵者是四种追随者中最危险的，他们相信自己的使命就是要改变他人的观点。他们往往是第一个向新员工打招呼的人，告诉他们这个地方的真实情况。并且，物以类聚，人以群分，他们往往和其他吹毛求疵者聚在一起。有效管理由吹毛求疵者组成的团队或组织，可能是领导者面临的最大挑战。领导者需要了解，这类人行为的关键心理动机是寻求认同，吹毛求疵者也曾经是自我激励者，他们通过工作成就满足了自己的认同需求。但由于某种原因，他们未能如期获得晋升，组织结构重组剥夺了他们的某种地位或权力，或者他们的上级因其解决问题的技能而感到了威胁。吹毛求疵者的行为是为了寻求认同，领导者为了将其转变为自我激励者，可以找机会公开认可这类员工的贡献。如前所说，吹毛求疵者善于指出决策或变革措施将如何走向失败。当吹毛求疵者公开提出不同意见时，领导者应当对他们表示感谢，并询问他们关于如何解决问题的意见。大多数吹毛求疵者在一开始会拒绝提供解决方案，他们的抽屉里满是过去受到忽视的提案，他们可能不愿公开与大家分享其问题解决技巧。领导者需要打破僵局，并迫切地寻求吹毛求疵者的帮助。一旦吹毛求疵者提供了领导者可以接受的解决方案，领导者就应该采纳这些方案并公开感谢其努力。重复这一模式（恳请解决方案—采纳意见—公开认可吹毛求疵者的努力），将有助于使这一群体转化为自我激励者。如果领导者不断尝试着激发吹毛求疵者但对方全无回应，终止雇用将是一项切实的选择。由于这类人倾向于“创建”一些与之想法相似的同事，不能果断处理这些员工的领导者最终会发现，自己领导的团队中只有一类人——吹毛求疵者。此时，被要求离开另谋他就的就会是领导者本人，而不是他未能恰当处理的那一两位吹毛求疵者了。

第2节　领导理论

领导者对于组织的作用非常重要，人们常说“千军易得，一将难求”，就是这个道理。早在20世纪30年代，关于领导问题的研究在美国就出现了，发展到今天，形成了领导特质理论、领导行为理论和领导权变理论等学派。

一、领导特质理论

领导特质理论主要是通过研究领导者的各种个性特征，寻求区分领导者与非领导者的方法，来预测具有怎样性格特征的人才能成为有效的领导者。领导者应该具备的特质有自信、正直、权力欲望、进取、渴望成功、远见、创新、敏锐、勇于冒风险、敢于承担责任等，但具备这些特质并不意味着一定成为成功的领导者，领导者要想取得管理的成功，更多地需要根据组织复杂的因素变化去选择恰当的方法，富有远见，高效地制定并完成组织目标。

阅读材料

仇人宰相

春秋时期齐国国君齐襄公被杀。齐襄公有两个兄弟，一个叫公子纠，当时在鲁国（都城在今山东曲阜）；一个叫公子小白，当时在莒（jǔ）国（都城在今山东莒县）。两个人身边都有个师傅，公子纠的师傅叫管仲，公子小白的师傅叫鲍叔牙。两个公子听到齐襄公被杀的消息，都急着要回齐国争夺君位。

在公子小白回齐国的路上，管仲早就派好人马拦截他。管仲拈弓搭箭，对准公子小白射去。只见公子小白大叫一声，倒在车里。

管仲以为公子小白已经死了，就不慌不忙护送公子纠回齐国。怎知公子小白是诈死，等到公子纠和管仲进入齐国国境，公子小白和鲍叔牙早已抄小道抢先回到了国都临淄，公子小白当上了齐国国君，即齐桓公。

齐桓公即位以后，即发令要杀公子纠，并把管仲送回齐国办罪。

管仲被关在囚车里送到齐国。鲍叔牙立即向齐桓公推荐管仲。

齐桓公气愤地说："管仲拿箭射我，想要我的命，我还能用他吗?"

鲍叔牙说："那回他是公子纠的师傅，他用箭射您，正是他对公子纠的忠心。论本领，他比我强得多。主公如果要干一番大事业，管仲可是个用得着的人。"

齐桓公也是个豁达大度的人，听了鲍叔牙的话，不但不办管仲的罪，还立刻任命他为相，让他管理国政。管仲帮着齐桓公整顿内政，开发富源，大开铁矿，多制农具，齐国从此越来越富强了。

资料来源：经理人：从管仲拜相看企业人才管理．(2009-12-09). http://www.foodjol.com/shownews_16147.html.

二、领导行为理论

20世纪40年代末至60年代初，研究者开始研究具体的领导者表现出的领导行为，试图发现有效领导者的行为是否有独特之处。领导行为理论主要有以下几种。

（一）勒温理论

美国艾奥瓦大学的勒温等学者力图识别出最有效的领导行为，他们着眼于三种领导风格，即专制型、民主型和放任型。勒温认为，这三种不同的领导风格会造成三种不同的团体氛围和工作效率。

专制型领导者注重工作的目标，仅仅关心工作任务和工作效率。他们对组织成员不够关心，被领导者与领导者之间的社会心理距离比较远，被领导者对领导者存在戒心和敌意，组织成员容易产生挫折感和机械化的行为倾向。

民主型领导者注重对组织成员的工作加以鼓励和协助，关心并满足团体成员的需要，试图营造一种民主与平等的氛围，领导者与被领导者之间的社会心理距离比较近。在民主型的领导风格下，组织成员自己决定工作的方式和进度，工作效率比较高，成员满意度也较高。

放任型领导者采取的是无政府主义的领导方式，对工作任务和组织成员的需要都不重视，无规章、无要求、无评估，工作效率低，人际关系淡漠。

勒温通过研究发现：在民主型领导风格下，组织工作效率最高，满意度也较高；在专制型领导风格下，组织工作效率比较高，但成员间的人际关系很差；在放任型领导风格下，人际关系固然不错，但组织工作效率最低，数量与质量都非常差，而且大家对领导者并不满意。

勒温能够注意到领导者的风格对组织氛围和工作绩效的影响，区分出领导者的不同风格和特性并以实验的方式加以验证，这对实际管理工作和有关研究非常有意义，许多后续的理论都是从勒温的理论发展而来的。但是勒温的理论也存在一定的局限：这一理论仅仅注重了领导者本身的风格，没有充分考虑到领导者实际所处的情境因素以及被领导者的因素。

（二）领导四分图理论

领导四分图是1945年美国俄亥俄州立大学的研究者提出的，他们定义了领导行为的两类关键因素：定规维度和关怀维度。定规维度是指领导者为了实现目标，对自己与下属是否进行严格工作规划、目标设置和任务界定。高定规特点的领导者强调运用组织框架形成强制力和约束力，在工作中强调规章制度、强制命令等约束力量。关怀维度是指领导者在工作中对下属的尊重、信任、关心的程度。高关怀特点的领导者平易近人，关心下属的需要、健康、满意、职业发展，平等地对待每一个下属。每一个领导者的领导行为都表现出这两种维度高低的不同组合，由此形成了四种典型的领导风格，如图7-3所示。

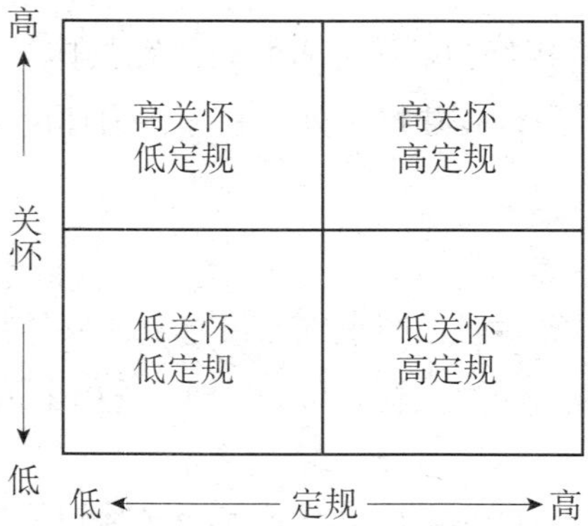

图7-3 领导行为四分图

经过研究发现，高定规高关怀型领导者与其他三种类型的领导者相比，下属的满意度更高，从而产生较高的绩效，因此，该理论认为高定规高关怀型领导者一般能够达到较好的领导效果，是最佳的领导模式。但是，由于领导行为与环境具有高度的相关性，这种类型的领导者未必在所有的情况下都能够起到积极作用。在实际领导活动中，领导者需要对各种要素进行综合分析，选择适合的领导方式和风格。

（三）管理方格理论

美国管理学家罗伯特·布莱克和简·莫顿于1964年设计了一个巧妙的管理方格图（见图7-4），直观地表示出领导者对生产的关心程度和对人的关心程度。管理方格图的横轴表示领导者对生产的关心程度，纵轴表示对人的关心程度，同时，将纵轴、横轴九等分，离原点越近表示关心程度越低，越远表示关心程度越高，这样，整个方格图就形成了81个方格。每个方格都表示"关心生产"和"关心人"这两个基本因素以不同程度相结合的一种领导方式。评价一位领导者的领导方式，只要在该图中按照两种行为寻找交叉点就行，交叉点便是其领导行为的类型。领导者纵轴的积分越高，表示他越重视人的因素；领导者横轴的积分越高，表示他越重视生产。

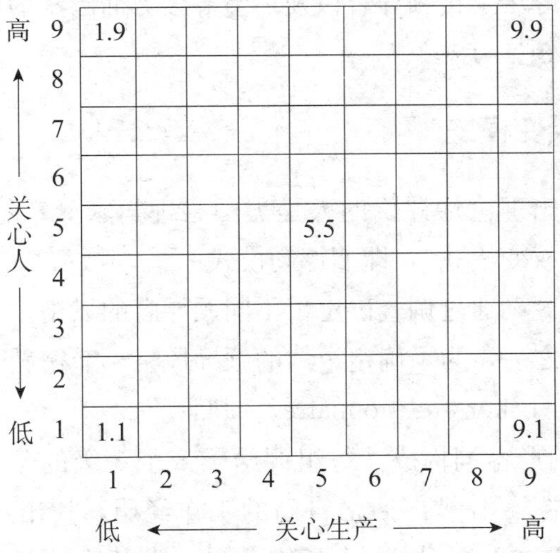

图7-4　管理方格图

布莱克和莫顿在管理方格图中列出了5种典型的领导行为，并对其进行了分析。

（1）贫乏型（1.1）。在这种领导方式下，领导者对工作和员工都漠不关心，表现为领导者只做一些维持自己职务的最低限度的工作，也就是只要不出差错，多一事不如少一事。这是一种不称职的管理，因而被称为"贫乏型管理"。

（2）任务型（9.1）。这种领导方式集中注意对生产任务和作业效率的要求，关心工作计划和目标，指导和控制下属的工作，但不重视人的因素。这种领导者是专制型领导者，强调有效地控制下属，下属只能按命令行事。

（3）乡村俱乐部型（1.9）。这种领导方式下的领导者非常关注下属的需要，努力创造一种融洽的工作氛围。这种领导者认为，只有下属心情愉快，才会有较高的生产效率。这种不管工作情况如何，都重视员工情绪的领导方式被称为“乡村俱乐部型管理”。

（4）中间型（5.5）。这种领导方式既不过于重视人的因素，也不过于重视生产因素，努力保持两者的和谐和妥协。但这种领导方式缺乏创新精神，只乐意维持现状，因而被称为“中庸之道型管理”。

（5）团队型（9.9）。这种领导方式对生产和对人的关心都达到最高点。领导者处处关心下属，努力使下属在完成组织目标的同时满足个人需要。这种领导方式能使组织的目标和下属个人的需要最有效地结合起来，既高度重视组织的各项工作，又能通过沟通和激励，使群体合作，从而获得较高工作效率，因而被称为“战斗集体型管理”。

在以上五种领导方式中，布莱克和莫顿认为（9.9）的团队式管理工作效果最佳，应该是领导者努力的方向。但是，在现实中，这五种极端的领导方式都是很少见的，一般都是处于两种因素交织的某种过渡状态。此外，领导活动是非常复杂的，受到多种因素的影响，领导方式的好与不好还应该结合其员工、环境等多种因素来考虑。

三、领导权变理论

领导方式要受到领导者、被领导者以及环境等多方面因素的影响，领导者应随着领导情境的改变而调整其领导方式。

（一）菲德勒权变模式

最早对权变理论做出理论性评价的人是美国心理学家弗雷德·菲德勒，他于1962年提出了“有效领导的权变模式”，即菲德勒模式。

在这个理论中，菲德勒通过调查确定了不同领导者的风格。领导风格是影响领导活动成功与否的关键因素之一，为了确定个体的领导风格，菲德勒开发了“最难共事者问卷”(least-preferred coworker questionnaire，LPC)。

问卷由16组相对的形容词构成，每组词给予8个等级的分值（1表示最消极的一端，8表示最积极的一端），让被试回忆自己的工作经历，找出最难共事的同事，在这16组形容词中按照1～8的等级对其进行打分评估。菲德勒认为，将最难共事的同事用积极的词汇来描述的被试，其LPC得分较高，说明他乐意与同事形成良好的人际关系，菲德勒将这类领导者定义为关系取向型。相反，如果被试的LPC得分较低，他对最难共事的同事都用较为消极的词汇来形容，说明他对工作更感兴趣，菲德勒将这类领导者定义为任务取向型。但在调查过程中，有少量被试的LPC得分处于中间水平，菲德勒承认，很难确定他们的个性特征。

在评估了个体的领导风格之后，菲德勒揭示了确定情境的三个因素，分别是职位权力、任务结构和上下级关系。职位权力是指领导者所处的职位具有的权威和权力的大小，或者说领导者的法定权、惩罚权、奖励权的大小。权力越大，群体成员遵从指导的程度越高，领导环境也就越好；反之，则领导环境越差。任务结构是指任务的明确程度和下属对这些任务的负责程度。这些任务越明确，而且下属的责任心越强，则领导环境越好；反之，则领导环境越差。上下级关系是指下属乐于追随的程度。下级对上级越尊重，并且越乐意追随，则上下级关系越好，领导环境也越好；反之，则领导环境越差。

菲德勒将三种情境因素进行组合，形成了8种情境，将这8种情境与两种领导风格匹配起来，最终得出如下结论：任务取向型领导（低LPC型领导）在最有利的情境中（1，2，3）和最不利的情境中（7，8）可以取得好的绩效，而关系取向型领导（高LPC型领导）在中等水平的情境中（4，5，6）可以取得好的绩效，如表7-2所示。

表7-2　领导环境与领导方式匹配表

项目	有利			中等			不利	
	1	2	3	4	5	6	7	8
上下级关系	好	好	好	好	差	差	差	差
任务结构	明确	明确	不明确	不明确	明确	明确	不明确	不明确
职位权力	强	弱	强	弱	强	弱	强	弱
最有效的领导方式	任务取向型（低LPC型）			关系取向型（高LPC型）			任务取向型（低LPC型）	

由于菲德勒认为个体的领导风格是稳定不变的，根据领导风格与情境匹配的规律，要提高领导者的有效性有两种方法：一是选择具有恰当领导风格的领导者适应情境的要求；二是设法改变情境以适应领导者的风格与方式。

（二）领导生命周期理论

1969年，保罗·赫塞和肯尼斯·布兰查德提出了领导生命周期理论，该理论也称为“赫塞-布兰查德模型”，如图7-5所示。该理论认为，成功的领导者要根据下属的成熟度来选择恰当的领导方式。成熟度是指个体对自己的直接行为负责任的能力和意愿，包括工作成熟度和心理成熟度。工作成熟度是下属完成任务时具有的相关技能和技术知识水平，心理成熟度是下属的自信心和自尊心。高成熟度的下属既有能力又有信心做好某项工作。根据员工能力与意愿的高低程度不同组合，可以形成以下四种不同的成熟度水平：（1）成熟度水平低（M1）。下属对于执行某任务既无能力又无意愿。他们既不胜任工作又不被信任。（2）成熟度水平较低（M2）。下属缺乏能力，但愿意执行必要的工作任务。他们有积极性，但目前尚缺足够的技能。（3）成熟度水平较高（M3）。下属有能力，但不愿意承担领导者所交予的任务。（4）成熟度水平高（M4）。下属既具有能力又愿意干领导者希望他们做的工作。

随着下属成熟程度的由低到高，领导风格与其相匹配，形成四种领导类型：高任务低关系、高任务高关系、低任务高关系、低任务低关系。

四种领导类型要与下属特点相匹配，具体表现为：

（1）指导型领导（高任务低关系，S1）。领导者界定工作任务和角色，通过发号施令，明确告知下属完成任务的详细规则与程序，重视任务的完成情况，不过多考虑下属的满意度。其对应的是M1型下属。

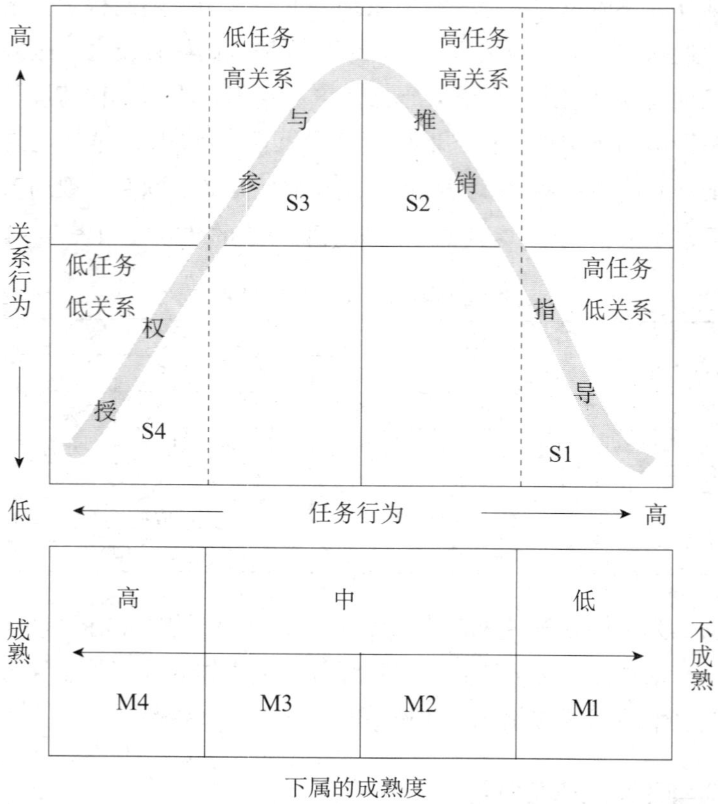

图7-5 领导生命周期理论

（2）推销型领导（高任务高关系，S2）。领导者的指导行为与支持行为并重，既关注下属的满意度，保持并提高员工的工作热情，又在指导和支持的过程中锻炼下属的能力，提高他们的工作技能。其对应的是M2型下属。

（3）参与型领导（低任务高关系，S3）。领导者鼓励下属共同决策，为下属提供良好的工作条件和沟通渠道，从而提高下属的工作满意度，培养下属的工作热情。其对应的是M3型下属。

（4）授权型领导（低任务低关系，S4）。领导者给下属充分的自由，提供极少的指导与支持行为，确信下属能够依靠自己的能力明确任务的目标并出色地完成任务。其对应的是M4型下属。

该理论只考虑了下属的特征，没有包括领导行为的其他情境特征，如职位权力、任务结构、上下级关系、组织特征、社会状况、文化影响、心理因素等。但它对于深化领导者和下属之间的研究，具有重要的基础作用。

（三）路径-目标理论

路径-目标理论是权变理论的一种，由多伦多大学的组织行为学教授罗伯特·豪斯最先提出，后来华盛顿大学的管理学教授特伦斯·米切尔也参与了这一理论的完善和补充。该理论认为，有效的领导者既要帮助下属充分理解工作目标，又要指明实现目标所应遵循的路径。

领导者行为的激励作用在于使下属的需要满足取决于下属有效的工作绩效；提供有效绩效所必需的辅导、指导、支持和奖励。为考察这些陈述，豪斯确定了四种领导行为：(1) 指导型领导者让下属知道他对他们的期望是什么，以及他们完成工作的时间安排，并对如何完成任务给予具体指导，这种领导类型与俄亥俄州立大学的定规维度相似。(2) 支持型领导者十分友善，表现出对下属需要的关怀，它与俄亥俄州立大学的关怀维度相似。(3) 参与型领导者则与下属共同磋商，并在决策之前充分考虑他们的建议。(4) 成就导向型领导者设定富有挑战性的目标，并期望下属发挥出自己的最佳水平。与菲德勒的领导方式学说不同的是，豪斯认为领导者是灵活的，同一领导者可以根据不同的情境表现出任何一种领导风格。

路径-目标理论提出，两类情境变量是领导行为-结果关系的中间变量，即环境因素（任务结构、正式权力系统和工作群体）和下属的个人特点（控制点、经验和知觉能力）。控制点是指个体对环境变化影响自身行为的认识程度。根据这种认识程度的高低，控制点分为内向控制点和外向控制点两种。内向控制点是指个体充分相信自我行为主导未来而不是环境控制未来，外向控制点则是指个体把自我行为的结果归于环境影响。依此，下属分为内向控制点（internal locus of control）和外向控制点（external locus of control）两种类型。环境因素和下属个人特点决定着领导行为类型的选择。例如，指导型领导者不太适用于知觉能力强或经验丰富的下属，而内向控制点的下属比较满意于指导型领导风格；组织中正式权力关系越明确，领导者越应表现出支持性行为，减少指导性行为。

选择题（只有一个选项是正确的）

1. 针对当前形形色色的管理现象，某公司的一位老处长深有感触地说："有的人拥有磨盘大的权力拣不起一粒芝麻，而有的人仅有芝麻大的权力却能推动磨盘。"这句话反映的情况表明（　　）。

A. 个人性权力所产生的影响力有时会大于职务性权力所产生的影响力

B. 个人性权力所产生的影响力并不比职务性权力所产生的影响力小

C. 非正式组织越来越盛行，并且正在发挥越来越大的作用

D. 这里所描述的只是一种偶然的管理现象，并不具有任何实际意义

2. 上午8点30分，公司常务副总经理、董事老杜接到市政府电话，通知企业开展冬季消防检查；10分钟后老杜打电话给保卫部，通知他们去处理这件事情；9点15分，老杜接到成品库房电话，被告知房屋后墙再次被人敲了个洞，又有几十箱产品被偷走；8分钟后，老杜打电话给市公安局请他们改善本地的治安情况……整个上午老杜接电话、打电话，倒也挺忙。根据管理方格理论，你认为老杜最接近（　　）的领导者。

A. 1.1型　　　　B. 5.5型

C. 9.1型　　　　D. 1.9型

3. 不论是在企业还是在政府机构，秘书一般都是帮助高层管理者进行工作的，他们在组织职权等级链上的位置很低，但是人们常常感到秘书的权力很大。那么，秘书拥有的是（　　）。

A. 合法权力

B. 个人影响权力

C. 强制权力

D. 没有任何权力，只是比一般人更有机会接近领导者

4. 总经理办公室的王翔受命组建企业的信息中心。为此他在企业内挑选了一些人员作为信息中心的工作人员，包括小陈、小蔡和老林等。其中小陈是王翔的中学同学。在王翔看来，小陈人比较朴实，但能力实在有限，做工作不至于犯什么错误，但动作太慢。尽管如此，王翔觉得小陈其他方面，如为人等还是不错的，又是老同学，便选中他到信息中心工作。据此可以判断（　　）。

A. 王翔属于任务导向型领导者
B. 王翔属于关系导向型领导者
C. 王翔属于民主型领导者
D. 王翔属于专制型领导者

5. 现有很多公司实行了弹性工作制，员工可以自行安排工作时间，甚至有的从事特殊工作的人可以利用公司提供的互联网等资源在家里办公。这样他们对工作和个人的家庭、社交生活也有了较大的自由度。当然也有一些人是必须每天去公司上班的。你认为该公司的管理者所持有的对人的认识主要倾向于（　　）。

A. X理论
B. Y理论
C. Z理论
D. 社会人

6. 某管理者认为，现代社会条件下，人们更需要得到尊重、体谅、关心和支持。在日常管理中，他非常注重对下属做好这些工作。天长日久，他们部门的群体意识最强，成员的满意程度也最高，但是他们总也得不到上级的褒扬，因为总是业绩平平。该管理者面临的主要问题是（　　）。

A. 该管理者管理水平有限，不能带领大家取得好成绩

B. 该部门人员素质太低，能力有限，不能很好地完成任务

C. 该管理者的领导方式存在问题，单纯的关心体谅未必能使下属的工作效率自然而然地提高

D. 不一定是人的问题，有可能是所处的环境对他们不利

7. 你的部门因预算的限制，有必要进行整编。你请本部门中一个经验丰富的人负责这项工作。他在你部门的每个领域都工作过，你觉得他有能力完成这一任务，可他却似乎对这项任务的重要性反应漠然。此时，你应当采取的领导方式是（　　）。

A. 高任务高关系
B. 高任务低关系
C. 低任务高关系
D. 低任务低关系

简答题

1. 领导者和管理者的本质区别是什么？

2. 领导的权力来源有哪些？
3. 追随者模型对于身为下属的普通员工来说有何启示？
4. 菲德勒的领导权变理论的内容是什么？
5. 领导生命周期理论的内容是什么？
6. 可以从哪些层面入手来提升领导效果？

案例分析 7-1

管理的艺术——做一个领袖，而不是老板

屈指一算我的公司已成立了55年，由1950年数个人的小型公司发展到今天全球52个国家和地区超过20万员工的企业。我不敢和那些管理学大师相比，我没有上学的机会，一辈子都努力自修，苦苦追求新知识和新学问。管理有没有艺术可言？我有自己的心得和经验。

翻查字典，Art——艺术的定义可简单归纳为人类发自内心的创作、行为、原则、方法或表达，一般带美感，有超然性和能引起共鸣，是一门能从求学、模仿、实践和观察所得的学问。光看这些表面现象，管理学几乎和艺术可混为一谈，那我今天就应该没有可讲的了。

老板，还是领袖？

我常常问自己，你是想当团队的老板还是一个团队的领袖？一般而言，做老板简单得多，你的权力主要来自地位之便，可以来自上天的缘分或凭你的努力和专业知识。做领袖较为复杂，你的力量源自人性的魅力和号召力。要做一个成功的管理者，态度与能力一样重要。

领袖领导众人，促动别人自觉甘心卖力；老板只懂支配众人，让别人感到渺小。

想当好管理者，首要任务是知道自我管理是一项重大责任，在流动与变化万千的世界中，发现自己是谁、了解自己要成什么样是树立尊严的基础。儒家之修身、反求诸己、不欺暗室的原则，西方之宗教教律，围绕这一题目落墨很多，书店、网上自我增值的书和秘诀多不胜数。我认为自我管理是一种静态管理，是培养理性力量的基本功，是人把知识和经验转变为能力的催化剂。

这个“化学反应”由一系列问题开始，人生在不同的阶段要经常反思自问：我有什么心愿？我有宏伟的梦想，我懂不懂什么是节制的热情？我有拼战命运的决心，我有没有面对恐惧的勇气？我有信息和机会，我有没有使用智慧的心思？我自信能力、天赋过人，我有没有面对顺流或逆流时都懂得恰如其分地处理的心力？你的答案可能因时、因事、因处境，审时度势而有所不同，但思索是上天恩赐人类捍卫命运的盾牌，很多人总是把不当的自我管理与交厄运混为一谈，这是很消极无奈和在某种程度上不负责任的人生态度。

14岁穷小子一个的时候，我对自己的管理方法很简单，我知道必须赚取足够一家

勉强存活的钱。我知道没有知识改变不了命运，我知道今天的我没有本钱好高骛远，我也想飞得很高，在脑袋中常常想起祖母的感叹："阿诚，我们什么时候能像潮州城中某某人那么富有?"我可不想像希腊神话中伊卡罗斯一样，凭蜡做的翅膀翱翔而堕下。我一方面紧守角色，虽然当时只是小工，但我坚持每样交托给我的事做得妥当出色，另一方面绝不浪费时间，把任何省下来的一分一毫都购买实用的旧书籍。我知道，要成功怎能光靠运气？欠缺学问和知识，与人相距甚远，运气来临的时候也会不知道。还有一个重要的小点，我想和同学们分享，讲究仪容整齐清洁是自律的表现，谁都能理解贫困的人包装选择不多，但能选择自律心灵态度的人更容易备受欣赏。

22 岁成立公司以后，进取奋斗的品德和性格对我而言层次便有所不同，我知道光凭能忍、任劳任怨的毅力已是低循环、过时的观念，成功也许没有既定的方程式，失败的因子却显而易见，建立降低失败的架构是步向成功的快捷方式。知识需要和意志结合，静态管理自我的方法要伸延至动态管理，理性的力量要加上理智的力量，问题的核心在于如何避免聪明的组织干愚蠢的事。"如果"一词对我有了新的意义，多层思量和多方能力皆有极大的价值，要知道"后见之明"在商业社会中只有很狭隘的贡献。人类最独特的是我们不仅有洞悉思考事物本质的理智，而且有遵守承诺、矫正更新的能力，坚守价值观及追求目标的意志。

商业架构的灵活性要建基于实事求是、能自我修正挽回的机制。我指的不单纯是会计系统，还有在张力中释放动力，在信任、时间、能力等范畴建立不呆板、能随机应变的制度。你们也许听过我说企业应在稳健中寻找跳跃的进步，大标题下的小点要包括但不局限于：开源对节流、监督和管治对创意和授权、直觉对科学观、知止对无限发展等。

每一个机构都面对不同的挑战，很难有绝对放之四海而皆准、皆适用的预制组件，老实说我对很多人云亦云的表面专家的分析是"尊敬有加"，心里有数，说得俗一点，有时大家的方向都正确，要的却是花拳绣腿，姿势又不对。管理者对自己负责的事和身处的组织有深层的体验和理解最为重要。了解细节，经常能在事前防御危机的发生。

管理者，都是伯乐

成功的管理者都应是伯乐，伯乐的责任在甄选、延揽"比他更聪明的人才"，但绝对不能挑选名气大但妄自标榜的企业明星。高度竞争的社会中，高效组织的企业也无法负担那些滥竽充数、唯唯诺诺、灰心丧气的员工，同样也难负担光以自我表演为一切出发点的"企业大将"。挑选团队，有忠诚心是基本，但更重要的是要谨记只有忠诚但能力低的人和道德水平低下的人同样迟早会累垮团队、拖垮企业，是最不可靠的人。要建立同心协力的团队第一条法则就是听得到沉默的声音，问自己：团队成员和你相处有无乐趣可言？你是否开明公允、宽宏大量，能承认每一个人的尊严和创造力，有原则和坐标而不是费时失事、矫枉过正的执着者？

领袖管理团队要知道什么是正确的"杠杆"心态，"杠杆原理"的始祖阿基米德是古希腊学者，他曾说："给我一个支点，我可以撬动整个地球。"支点是效率和节省资源、策略、智慧的出发点，和海克力士单凭个人力气相比，阿基米德有效得多。不知从什么时候开始，人们把这个概念简单扭曲为叫人迷信四两拨千斤，教人以小搏大。聪明的管理者专注于研究精算出支点的位置，支点的正确无误才是核心。这门功夫倚仗你的专业知识和综合能力，能否洞察出那些看不见的联系之层次和次序。今天很多公司只看见千斤和四两的直接可能而忽视支点，因过度扩张而陷入困境。

我不如你们幸运能在商学院聆听教授指导。我年轻的时候，最喜欢翻阅的是上市公司的年度报告，表面上挺沉闷，但别人会计处理方法的优点和弊端、方向的选择和公司资源的分布对我有很大的启示。

对我而言，管理人员对会计知识的把持和尊重，正现金流的控制，公司预算的掌握，是最基本的元素。还有两点不要忘记，第一，管理人员要特别花心思在脆弱环节；第二，在任何组织内优柔寡断者和盲目冲动者均是一种传染病毒，前者的延误时机和后者的盲目冲动均可在一朝一夕间给企业造成毁灭性的灾难。

好的管理者真正的艺术在其接受新事物、新思维与传统中更新的能力。人的认知力由理性和理智交融贯通，我们永远不是也不可能成为“无所不能的人”。有时我很惊讶地听到今天还有管理者以“劳累”为单一卖点。“天行健，君子以自强不息”，自强不息的方法重要，君子的定义同样重要，要保持企业生生不息，管理者要赋予企业生命，这并不是时下流行的介绍企业时在幻灯片中打上使命，或是懂得说上两句富有人文精神的语言，而是在商业秩序的模糊地带力求建立正直诚实的良心。这条路并不好走，企业的核心责任是追求效率及盈利，尽量扩大自己的资产价值，这一立场是正确及必要的。

商场每一天都如严酷的战场，负责任的管理者捍卫企业和股东的利益已经天天精疲力竭，永无止境的开源节流、科技更新及投资增长却未必能创造就业机会，市场竞争和社会责任每每两难兼顾，很多时候也只能是在众多社会问题中略尽绵力而已。

资料来源：李嘉诚．管理的艺术．(2005－07－14). http：//www. iceo. com. cn/zazhi/2005/0714/188223. shtml.

思考题：

1. 文中的“领袖”和“老板”有何本质区别？

2. 文中谈及“领袖管理团队要知道什么是正确的‘杠杆’心态”。请谈谈你对“杠杆”的理解，并回答管理者在运用杠杠原理时，何种管理技能最为重要。

案例分析 7－2

李广与程不识

李广和程不识都是汉武帝时的大将，但两个人治军的风格迥异。李广是有名的飞将军，而程不识则很少有人听说过他。其实在汉朝前期，特别是汉武帝时代，两个人是齐名的。他们一个是现在河北省的太守，一个是今天山西省北部的太守。当时的太守大多是边境上的守将。

李广和他的孙子李陵都是名声很大的人物。司马迁是李陵的好朋友，司马迁由于为李陵辩护受了宫刑。李广由普通军人成长为一代名将，史书说，他能叫出部下士兵的名字。其实李广是边郡太守，领军万人之众，他不可能叫出那么多名字来。实际上，他是和周围的亲兵关系密切。李广训练部队以恩义相结，不重纪律，因此每位将领都与他交情好。作战时，行军布阵采用自由的作风，不拘一格，他所带领的骑兵非常精良，以机动性代替当时中国传统的行军布阵，所以李广的部队常常获胜，有时即使士兵比较少，也能以少制众，反败为胜。李广时常带领少量精锐突击队突袭匈奴，有时成功，有时失败。比如有一次就被匈奴俘虏，但他夺了匈奴的马逃出来了。还有一次是用类似“空城计”的险计脱围：他自己骑着马，缓缓后退，匈奴以为这是诱敌，不敢贸然前进。其实，李广的做法不是带领大兵团作战的方式。打匈奴时，大军五道出击，汉武帝不让他领导正面的军队，只让他率领辅助部队，未尝没有道理。“冯唐易老，李广难封”，李广的悲剧造成他的英雄事迹传诵至今。

李广的孙子李陵带五千名荆楚健儿出塞。这些汉军都是步卒，无法和匈奴的骑兵对抗。李陵率军从居延（在今天的额济纳河流域）出发，进入大漠，自然条件非常恶劣。李陵的敌人是匈奴的右贤王，他的部队人数多，战斗力很强，李陵要想取得胜利是极其困难的。最后五千人全军覆灭，他本人也被俘。李广和李陵作战很勇敢，但靠个人英雄主义无法打赢一场大的战争，这不是统帅的做法。

程不识和李广、李陵相比，有鲜明的特点。他是非常严谨的将领，将部队按照最严格的要求训练，分成部伍，有职责明确的层级指挥系统。部队出战时，总是处在人不解甲、马不卸鞍的戒备状态。他的军队以步兵为主，行军很慢，但很坚实。凡是他率军作战，行动起来，全军一起行动；扎下营来，敌人冲不动。他从未让匈奴人得逞，但他自己也没有取得过重大的胜利。程不识应当算是极为稳重的将领。在西汉，人们都知道程不识是名将，因为他战不败，能够不断地积累胜利；而李广呢，不是大胜，就是大败，就好比在赌场赌钱，不是大赢，就是大输。

李广、程不识代表了两种指挥管理的典型，各有所长，也各有所短。这两个人之间难做必然的好坏评断。就亲和力与团结力来说，李广军队的五千人可以顶五万人来用，而程不识的一万人则永远是一万人，但也不至于轻易被打垮。程不识指挥军队的风格在汉朝延续了很长的时期，所以汉朝时“军中只闻将军令，不闻天子诏”。换句话说，指挥的命令只能下达到第二级，无法下达到第三级以下。这样的部队非常坚实，但扩张性与活动性都受到相当大的限制。

资料来源：古代名将与皇帝的管理经 .（2015－12－28）. http：//www. chinavalue. net/Management/Blog/2015－12－28/1224937. aspx.

思考题：

1. 依据菲德勒的领导权变理论，李广和程不识各属于低 LPC 型领导方式还是高 LPC 型领导方式？

2. 在什么情境下李广的领导方式更有效，在什么情境下程不识的领导方式更有效？

3. 在勒温理论、领导四分图理论、管理方格理论中李广和程不识各属于哪种领导风格？

第 8 章

激　励

管理的本质就是管理者通过他人来有效完成工作。要实现组织的目标，必须设法让组织成员做出有效的工作贡献。这意味着管理者不仅要根据组织活动的需要和个人素质与能力的差异，将不同的人安排在不同的工作岗位上，为他们规定不同的职责和任务，还要分析他们的行为特点和影响因素，创造并维持一种良好的工作环境，以调动他们的工作积极性，引导和改变他们的行为。

第 1 节　激励理论

一、激励概述

（一）激励的含义

激励（motivation）是指为行为提供方向、强度和持续时间的任何机制。从心理学的角度看，激励是指人类的一种心理状态，它具有加强和激发动机，推动并引导行为指向目标的作用。激励的对象主要是人，或者准确地说，是组织范围中的员工或领导对象。激励产生的根本原因可分为内因和外因。内因由人的认知知识构成，外因则是人所处的环境。为了引导人的行为，达到激励的目的，领导者既可在了解人的需要的基础上，创造条件促进这些需要的满足，也可以通过采取措施，改变员工所处的环境。

（二）激励的作用

激励作为一种激发或诱导他人的动机来实现目标的活动，作用于人的心理活动过程，对人的行为具有驱动和导向作用，因而通过行为表现及行为效果可以对激励的程度加以推断和测定。有学者对有无激励的行为进行了对比研究，发现人的行为表现和行为效果很大程度上取决于他所受到的激励程度或水平，激励水平越高，行为表现越积极，行为效果也越大，二者正相关。

激励有助于激发和调动员工的工作积极性。积极性是员工在完成工作任务时一种能动的、自觉的心理和行为状态，这种状态可以促进员工智力和体力能量的充分释放，并导致一系列积极的行为结果，如提高劳动生产率、超额完成任务、工作技能精湛、服务态度良好等。

激励有助于将员工的个人目标导向实现组织目标的轨道。个人目标及个人利益是员工行动的基本动力，它们与企业的组织目标和总体利益之间既有一致性，也存在诸多差异。激励的功能就在于以个人利益和需要的满足为基本动力，诱导员工把个人目标统一于企业的整体目标，推动员工为完成工作任务做出贡献，促进个人目标与企业目标的共同实现。

激励有助于增强企业凝聚力，促进组织协调统一。为保证企业整体像一部机器一样协调运转，除了用严密的组织结构和严格的规章制度加以规范，还需要运用激励的方法，满足员工尊重、社交等多方面的心理需要，鼓舞员工士气，协调人际关系，促进各个部门、群体、人员之间密切协作。

（三）激励要素

人的行为是由动机支配的，动机又是由人的需要引起的，需要产生动机，动机驱使人们去寻找目标。激励所利用的正是这一过程，它在分析人们需要的基础上，不断激发、引导人们沿着组织所希望的方向去行动，以取得预期的效果。从这个意义上说，激励也就是对需要与动机的诱导。由需要引起动机，动机支配行为并指向预定的目标，是人类行为的一般模式，也是激励发生作用的要素。

1. 需要

需要是指人对某种事物的渴求或欲望。当人们缺乏所需事物而引起生理或心理紧张时，就会产生需要，并为满足需要而采取行动。因此，需要是一切行为的最初原动力。在管理中运用激励方法，正是利用需要对行为的原动力作用，通过提供外部诱因，满足员工需要，进而引发员工的积极行动。

2. 动机

当人们产生某种需要而一时又不能得到满足时，心理上会产生一种不安和紧张状态，进而产生一种内在的驱动力，促使个体采取某种行动，心理学上把这种内在的驱动力称为动机。一般而言，动机指的是为满足某种需要而产生并维持行动，以达到目的的内在驱动力。

激励总是与动机联系在一起，因为人的一切行为都是某种动机引起的。动机是人类的一种精神状态，它对人的行为起激发、推动和强化作用。但激励与动机又有区别，激励指向动机，没有动机，激励就失去了直接的作用对象；反过来，所有动机的形成和持续都是受到某种激励的结果。

动机是引发行为更为直接的原因和现实动力，它体现着客观事物对行为的激励作用，并把行为引向能满足需要的具体对象。动机的产生依赖于两个条件：一是个体的生理或心理需要；二是能满足需要的客观事物，又称外部诱因。一般情况下，前者处于既定状态，后者则能够人为地予以改变，引起期望的行为。

在企业中，员工的各种积极或消极行为同样受到各种动机的支配。运用激励手段调动员工的积极性，就是利用动机对行为的这种驱动和支配作用，通过外部诱因激发动机，直接引导员工产生积极行为。

3. 目标

人有了动机以后，就要寻找和选择满足需要的目标，找到目标后，就会做出满足需要的行为。需要满足后，紧张和不安消除，但接着又会产生新的需要，并引发新的动机和行为，如此不停地反复进行下去。

目标是行为所要实现的结果。人们采取的一切行为总是指向特定的目标。目标在行为过程中具有双重意义：一方面，目标表现为行为的结果；另一方面，目标又表现为行为的诱因。在管理实践中利用目标对行为的诱导作用，通过合理选择和设置目标，可以有效地激励和改善员工的行为。

（四）激励过程

激励机制的作用过程受到人类行为模式的影响。正如分析激励因素时所说的那样，任何行为的产生都是有原因的，人类绝大多数自主行为都是由动机驱动的。根据动机理论，一个人的行为取决于动机的强弱，而动机的形成又取决于个体的内在需要和所受到的外在刺激。管理者必须懂得员工激励是一个复杂的过程，这就需要了解个体行为产生的过程。对于员工的激励需要从以下三方面考虑：首先，了解行为的动机是什么，即了解和引导员工的动因和需求，找出鼓舞员工的方法。其次，了解行为如何被导向特定的目标行为，即管理者通过目标、预期和反馈信息，构建员工努力方向的过程。最后，维持行为，即通过设计外在和内在报酬，满足员工的需求，促使其行为和组织目标保持一致（见图 8-1）。

可见，激励的实质是以未被满足的需要为基础，利用各种目标诱因激发动机，驱动和诱导行为，促进目标的实现，提高需要满足程度的连续的心理和行动过程。在企业管理中，根据激励的作用原理，对过程的不同阶段施以各种诱因或条件，可以达到有效激励员工的目的。

未被满足的需要 → 动机 → 目标行为 → 满足需要

图8-1 行为过程

阅读材料

激励猴子的手段

张三和李四是邻居，他们都养着几只猴子，以耍猴谋生。

张三的生意很火，猴子很敬业，也很听话，帮张三赚了不少钱；李四的猴子经常消极怠工，时不时还有猴子逃走。李四请工匠加固猴舍，在每只猴子的脖子上加了一道绳索，收效仍然不大。

无奈之下，李四去找张三取经。

在张三家待了半天，李四没有发现张三有什么绝招，对猴子该打就打，该骂就骂，和自己没有什么两样。

到吃饭的时间，李四发现情况有些不同，只见张三准备了许多香蕉、葡萄等新鲜水果的模型，惟妙惟肖，比真的还多几分水灵。

吃饭的时候，张三总是先把模型摆出来，然后才拿出真正的水果，喂完猴子，他就拿起水果模型，向猴子晃一晃，小心地放回屋里。

李四不解地问张三："你摆这么多水果模型干什么？虽然漂亮，但是既不能吃，又不能嚼啊。"

张三微微一笑，说："虽然不能吃不能嚼，但是可以激起猴子的欲望，想着这些新鲜的水果，就有工作的动力和忍受委屈的理由。我的猴子一般不会逃走，一旦逃走，它就永远失去拥有这些新鲜水果的机会。"

李四恍然大悟，束缚猴子最好的手段，不是勒紧脖子上的绳子，而是吊起它心头的欲望，使其贪婪起来。

资料来源：赵伯异．激励猴子的手段．特别关注，2015（1）.

二、内容型激励理论

内容型激励理论是针对激励的原因与起激励作用因素的具体内容进行研究的理论。这种理论着眼于研究满足人们需要的内容，即人们需要什么就满足什么，以此激起人们的动机。其中具有代表性的有马斯洛的需要层次理论、赫茨伯格的双因素理论和麦克利兰的成就需要理论等。

（一）需要层次理论

需要层次理论是美国人本主义心理学的创始人亚伯拉罕·马斯洛提出的，他认为人的价值体系存在不同层次的需要，当某一层次的需要得到相对满足时，其激发动机的作用随之减弱或消失，更高一层的需要就成为新的激励因素。

需要层次理论的基本假设认为：个体的某种需要一旦得到满足，便不再具有激励作用；个体的需要结构很复杂，并且需要对行为的影响也不尽相同；只有在较低层次的需要得到一定满足后，较高层次的需要才会起到激励作用；满足较高层次需要的途径要多于满足较低层次需要的途径。

马斯洛认为人的需要可以分为5种，需要层次由低向高依次为生理需要、安全需要、社交需要、尊重需要和自我实现需要，如图8－2所示。

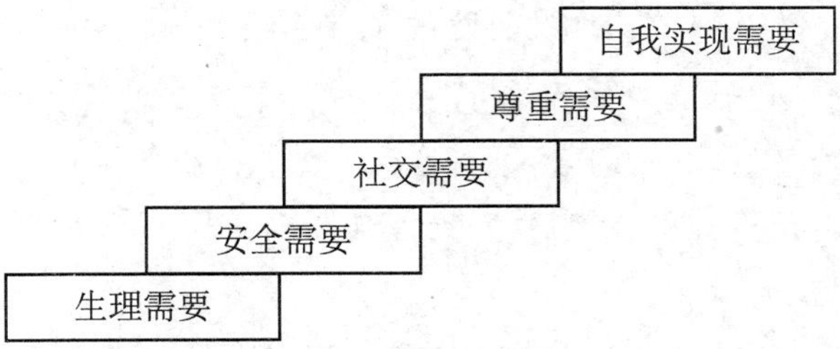

图8－2 马斯洛的需要构成层次

1. 生理需要

生理需要是人最低层次的需要，这些需要主要包括对食物、水、空气和住房等的需要。当这种需要得不到满足时，它就成为人类行为最强大的动力。马斯洛认为，当这些需要还未达到足以维持人们的生命时，其他需要将不会起到激励的作用。

2. 安全需要

当一个人的生理需要得到了一定满足以后，他就会产生安全需要。所谓安全需要，就是在维持现状的同时，还需要确保自己的身体免遭危险，确保已经获得的基本生理需要不再被剥夺。安全需要可以分为两类：一是现在安全的需要；二是希望未来的生活能够有所保障。安全需要主要包括职业安全（希望不要失业）、经济安全（希望经济收入有保障，医疗、养老有保障）、工作安全（希望不出工伤事故，并免受职业病的危害）及心理安全（希望摆脱严酷的监督，免于不平等的待遇）等。

3. 社交需要

当生理需要和安全需要得到一定程度满足后，社交需要便占据了主导地位。社交需要是建立在社会人假设基础上的，包括友谊、爱情、归属及接纳方面的需要。例如，希望得到别人的安慰；希望与同事和睦相处，关系融洽；希望得到别人的认同、接受和支持，并成为该群体中的一员。当人们的社交需要不能得到满足时，其行为就倾向于与组织目标对立，形成抗拒、不合作的局面。社交需要与人们的个性、经历、教育、家庭、国家、民族、宗教和文化等方面都有关系。

4. 尊重需要

当人们有了归属感以后，他们就不再满足仅仅做群体中的普通一员，进而产生尊重需要。尊重需要包括个体对成就或自我价值的个人感觉以及他人对自己的认可和尊重，希望别人尊重自己的人格和劳动，以满足自己的自尊心；希望别人对自己的工作、人品、能力和才干给予承认，以满足荣誉感；希望自己在同事之间有较高的地位和威望，以满足优越感。

阅读材料

没有吃完的牛排

素有“经营之神”之称的日本松下电器总裁松下幸之助有一次在一家餐厅招待客人，一行六人都点了牛排。等六人都吃完主餐，松下让助理去请烹调牛排的主厨过来，他还特别强调：“不要找经理，找主厨。”助理注意到，松下的牛排只吃了一半，心想一会儿的场面可能会很尴尬。

主厨来时很紧张，因为他知道请自己的客人来头很大。“是不是牛排有什么问题？”主厨紧张地问。“烹调牛排，对你已不成问题，”松下说，“但是我只能吃一半。原因不在于厨艺，牛排真的很好吃，你是位非常出色的厨师，但我已80岁了，胃口大不如前。”

主厨与其他五位用餐者困惑得面面相觑，大家过了好一会儿才明白怎么一回事。“我想当面和你谈，是因为我担心，当你看到只吃了一半的牛排被送回厨房时，心里会难过。”

如果你是那位主厨，听到松下先生的如此说明，会有什么感受？是不是觉得备受尊重？客人在旁听见松下如此说，更佩服松下的人格并且更喜欢与他做生意了。

资料来源：酒店员工流失原因．(2008-04-23). http://www.canyin168.com/glyy/yg/rsgl/ygls/200804/10700_3.html.

5. 自我实现需要

自我实现需要是人类最高层次的需要，这种需要要求最充分地发挥人的潜力，实现个人的理想、抱负和目标。这是一种追求个人能力极限的内驱力，主要体现在两个方面：一是胜任感，表现为追求卓越，并出色地完成任务，喜欢承担具有挑战性的工作，在工作中充分发挥创造力；二是成就感，主要表现为进行创造性的活动并取得圆满成功。

阅读材料

张瑞敏感悟“自驱力”

我之所以能勇往直前，是因为个人对自驱力的理解和感悟非常深刻。

人人具备自驱力

人生不如意事十之八九，不管碰到什么困难，只要目标明确，你就应该说服自己，激励自己，而不应该寄希望于向别人倾诉，那样根本不可能真正解决问题。

我自己就有这个体会。冰箱项目刚开始上马的时候，我们什么都没有。找别人，人家反倒会泼冷水。那时这个厂亏损很严重，又要贷款几千万，什么时候能还上？人家可能认为，你一千年也还不上。怎么办？我们自己坚信这个方向是对的，就坚定不移地做下去。

20世纪90年代，海尔工业园上马，这是全国家电行业第一个工业园。我们账面上可支配的资金只有8 000万元，但是投资需要15亿元。在贷款2亿元后，银行就不再放贷，找谁都不行。怎么办？就是因为坚信改革开放到了这个份儿上，一定会有机会。这个工业园建起来，一定是我们一个新的跨越。我们咬住牙，不但找到机会建成了工业园，而且锻炼了一支队伍。

《新约全书》上有一句话："出路绝了，却非绝无出路。"意思是，任何时候只要有坚定的信念，不放弃，你一定能找到出路。我们很多人都要提高这种心理的耐受能力，有的人往往遇到一点困难就垂头丧气，就觉得天都要塌下来，就想跟别人唠叨一下或者找一些借口。其实，借口没有任何作用，无助于问题的解决。

美国汽车大王亨利·福特少年时非常不幸，12岁时母亲病逝。母亲的一段话成为他创业的不竭动力："你必须去做生活给予的不愉快的事，你可以怜悯别人，但一定不能怜悯自己。"

我要表达的意思就是希望每个人都具备自驱力。

没有大学自己上

1966年，我上高中时所在的学校是山东省重点中学。本来是很好的学习环境，但遇上特殊年代，到处停课。本来目标是考上一所好大学深造，但遇上大学长期不招生。突然梦想没了，目标也没了，然后，所有的同学一部分上山下乡，一部分支援边疆，还有的就到了工厂。

我算是比较幸运的，到了工厂。但是，不管到哪儿，都是到底层。那个时候有句话，说我们这批人是实验品、处理品。大家都感觉非常不幸。但正是因为到了社会底层，从底层干起，我觉得这反倒成为我今天最宝贵的财富。这个经历可能比单纯的学历更重要。那个时候没人理你，就像美国人所说的蘑菇定律一样，被放在最阴暗的角落，所有机会都靠自己来争取。

虽然没有全日制大学，但青岛还有所业余大学。我就努力去考，考上了这所业余大学，上了四年。那时非常艰苦，每天晚上蹬着自行车，跑很远的路，酷暑寒冬始终坚持。除了业大，我学习的另一个途径是书籍。那时青岛市的新华书店在中山路，非常小，整个书店除了马克思、恩格斯、列宁、斯大林、毛泽东的书，几乎没有其他书。想看其他方面的书，要自己去借。

一些国外作家像巴尔扎克、雨果、契诃夫、狄更斯等的文学作品，我都是千方百计去找来看，而且要赶快看完。不像今天，有的人很多书放在眼前，读书的机会很多，反而懒得去读。也许只有争取来的机会，才更加珍惜。借给你书的人害怕书有遗失或者出问题，要求你必须三两天看完，所以你就要集中精力赶快看。也正是因为这样，我看了很多书。只要能找到的中国古典文学、史籍，我都努力去读，范文澜的《中国通史简编》更是当教科书一样看了好几遍。这些经历对我以后认清并做好很多事情，起了非常大的作用。

工作本身即奖赏

现在有很多年轻人大学毕业之后来到企业，认为得到的一切都是应该的，只想自己应该有更高的职位和待遇，这是不可取的。应该想到我在这个职位上，不是自己应该得到多少好处，而是由于责任重大，应该对所有员工负责，为他们创造更好的机会。其实，许多管理人员应该认真想一想，自己在物质上得到的并不算少，不应在这方面无止境地追求。就像德国哲学家叔本华所说的，“我们很少想到我们有什么，可是总想到我们缺什么”。

这也是我们现在要做自主经营体的一个原因。过去的职业升迁路线是在传统的正三角组织体系下，很多不胜任的人提升到比较高的职位。现在做倒三角，就是要大家从基层自主经营体做起，由此锻炼真正的才干，体现自己应有的价值。

印度教圣典《薄伽梵歌》中有句名言：“人不应为了外部的赞誉而工作，因为工作本身就是奖赏。”只有达到将工作本身看作奖赏的境界，才会珍惜乃至敬畏自己的工作机会、工作职位。

说这方面的事情，是因为这对于激发我们的自驱力非常关键。自驱力来自人的内心，如果内心不能做到这一点，自驱力就很难实现和持续。

资料来源：张瑞敏．张瑞敏感悟自驱力．特别关注，2016（1）.

马斯洛的需要层次理论认为，这五种需要就像阶梯一样从低到高，按层次逐级递升，这意味着低层次的需要得到相对满足之后，就会向更高层次的需要发展，但这种次序并不是完全固定的，在一定条件下可以发生变化。值得注意的是，同一时期内，或是人们在不同的年龄段和不同的社会生活条件下，可能同时存在几种需要，但总有一种需要处于优势地位，成为主导需要。低层次需要满足以后，并不会因为产生了高层次需要而消失，这些需要依然存在，只是对行为的影响力减弱了。马斯洛将这五种需要又分为高低两级：生理需要、安全需要和社交需要为较低层次需要，主要是从个体外部得到满足；而尊重需要和自我实现需要为较高层次需要，主要是从个体内部得到满足。

（二）双因素理论

双因素理论由心理学家弗雷德里克·赫茨伯格提出。20世纪50年代赫茨伯格及其同事在企业调查中，将使员工在工作中感到快乐和满足的因素与造成员工不愉快和不满足的因素进行分类后研究发现，使员工感到满意的因素主要与工作内容或工作成果有关，使员工感到不满意的因素大多与工作环境或工作关系有关。因此，赫茨伯格提出，影响人们行为的因素主要有两类：保健因素和激励因素。

1. 保健因素

保健因素又称维持因素，是那些与人们的不满情绪有关的因素，这些因素的改善可以预防或消除员工的不满，如公司政策、管理监督方式、工资水平、与上级的关系、与同事的关系、与下属的关系、地位、工作保障、工作条件等。保健因素处理不好，将直接引起员工的强烈不满；处理好了，可以预防和消除员工的不满，使得员工没有不满意，但这类因素不能直接起到激励的作用，只能起到保持人的积极性、维持工作现状的作用。例如，不合理的工作报酬会让员工觉得强烈不满；给予合理的工作报酬，这种不满意的感觉就会消失。

2. 激励因素

激励因素是指那些与人们的满意情绪有关的因素。与激励因素有关的工作处理好了，能够使人们产生满意情绪；如果处理不当，其不利效果顶多只是没有满意情绪，而不会导致不满。激励因素主要是影响人们工作的内在因素，其本质是注重工作本身的内容。这些因素主要是成就、认可、工作本身、责任、晋升、成长等。具备这些因素后能激发员工的进取心，促使员工做出最好的表现。激励因素使员工对工作满意，能激发人们在工作中的积极性、创造性，产生满意的效果，给员工带来极大的满足。

双因素理论的研究表明，不同的激励因素具有不同的激励作用，只有激励因素才能真正激发出人们的工作积极性，保健因素只是起到防止或消除人们不满情绪的作用。同时，双因素理论对传统的“满意-不满意”的观点进行了拆解，认为满意的对立面不是不满意，而是没有满意；不满意的对立面也不是满意，而是没有不满意。保健因素是否满足，对应着员工没有不满意和不满意。保健因素程度低，员工不满意；保健因素程度高，员工没有不满意。激励因素程度高，员工满意；激励因素程度低，员工没有满意。

双因素理论对管理者实施激励工作的启示是：确保员工享受到足够的保健因素，即为员工提供适当的工资和收入保障，创造一个安全舒适的工作环境，改善工作条件，改革监督方式等，以此消除员工的不满，但更重要的是应该尽可能地为员工提供使其满意的激励因素，诸如提高工作趣味性和挑战性、更多的授权、更多的表扬和认可、更大的工作成就感、个人更广阔的成长空间等。让员工内心深处产生满意的感觉，激励的效果就达到了。

双因素理论在实际工作中得到了广泛应用，但也有局限性。第一，调查对象和数量的局限性。赫茨伯格的调查对象主要是白领，他们在工资、安全、工作环境等方面都比较好，不具有代表性和普遍性。第二，忽视了人和人之间的差异性，对一个人来说是激励因素的也许在另一个人眼中不过是保健因素，反之亦然。第三，该理论只是强调研究员工的满意性，但满意性和工作绩效之间的关系却没有明确指出，而实际上满意不等于劳动生产率的提高。

（三）成就需要理论

美国著名心理学家戴维·麦克利兰在 20 世纪 50 年代初对马斯洛需要层次理论的普遍性提出了挑战，他认为人类的许多需要都不是生理性的，而是社会性的。而且人的社会性需要不是先天的，而是后天的，来自环境、经历和培养教育等。

麦克利兰通过试验研究，归纳出三大类社会性需要，提出了成就需要理论，也称为三种需要理论或后天需要理论。该理论认为除了基本的生理需要，人在工作中还有三种基本的需要，分别是社交需要、权力需要、成就需要。这三种需要通过后天的培养、训练获得，并且在个体上的平衡也是因人而异的，不同的人表现出来的主导需要是有差别的。

1. 社交需要

社交需要是一种渴望参与社会交往，并与他人建立亲近和睦的关系，回避冲突，为他人所接受和喜爱的需要。有高度社交需要的人在行动上主要表现为：需要和保留与他人的亲密友谊，乐于参加各种社交活动以寻找新朋友，乐于助人，希望获得他人对自己的好感。这类人员在企业中是成功的整合者和“黏合剂”，能够协调各部门的工作，通过其高超的人际关系技巧，建立积极的工作关系。

2. 权力需要

权力需要是指渴望影响或控制他人、为他人负责，以及拥有高于他人职权的权威，不喜欢被他人控制的需要。有高度的权力需要的人，其行为特征主要有：喜欢掌控别人、教训别人，总是企图用自己的思维去影响他人，乐于处在竞争环境中，以上升到组织中某个高于他人的权力层次作为自己的追求目标。

3. 成就需要

成就需要是指渴望完成困难的事情、获得某种高标准的成功、掌握复杂的工作及超过别人、追求卓越的需要。具有高度成就需要的人总是企图去超越别人，对追求成功有强烈的渴望，希望做到最好，不惧怕挑战，趋向于寻找有一定困难的工作目标去完成，喜欢独立解决问题，勇于承担后果，希望阶段性的工作成果能够得到及时反馈以便调整下一步的行动策略，比较自觉主动。

麦克利兰通过对英国等工业发达国家的大量研究，得出以下结论：组织中拥有越多的高成就需要者，发展得越快。成就需要可以通过后天的教育获得。这对管理工作有以下几点启示：由于成就需要可以后天培养，因此组织应当为员工创造良好的工作环境，培养员工的成就需要，提供能够发挥个人能力的工作环境；尽可能为高成就需要的人提供具有挑战性的工作环境，且对其工作成果及时反馈。

由于高成就需要者的注意力主要放在工作本身，他们未必会成为优秀的管理者。优秀的管理者应当是高权力需要和高成就需要并重的人。

（四）X理论和Y理论

这是关于人性的问题，由美国管理心理学家道格拉斯·麦格雷戈总结提出。管理者关于人性的观点是建立在一些假设基础上的，他们正是根据这些假设来激励和塑造下属的行为方式的。管理者对人性的假设有两种对立的基本观点：一种是消极的X理论（Theory X）；另一种是积极的Y理论（Theory Y）。

X理论认为：员工天性好逸恶劳，只要可能，就会躲避工作；以自我为中心，漠视组织要求；只要有可能，就会逃避责任；安于现状，缺乏创造性；不喜欢工作，需要对他们采取强制措施或惩罚办法，迫使他们实现组织目标。

Y理论认为：员工并非好逸恶劳，而是自觉勤奋，喜欢工作；有很强的自我控制能力，在工作中执行完成任务的承诺；一般而言，每个人不仅能够承担责任，而且主动寻求承担责任；绝大多数人都具备做出正确决策的能力。

麦格雷戈本人认为，Y理论的假设比X理论更实际有效，因此他建议让员工参与决策，为员工提供富有挑战性和责任感的工作，建立良好的群体关系，有助于调动员工的工作积极性。

总的来说，内容型激励理论突出了人们根本上的心理需要，并认为正是这些需要激励人们采取行动。需要层次理论、双因素理论和成就需要理论都有助于管理人员理解是什么在激励人们。所以，管理人员可以设计工作去满足需要，并辅以适当的和有效的工作行为。

三、过程型激励理论

过程型激励理论主要研究行为如何被引发、怎样朝一定的方向发展、如何保持以及怎样结束这种行为的全过程。其中具有代表性的是期望理论、公平理论和强化理论。

（一）期望理论

期望理论是美国著名心理学家和行为科学家维克托·弗鲁姆在1964年出版的《工作与激励》一书中提出的。该理论认为，人之所以能够从事某项工作并达成组织目标，是因为这些工作和组织目标会帮助他们实现个人目标、满足自己某方面的需要。具体而言，当员工认为努力会带来良好的绩效评价时，他就会受到激励进而付出更大的努力，同时良好的绩效评价会带来诸如奖金、加薪或晋升等组织奖励，这些组织奖励会实现员工的个人目标，满足员工的个人需要，从而产生激励。

弗鲁姆认为，一种激励因素（或目标），其激励作用的大小受到个人从组织中所获得的报酬（或诱因）的价值判断以及对获得该报酬可能性的预期的双重因素的影响，前者称为效价，后者称为期望值（期望概率），可用公式来表示：

$$M=V\times E$$

式中，M 表示激励力量，是直接推动或使人们采取某一行动的内驱力；V 表示效价，是达到目标后对满足个人需要层面价值的大小，反映个人对某一成果或奖酬的重视与渴望程度；E 表示期望值，指根据以往经验进行的主观判断，达到目标并能导致某种结果的概率，是个人对某一行为导致特定成果的可能性或概率的估计与判断。显然，只有当人们对某一行动成果的效价和期望值同时处于较高水平时，才有可能产生强大的激励力。

有效的激励取决于个人对完成工作任务以及接受预期奖赏的能力的动态关系的判断：

（1）努力与绩效的联系。员工感觉到通过一定程度的努力而达到工作绩效的可能性。如果个人主观认为通过自己的努力达到预期目标的概率较高，就会有信心，就可能激发出很强的工作动力。但是如果目标太高，通过努力也不可能会有很好的绩效，就会失去内在的动力，导致工作消极。

（2）绩效与奖赏的联系。员工对于达到一定工作绩效后即可获得理想的奖赏结果的信任程度。这种奖赏是广义的，既包括提高工资、多发奖金等物质方面的奖励，也包括表扬、自我成就感、得到同事或领导者认可和信赖等精神方面的奖励。如果员工认为取得绩效后能够获得合理的奖赏，就有可能产生工作热情，否则就没有积极性。

（3）奖赏与满足个人目标需要的联系。即获得的奖赏对员工个人目标需要的重要程度。由于人们在年龄、性别、资历、社会地位和经济条件等方面存在差异，他们对各种需要得到满足的程度是不同的。因而对不同的人，采用同一种奖励办法能满足的需要程度不同，能激发出来的工作动力也不同。

期望理论为管理工作提供了一些有益的启示。例如为员工设置的目标要具体可行，目标太低会缺乏挑战性，目标太高超出能力范围则会挫伤员工的积极性，并且要注意及时兑现奖赏，做到言行一致；同时为了提高员工奖励的效价值，要针对每个人最迫切渴望得到满足的需要提供奖酬，奖酬要因人而异，不搞“一刀切”。领导者只有同时满足员工激励的期望值和效价两方面的要求，才能从根本上提高激励的有效性。

（二）公平理论

公平理论是美国著名心理学家斯塔西·亚当斯于20世纪60年代提出的，也称社会比较理论。该理论侧重于研究工资报酬分配的合理性、公平性及其对员工工作积极性的影响。

公平理论的基础是：人们处在一定的社会工作环境中，常常进行来自不同方面的比较，而比较的结果会直接影响到他们的工作态度和热情。当一个人做出成绩并取得报酬后，他不仅关心自己所得报酬的绝对量，而且关心自己所得报酬的相对量。也就是说，一个人的工作动机除了受到所得报酬奖励的绝对值的影响，还在很大程度上受到相对报酬（即公平性）的影响。如果一个人的内心感受是公平的，其工作积极性即激励水平就高；反之，激励水平就低。

人们在比较的时候，总要选择一定的参照物作为衡量的尺度，这个参照物可称为参考对象，其类型主要有三种。第一是“他人”，这是人们在进行比较时的首要选择对象。他人的范围很广，既包括组织内从事相同或相似工作的其他人，也包括其他组织中与自己能力相当或职位相当的其他人，具体来说，可以是同事、朋友、同学、老师、学生、配偶等。第二是“制度”，这主要是指组织中的工资政策与程序及这种制度的运作系统。第三是“自我”，这是反映个人过去经验的相关标准与现实的比较，人们也经常会把自己过去的投入产出比作为现实比较的一个参照标准来判断现状是否公平。

对某项工作的付出（inputs）包括教育、经验、努力水平和能力。通过工作获得的所得或报酬（outcomes）包括工资、表彰、升职等。

亚当斯提出了“贡献率”的公式，描述了员工在横向和纵向两方面对所获报酬的公平性，以及对工作态度的影响。

$$O_P/I_P = O_X/I_X$$

式中，O_P代表自己对自己所获报酬的感觉；O_X代表自己对他人所获报酬的感觉；I_P代表自己对自己付出的感觉；I_X代表自己对他人付出的感觉。

1. 横向比较

所谓横向比较，就是将自己与他人相比较来判断自己所获报酬的公平性，从而对此做出相对应的反应。

（1）$O_P/I_P = O_X/I_X$。进行比较的员工觉得报酬是公平的，他可能会为此保持工作的积极性和努力程度。

（2）$O_P/I_P > O_X/I_X$。进行比较的员工得到了过高的报酬或付出的努力较少，在这种情况下，一般来说，他不会要求较少的报酬，而有可能会自觉地增加自己的付出。但过一段时间他就会重新过高估计自己的付出而对高报酬心安理得，于是其产出又会回到原先的水平。

（3）$O_P/I_P < O_X/I_X$。进行比较的员工对组织的激励措施感到不公平。此时他可能会要求增加报酬，或者自动地减少付出以达到心理上的平衡，也可能离职。

2. 纵向比较

除了横向比较，人们也经常做纵向比较。所谓纵向比较，就是把自己目前投入的努力与目前所获得报酬的比值，同自己过去投入的努力与过去所获得报酬的比值进行比较，同样也是只有相等时，他才会认为公平。用O_{PP}表示自己目前所获的报酬；O_{PL}表示自己过去所获的报酬；I_{PP}代表目前的投入量；I_{PL}代表自己过去的投入量，则：

（1）$O_{PP}/I_{PP} = O_{PL}/I_{PL}$。此员工认为激励措施基本公平，积极性和努力程度可能会保持不变。

（2）$O_{PP}/I_{PP} > O_{PL}/I_{PL}$。一般来说，此员工不会觉得所获报酬过高，因为他可能会认为自己的能力和经验有了进一步的提高，其工作积极性不会因此而提高多少。

（3）$O_{PP}/I_{PP} < O_{PL}/I_{PL}$。此员工觉得很不公平，工作积极性会下降，除非管理者给

他增加报酬。

员工评价自己是否受到了公平的待遇，往往通过以上比较进行，并根据比较的结果来确定自己今后的工作态度和行为。公平理论正是从这个角度进行研究的，对于领导者有效激励员工起到了良好的指导作用。领导者用报酬或奖赏来激励员工时，一定要注意使员工感到公平与合理。个人的内部或外部报酬若与其绩效相称，且他也认为这些报酬是公平的，则会导致满意的结果。作为领导者，应注意与其他组织做横向比较。

但在实际运用中，公平与否源于个人的感觉，比如对于自己的付出和别人的努力程度的判断完全依赖员工自己的主观判断。报酬是相对的东西，当然员工对工资的绝对数是关注的，但是否满意则部分取决于他们比较的参照群体。而一般人都有高估自己的付出和别人的所得、低估自己的所得和别人的付出的主观倾向，所以会产生心态不平衡，这种心态对组织和个人都很不利。所以管理者在运用该理论时应当更多地注意实际工作绩效与报酬之间的合理性，同时应帮助当事人正确认识自己与别人的投入与报酬，如确有不公，则应尽快解决；如纯属个人主观上的认识偏差，有必要进行说明解释，做好思想工作。

（三）强化理论

美国心理学家伯尔霍斯·斯金纳在对动物行为条件反射实验的基础上提出，人类的行为同样是一种由于受到外界刺激而使得行为反应不断被强化或弱化的过程。如果这种刺激对他有利，则这种行为就会重复出现和进一步加强；如果对他不利，则这种行为就会减弱直至消失。此方法原先是在训练动物时采用的，但是以斯金纳为代表的一些学者发现，它同样适用于人类行为。据此，领导者可以通过改变下属所受到的刺激状态来保持和加强组织所期望的积极行为，减少和消除消极行为，并努力促使其消极行为转化为积极行为。这种情形在心理学中被称为“强化”，该理论也因此被称为强化理论。强化理论强调行为是结果的函数，可通过适当运用及时的奖惩手段，集中改变或修正员工的工作行为。根据性质和目的，强化可以分为正强化和负强化两种类型。

1. 正强化

正强化是一种增强行为的方法，是指在一个组织所鼓励的行为出现后，随即采取奖励手段来促使此种行为反复发生，从而有利于组织目标更好地实现。正强化的刺激物既可以是奖金、奖品等物质奖励，也可以是表扬、晋升、改善工作条件、给予进修机会等精神奖励。

2. 负强化

负强化是指惩罚那种不符合组织目标的行为，以使这些行为削弱甚至消失，从而保证组织目标的实现不受干扰。此外，不进行正强化也是一种负强化，譬如，过去对某种行为进行正强化，现在组织不再需要这种行为，但这种行为并不妨碍组织目标的实现，这时就可以取消正强化，使行为减少或者不再重复出现。同样，负强化也包含批评、减少奖励或者罚款、降级等。实施负强化的方式与正强化有所差异，应以连续负强化为主，即对不符合组织的行为每一次都应及时予以负强化，消除人们的侥幸心理，减少这种行为重复出现的可能性。

第2节 激励实务

所有的激励理论都是一般而言的，而每个员工都有自己的特性，他们的需求、个性、期望、目标等个体变量各不相同。因而领导者根据激励理论处理激励实务时，应该针对员工的不同特点，采用适当的方法，满足激励对象在当时情境下的主导需求，从而达到激励的效果。此外，实践中激励和绩效之间并不是简单的因果关系。要使激励产生预期的效果，就必须考虑到奖励内容、奖励制度、组织分工、目标设置、公平考核等一系列综合因素，并注重个人满意程度在努力中的反馈。

常用的主要激励方式有工作激励、成果激励、批评激励以及培训教育激励。工作激励是指通过分配适当的工作来激发员工内在的工作热情；成果激励是指在正确评估工作成果的基础上给员工以合理的奖惩，以保证员工行为的良性循环；批评激励是指通过批评来激发员工改正错误行为的信心和决心；培训教育激励是指通过灌输企业文化和开展技术知识培训、提高员工的素质，增强其更新知识、共同完成组织目标的热情。进入20世纪90年代，西方企业在多种激励理论的基础上，提出了一些形式新颖的激励计划，竭力提高企业员工的满意度和绩效。这些计划主要包括绩效工资、分红、总奖金、知识工资、员工持股、灵活的工作日程、目标激励等。

一、薪酬管理

薪酬制度的建立和完善是管理激励的基本工作内容之一。除与基本工作相应的基本工资，员工的薪酬管理还应注意以下几个方面。

（1）绩效工资。绩效工资是指企业依据员工的绩效贡献给予员工的奖励工资，它实际上是激励的期望理论和强化理论的逻辑结果，因为增加工资是和工作行为及结果挂钩的。以通用汽车公司为例，公司管理层在取消员工的年度生活补贴后，建立了一种绩效工资制度，通过涨工资刺激员工努力工作。公司管理层分别对员工人数的上部10%、上中部25%、中部55%和下部10%强化工资差别。

（2）分红。分红是员工和管理人员在特定的单位中，当单位绩效打破预先确定的绩效目标时接受奖金的一项激励计划。这些绩效目标可以是细化的劳动生产率、成本、质量、顾客服务或者利润。和绩效工资不同的是，分红鼓励协调和团队工作，因为全体员工都在对经营单位的利益做贡献。绝大多数公司都采用了某种精确制定的绩效目标和对应奖金的核算方法。

(3) 总奖金。总奖金是以绩效为基础的一次性现金支付计划。单独的现金支付计划旨在提高激励的效价。这种计划在员工感到他们的奖金真正反映了公司的繁荣时才有效，不然只会适得其反。

(4) 知识工资。知识工资是指一个员工的工资随着他能够完成任务的数量增加而增加。知识工资增加了公司的灵活性和效率，因为公司需要做工作的人会越来越少。但要贯彻这项计划，公司必须有一套高度发达的员工评估程序，必须明确工作岗位，这样工资才可能随着新工作的增加而增加。

阅读材料

顺丰的分配模式

顺丰之所以能够高效运营，是因为背后有一群高效工作的人。原宅急送总裁陈平说过这样一段话："顺丰的收派员和企业是分配关系，不是劳务上下级关系。这就是王卫聪明的地方。"

这还要从全面直营化说起。

其实，王卫也知道加盟制的好处：可以确保企业在开疆拓土时非常迅速地扩张，因为人多力量大。用当下流行的一句话说，这也是一种轻资产模式，因为总部不需要很多人，主要承担管理和战略职能。

王卫也看到了加盟制的弊端：服务质量上不去，客户体验上不去，盈利上不去。因此必须"去加盟制"，实行全面直营化。顺丰实行直营模式，意味着公司不可能像加盟制公司那样广铺网点，大肆扩张。快递员的工资由总部统一发放，运营成本一下子增加不少。

王卫深知直营将面临的困难。在运营成本上下功夫是解决不了问题的，关键是开源，要大幅提高营业收入，要靠高质量的服务赢得更多客户的认可。因此，首先要解决员工积极性的问题，只有调动员工的积极性，才能提高工作效率和质量。

王卫设计出两种收入分配模式：承包制和计件工资制。

承包制下，每个快递员就是企业中的"个体户"，在城市里有自己的片区，别人不会来抢你的。如果片区业务量增加缓慢，一段时间内没有起色，就会被裁换掉。

计件工资制是顺丰发展到今天的独有秘诀之一。这样的制度保证了顺丰一线员工的高收入，高收入支撑着顺丰以快为核心的高服务质量。

顺丰收派员的基本工资并不高，试用期一个月1 800元，过了试用期就是1 500元保底，派一件快递提成1.5元，收一件快递最低提成2元。每个快递员根据工作业绩提成，每个月的收入都是可以预期的，非常稳定。在顺丰，每个快递员都是自己的老板，他们的报酬全系于勤奋以及客户的认同，月薪上万元的收派员在顺丰早已不是特例。

这种收入分配制度有点像出租车司机。在某些方面，两者之间存在差异。出租车司机也会有犯懒不拉活的时候，而顺丰的快递员从来不会有这种情况。如果一名快递员的片区来了快件快递员不动，只要一个投诉电话，这名快递员就会受到处罚，甚至被裁换。

在这种收入分配模式下，顺丰的每个快递员都非常积极地拓展客户，服务好客户，因为自己的片区越肥，自己挣得就越多。当时流传着这样一个笑话：有个客户投诉顺丰的快递员，顺丰客服问他为什么要投诉。客户说，我叫了一个快递，说今天上午到，结果早上 6 点他就敲门把我吵醒了，困死了。

这个笑话背后的真相是，顺丰的快递员绝对不会犯懒，他要赶快把快件收了，再去下一家。这也是顺丰快递时效有保证、服务好的原因所在。

有人问王卫，如何管理好二三十万员工？

王卫轻松地回答说："员工要尊重，给他尊重；要收入，给他收入。人都是趋利避害的，弄清这一点，即便是 40 万人，也没什么难管的。"

资料来源：刘志刚，张昌清．顺丰的分配模式．特别关注，2018（1）.

二、员工持股计划

员工持股计划是给予员工企业的部分股权，允许他们分享改进的利润绩效。相对而言，员工持股计划在小企业的管理中比较流行，但也有像宝洁公司这样的大企业在采用这种激励计划。员工持股计划实际上是公司以放弃股权的代价来提高生产率水平，绝大多数企业主管发现这种激励形式的效果很不错。员工持股计划使得员工更加努力工作，因为他们是所有者，要分担企业的盈亏。但要使这种激励计划有效进行，管理人员必须向员工提供全面的公司财务资料，赋予他们参加主要决策的权力，以及包括选举董事会成员在内的投票权。

三、灵活的工作日程

灵活的工作日程主要指取消员工固定的每周 5 天上班每天 8 小时工作的限制。修改的内容包括 4 天工作制、灵活的时间以及轮流工作。执行 4 天工作日，就是员工每周工作 4 天，每天 10 小时，而不是 5 天工作制中每天工作 8 小时。这一激励的目的是满足员工想得到更多闲暇时间的需要。灵活的时间就是让员工自己选择工作日程。轮流工作是让两个或两个以上的人共同完成某一项每周工作 40 小时的工作。这一激励计划意味着公司同意使用兼职员工，这很大程度上是为了满足带小孩的母亲的需要，同时又减少了员工因长期从事某种工作而导致的枯燥和单调。

四、目标激励

无论是管理学家德鲁克的目标管理理论，还是心理学家卢克的目标设定理论都有一个共同基础：一个为员工所接受的清楚的目标可以使员工受到激励。所以，目标激励是至关重要的、有效的激励手段。科斯托夫·埃利和克莱斯门·沙利描述了个体目标设定过程的四个阶段：（1）确定要达到的标准；（2）判断这个标准能否达到；（3）判断这个标准与个体目标是否相匹配；（4）接受标准，目标随之确定，开始为实现目标采取行动。

实践表明，当目标明确并具有挑战性时，能更有效地激励个体或团队行动。目标管理理论将目标的具体性、参与决策、明确时间规定、绩效反馈作为目标激励的组成部分。当员工亲自参加目标确定时，士气会更高，也会有更大的责任感来达成目标。对员工的行动做出准确的反馈，可以帮助他们调整工作方法，鼓舞他们为实现目标做出不懈的努力。

目标设定需要相当的管理技术。更具体的、有挑战性的、可实现的目标问题总是在某些具体条件下更有效；在群体之中，成员之间的相互协作对群体的绩效至关重要时，则个体的绩效目标就可能是无效的。因为追求个体绩效目标可能会减少合作，所以绩效目标要根据群体的需要来设定。管理者不断延伸目标会进一步激发员工产生更大的积极性和更高的绩效。

阅读材料

目标对人生的影响

哈佛大学有一个非常著名的关于目标对人生影响的跟踪调查。调查对象是一群智力、学历、环境等条件差不多的年轻人。

调查结果发现：27%的人没有目标；60%的人目标模糊；10%的人有清晰但比较短期的目标；3%的人有清晰且长期的目标。

25年的跟踪研究结果显示，他们的状况及分布现象十分有意思。

那些3%有清晰长期目标者，25年来都朝着同一方向不懈地努力，25年后几乎都成了社会各界的顶尖成功人士。他们中不乏白手创业者、行业领袖、社会精英。

那些10%有清晰短期目标者，大多在社会的中上层。他们的共同特点是，短期目标不断达成，状态稳步上升，成为各行各业不可或缺的专业人士，如医生、律师、工程师、高级主管等。

那些占60%的目标模糊者，几乎都在社会的中下层面，他们能安稳地工作，但都没有什么特别的成绩。

剩下的27%是那些25年来都没有目标的人群，他们几乎都生活在社会的底层。他们的生活过得不如意，常常失业，靠社会救济，并且常常在抱怨他人，抱怨社会，抱怨世界。

资料来源：用平衡计分卡来管理自己的人生目标．(2015－06－14)．http：//blog.sina.com.cn/s/blog_a4a4ef8c0102vkqp.html.

选择题（只有一个选项是正确的）

1. 某公司派运动队参加市里举办的职工运动会。公司老总宣布，对于在运动会上获得冠军的员工公司发给奖金 2 000 元。这样做可以（　　）。

A. 提高运动员争夺冠军的期望值　　B. 提高运动员争夺冠军的效价

C. 提高运动员争夺冠军的满足感　　D. 提高运动员争夺冠军的公平感

2. 企业中，员工之间常常会在贡献和报酬上相互参照、攀比。一般来说，你认为员工最有可能将（　　）作为自己的攀比对象。

A. 企业的高层管理人员　　B. 员工们的顶头上司

C. 企业中其他部门的领导者　　D. 与自己处于相近层次的人

3. 南方某厂订立有严格的上下班制度并一直遵照执行。一天深夜突降大雪，给交通带来极大不便，次日早晨有许多同志上班迟到了，厂长决定对此日的迟到者免于惩罚。对此，企业内部员工议论纷纷。在下列议论中，你认为最有道理的是（　　）。

A. 厂长滥用职权

B. 厂长执行管理制度时应征询大部分员工的意见

C. 治厂制度又不是厂长一人制定的，厂长无权随便变动

D. 规章制度应有一定的灵活性，特殊情况可以特殊处理

4. 面对日益激烈的竞争形势，有不少企业改变了传统的终身雇用员工的做法，开始大幅裁减人员，并声称公司只向那些有上佳表现的员工提供职位。此举意味着（　　）。

A. 由于工作不稳定，员工对公司的归属感和忠诚感会下降

B. 尽管公司弱化了对员工就业所承担的义务，但员工的归属感和忠诚感不会下降，竞争意识反而会增强，实际上有利于公司的长远发展

C. 为应对当前竞争压力而采取的上述措施，既有利于公司压缩成本开支，又会激发员工的奉献精神和主动性，所以是一项有利无弊的举措

D. 那些工作有卓越表现的员工，在成就感的激励下会自然地产生对公司的忠诚感，这样即便裁员造成人心不稳定，也会对公司的长远发展起促进作用

5. 中国企业引入奖金机制的目的是发挥奖金的激励作用，但到目前许多企业的奖金已经成为工资的一部分，奖金变成了保健因素。这说明（　　）。

A. 双因素理论在中国不怎么适用

B. 保健和激励因素的具体内容在不同国家是不一样的

C. 防止激励因素向保健因素转化是管理者的重要责任

D. 引入奖金可以发挥激励作用，但“激励作用”不等同于“激励因素”，包括奖金在内的薪酬都是保健因素，而非激励因素

简答题

1. 试述马斯洛需要层次理论的内容。

2. 很多公司把工资设计作为一项重要的激励措施。按照赫茨伯格的双因素理论，对于工资到底属于激励因素还是保健因素有以下几种说法：其一，工资是保健因素；其二，工资是激励因素；其三，固定工资是保健因素，绩效工资是保健因素；其四，工资时而是保健因素，时而是激励因素。你认同哪种说法？请论述理由。

案例分析 8－1

邻水的奇火锅

她不懂营销 4P，不了解 SWOT 模型，更不知道商业模式为何物。但是在邻水，在这个离重庆只有一个多小时车程、常住人口不到 20 万的小县城，她将最初只有 300 多平方米的火锅店，做到了 700 多平方米的规格；7 年时间“干掉”了小天鹅、德庄、刘一手、秦妈这些餐饮大牌。

陈静今年 52 岁，是个悠闲的大忙人。一个月 30 天，她有 15 天住在重庆，作为一个絮絮叨叨的奶奶，照顾刚上幼儿园的小孙子；另外 15 天回到邻水，“象征性”地关心一下火锅店的生意，履行着甩手掌柜的最后一份职责。

陈静很幸运。2007 年 8 月，她加盟奇火锅，第二年，奇火锅创始人谢莉获得央视《赢在中国》全国总冠军，这一奖项为“奇火锅”品牌带来了至少价值 2 亿元的媒体宣传。在邻水这个小县城，陈静的奇火锅一夜成名。

创业者选择加盟，目的通常有两个：品牌和技术，在火锅行业尤为如此。要么品牌和技术一揽子全要，要么只是技术加盟。在这个以火锅底料为核心的行业，投资一家店动辄上百万元，单打独斗风险成本太高，加盟反而成了常态。

陈静的奇火锅在邻水刚刚开张时，整个县城只不过两三家火锅铺子。彼时，与邻水毗邻的重庆，火锅行业已发展得如火如荼，草根变土豪的故事正批量产生。加盟奇火锅后，尽管顶着“中国十大品牌火锅”的光环，但是陈静并没有因此高枕无忧。“眼见他起高楼，眼见他宴宾客，眼见他楼塌了。”小天鹅、德庄、刘一手、秦妈……7 年来，小县城“火锅演义”的主角不断更迭。在陈静眼中，只靠着“大牌标签”，无论如何也没法在邻水站稳脚跟。在一二线城市经营得风生水起的餐饮大牌，为何来到小县城后品牌集体“失效”？

品牌背后是产品，前面是顾客。一二线城市人口流动大，同行业中可选择品牌多，这就决定了品牌成为连接顾客与产品的关键“桥梁”。大城市少有长期消费，一家餐馆吃完一次，通常要隔上至少一两个月才会消费第二次。因此，更多时候，顾客不是在消费产品，而是在消费品牌。而在三四线城市，人口基数与流动性都很小，巴掌大的县城只能容得下有限的几间馆子，顾客的消费选择很有限。这个时候，品牌连接顾客与产品的功能就大大弱化，人们更趋于长期消费。因此，决定顾客是否长期消费的，是以服务和产品为核心的体验，品牌不再起决定性作用。

“别家火锅店用的是冻鸭胗，我们奇火锅用的都是鲜鸭胗；酥肉、南瓜饼等小吃不过夜，必须手工现炸；花椒在大家买25元一斤的时候，我们店都是买35元一斤的好花椒。”问及为什么这么多餐饮大牌中，唯独陈静家的奇火锅存活下来，陈静讲不出用户体验123，而是滔滔不绝却零零散散地讲了一条又一条实在的“干货”。

(1) 保证食材品质。小县城做生意，对于成本更容易斤斤计较，可是一旦因为成本掣肘损害了体验，就会被顾客彻底打入冷宫。7年来，陈静要求所有食材必须采购最新鲜、品质最好的。火锅行业内一周提色两三次已算勤快，但是陈静的奇火锅每天都要进行提色。奇火锅品牌已有17年历史，拥有重庆唯一一家独立法人的火锅研究所，火锅底料的品质与口味自然不必说，加之7年来老板对食材的严格“挑剔”，陈静火锅店的味道在邻水县鹤立鸡群。

(2) 兼顾顾客的口感和面子。除了在乎顾客的胃，陈静还懂得照顾顾客的“脸”。中国人好面子，在低头不见抬头见的小县城，面子问题更为重要。4年前，陈静换了新的店铺，面积从300多平方米扩大到700多平方米。新店铺总投资170多万元，其中装修花费了100多万元。陈静讲：“装修如果不够档次，没有人会愿意来请客吃饭。”县城经营餐饮，做的都是回头客生意。陈静认为除了火锅味道要好，还要给足顾客面子，这样他才愿意长期消费。除了要求服务员服务积极主动、热情周到，陈静家的奇火锅从来不对外打折，而是要求服务员，根据顾客消费情况给予灵活的“人情折扣”，给足请客人面子。邻水奇火锅附近有几家店，打折期限一推再推，折扣一降再降，生意反而越来越差。陈静解释，县城里的人请客吃饭，往往不愿意去那些折扣店，这样会显得主人小气，而且，店铺长期打折，顾客会认为是由于生意差、为了拉客才打折，这样一来就更不愿意去光顾。

(3) 员工管理。作为老板，首要任务就是找到像自己一样为企业操心的员工。在山高路远的小县城，但凡有些志向的人都去了大城市闯荡，留下的无非老弱妇孺、安分守己之人，老板与员工只是简单的雇佣关系，找到“对的人”很是困难。美国通用电气原首席执行官杰克·韦尔奇曾说：“员工工资最高时，企业成本最低。”多数老板只考虑到会计成本，没有考虑到机会成本，更没有考虑到人的成本。从开业至今，7年间，奇火锅在邻水县城风生水起，跟随陈静一路走来的员工有10人之多，这和陈静人情管理的“土方法”密不可分。

奇火锅邻水店现有39位员工，朋友多次建议陈静精减人员压缩成本，可她一推再推，迟迟不愿意减掉一个人。一方面考虑到县城招工难，现在减人到逢年过节时人手不足；另一方面，陈静对菜品挑剔，炸酥肉、做汤圆都是专人负责，这也导致了员工数量的增加。尽管人数比一般店铺要多，可是陈静却能够调动起他们百分之两百的积极性。陈静在店铺设定了激励机制：服务员卖出的每一份菜品、每一瓶酒水都会有相应的提成。这样一来，为了推销菜品酒水，服务员的态度与服务质量自发得到提升。仅仅通过这一项，奇火锅店内的员工比起其他店铺多了相当于工资1/4的收入，逢年过节生意红火时，提成甚至超过了工资。老板舍得奖励员工，奇火锅也成为邻水县城争相就业之地。

一方面舍得激励，另一方面能做到一碗水端平。员工内部不团结是服务业的大忌。陈静规定，奇火锅店内一旦发现员工吵嘴，必须开除。此前，陈静姐姐的儿媳妇在店内任职，就因为在吧台和另外一名服务员发生争执，便被陈静请回了家。陈静很看重店内的团结。“人和万事兴”，为此，员工的工资7年来都以信封形式发放，员工间彼此不知道对方的薪水，便少了眼红妒忌。陈静根据每个月员工的表现，都会有多则七八百元，少则一两百元的额外绩效，也是统一封装进信封，无形中增添了员工对工作的希望与惊喜。

资料来源：52岁女老板如何PK餐饮大牌.(2014-09-01).http://www.studentboss.com/html/news/2014-09-01/150807.htm.

思考题：

1. 案例中隐含了哪些激励理论？
2. 依据案例信息，试阐述陈静在邻水的奇火锅成功的原因。

案例分析8-2

华为人人当股东

华为技术有限公司是一家生产和销售通信设备的民营通信科技公司，总部位于中国广东省深圳市龙岗区坂田华为基地。华为的产品主要涉及通信网络中的交换网络、传输网络、无线及有线固定接入网络、数据通信网络及无线终端产品，为世界各地通信运营商及专业网络拥有者提供硬件设备、软件、服务和解决方案。华为的产品和解决方案已经应用于全球170多个国家和地区，服务全球运营商50强中的45家及全球1/3的人口。华为没有上市，而是把98.6%的股权开放给员工，创办人任正非只拥有公司1.4%的股权。除了不能表决、不能出售所拥有的股票，股东可以享受分红与股票增值的利润，并且每年所赚取的净利润，几乎是百分之百分配给股东。

最拼命团队

2010年，华为净利达到有史以来最高的238亿元，配出了每股2.98元的股息。若以一名在华为工作10年、绩效优良的资深主管为例，配股可达40万股，这一年光是股利就将近120万元。这个数字甚至比许多外资公司的高级经理人还要高。

如何分辨你是老板级的员工还是打工仔的员工？在华为，根据你的薪资账户进行比较就很清楚。

“我们不像一般领薪水的打工仔，公司营运好不好，到了年底会感同身受。”2002年从日本最大电信商跳槽加入华为的副总裁邱恒说，“你拼命的程度直接反映在薪资收入上。”

以他自己为例，2009年因为遭遇金融海啸，整体环境不佳，公司成长幅度不如以往，他的底薪不变，但分红跟着缩水。隔年，华为的净利润创下历史新高，他的分红超过前一年一倍。

这等于把公司的利益跟员工的个人利益紧密绑在一起。在华为，一个外派非洲的基础工程师如果能帮公司服务好客户，争取到一张订单，年终获得的配股额度、股利以及年终奖金总额，会比一个坐在办公室但绩效未达标的高级主管还要高。

事实上，即使一个刚进入公司的本科生，起薪也比一般企业高，以第一年月薪人民币 9 000 元换算，加上年终奖金，年薪至少是 15 万元。新人工作两三年就具备配股分红资格。在华为有“1＋1＋1”的说法，也就是工资、奖金、分红比例是相同的。随着年资与绩效增长，分红与奖金的比例将会大幅超过工资，这在号称重视员工福利的欧美企业都很罕见。然而，这个源头竟然只是为了三个字：“活下去”。

大家一起活

出身于贵州贫寒家庭，家中有七个兄弟姊妹，身为老大的任正非从小就学会要与父母一同扛起责任。高中那年，一家人要靠去山上挖野草根来充饥。偶然有一块馒头，父母也会切成九份，每个人只有一口，为的是让每个孩子都能活下去。

当时，任正非的父母把粮食存在一个瓦罐中，没有孩子会去动。即使高三拼考试，饿得受不了，任正非也只会放下书本，自己跑到郊外去挖野菜，就着米糠烙着吞咽充饥。

“我们家当时每餐实行严格分饭、控制所有人欲望的配给制，保证人人都能活下来。不这样，总会有一两个弟弟妹妹活不到今天。”任正非回忆。每天要辛苦工作十几个小时养活一家人的父母，或是年幼的弟弟妹妹，也从不会多吃一口。

“要活，大家一起活。”这个意念从此深植于任正非心中，成为他创业后坚持利益共享的基础。

不仅把员工与公司的利益绑在一起，就连客户也成为其生命共同体的一部分。

华为的企业文化中，第一条就是“以客户为中心”。“作为一家百分之百的民营企业，华为这些年来的生存不是靠政府，不是靠银行，客户才是我们的衣食父母。”华为第五位员工、曾经三位轮值首席执行官之一的郭平接受专访的时候说。

这句话说起来容易，做到很难。很多公司嘴上说维护客户的利益，实际上是维护自己的利益，这两件事经常是冲突的。

通信产业会因为技术标准、频率波段不同，衍生出不同的产品，一个电信商为了满足消费者，可能需要用到三种技术标准、采购三套不同的机台，其中安装与后续维修费用甚至高过单买机台本身。

从一个制造商的角度看，当然希望客户买更多套产品，从而赚取更多服务费。这个算盘连小学生都会打，但华为走了一条逆向的路：反过来站在电信商的角度思考，主动研发出把三套标准整合在一起的一个机台，帮客户省下50%的成本。

“短期来看，我们是傻是亏，但长期就不见得，客户省下的钱可以用于其他投资，研发出更新的产品，从消费者那端赚来更多的钱，再回过头来跟我们合作，双方一起成长。当他只能赚一块钱的时候，肯定无法分给你一块五；他能赚五块钱，你才有机会分到两块甚至三块。”邱恒道出了一个简单的商场互利逻辑。

华为许多技术创新都是从这个过程中来的：华为是第一个把2G，3G，4G打通的公司，靠一套设备就能提供多面服务。当客户提出问题或需求时，华为的工程师会回过头去从基础科学中寻找答案，由此产生源源不断的新产品与专利。

脑袋对着客户

一个领死薪水的员工不可能主动去帮客户想出创新的解决方案。华为的员工因为把自己当成老板，待得越久，领的股份与分红越多，所以大部分人不会为了追求一两年的短期业绩目标而牺牲客户的利益，他们愿意长期与之合作，形成一种正向循环。

把客户服务做透，就是华为胜出的关键。

“国际大厂比较容易耍大牌，不愿意配合客户的要求量身定做产品。我给你什么就吃什么，美其名曰是教育市场，实际上是怕麻烦。”观察通信产业达十年的权威研究机构资深分析师杨敬宇说。

他指出，一般派四五个工程师到客户端驻点就算是大手笔，华为却可以一口气送上一组12人的团队，与客户一起讨论、研发出最适合的产品。若产品出现问题，即使地点远在非洲乞力马扎罗火山，华为也是一通电话立刻派工程师到现场，与客户一起解决问题。其他企业为了节省成本，多半用远端视频遥控。

能做到这个程度，固然归因于中国有全世界最便宜的优质人力资源，但能让这群高知识工作者甘心乐意地为公司、客户卖命，除了配股分红的激励机制，也与华为的企业文化有关。

“你们的脑袋要对着客户，屁股要对着领导。”这是任正非反复不断对底下人说的话。大部分公司出现腐败，就是因为员工把力气花在讨好主管而非思考客户需求上。

他明文禁止上级接受下属的招待，就连开车到机场接机都会被他痛骂一顿：“客户才是你的衣食父母，你应该把时间和力气放在客户身上。”

少将连长

在华为总部，我们遇到的每一位员工，不论是任职超过十年的资深主管，还是刚加入不到七个月的实习工程师，甚至只是负责接送的司机，都把“以客户为中心”挂在嘴边。

“口号人人都会喊，但华为是真的落实，它的文化是活的，不是死的。”李瑞华说，“判断一家公司成功与否，要看它的潜规则与显规则是否一致，不能说一套做一套。华为不只一致，还相呼应，这是它最了不起的地方。”

华为的企业文化里还有“以奋斗者为本，持续而艰苦地奋斗着”。

2011年，日本福岛遭遇核泄漏，华为员工仍然展现了服务到底的精神，不仅没有因为危机而撤离，反而加派人手，在一天内就协助客户抢通了300多个基站。自愿前往日本协助的员工甚至多到需要经过身体与心理素质筛选，够强壮的人才能被派到现场。

对方主管非常惊讶：“别家公司的人都跑掉了，你们为什么还在这里？”“只要客户还在，我们就一定在。”负责协助软银公司架设LTE基站的专案组长李兴回答，“反正我们都亲身经历过汶川大地震。”

在华为，一通电话就飞到利比亚、阿尔及利亚、委内瑞拉等世界各国是常有的事，往往一去就是半年，而且是在落后的环境做着艰苦的事。“员工当然也可以选择不去，但去，就是给你一个舞台，让你有机会学习、成长；年底绩效好，还可以多认股、多分红，为什么不去呢?”邱恒说。

事实上，只有最优秀的人才能被外派到基层。

在讲究辈分的日本企业，往往等上七八年还轮不到升迁，但在华为奋斗10年，多半已是统管4 000名研发工程师的中层主管。这就是任正非的“少将连长”哲学，给予绩效优良、战功显赫的连长以少将般的职衔和权力。

华为的领导班子都是一路从基层打拼上来的，只要有战功，30岁当少将、管几十亿美元的合同都是很常见的事。任正非虽然大量导入了IBM、通用电气、惠普等西方公司的管理制度，却对华尔街的金融体系非常不以为然。

在他眼中，搞金融的人光靠数字游戏就能赚进大笔财富，真正卷起袖子苦干的人却只能赚取微薄的工资，这是全世界最不合理的事。所以他坚决不让华为上市，宁可选择把利润分享给员工。

资料来源：王增强，林俊劭．华为人人当股东．特别关注，2014（6）．

思考题：

1. 华为用配股分红、人人做股东等方式激励员工效果明显，这是否意味着薪酬、奖金、股利这些因素属于赫茨伯格双因素理论中的激励因素？

2. 依据企业文化精神层、工具层、行为层三层次理论，以华为企业文化“以客户为中心”为例，在案例中找出其精神层、工具层、行为层的企业文化各有哪些表现。华为的企业文化对其成功有何意义？

第9章
沟　通

沟通是人类社会的基本活动。从个体层面来说，发送者可以通过恰当的沟通方式让接收者尽量领会发送者的原意；沟通可以帮助个体建立和谐的人际关系，从而提升工作和生活质量。从组织层面来说，管理者可以运用良好的沟通艺术（如充分利用当众演讲、高效地组织会议等沟通方式），提升其计划、组织、领导、控制的管理效果；管理者可以通过在组织内部建立畅通的沟通渠道、充分利用非正式沟通渠道，促进企业文化的建设，提升企业的凝聚力；管理者还可以利用冲突管理来增进企业的活力和适应性。

第1节　沟通的原理

一、沟通的含义

沟通（communication）是意思的传递与理解。

良好的沟通技能对事业的成功至关重要，沟通技能往往是求职者最被看重的个人特征。对于组织来说，良好的沟通是组织正常运转的前提条件。如果内部缺乏良好的沟通，上级决策不能有效下达，上级也得不到下级执行决策的信息反馈，则无法做出进一步决策；如果部门之间缺乏沟通，则各部门的行动难以协调；如果成员间沟通不畅，组织内部就难以建立良好的人际关系，组织必然缺乏凝聚力。此外，沟通是领导者激励下属、实现领导职能的基本途径，还是企业与外部环境之间建立联系的桥梁。

阅读材料

有效沟通换来10亿美元贷款

艾柯卡是美国著名管理专家。1979年，濒临破产的克莱斯勒汽车公司邀请他担任公司的CEO。

这时的克莱斯勒汽车公司已经是个空架子，资金链断裂，产品落后。艾柯卡上任后，觉得必须推出一款新型汽车来摆脱困境。要推出这款新型汽车，至少需要10亿美元，艾柯卡决定求助美国政府。他希望政府能做担保，以便向银行申请10亿美元贷款。面对这个烂摊子，美国政府毫不犹豫地拒绝了。

美国政府的态度艾柯卡早就预料到了，他并没有吃惊，而是镇定地说："大家都知道，洛克菲勒公司、美国五大钢铁公司，还有华盛顿地铁公司，都先后取得过政府担保的银行贷款，而且数额都比我们多。"

"因为它们根本不会垮掉，政府才肯帮它们，可是我们对克莱斯勒汽车公司没有信心。"政府的人回复他说。

"美国只有三家大型汽车公司，如果克莱斯勒汽车公司垮台，另外两家汽车公司就会对市场进行垄断，你们帮助克莱斯勒汽车公司渡过难关，其实是在维护美国的市场秩序。"艾柯卡笑笑说，"至于责任，或许美国政府应该这样算一笔账：如果克莱斯勒汽车公司破产，那么整个美国将有60万人失业。仅此一项，美国政府每年就需要支付27亿美元的失业保险金，与10亿美元的贷款相比，美国政府会怎样选择呢?"

听了艾柯卡的一番话，政府的人都呆住了。经过短暂的讨论后，美国政府决定为艾柯卡的10亿美元贷款提供担保。

此后，艾柯卡和员工一起努力，很快推出一款新型汽车，第二年就创造了9亿美元的纯利润，创造了公司的最高销售纪录，还使克莱斯勒汽车公司在汽车市场上站稳脚跟。

资料来源：陈亦权．有效沟通换来10亿元贷款．特别关注，2015（11）.

二、沟通的过程

沟通发生之前，必须存在一个目的，也就是将在发送者与接收者之间传递信息。图9-1描述了沟通过程。这个模型包括八个关键部分：发送者、编码、信息、解码、接收者、噪声、反馈、渠道。

发送者把想法进行编码生成信息，信息实际上是发送者进行编码后产生的一种物理产品。当我们说话时，说出的话语就是信息；当我们写字时，写下的内容就是信息；当我们做手势时，胳膊的动作和面部的表情就是信息。渠道是传递信息的媒介，它由发送者进行选择。接收者是信息指向的客体，接收者必须将接收到的符号转化为可以理解的形式，这个步骤就是对信息的解码。反馈是对信息传送是否成功以及传送的信息是否符合原本意图进行的核实，它被用来确定信息是否被正确理解。

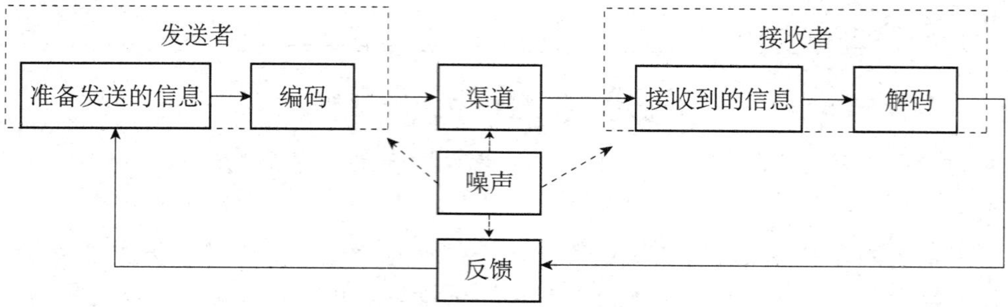

图 9-1　沟通过程模型

噪声是阻止理解和准确解释信息的障碍。噪声发生在发送者和接收者之间，它分成三种形式：外部噪声、内部噪声和语义噪声。外部噪声来自环境，它阻碍听到或理解信息。你与同宿舍的人推心置腹地交谈，可能被一群在大厅里叫喊的人、一架在头顶上飞过的直升机或窗外的割草机声打断。外部噪声不总是来自声音。你可能在炽热的阳光下站着与人交谈，这使你感觉不舒服以至于不能集中精力。当你在野餐时发现坐在一个蚂蚁堆上，而蚂蚁在毯子上到处乱爬时，交谈也可能变得结巴起来。

内部噪声发生在发送者-接收者的头脑中，这时他们的思想和情感集中在沟通以外的事情上。一个学生因为正在考虑午饭的事而没听课；妻子因为考虑工作中的一个问题而没能把注意力集中在丈夫身上。内部噪声可能源于信念或偏见。例如，王强不相信女性应该成为管理者，所以，当女老板要求他做某些事时，他经常不执行她的命令。

语义噪声是由人们对词语情感上的反应引起的。许多人不听使用亵渎语言的演讲者演讲，因为这些词语是对他们的冒犯。其他一些人对使用少数民族语言和有性别歧视的人的反应是否定的。语义噪声像外部噪声和内部噪声一样，能干扰全部或部分信息。

三、沟通障碍

（一）沟通障碍的产生原因

人们在沟通中常会受到各种因素的影响和干扰，使沟通受到阻碍。沟通障碍产生的原因主要包括以下几个方面。

1. 个人因素

（1）沟通主体的过滤。指信息发布者有意识地操纵信息，从而使信息显得对接收者或者自己更有利。例如，一名下属在向上级汇报工作时，信息的内容往往是上级想听到的东西，这名下属就是在过滤信息。

（2）有选择地接收。指在沟通过程中，接收者在信息交流过程中，有时会按照自己的主观意愿，对信息进行“过滤”和“添加”。现实生活中许多沟通失败的主要原因是接收者对信息做了过多的加工，从而导致信息模糊或失真。

（3）个人沟通技巧。运用沟通技巧的能力也会影响有效沟通。例如，人的语言和表达能力差异很大，加上有些发送者事先缺乏必要的准备和思索，用词不当或词不达意甚至语无伦次、闪烁其词，使听者不知所云。

（4）情绪。在接收信息时，接收者的感受会影响对信息的接收。接收者处于不同情绪状态会造成对同一信息截然不同的理解。特别是当接收者处于极端情绪状态（如大悲大喜）时，会使其无法进行客观理性的思维活动，从而做出情绪化的判断。

2. 人际因素

（1）沟通双方的关系。信息沟通是信息发送者与接收者双方的事情，沟通双方的相互关系至关重要。如果发送者在接收者心目中的形象不好，接收者对其所讲述的内容往往不愿意听，甚至不予理会，拒绝接收。

（2）信息发送者的可靠性。信息发送者的可靠性受多方面因素的影响，如发送者的身份地位、专业知识、价值观甚至外表形象，但一般情况下信息发送者的可靠性多是由信息接收者主观决定的。

（3）沟通双方的相似性。沟通的有效性与沟通双方的相似性直接相关，如果双方在年龄、智力、文化水平、价值观等方面具有相似性，则容易形成有效沟通。反之，如果双方在认知水平、价值标准和思维方式等方面有较大差异，则容易造成思想隔阂或误解，引发冲突，导致信息交流的中断以及人际关系的破裂。

3. 结构因素

（1）地位差别。沟通双方地位的高低对沟通有较大影响。沟通双方地位差距越大，信息越趋向于从地位较高的人流向地位较低的人，地位高的人往往占据沟通的中心地位。地位悬殊是沟通中的一个极大障碍。

（2）信息传递链。沟通渠道过长，中间环节过多，信息在传递过程中就会产生改变，甚至颠倒。比如，传达和汇报是我们经常使用的沟通方式，但每经过一次传达就会造成信息丢失和错误。

（3）地理障碍。组织过于庞大、地理位置较分散或沟通对象相距较远都会影响沟通。虽然现代通信技术和手段有助于解决这一问题，但缺乏面对面的沟通，在很多重要问题上仍然容易产生沟通障碍。

4. 技术因素

（1）语言障碍。沟通的有效性有赖于沟通者的语言表达水平，文化、民族、地区的不同，使不同的人对同一字或词的理解不同。特别是面对许多不同的信息接收者时，同样的词汇对不同的人来说，会产生完全不同的理解。

（2）非语言暗示。非语言文字进行的信息交流很常见，身体动作、面部表情、语调、语速等经常会起到语言文字所无法替代的作用。例如，在面对面沟通时，双方的眼神交流就会表明相互的喜爱、反感等情绪。研究表明，在面对面沟通中，仅有7％的内容是通过语言和文字本身来传递的，而更多的内容是通过语调（38％）和面部表情（55％）来传递的。因此，语言与非语言沟通同样重要。

（3）媒介的选择。不同沟通媒介各有利弊，选择不恰当的媒介会导致沟通障碍。例如有些重要的事情用口头传达，效果不佳，接收者可能不重视。如果重要的病情不做详细记录，只简单口头描述，有可能造成病情延误。

（4）信息过载。现代社会是一个信息爆炸的时代，人们经常面对过载信息，过多的信息使管理者经常没有时间去进行信息的分类整理和传递，造成沟通障碍。

（二）沟通障碍的克服方法

善于沟通是管理者的必备技能，为了有效克服沟通障碍，提高沟通效果，应注意以下几方面。

1. 重视沟通，加强沟通技能培训

管理者要充分意识到沟通的重要意义，同时，还要认识到沟通是有其科学性的，企业中很多沟通障碍的产生与人们的沟通技能不足有关。在理想情况下，组织要加强对领导者和下属沟通意识和沟通技能方面的培养开发，通过对人们进行信息传递、信息接收、信息反馈技能、选择沟通形式的技巧、沟通中注意问题的把握等方面的培训，来帮助人们以积极主动的态度、良好的心理素质和表达能力，准确、及时地进行信息交流，从而提高沟通效果。

2. 正确选择沟通方式

沟通方式多种多样，各有其特点和利弊，要根据沟通的目的、内容和要求加以选择。高绩效的领导者都很重视选择正确的沟通渠道和方式来提高沟通效果。例如，若沟通的信息比较重要且比较复杂，最好同时运用口头和书面沟通两种形式。在一般情况下，使用面对面的沟通效果较好，因为这种沟通方式比较亲切且反馈及时。但在下列情况下应采用书面的形式：沟通的信息要使用较长一段时间；上下级关系经常变动；命令的执行涉及司法争端、法律责任及重大利害关系等。另外，选择沟通方式时还应该考虑可靠性、成本和效率。

3. 提供管理保障

企业建立利于人际沟通的管理机制和制度，是有效沟通的保障。比如进行组织创新与变革，建立精简、高效、扁平、网络式组织结构，缩短信息传递链，拓宽沟通渠道，保证信息的畅通无阻和完整性。另外，加强平行沟通、促进横向交流也可以起到同样的作用，如定期举行由各部门负责人参加的工作会议，让他们汇报本部门的工作、对其他部门的协调要求等，从而强化横向合作，提高沟通效率。还可以设立领导接待日，设置合理化建议箱、意见问题反馈箱，形成沟通的制度化。

4. 创造一个相互信任、有利沟通的环境

要想消除沟通的障碍，使沟通获得预期的效果，管理者应在组织内创造一种相互信任和宽松的气氛，以鼓励员工之间开诚布公地进行沟通。只有提升沟通双方的信任度，

沟通的内容才可能被全盘地说出和接收，才不会因为需要自我保护而保持沉默，下属人员才有机会坦率、自由地表达真实情况。良好的沟通氛围有益于员工身心健康，让下属在组织内感受到愉快、重要、有归属感，从而进一步促进沟通的良性循环，建立亲密融洽、协调一致的人际环境。

5. 学会倾听

管理者必须是一个好的倾听者，因为倾听是理解信息的先决条件。有效沟通的关键是接收者能正确理解发送者的信息，而做到这一点的先决条件是要对发送者的信息付出时间、尊重、共鸣和全神贯注。如果管理者认真倾听下属的话，表现出诚意、信任和同情，创造出和谐的谈话气氛，则可以从倾听的过程中捕捉到其他信息，得到真实的信息反馈。表 9-1 列出的要点可帮助管理者提高倾听能力。

表 9-1　“听”的艺术

要	不要
表现出兴趣，赞许性地点头	争辩
全神贯注，使用目光接触	打断
该沉默时必须沉默	有分心的举动或手势
选择安静的地方	过快或提前做出判断
留适当的时间用于辩论	草率地给出结论
注意非语言暗示	让别人的情绪直接影响你
当你没有听清楚时，以疑问的方式重复一遍	
当你发现遗漏时，直截了当地提问	

阅读材料

倾听

一天，美国知名主持人林克莱特访问一名小朋友，问他：“你长大后想要当什么？”小朋友天真地回答：“我要当飞机的驾驶员！”林克莱特接着问：“如果有一天，你的飞机飞到太平洋上空时所有引擎都熄火了，你会怎么办？”小朋友想了想说：“我会先告诉坐在飞机上的人绑好安全带，然后我挂上降落伞跳出去。”当在场的观众笑得东倒西歪时，林克莱特继续注视这孩子，想看他是不是个自作聪明的家伙。没想到，接着孩子的两行热泪夺眶而出，这才使得林克莱特发觉这孩子的悲悯之情远非笔墨所能形容。于是林克莱特问他：“为什么要这么做？”孩子的答案透露出一个真挚的想法：“我要去拿燃料，我还要回来！”

资料来源：沟通 .(2007-08-03). http：//www.foodmate.net/hrinfo/story/15971.html.

6. 注意信息的反馈

信息反馈是指接收者给发送者返回信息，表明对发送者信息的理解程度及自己的观点、态度。通过信息反馈，沟通双方才能知道沟通是否顺畅，对方对自己发出的信息理解是否正确，意思是否达成一致，据此做出相应的调整，选择能够让对方理解接受的沟通形式、方法或做出继续沟通与否的判断。忽视信息反馈会造成信息的遗漏和对信息的错误理解，后果不堪设想。这种反馈要求是双向的，即下级主管部门经常给上级领导提供信息，同时接受上级领导的信息查询；上级领导也要经常向下级提供信息，同时对下级提供的信息进行反馈，从而形成一种信息环流。一般来说，无论什么信息，在加工处理后，都需做出反馈，只是方式不同，可以重复原来的信息或者回答自己理解的信息甚至可以用表情或身体语言来反馈。

7. 利用现代计算机技术和通信技术

现代计算机技术和通信技术的飞速发展给人们的沟通创造了更多的便利条件。通过开发和利用计算机管理信息系统、决策支持系统和专家决策系统等，利用计算机技术处理大量数据，并把有用的信息提供给有关决策者使用，管理者可以经济地、及时地得到必要的信息，提高决策的质量。计算机系统还可以直观地显示公司的重要信息，为管理者提供决策帮助。另外，利用现代通信技术可以大大地解决距离上的障碍，身处各地的决策者可以通过远程通信会议，“面对面”地进行直接沟通，及时做出决策。也可以通过电子通信及时了解各地的情况。

8. 运用非正式渠道的沟通

非正式沟通不受时间、场地等条件的制约，具有很大的灵活性。它是建立在人与人之间共同志趣、爱好、习惯、专长等之上的，社交活动、友好往来、会议间隙、朋友聚会、外出调研等，都可以成为非正式沟通的平台。为了有效沟通，管理者需要利用非正式沟通，发挥其应有的作用。管理者首先要充分认识非正式沟通的重要性和必要性，切实认识到没有沟通就没有协作，没有良好的沟通就没有正确的决策。其次，管理者对员工要多一些以人为本的关怀，少一点板起面孔的训斥，以真诚之心、坦诚之语示人。上下级交谈不一定非要在办公室里，茶余饭后、出差途中都可以成为非正式沟通的机会，有时，在这样的环境和氛围更能听到实话和真话。在非正式沟通中，要善于通过对方的语言、动作和表情判断其心理活动规律，从而使沟通得以顺利进行。总之，要合理运用非正式沟通，尽可能使之成为对正式沟通渠道的补充，共同完成组织目标。

第2节　人际沟通

一、人际沟通的前提

人际沟通的前提是做人。“路遥知马力，日久见人心”，如果为人诚实正直，即便不善言谈和交际，最终也能得到别人的认可。在认真做人的基础上，再注重沟通技巧和沟通能力的锻炼，则可以锦上添花；反之，忽略做人而去参加各种沟通技巧和演讲培训班，就属于舍本逐末。

我们与人交往时，不仅仅要“听其言”，更多的是要“观其行”。亲子教育专家倡导家长要以身作则，凡是要求孩子的自己应该首先做到，所谓身教重于言教，就是这个道理。很多时候，沟通者无须做到“巧舌如簧”，而其做事方式及行为表现就可以起到良好的沟通作用。

阅读材料

靠谱是比能力更重要的品质

巴菲特每年都会同大学生进行座谈，在一次交流会上，有学生问他：您认为一个人最重要的品质是什么？巴菲特没有正面回答这个问题，而是讲了一个小游戏，名为买进你同学的10%。

巴菲特说：现在给你们一个买进你某个同学10%股份的权利，直到他的生命结束。你愿意买进哪一个同学余生的10%？你会选那个最聪明的吗？不一定。你会选那个精力最充沛的吗？不一定。你会选那个官二代或者富二代吗？也不一定。经过仔细思考之后，你可能会选择那个认同的人，那个有领导才能的人，那个能实现他人利益的人，那个慷慨、诚实，即使是自己的主意也会把功劳分予他人的人。然后你把这些好品质写在一张纸的左边。现在再给你一个机会，让你卖出某个同学的10%，你会选择谁？你会选那个成绩最差的人吗？不一定。你会选那个穷二代吗？也不一定。经过仔细思考之后，你可能会选择那个最令人讨厌的人，不光是你讨厌他，其他人也讨厌他，大家都不愿意和他打交道。因为此人不诚实，爱吃独食，喜欢耍阴谋诡计，喜欢背后说人坏话，喜欢过河拆桥、落井下石等。然后你把这些坏品质写在那张纸的右边。

仔细观察这张纸的两边，你会发现能力强不强并不重要，是否美若天仙也无所谓，成绩好不好根本没人在乎。左栏那些真正管用的品质，全都是你可以做到的，只要你愿意行动，就能拥有这些品质。而那些坏品质，没有一项是无法更改的，只要你有决心，一定能改掉。如果能够做到左栏写的、摈弃右栏写的，你就会成为人人愿意买入10%的人，更好的是你自己就100%拥有自己了。

资料来源：巴菲特：靠谱是比能力更重要的品质.(2014-05-18). http://blog.sina.com.cn/s/blog_abd72dc20101pp5d.html.

二、人际沟通的起点

人际沟通的起点是情绪管理。中国人一见面常问候对方“你吃饭了吗”，这实际上是在“投石问路”，看看对方此刻的心情好不好。如果对方很热情地回答，那证明对方的心情现在很好，则可以逐渐引入正题了；如果对方回答时语气生硬，甚至故意装作没听见，则说明对方此刻心情不好，应择机再进行沟通。

周瑜死后，诸葛亮面临一个非常棘手的问题，他必须去东吴吊唁，如果他不去，孙刘联盟就会崩溃，但如果他去，就有可能被东吴杀死，因为东吴上上下下所有人都认为他们的周瑜大都督是被诸葛亮气死的。诸葛亮最终决定还是去东吴吊唁，他在距离灵棚很远的地方，就开始声泪俱下，大声哭诉！在哭诉中他表达了和周瑜的情深意切、惺惺相惜！最后感动得所有东吴人都陪着一起哭，同时也理解了周瑜与诸葛亮之间的深情厚谊！最终诸葛亮躲过了杀身之祸，圆满完成了这次外交出使任务，这与他选择良好的沟通起点密不可分——诸葛亮"未见其人，先闻其声"，其大声哭诉感染和引导了东吴君臣的情绪，为此次的外交沟通开了个好头。

阅读材料

克林顿献丑

1978年，克林顿当选美国阿肯色州州长。任期快结束时，阿肯色州发生古巴难民危机。大量难民涌入阿肯色州，不断引发骚乱，直至联邦政府出手相援，才平息事端。这次危机导致克林顿连任州长失败。

落选后，克林顿意志消沉，始终未能走出失败的阴影。一天，他收到一封信，邀请他作为"神秘的特邀演员"出演滑稽剧《古巴人与汽车牌照》。"特邀演员"将在演出结束后才露出真面目。令克林顿愤怒的是，该剧意在讽刺自己当州长时犯下的错，策划者想让他"自己来讽刺自己"。他准备拒绝，希拉里却说："你应该接受这个邀请，走上台去，让他们发笑。当被你逗笑时，他们会再次喜欢上你。"

最终，克林顿登上舞台，按剧本的要求做出各种滑稽可笑的表演，逗得观众们捧腹大笑。当他摘下面具时，全场的观众都起立为他欢呼、鼓掌。这次表演让克林顿扭转了民意。接下来，他开始四处演讲，请人们原谅他，并宣称自己将再次竞选下一任州长。结果，他成为阿肯色州历史上在连任失败后又重返州长官邸的第一人。此后，他连任五次州长，并最终登上美国总统宝座。

资料来源：张秀芝．克林顿"献丑"．环球人物，2016（10）：94.

三、人际沟通的工具

（一）口头沟通

口头沟通是指用口头表达方式进行的一种信息传递和交流，它是最常用的一种沟通方式，包括面谈、会议、演说、报告、讨论、讲课等。口头沟通的优点是：比较灵活、速度快、反馈快、双向、有亲切感。口头沟通的缺点是：对信息发送者的口头表达能力要求较高；在沟通环节较多时，信息失真的可能性较大，且事后难以准确查证；可能因沟通双方来自不同地区、不同国家和民族，拥有不同的风俗习惯，而导致沟通过程中产生误解、歪曲，影响沟通的效果。说话是我们平时最常采用的沟通方式，但"有话直说"往往难以达到良好的沟通效果，因此沟通者应该说妥当话。

阅读材料

年羹尧“有话直说”的后果

清朝雍正年间，大将军年羹尧率领大军平复了新疆叛乱凯旋。雍正皇帝非常高兴，迎接到午门之外，看着飒爽英姿的将士们，雍正心潮澎湃，说了一句：“稍息！”结果所有将士没有任何反应。这时，年羹尧得意扬扬地对皇帝说：“启禀陛下，奴才治军严明，我的兵只知有将领，不知有君令！”这句“有话直说”的实话让雍正深感不安，因为在封建社会，皇帝是绝对不允许任何人威胁自己的皇权的，这恐怕也是后来年羹尧数度被贬乃至最后被赐死的原因之一。

资料来源：曾仕强．圆通的人际关系．北京：北京大学出版社，2008.

（二）非语言沟通

在现实工作中，非语言沟通发挥着重要作用。非语言沟通主要有声调、音量、手势、体语、颜色、信号和实物等。一个眼神、一个细小的动作、一个简单的身体姿态、一件衣服、一个特别的位置、一件物体等，诸如此类的众多非语言途径都能构成沟通。

非语言沟通能够支持或加强语言沟通，随着行为科学研究的深入，人们已认识到非语言沟通是人际沟通中十分重要的内容。一个微笑、一种手势、一种色彩、一段距离，都传递着一种信息。语言和非语言沟通的恰当结合能帮助达到共同的理解。

阅读材料

重音对沟通效果的影响

说话时，可以依据重音不同来表达不同的语义。比如“我从未说过他喜欢她”，就可以有以下几种读法（用加粗黑体并加下划线表示重音的位置）：

（1）“<u>**我**</u>从未说过他喜欢她”；

（2）“我<u>**从未**</u>说过他喜欢她”；

（3）“我从未<u>**说过**</u>他喜欢她”；

（4）“我从未说过<u>**他**</u>喜欢她”；

（5）“我从未说过他<u>**喜欢**</u>她”；

（6）“我从未说过他喜欢<u>**她**</u>”。

这六个不同的重音能使同样的一句话表达出六种不同的语义来。

阅读材料

用眼神谈判

快到飞往巴黎的航班登机口时，我们从一路飞奔变为一溜小跑。飞机尚未起飞，但登机通道已经关闭。登机口的工作人员正在平静地整理票根。登机口到机舱口之间的登机桥已被收起。

“等等，我们还没登机。”我喘着气喊道。

“抱歉，”登机口工作人员说，“登机时间已过。”

“可我们转乘航班10分钟前才刚到。他们答应我们会提前打电话通知登机口的。”

“抱歉，登机口一旦关闭，任何人都不能登机。”

我和男友走到玻璃窗前，简直无法相信这个结果，我们的周末旅行眼看就要化为泡影。飞机就停在我们眼前。太阳已经落下去了，两名飞机驾驶员微微下倾的脸庞正映照在飞机仪表板通明的光亮中。飞机引擎嗡嗡的轰鸣声越来越急促，一个家伙拿着一根亮亮的指挥棒，不慌不忙地出现在机场跑道上。

我想了一会儿，然后领着男友来到玻璃窗正中间的位置，这个位置正对着飞机驾驶员座舱。我们站在那儿。我全神贯注地注视着飞机驾驶员，希望引起他们的注意。

一名飞机驾驶员抬起头，看到我们可怜兮兮地站在玻璃窗前。我直视着他的眼睛，眼里充满悲伤和哀求。我把行李包扔在脚下，我们就这样站在那儿。那一刻，时间仿佛都凝滞了。最后，那名飞机驾驶员的嘴唇动了几下，另一名驾驶员也抬起头。我又紧盯着他的眼睛，只见他点了点头。

飞机引擎嗡嗡的轰鸣声渐渐缓和下来，我们听到登机口工作人员的电话响了。一位工作人员转向我们，眼睛瞪得大大的。

“拿上你们的行李，”她说，“飞机驾驶员让你们快点儿登机。”

我和男友高兴地抓起行李包，向那两名飞机驾驶员挥挥手，匆匆走上登机通道，上了飞机。

这显然就是一个“谈判”过程，虽然没有一言一语，却以一种意志明确、条理清楚、高度有效的方式获得了成功。这个过程中包含很多技巧。

“要沉着冷静。感情用事只会毁掉谈判，必须强迫自己冷静下来。”

“准备充分。哪怕只有5秒钟的时间，也要整理好自己的思路。”

“找出决策者。决策者就是飞机驾驶员。不要在登机口工作人员身上浪费时间，他们无权改变规定。”

“专注于自己的目标，而不是计较是非对错。无论是转乘航班误点，还是转乘航班应该为没有提前通知登机口而承担责任，这些都不重要。因为你的目标是登上飞往巴黎的飞机。”

“进行人际沟通。在谈判中，人几乎是决定一切的因素。”

“承认对方的地位和权力，看重他们。如果你能做到这一点，对方通常会利用他们的职权帮助你实现目标。”

资料来源：斯图尔特·戴蒙德．用眼神谈判．特别关注，2015（10）．

阅读材料

身体语言

有一次，曹操要率兵出征，临行前，他的儿子曹植写了一篇华美的送行赋，大家都赞不绝口；而同样为父亲送行的曹丕，则没有写文章，甚至一句话都没有说，而只是一直在那里哭泣。他用哭泣的举动表达了对父亲出征的担心和不舍，让曹操非常感动。

刘备临终前向诸葛亮托孤，说："阿斗可以扶持就请先生尽力扶持，如果阿斗是个庸主，您可以自取。"诸葛亮这时一句话都没有说，只是一直在刘备的病床前用力磕头，满眼是泪。诸葛亮此时虽然没有说一句话，但是他用自己的磕头、眼泪进行了良好的沟通：诸葛亮非常感念刘备的知遇之恩，一定会尽心辅佐幼主刘禅，绝无二心！

资料来源：曾仕强．圆通的人际关系．北京：北京大学出版社，2008.

（三）书面沟通

书面沟通指的是用文字作为信息媒介来传递信息的沟通方式，包括便条、通知、报刊、文件和信函等。书面沟通的优点有：以文字的形式固化信息，可以长期保存并核实、查询；和口头沟通相比，书面沟通显得较为正式，"口说无凭，立字为据"，它更容易引起人们的注意；书面沟通避免了信息传递过程中的随意性，从而减少了辗转传递、经多次译解可能造成的错误。书面沟通的缺点主要有：缺乏感情色彩，比较呆板，不易随客观情况的改变而及时修正；沟通效果受接收者文化水平的限制；在需要反馈时，沟通耗时较长。

（四）社会角色

每个人一生中在不同的场合都会扮演不同的角色，要达到良好的沟通效果，沟通者应该在特定沟通情境下，采用跟当时所扮演的社会角色相匹配的沟通方式。

阅读材料

英国女王与丈夫的一次沟通

英国著名的维多利亚女王与丈夫相亲相爱，感情和谐。但是维多利亚女王乃一国之主，整天忙于公务，出入于社交场合，而她的丈夫阿尔伯特却和她相反，对政治不太关心，对社交活动也没有多大兴趣，因此两人有时也闹别扭。有一天，维多利亚女王去参加社交活动，而阿尔伯特没有去。夜深了女王才回到寝宫，只见房门紧闭。女王走上前去敲门。

房内阿尔伯特问："谁呀？"

女王回答："我是女王。"

门没有开，女王再次敲门。

房内阿尔伯特问："谁呀？"

女王回答："维多利亚。"

门还是没开。女王徘徊了半晌，又上前敲门。

房内的阿尔伯特仍然问："谁呀？"

女王温柔地回答："你的妻子。"

这时，门开了，丈夫阿尔伯特伸出热情的双手把女王拉了进去。

资料来源：沟通中的角色问题.(2009-05-05). http://blog.sina.com.cn/s/blog_5fa341b70100crtr.html.

阅读材料

长孙皇后劝谏唐太宗

一次，唐太宗回宫见到了长孙皇后，犹自义愤填膺地说："一定要杀掉魏征这个老顽固，才能一泄我心头之恨！"长孙皇后柔声问明了缘由，也不说什么，只悄悄地回到内室穿戴上礼服，然后面容庄重地来到唐太宗面前，叩首即拜，口中直称："恭祝陛下！"这一举措弄得唐太宗满头雾水，不知她葫芦里卖的什么药，吃惊地问："什么事值得祝贺？"长孙皇后一本正经地回答："臣妾听说只有明君才会有直臣，魏征是个典型的直臣，由此可见陛下是个明君，故臣妾要来恭祝陛下。"唐太宗听了心中一怔，觉得皇后说的甚是在理，于是满天阴云随之而消，魏征也就得以保住他的性命。

资料来源：李世民背后的女人.(2013-10-02). https://www.xuebuyuan.com/1015947.html.

（五）电子媒介沟通

电子媒介沟通是指运用各种电子设备进行信息的传递，包括随着通信和电子技术的发展而出现的幻灯片、投影、VCD、CD、电子邮件、视频会议、手机短信、手机飞信、QQ、微信、微博等诸多新的沟通途径。电子媒介沟通除了具备书面沟通的优点，还具有传递快捷、信息容量大、成本低和效率高等优点。一份信函从国内寄往国外，要数天才能到达收信者的手中，而通过电子邮件或传真，可即时收到。电子媒介沟通的缺点是对发送者身份的核实存在一定困难，在网络上的某些交流中，甚至搞不清对方的真实身份。

沟通方式有多种，各有优缺点，如表9-2所示。在进行沟通的过程中，要从实际出发，选择合适的沟通方式。

表9-2　各种沟通方式比较

沟通方式	举例	优点	缺点
口头	交谈、讲座、讨论会、电话	快速传递、快速反馈、信息量很大	传递中经过层次越多，信息失真越严重、核实越困难

续前表

沟通方式	举例	优点	缺点
书面	报告、备忘录、信件、文件、内部期刊、布告	持久、有形、可以核实	效率低、缺乏反馈
非语言	声、光信号、体态、语调	信息意义十分明确、内涵丰富、内容灵活	传递距离有限、界线模糊、只能意会不能言传
电子媒介	传真、闭路电视、计算机网络、电子邮件、视频会议、QQ、微信、飞信、微博	快速传递、信息量大、远程传递、一份信息可同时传递多人、廉价	难以感受沟通对象的现场氛围，反馈程度不如当面沟通

（六）物体操纵

沟通者可以通过操纵物体来达到沟通效果。比如厂长来到车间视察，发现车间非常乱——满地的油污、废旧棉纱、废铁屑，工件、工具、半成品、报废品随处乱放。这时，厂长如果当着所有车间工人的面训斥车间主任显然是不合适的。厂长只需在车间主任余光能看到的位置，装作不经意间捡起一块沾满油污的废旧棉纱并随手扔进垃圾桶。这样，在厂长离开车间之后，车间主任就会通知全体车间工人，下班后大扫除。其实整个沟通过程中，厂长没有说一句话，只是巧妙地运用了物体操纵法，达到了沟通目的。

四、人际沟通的目标

人际沟通的目标是让对方做主来达成自己的心愿。沟通成功的标志是沟通结束后，沟通对象自主决定做某事，而那恰好是沟通者所期望的。

阅读材料

刘备借刀杀吕布

曹操爱惜人才，在俘获吕布之后，询问刘备应如何处置。刘备的回答是："吕布乃当世名将，曹公得吕布相助，大业可成！吕布不但不可杀，而且应该马上认吕布为义子！您看丁原、董卓、王允不都认过吕布做义子吗?"刘备是非常想杀吕布的。一来吕布出尔反尔，恩将仇报，抢了自己的徐州，最后竟然连立足之地的小沛也被吕布偷袭；二来吕布如果去了曹操阵营，必将会使曹操的势力更加强大。但刘备不能直接说"吕布这个人忘恩负义，曹公快把他给杀了吧，以免养虎遗患"，因为那样曹操很可能不听刘备的，而是会赦免并重用吕布。但他把曾经做过吕布义父的三个人都罗列出来，真实用意就是在暗示曹操，那三个人在认吕布做义子之后都没得好死。这样，曹操自己在那一刻认为，吕布确实不能留，是个"灾星"，应当杀掉。刘备通过巧妙沟通，借助曹操之手杀掉了吕布。

资料来源：曾仕强．圆通的人际关系．北京：北京大学出版社，2008.

阅读材料

“大吃一顿！”和“天天吃！”

台塑原掌门人王永庆在他的公司里有这样一条规则：销售人员请客人吃饭，每顿饭不能高于 1 万元。结果大多数来找王永庆签字报销的饭费发票都是 9 000 多元。作为管理者，王永庆知道这里面肯定有水分，但又不能因此就不让销售人员请客，那样做最终受损失的将是公司。王永庆的办法是：在签字时，旁边批注一行字“大吃一顿！”这样，销售人员就会自己调整，但基于惯性，一直都是报销 9 000 多元，马上就减下来也不适应，于是“上有政策下有对策”——一张 9 000 多元的发票拆分为 3 张 3 000 多元的发票再来报销。这个时候，王永庆还是给签字，表面上还是什么也没有说，只是在签名旁边仍然批注一行字“天天吃！”这样，销售人员看到并明白了王永庆的意思后，就会自己调整：日后在请客和报销时，要拿捏好分寸，该请的请，不该请的就不请了；该少花钱就能请的，就不要多花钱去请。王永庆通过巧妙的沟通，让销售人员自主调整行为，最终达到控制销售费用的预期目标。

资料来源：曾仕强．圆通的人际关系．北京：北京大学出版社，2008.

阅读材料

“小王，你现在有空吗？”

刚刚大学毕业的小王每天都会接到几次上级主管的电话，问他：“小王，你现在有空吗？”小王不能说没空，毕竟是自己的直接上级给自己打电话，但小王也不能一直都说“有空！”因为那样长期下来，上级会认为小王的工作量太不饱满。小王可以这样回答：“我马上来！”言外之意，您问我有空没空是因为您有事要找我，那就只需回答“我马上来！”这样，就把主动权交给了他的上级领导。他的上级根据需要可能会说：“哦，你不用过来，你抽空把某文件发到我的电子邮箱里。”

资料来源：曾仕强．圆通的人际关系．北京：北京大学出版社，2008.

第 3 节　组织沟通

一、管理职能与沟通

只要是组织就会有沟通。由于沟通贯穿管理之中，因此管理者在行使其管理职能时，必须考虑恰当运用各种形态的沟通方法来提升其管理效果（见表 9－3）。

表 9-3 沟通与管理职能的类型

管理职能	沟通类型
计划	群体讨论——收集想法
	群体讨论——如何实施
	书面——长期计划
	书面——短期计划
	口头——正式的采购要求
	口头——与那些受到影响的人交谈
组织	书面——监督关系
	书面——政策
	书面——特殊的程序
	口头——向受到影响的人员讲清关系
	视觉——结构和流程图
领导	书面指示
	快速参照图
	看得见的流程图表
	口头指示
	视觉肯定
领导	交谈——人际关系
	正式报酬、表扬
	个人提升的书面政策
	书面职业生涯规划
	职业生涯规划的口头讨论
控制	对观察到的东西口头肯定
	书面评价
	期望与绩效情况的书面分析
	书面阐明未来变化的方向

二、如何写作

管理工作中的沟通很多都是通过书面进行的。写作的文件可以是正式的，也可以是非正式的，或表现为电子文件的形式。尽管文件的类型不同，不过蕴含在其中的写作基本准则是相同的。表 9-4 概括了商业写作的一般要求。

表 9-4 商业写作的一般要求

首先说明写作目的，以使读者对文件有一个总体性认识。 如果需要提出请求（如批准、授权、捐款等），尽早说明这一请求。 读者对于必须做出决定的信息和乐于听到的信息，处理方式是不同的。 信件要简短：如果一封信超过两页，就需要改用一封简洁的信，并附上两三页报告来代替。 准备好被随机阅读：读者很少从头到尾完整地阅读一份文件（除非为了消遣）。 突出各个标题、简表、图标，以及词语解释说明。 指令要用祈使句式，使用标题标明全文的各主要部分。 媒介适应性：信纸、公文纸或电子邮件等不同的媒介载体会带给读者不同的视觉空间。例如，电子邮件就需要较短的段落。 对于较长的文件，前面附上内容梗概；对于很长的文件，需要同时附上目录索引。

撰写者的写作目的可以分为主要目的和从属目的，如表 9－5 和表 9－6 所示。

表 9－5　　写作的主要目的

撰写者的目的	希望读者做出的反应
提出问题	赞成，回答问题
分析	理解
下定义	知道、了解或理解
解释	理解
指示	能够照办
劝说	同意

表 9－6　　从属目的类型

	个体的	组织的
共有的典型目的	显示工作能力	完成合同
	保证未来沟通	促进关系
	证明花费了时间	符合有关法律法规
	留下印象	实施一项营销计划
可能的不良目的	制造假象	欺骗、制造假象
	撒谎、给出假数据	遮盖、掩盖失败
	应付差事、不积极	阻碍

每一种写作方式都有其特定格式。按照这些格式来写文件，能够帮助撰写者更好地满足读者的期望，使读者更快地获取文件所包含的信息。表 9－7 列出了大多数组织会用到的各种典型的写作方式，以及使用这些格式时应该遵循的原则。

表 9－7　　格式和惯例

类型	内部使用	外部使用	原则
商业信函	备忘录	信件	按照商业习惯；交谈式的；短段落
行动指南	政策/程序	操作指令	操作程序的主要步骤标题化，特定的操作说明索引化；使用祈使语气、命令语气；大量使用列表
	建议书	建议书	要解决的问题提纲化，主要内容标题化；明确解决方案；把大量细节附于附录中，而不是提供一个详细的总报告
随机翻阅的文件	工作报告	年度报告	使用标题/副标题（对于较长的章节）；使用表格、图表；照片或是图像等细节收录在附录中
	内部研究	论文	专业格式下的标题/副标题；约定俗成的顺序；积极的第三人称语气
	新闻通讯	新闻通讯	醒目；内容丰富；使用多种标题；短段落；采用易于浏览栏目的形式
合法性文件	认可书	规章报告	相应的政府部门所规定的格式
营销类文件	通告	小册子	引人注目；色彩鲜艳；对后续信息的关注

草稿是一个有关文件主题的雏形。撰写者在打草稿时，应力求简单，对于大多数商业文件来说，说话式的语言风格有助于读者更好地顺着撰写者的思路来阅读文件，同时也加快了撰写者打草稿的速度。商业文件的目的不是打动读者，而是通过使用有效的方法来传递给读者一定的信息。表9-8列出了打草稿的指南。

表9-8　　打草稿的指南

指南	基本原理
尽量少用术语	减少读者的困惑或百思不得其解的情况发生；形成关心读者的习惯，而不是在不知不觉中失去读者
用主动语态	使写作生动；被动的或静止的词语会使读者打瞌睡或是放慢阅读的速度
短段落	将信息分段，使读者易于了解文件的内容
简单句	只有在表达复杂信息时，才使用复杂的句子结构；一般情况下，使用简单句
具体的而不是抽象的	给读者实实在在的东西，使他们能够抓住文件的核心；使用具体的“减少5%的管理费用”来代替泛泛而谈的“提高效率”
用词简单	在能够使用简单的词时，别使用复杂的词；只有在无法用简单的词代替的情况下才用复杂的词

三、当众演讲

在组织中，演讲是一项常规活动，我们在准备正式演讲时也应选择常规的演说词以适应新的环境。为了使演讲尽量常规化，演讲者通常不采用照本宣科或死记硬背的方法。尽管正式演讲类似于交谈，但演讲者必须适应环境。特别是演讲者必须放慢语速、提高音量，还要发音清楚，这样听众才能听见。这些要求其实对演讲者来说是十分有利的：放慢语速使演讲者有较充裕的时间来获得信息，既可想清楚内容又可观察听众的反应。交谈与正式演讲之间的另一关键差异在于视觉效果不同。交谈时我们通过手势来帮助表达意思，而演讲则需更完整的视觉效应，我们必须反复练习以使观点完美表达。正式演讲经常会使演讲者神经紧张。这种紧张是正常的，即使对职业性的演讲者来说也是这样。但是演讲者必须牢记自己所感觉到的紧张并非观众所能看到的。表9-9列出了有效演讲所应遵循的一般指导方针。

表9-9　　有效演讲所应遵循的一般指导方针

观点

——请记住，不管听众规模有多大，都是众多个体而非一个群体在接收交流的信息。

准备

——准备要点而非完整的演讲稿：千万别对着听众照本宣科。

——多加练习，这样你就会对内容十分熟悉。

——练习演讲姿势和接收反馈。

——对不熟悉的内容使用延伸的定义，描述你的观点时多采用举例和类比的方法。

——利用视觉效果来强调演讲内容：幻灯片、投影仪、录像带、讲义。

——检验视觉效果以确保演讲者、视觉和听众间的协调。
过程
——放慢语速，提高音量，以保证在既有的场地设施和麦克风等条件下听众都能听到。
——发音清晰，否则很多听众都无法听清楚（注意，想发音清晰就必须放慢语速，而紧张则易使人加快语速）。
——与听众保持目光接触。
——使用有意义的手势，显得自然而不造作；使手势有助于强调观点而不是分散听众的注意力。
观点
——习惯紧张情绪；尽管你可能高度紧张，但这种感觉是可以隐藏的，听众未必知道。

演讲从准备直到实施应遵循一定的流程以提升沟通效果，如表 9-10 所示。

表 9-10　演讲的流程

状况
认清自己的能力
了解你在组织中相对于听众的地位：是平等、下级对上级，还是上级对下级
运用你的背景：学历，培训，经验，履历
假设
建立自信
预测他人会如何看待与你的交互作用
决定你所预期的开放程度
决定你所希望达到的开放程度
意图
弄清楚你想在交流中得到什么
首先——符合某客体的要求
其次——被认可为有能力的
非正式——活跃气氛
认识组织对演讲的要求
听众
了解你将与哪些人打交道
决定你想让别人做些什么
理解听众的目标
确保在演讲过程中能被听众看到和听到
方式

面对面	语言，声音，视觉，接触
可视会议	语言，声音，视觉
电话	语言，声音
电子邮件	书面语言

方法
提前写好提示自己的要点
讲述（交互式媒体上所输入的内容）
倾听，评价，调整，回应
产物
将你的话传达给听众
与观众保持目光接触
避免分散听众注意力的举止

评价
判断其他人如何评价自己的话
判断你的话在多大程度上与你的意图相符
反馈
检测演讲在多大程度上满足了你的期望
考虑在以后的演讲中应做何改进

四、冲突管理

（一）冲突

从观点上的小小分歧到全面的战争，都是术语冲突所包括的范围。菲利普斯（Phillips）基于对管理者的研究勾画出了冲突的各个阶段。在这里冲突依次按五个阶段演变：差异、争论、斗争、有限制的战争和全面战争。图9－2勾画出了冲突的范围。

差异——不一致——不和谐——争论——斗争——战争

图9－2　冲突连续体

图中左侧所描述的冲突行为是相互包容的。例如，口味的差异、时装的偏好、对球队的忠诚度等可能总是不同的。人们可以讨论这些差别和分歧，但是不必改变自己或他人的观点。在连续体的中间阶段——不和谐和争论阶段，参与者认识到差异是不可共存的，并且已经成为未来行动的障碍，而不能两者同时都选，以避免产生相反的结果，徒劳无功。连续体的右侧所描述的冲突行为是相互排斥的。例如，斗争和最终的战争。这里，对于资源的争夺、效忠或者支持对组织都会产生破坏作用。

从沟通的角度考察冲突，可以看出冲突的层面与沟通的层面是相互平行的：个体的、组织的和社会的。表9－11描述了冲突的各层面。

表9－11　冲突的层面

层面	冲突的类型
个体	内心的（认知不和谐） 个体与组织 个体与社会
组织	代表组织的个体与其他个体 代表组织的个体与其他组织 代表组织的个体与社会 集体行为与个体或群体（投票选举，暴动）行为
社会	社会与个体或群体（偏执，偏见） 社会与社会（政治、经济、环境冲突，战争）

莫顿·多伊切（Morton Deutch）归纳出一系列冲突的积极意义：防止呆板；激起兴趣；激发好奇心；作为激活问题的媒介；作为解决问题的媒介。从管理者的角度来讲，冲突能够产生推动组织前进的新观念，这对于团队合作尤为重要。如果组织能够减

少障碍，那么将会促使人们畅所欲言，并将分歧转化为生产力。但是，如果组织对于冲突的观念是消极的，那么就会导致组织上的问题。消极的观念包括：担心出现冲突；形成一个无法处理的公开充满敌意的环境；形成一个破坏性冲突的恶性循环。佩雷斯·格里克（Perez Greek）认识到了冲突的威力：如果一直得不到解决，冲突就会具有破坏性；如果能够帮助解决问题和决策，冲突就会起到积极的作用。

阅读材料

鲶鱼效应

西班牙人爱吃沙丁鱼，但沙丁鱼非常娇贵，极不适应离开大海后的环境。当渔民们把刚捕捞上来的沙丁鱼放入鱼槽运回码头后，用不了多久沙丁鱼就会死去。而死掉的沙丁鱼味道不好销量也差，倘若抵港时沙丁鱼还活着，卖价就要比死鱼高出若干倍。为延长沙丁鱼的存活期，渔民想方设法让鱼活着到达港口。后来渔民想出一个法子，将几条沙丁鱼的天敌鲶鱼放在运输容器里。因为鲶鱼是食肉鱼，放进鱼槽后，鲶鱼便会四处游动寻找小鱼吃。为了躲避天敌的吞食，沙丁鱼自然加速游动，从而保持了旺盛的生命力。如此一来，沙丁鱼就一条条活蹦乱跳地运到了渔港。这在经济学上被称作“鲶鱼效应”。

资料来源：沙丁鱼的天敌.（2016-05-02）. https：//zhidao. baidu. com/question/6795020. html.

（二）冲突管理

多年来，对组织冲突的看法一般有如下三种。第一种观点存在于19世纪末到20世纪40年代，认为组织应该避免冲突，冲突本身表明组织内部的机能失调，换句话说，这种观点的核心是认为冲突对组织无益，是有害的。这种观点一般被称为冲突的传统观点。第二种观点认为冲突是任何组织不可避免的，但同时指出，冲突并不一定会导致对组织的危害，相反，冲突可能是有利于组织的积极动力。显然，这一观点认为冲突客观存在，主张接纳冲突，使冲突的存在合理化，并希望将冲突转化为有利于组织的程序。自20世纪40年代中期，这一观点在冲突理论中占主导地位。因为强调冲突的必然性，有时这种观点又被称为冲突的人际关系观点。第三种观点是当代的冲突管理观点，认为冲突不仅可以成为组织中的积极动力，而且其中有些冲突对于组织或组织单元的有效运作是必要的。换言之，冲突是组织保持活力的一种有效手段。因而，这种观点鼓励管理者维持一种冲突的最低水平，以便使组织保持创新的激发状态。由于突出冲突对于组织的运作效率，这种观点又被称为冲突的相互作用观点。

组织应保持适度的冲突。养成批评与自我批评、不断创新、努力进取的风气，组织就会出现人心汇聚、奋发向上的局面，就会有旺盛的生命力。20世纪90年代中期以来，全世界企业管理界掀起了建立学习型组织的企业管理浪潮，这在很大程度上是关于如何转化企业环境中激发的越来越多的冲突的。其组织行为观点的中心，实际上是要求组织开放和提高内外沟通效率，达到提高组织在市场中盈利水平的目的，进一步提高组织的竞争力。

冲突管理实际上包括两个方面：一是管理者要设法消除冲突产生的负面效应，因为这些冲突阻碍了组织实现目标，属于功能失调的冲突，它们对组织具有破坏性作用。二是要求管理者激发冲突，利用和扩大冲突对组织产生的正面效应，因为这些冲突支持组织的目标，属于建设性的、功能正常的冲突。

冲突管理实际上是一种艺术，优秀的管理者一般按下列方式管理冲突：

（1）谨慎地选择想处理的冲突。管理者可能面临许多冲突，其中，有些冲突非常琐碎，不值得花很多时间去处理；有些冲突虽然很重要，但不是自己力所能及的，不宜插手；有些冲突难度很大，要花很多时间和精力，还未必有好的回报，所以不要轻易介入。管理者应当选择那些员工关心，影响面大，对推进工作、打开局面、增强凝聚力、建设组织文化有意义、有价值的事件，亲自抓，一抓到底。对冲突事必躬亲的管理者不是真正的优秀管理者。

（2）仔细研究冲突双方的代表人物。哪些人卷入了冲突？冲突双方的观点是什么？差异在哪里？双方真正感兴趣的是什么？代表人物的人格特点、价值观、经历和资源因素如何？

（3）深入了解冲突的根源。不仅了解公开的表层的原因，还要深入了解深层的、没有说出来的原因。可能是多种原因交叉作用的结果，如果是这样，还要进一步分析各种原因作用的强度。

（4）选择妥善的处理办法。通常的处理办法有五种：回避、迁就、强制、妥协、合作。当冲突无关紧要时，或当冲突双方情绪激动，需要时间恢复平静时，可采用回避策略；当维持和谐关系十分重要时，可采用迁就策略；当必须对重大事件或紧急事件进行迅速处理时，可采用强制策略，用行政命令方式牺牲某一方的利益后，再慢慢做安抚工作；当冲突双方势均力敌、争执不下需要采取权宜之计时，只好双方都做出一些让步，实现妥协；当事件重大，双方不可能妥协时，经过开诚布公的谈判，走向对双方均有利的合作或双赢的解决方式，如图9-3所示。

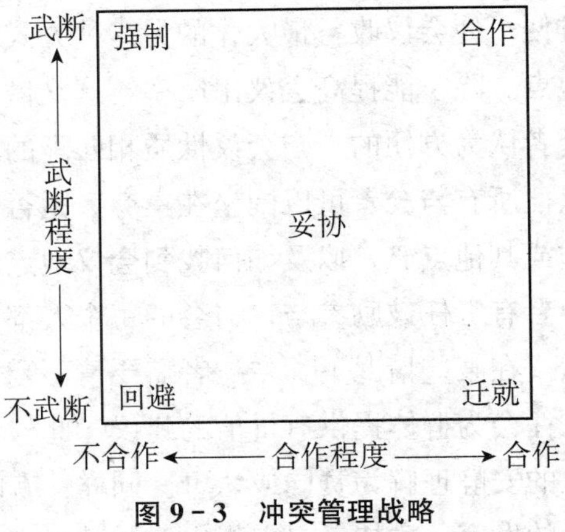

图9-3 冲突管理战略

五、召开会议

会议是组织生活中的一种现实存在。良好规划和领导有方的会议是完成多样化目标的有益机制，同时，它也是工作群体内部、群体之间或志愿者组织之间交换信息和保持公开沟通渠道的主要方式。尽管会议有多种好处，但也花费时间和金钱，且不必要的或无效率的会议可能令人沮丧，并且往往导致与会者不满。考虑到会议所需的时间和金钱投资，管理者有责任使它们尽可能有效果。下面列出了会前、会中、会后需要注意的几个问题。

（一）会前

（1）确定召开会议的必要性。召开会议的最重要步骤大概就是花时间来确定是否真的有必要开会。评估是否需要召开会议，就是评估这次会议可以获得什么成果。只有在潜在收益大于潜在成本时，才有必要召开会议。在评估过程中，应尽可能事先了解其他与会者的意见。此外，如果会议是定期举行的，应当在每次会议中都安排重要事务。否则，可以考虑降低会议的召开频率。

（2）列出会议目标。一旦确定有必要开会，就应当按顺序列出会议目标并制定实现这些目标的计划。将管理者希望在会议中达到的目标按重要性排序。指出预计在每项议程上花费的大致时间也会有所帮助。最后，事先将会议议程和拟探讨的问题告知与会者，同时让他们知道还有哪些人会参加。

（3）事先提供相关材料。除了制定会议议程，如果主持人还能事先向其他与会者提供相关报告或支持资料，会议往往会更加有效。在会议期间派发材料、等待人们阅读这些材料，都是在浪费宝贵的时间。如果主持人提前将材料发给与会者，大部分人会事先准备、阅读相关材料。几乎每个人都会对延长会议时间、将本可以提前做好的事放在会议期间来做表示不满。类似地，主持者需要事先准备好将在会议中演示的材料。如果主持者在会前不提供报告的正文，那么提供演示文稿的摘要以便会议期间做笔记，也是有益的做法。最后一点是，要确保提供了准确无误的信息。

（4）为与会者提供方便。使会议收益最大化的另一种方式是，尽可能挑选对所有与会者都很方便的时间和地点。除了能提高会议出席率，这么做还能使关键与会者免受其他问题的干扰。选择与会者认为方便的、与会议性质相匹配的地点时，一定要考虑以下问题：是否需要会议桌以便所有与会者可以围坐在桌旁，是否需要黑板、投影或类似的可视设备，是否需要咖啡或其他点心，以及如何找到会议地点的指示图。

（5）鼓励参与。领导者有责任鼓励参与，与会的每个人都应当有机会发言，并感到自己对会议成果有所贡献。在某些情况下，主持者需要请不爱发言的与会者参与，因为如果有机会，这些成员往往会为群体提供有价值的建议。此外，确保不爱发言的成员参与可以使你不会将一些人的安静理解为赞同或认可。同样，有时主持者需要缩短那些爱说话、乐于直言的与会者的发言。主持者只需指出群体已经充分了解他们的立场，此时听取别人的意见也会有所帮助，就能不失尊重地做到这一点。主持者也可以通过提供群体讨论的中期总结来鼓励有效参与。

（二）会中

（1）准时开会。要准时开始会议，因为等待迟到者是对准时到达者的不公，而且，这会发出关于会议严肃性的错误信息。主持者要预先计划、宣布会议的时间限制，并坚持遵守时间表。

（2）严格遵照会议日程。一旦会议开始，管理者坚持遵守议程安排是十分重要的。群体很容易转移目标，谈话内容可能离题万里，或者讲些友善和气的故事。尽管主持者应当设法保持一种合作、自在的会议气氛，但会议中宁可过于讲条例、公事公办，也不应让会议流于松懈、自由放任。如果一些事重要到足以被列入会议议程，那就确保在会议中安排讨论这些问题的时间。

（三）会后

做好会议记录，跟踪监督并反馈会议决议的实施情况。在会议期间，主持者可能清楚地了解所讨论的观点、各种决策或采取的行动，但不要过分信任自己的记忆力，以为这些信息都会保存下来。主持者应该花些时间来记录，这样在会后可以方便地重构与会者当时的想法，以及管理者采取（或者不采取）某种行动的原因。记录下决策和将要采取的行动，包括谁对此负有责任、任务完成的时间期限，这种记录对于准备未来的会议议程也是很有帮助的。对会议形成的决议要跟踪实施，并定期把实施情况对相关与会者进行反馈。

选择题（只有一个选项是正确的）

1. 如果一个组织中小道消息很多，而正式沟通的信息较少，这意味着该组织（ ）。

A. 非正式沟通渠道中信息传递顺畅，运作良好

B. 有相当多的人好搬弄是非，传播小道消息

C. 充分发挥了非正式沟通通道的作用，促进了信息交流

D. 正式沟通通道中信息传递存在问题，需要调整

2. 公司质管部经理老吕在质量管理的总体目标、步骤、措施等方面与公司主要领导者有不同看法。老吕认为，质量管理的重要性在公司上下并未得到充分重视；公司领导者则认为，他们十分重视产品质量问题，只是老吕的质量控制方案成本太高且效果不好。最近一段时间，这种矛盾呈现激化现象。一天上午，老吕接到公司周副总经理的电话，通知他去北京参加一个为期10天的管理培训班。而老吕则认为自己主持的质改推进计划正在紧要关头，一时脱不开身，公司领导者应该是知道这个情况的，他们做出这样的安排显然是不支持甚至是阻挠自己的工作。因此，老吕不仅拒绝了领导者的安排，还发了一通脾气；而公司周副总经理也十分恼火，认为老吕太刚愎自用，双方不欢而散。你认为这里出现沟通失败的最主要原因是（ ）。

A. 周副总经理发送的信息编码有问题

B. 信息传递中出现了噪声
C. 老吕对于周副总经理的反馈有问题
D. 老吕对于信息的译码出了问题

简答题

1. 举例阐述沟通的重要性。
2. 沟通中的噪声有哪些形式？
3. 沟通中的障碍有哪些？
4. 人际沟通的前提、起点、目标各是什么？
5. 应该如何组织会议？

案例分析

阿维安卡52航班

1990年1月25日晚上7点40分，阿维安卡52航班飞行在南新泽西海岸上空11 277.7米的高空。机上的油量可以维持近两个小时的航程，在正常情况下飞机降落至纽约肯尼迪机场仅需不到半小时的时间，可以说飞机上的油量足够维持飞机的飞行直至降落。然而，此后发生了一系列耽搁，最终导致了一场空难事故，机上73名人员全部遇难。

1月25日晚上8点，机场管理人员通知52航班，由于严重的交通问题，他们必须在机场上空盘旋待命。晚上8点45分，52航班的副驾驶员向肯尼迪机场报告他们的“燃料快用完了”。管理员收到了这一信息，但在晚上9点24分之前，没有批准飞机降落。在此之前，阿维安卡机组成员再没有向肯尼迪机场传递任何情况十分危急的信息。

晚上9点24分，由于飞行高度太低以及能见度太差，飞机第一次试降失败。当机场指示飞机进行第二次试降时，机组成员再次提醒燃料将要用尽，但飞行员却告诉管理员新分配的跑道“可行”。晚上9点32分，飞机的两个引擎失灵，1分钟后，另两个也停止工作，耗尽燃料的飞机于晚上9点34分坠毁于长岛。

调查人员找到了失事飞机的黑匣子，并与当事的管理员进行了交谈，他们发现导致这场悲剧的原因是沟通的障碍。

首先，飞行员一直说他们“燃料不足”，交通管理员告诉调查者这是飞行员们经常使用的一句话。当时间延误时，管理员认为每架飞机都存在燃料问题。但是，如果飞行员发出“燃料危急”的呼声，管理员有义务优先为其导航，并尽可能迅速地允许其着陆。遗憾的是，52航班的飞行员从未说过“情况紧急”，所以肯尼迪机场的管理员一直未能了解到飞行员所面对的是真正的困境。

其次，飞行员的语调也并未向管理员传递燃料危急的严重信息。许多管理员接受过专门的训练，可以在各种情境下捕捉到飞行员声音中极细微的语调变化。尽管机组成员相互之间表现出对燃料问题的极大忧虑，但他们向机场传达信息的语调却是冷静而职业化的。

最后，飞行员的文化、传统以及职业习惯也使飞行员不愿意声明情况紧急。如正式报告紧急情况之后，飞行员需要写出大量的书面汇报；同时，如果发现飞行员在计算飞行油量方面疏忽大意，联邦飞行管理局就会吊销其驾驶执照。这些消极措施极大地阻碍了飞行员发出紧急呼救的信息。在这种情况下，飞行员的专业技能和荣誉感不必要地变成了决定生死命运的赌注。

资料来源：阿维安卡52航班．(2012-12-07). http://yingyu.100xuexi.com/view/specdata/20121207/f6a0e126-0b74-4ce2-a9b7-5d908b98e63c.html.

思考题：

从沟通的视角，该案例能给你带来哪些启示？

第 10 章 控　制

控制工作是保证企业计划与企业的实际行动相适应的管理职能。控制工作的主要内容有确立标准、衡量绩效和纠正偏差。所有的管理者都应当承担控制的职责，选择和运用恰当的控制方法，有助于实现组织的目标。

第 1 节　控制概述

一、控制的含义

控制是对工作情况进行监督、对比并纠正的过程。管理者在对已经完成的工作与计划所应达到的标准进行比较之前，并不知道部门工作是否进行得正常。一个有效的控制系统可以保证各项行动完成的方向是朝着达成组织的目标。确定控制系统有效性的准则就是看它在帮助员工和管理者达成目标时做得如何。

控制的定义有三个关键点：一是控制的目标性，使控制对象沿着计划所制定的方向发展；二是控制的主要活动是“监视”和“纠偏”；三是控制是一个动态的循环过程，是一个系统。表 10－1 描述了三种不同的控制系统。

20 世纪 40 年代后期，控制论的产生和发展与管理理论相融合，随着电子计算机和网络系统的快速发展，信息系统被应用到管理系统当中成为重要的控制系统，这对管理控制起到了巨大的推动作用。20 世纪 80 年代以后，和现代科技相结合的管理信息系统、

表 10-1 三种控制系统的特征

控制类型	特征
市场	使用外在市场机制，如价格竞争和相对市场份额，在系统中建立使用标准；适用于产品或服务非常明确或确定及市场竞争激烈的公司
官僚	强调组织权威；依靠官僚及等级森严的制度，如规章、制度、过程、政策、行为规范、良好的工作描述和预算等来保证员工举止适当并且符合行为标准
小集团	依靠沟通的价值观、规范、传统、仪式、信念及其他组织文化方面的东西来调节员工的行为；适用于团体合作频繁且技术变化剧烈的公司

决策支持系统、专家系统、人工智能等丰富了现代管理的控制职能与方法，使控制的及时性、准确性和全面性有了大幅的发展与提高。

阅读材料

巴林银行倒闭

1995 年 2 月 27 日，英国中央银行宣布英国商业投资银行——巴林银行因经营失误而倒闭。消息传出，立即在亚洲、欧洲和美洲的金融界引起一连串强烈的波动。东京汇市英镑兑马克的汇率跌至近两年最低点，伦敦股市也出现暴跌，纽约道·琼斯指数下降了 29 个百分点。

此时，人们无法理解这一结果，有着 233 年历史的巴林银行为什么就垮了呢？巴林银行旗下拥有 4 万员工，下属 4 个集团，全球几乎所有地区都有其分支机构，如此庞大的一个商业帝国，怎么说垮就垮了？

据业内人士分析，巴林银行的垮台全因一个人——李森，此人曾是巴林银行最优秀的交易员之一。李森当年才 28 岁，是巴林银行新加坡分行的经理。从李森的简历上我们得知，他是 25 岁进入巴林银行的，主要做期货买卖。之前李森的工作相当出色，业绩更是扶摇直上。据内部资料显示，李森一个人挣的钱一度达到整个银行其他人的总和。为了表示对人才的重视，巴林银行董事会给李森授予一把尚方宝剑：享有先斩后奏的权力。

俗话说："欲令其亡，必令其狂"。巴林银行此举注定是一条灭亡之路。从 1994 年底开始，李森武断地认为日本股市将上扬，所以未经领导者批准就套汇衍生金融产品交易，期望利用不同地区交易市场上的差价获利。李森的这个动作是极其危险的，明眼人都看得很清楚，要是放在别人身上，早就被揪出来了，可是李森有先斩后奏的权力，很多人也就顺从了李森的决定。后来，在已购进价值 70 亿美元的日本日经股票指数期货后，李森又在日本债券和短期利率合同期货市场上做了价值 200 亿美元的空头交易。至此，李森已经把整个巴林银行都压在日经指数会升值上面了。

事情却朝着糟糕的方向发展，日经指数并未按照李森的预测走，而是在 1995 年 1 月降到了 18 500 点以下。在此点位下，每下降 1 点，巴林银行就损失 200 万美元。面对困局，李森也有点懵了，他试图通过大量买进的方法促使日经指数上升，但失败了。随着日经指数进一步下跌，李森越亏越多，10亿美元在弹指一挥间化为乌有。要知道，整个巴林银行的资本和储备金只有8.6亿美元。后来，英格兰银行也采取了一系列拯救措施，但终究杯水车薪，拥有233年历史的巴林银行彻底退出了历史的舞台。

资料来源：张斌．总经理必读的209个经典管理故事．北京：中国纺织出版社，2015.

二、控制的类型

管理中的控制手段可以在行动开始之前、进行之中或结束之后进行。第一种称为前馈控制，第二种称为同期控制，最后一种称为反馈控制。

（一）前馈控制

前馈控制（feed forward control）又称预先控制、事先控制，是指通过观察情况、掌握规律、收集整理信息、预测趋势等活动，正确预计未来可能出现的问题，在其发生之前采取措施及时纠正，将可能发生的偏差消除在萌芽状态。前馈控制是人们最希望采取的控制类型，它能避免预期出现的问题。

前馈控制的核心问题是防止企业所使用的资源在数量和质量上可能产生的偏差，其基本形式是合理配置资源，主要包括：人员的挑选与配备；物资、技术设备等在数量、质量、时间、空间上要与未来工作需要相适应；资金数量、来源、经费开支的合理预算等。

前馈控制可以通过动态的调整保持计划本身的正确性，从而使计划对其实施过程起到直接有效的控制作用。如此看来，前馈控制同计划存在一定的相似性，都是在经济活动发生之前就做出必要的规划和预期。两者的区别在许多时候并不是非常明显。不过，一般来说，计划更强调经济活动整体的目标和发展方向，前馈控制则着重说明在事物未来发展过程中可能出现的各种具体问题以及为避免问题的发生需要事先采取的一些有效措施。

阅读材料

李渔如何防盗版

李渔是明末清初时期的戏曲家，浙江兰溪人，生平写了许多著作，可有很多书刚一推向市场，就被大量无良书商疯狂盗印，所以李渔的书尽管很受欢迎，他却没能从中获得多少利益。清顺治八年（1651年），暂居南京的李渔完成了第一部传奇《怜香伴》。根据以往的经验，李渔断定这本书一旦付梓上市，立刻会引来非法书商的猖獗盗版。到那时，自己呕心沥血多年的成果，只是为他人作嫁衣。

虽说遭盗印后可以状告那些无良书商，但是，自己也要遭受损害，而且盗版商远不止一两家，要一家家地找出来对簿公堂，既费时又费力。怎样才能避免这种事情发生呢？李渔坐在房间里，整整想了一个晚上。

第二天早上，李渔挥笔写了一份诉状，并且装束一新地对家人众仆说要去南京府衙告状。家人忙问他发生了什么事、去告什么状，李渔回答："昨日我有一批新书从兰溪老家运往南京，不料刚一进入南京地界就被强盗劫去了。遭遇这种事情，我岂能不去衙门报案？"

家人一听吓坏了，但是又觉得这与事实不符。别说自家老爷子在这一年里根本没有回过兰溪，就连书稿也是几天前才整理好，啥时候印刷的？

李渔不管他们怎么想，三步并成两步，匆匆来到南京府衙，把刚才对家人说的那番话重新对南京的知府大人细述了一遍，然后强调说："大人啊，遭劫的这批书是我第一次印刷出来，尚未在市场上流通。所以，如果有谁在卖我的那些书，谁就是强盗，最起码也跟强盗有关。"

知府大人也是一个爱读书的文化人，并且疾恶如仇，更何况他也久仰李渔的名声，读过不少李渔的著作，对李渔钦佩有加。现在李渔报案说他的书被劫，当然非常重视，赶紧立案，天天派出大批衙丁到市场上去查找，看有谁在那里卖《怜香伴》。

李渔开始正式印刷这本书，正规书商当然不会错过这么好的机会，纷纷前来批发取货，投放到市场上后，立刻受到南京百姓的疯抢。李渔把这些正规书商统一做了登记，然后把名单交给南京府衙，告诉他们哪些人是正规书商，以免衙门误抓。

于是，很有趣的局面出现了：一边是衙门在市场上到处查找有没有人卖那些被抢的书，一边是正规书商不断从李渔手上拿书投向市场。而那些平时靠印刷盗版书吃饭的无良书商看到市场上风声这么紧，哪还敢再盗印李渔的书。做不成生意、挣不到钱事小，被当成强盗或者强盗的合伙人抓起来，那就可怕了。在随后的数年时间里，李渔的《怜香伴》都一直没人敢盗版。

资料来源：陈亦权．李渔如何防盗版．(2014－06－16). http：//epaper. qingdaonews. com/html/lnshb/20140616/lnshb738207. html.

（二）同期控制

同期控制（concurrent control）又称即时控制、过程控制、事中控制等，是发生在活动进行之中的控制。在活动进行之中予以控制，管理者可以在发生重大损失之前及时纠正问题。

最常见的同期控制方式是直接观察。走动管理（management by walking around）描述的是管理者到达工作现场，直接与员工交流。当管理者进行走动管理时，他们使用的是同期控制。当管理者直接视察下属的行动时，管理者可以同时监督雇员的实际工作，并在发生问题时马上进行纠正。虽然在实际行动与管理者做出反应之间肯定会有一段延迟时间，但这种延迟是非常小的。问题通常可以在出现大量资源浪费或重大损失之前就得以解决。技术设备（计算机、数控机床等）可以设计成具有同期控制的功能。例如，你可能会有这一同期控制经历：使用一些计算机软件如文字处理软件时，如果出现拼写错误或语法错误，就会出现一个提示警告。此外，许多组织的质量控制程序依赖同期控制来通知个人他们所做的工作质量不高，未达到要求。

阅读材料

没有靠背的椅子

麦当劳快餐店创始人雷·克洛克是美国社会最有影响的十大企业家之一。他不喜欢整天坐在办公室里，大部分工作时间都用在走动管理上，即到各部门走走、看看、听听、问问。麦当劳公司曾有一段时间面临严重亏损的危机，克洛克发现其中一个重要原因是公司各职能部门的经理有严重的官僚主义，习惯靠在舒适的椅背上指手画脚，把许多宝贵时间耗费在抽烟和闲聊上。于是克洛克想出一个“奇招”，将所有经理的椅子靠背锯掉。开始很多人骂克洛克是个疯子，不久大家就体会到了他的一番苦心。他们纷纷走出办公室，深入基层，开展走动管理，及时了解情况，现场解决问题，终于使公司扭亏转盈。

资料来源：第 395 讲：麦当劳把中层领导的椅子靠背锯掉，到底为啥?.（2017－08－18）. http：//www. sohu. com/a/165701034 _ 705525.

（三） 反馈控制

反馈控制（feedback control）又称事后控制，是指把计划执行最终结果的考核分析作为纠正未来行为依据的一种控制方式。反馈控制发生在行动之后，其主要缺点在于，管理者获得信息时浪费或损失就已经造成了。但是在许多情况下，反馈控制是唯一可用的控制手段。例如，财务报表就是一种反馈控制的例子。如果收入表中显示销售收入下降，则销售收入下降已经发生。因此管理者这时唯一的选择就是找出销售收入下降的原因并改变目前的状况。

反馈控制有两个优点。首先，反馈控制为管理者提供了关于计划的效果究竟如何的真实信息。如果反馈显示标准与现实之间只有很小的偏差，则说明计划的目的达到了；如果偏差很大，管理者就应该利用这一信息使新计划制定得更有效。其次，反馈控制可以增强员工的积极性。因为人们希望获得评价他们业绩的信息，而反馈正好提供了这样的信息。

阅读材料

扁鹊的医术

魏文王问名医扁鹊：“你们家兄弟三人，都精于医术，到底哪一位最好呢?”

扁鹊答说：“长兄最好，中兄次之，我最差。”

文王再问："那为什么你最出名呢？"

扁鹊答说："我长兄治病，是治病于病情发作之前。由于一般人不知道他事先能铲除病因，因此他的名气无法传出去，只有我们家的人才知道。我中兄治病，是治病于病情初起之时。一般人以为他只能治轻微的小病，所以他的名气只及于本乡里。而我扁鹊治病，是治病于病情严重之时。一般人都看到我在经脉上穿针管来放血、在皮肤上敷药等大手术，所以以为我的医术高明，名气因此响遍全国。"

资料来源：由扁鹊三兄弟典故引发的思考．(2016－05－31)．https：//www. jianshu. com/p/f5f9e78dac59.

三、控制的过程

计划能为管理者和员工指明特定的方向。但是，制定好的计划常会偏离预计的轨道，有效的管理者应该始终监督管理对象采取的行动。事实上，管理是一个持续的过程，作为管理过程的最后一个步骤，控制活动提供了回到计划的关键联系，如图 10－1 所示。

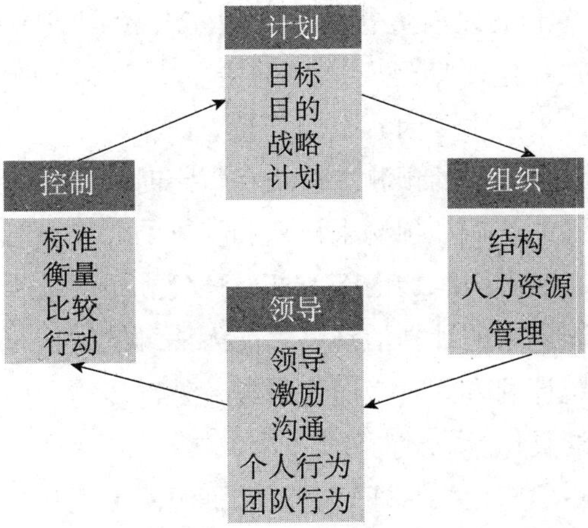

图 10－1　计划-控制链

控制是指根据计划的要求，设立衡量绩效的标准，然后把实际工作结果与预定标准相比较，以确定组织活动中出现的偏差及其严重程度；在此基础上，有针对性地采取必要的纠正措施，以确保组织资源的有效利用和组织目标的圆满实现。控制的过程包括三项基本工作：确立标准、衡量绩效和纠正偏差。

（一）确立标准

1. 控制的标准

标准是人们检查和衡量工作及其结果的规范。标准是衡量绩效和纠正偏差的客观依据。在控制过程中我们衡量什么是比如何衡量更重要的一个问题。为什么？错误地选择了标准，将会导致严重的后果。此外，我们衡量什么将会在很大程度上决定组织中的员工追求什么。

控制的标准一般分为：第一，空间标准，即指组织的使命、目标、经营范围、活动区域等。第二，时间标准，即完成一定工作所需的时间限度，如工时、交货日期等。第三，生产率标准，即在规定时间里应该完成的工作量，如产销量等。第四，消耗标准，即完成工作所需要的有关消耗，如单位产品成本等。第五，质量标准，即工作应达到的要求，或者是产品或劳务所应达到的品质标准品的合格率、等级等。第六，行为标准，即对员工规定的行为准则要求，如对公共汽车乘务员的仪表、态度的要求等。

当一种衡量成绩的指标不能用定量的方式表达时，管理者应该寻求一种主观衡量方法。当然，主观衡量方法具有很大的局限性，但总比什么标准都没有要好，比没有控制机制要好。以难以度量为借口来避免对主要的活动进行衡量是不可取的。

2. 确定控制对象

由于控制标准的具体内容取决于控制对象，因此在建立标准之前，首先要分析组织中哪些事物需要加以控制。确定控制对象是决定控制标准的前提。要保证组织取得预期的成果，必须在成果最终形成以前进行控制，纠正与预期成果要求不相符的活动。为此，需要分析影响组织在一定时期经营成果的主要因素，并把它们列入需要控制的对象。通常影响组织经营成果的主要因素有以下几方面。

一是环境状况及其发展趋势的预测。组织在特定时期的经营活动是根据决策者对经营的内部环境和外部环境的认识和预测来计划和安排的。如果管理者所预测的内部和外部环境和条件没有出现，或者组织的内部或外部环境和条件发生了某种难以预料和不可抗拒的变化，那么，组织原来的计划活动将可能无法继续进行，从而预期的结果无法实现。因此，管理者在制定计划方案时，应将对经营外部环境和内部环境的认识作为控制对象，列出正常情况下的具体标志或标准。

二是资源投入。组织经营成果是通过对一定资源的加工转换得到的，组织目标的实现在相当大的程度上依赖组织的各种资源是否充足和优质，没有或缺乏这些资源，组织经营就会成为无源之水、无本之木。组织的各种活动实质上是对人、财、物、信息、机会等资源综合利用的过程。这些资源不仅会在数量上影响组织的正常运行，而且会在质量上影响组织活动的效率和效果，直接关系到组织的最终成果，其取得留用会影响生产成本，从而影响经营的盈利程度。因此，必须对投入的资源进行控制，使之在数量、质量以及价格等方面符合预期经营成果的要求。对资源投入的控制应以前馈控制为主。

三是组织的活动。组织活动中的人是最重要的资源，投入生产经营的各种资源只有通过全体员工在不同时间和空间上利用一定技术和设备，进行不同内容的加工劳动才能最终得到。组织成员的数量和素质是决定组织活动成果的重要因素，是组织目标能否实现的关键。只有使员工的活动符合计划的要求，才能在较大程度上保证组织活动的最终成果。为此，应当把组织成员的活动作为控制对象，通过制定组织政策，建立员工的工作规范、各部门和各员工在各个时期的阶段成果的评定标准，对他们的活动进行控制。

组织成员的控制应以同期控制和前馈控制为主。

3. 选择控制的重点

不论是从经济性的角度，还是从可行性的角度考虑，组织要对所有成员的所有活动都进行控制是不现实的。管理者必须选择需要特别关注的地方，以确保整个工作按计划和要求执行。因此，要在影响组织成果的诸多因素中选择若干关键因素作为重点控制对象，即控制关键点。关键点一般是计划实施过程中起决定作用的因素，或者是容易产生偏差的因素，或者是能够比其他因素更清楚地体现计划是否得以有效实施，对全局有根本影响作用、决定组织活动成败的因素。如美国通用电气公司选择对企业经营成败起决定作用的八个方面作为控制对象，并建立了相应的控制标准。这八个方面是获利能力、市场地位、生产率、产品领导地位、人员发展、员工态度、公共责任和短期目标与长期目标的平衡。

4. 制定标准的方法

标准是衡量实际工作绩效的依据和准绳。标准源于组织目标，但不等于组织目标。标准的设立应具有权威性，可以用来对实际行动进行度量。标准是通过计划职能产生的；在制定控制标准时，对于不同的控制对象应有不同的控制方法，任何一项具体工作的衡量标准都应该从有利于组织目标实现的总要求出发来制定。一般来说，建立控制标准的方法主要有以下三种。

一是统计标准，或称历史标准。它是以分析反映组织经营在历史上各个时期状况的数据为基础来为未来活动建立的标准。这些数据可能来自本组织的历史统计，也可能来自其他组织的经验；该标准可能是历史数据的平均数，也可能是高于或低于中位数的某个数。这种方法常用于拟定与组织的经济效益有关的标准。

二是工程标准。它是在对具体工作所做的客观定量分析的基础上制定得出的标准。它不是利用现成的历史数据，也不是依靠管理者的经验，而是从实际发生的活动中得到的符合实际的可靠标准。工程标准法主要适用于测量生产者个人或组织的产出定额标准。这种方法订立的标准一般更科学、更可靠，因为它以实际测量为基础。但是这种方法也有一定的局限性，即有些实际工作测量的难度是很大的，而且，现在的实际情况又难以反映未来的可能变化。

三是经验标准。这种方法是利用各方面管理人员的知识和经验，综合每个人的判断，给出一个相对先进合理的标准。这种方法比较重视新的情况，有利于发挥管理人员的技能。利用这种方法来建立工作标准时，要注意利用各方面管理人员的知识和经验，综合判断，给出一个相对先进合理的标准。经验标准法通常是对统计标准和工程标准的一种补充。

（二）衡量绩效

衡量绩效要求管理者用预定标准对实际工作的成效和进度进行检查、衡量和比较，从而及时掌握反映偏差是否产生并能判定其严重程度的信息。这项工作包括两个方面：一是衡量工作；二是分析衡量结果。这是控制过程的信息收集阶段，也是为纠正偏差做好切实准备的活动。

1. 衡量工作

衡量工作是指控制人员运用预定标准对实际工作成效和进度进行检查、衡量和比较，为管理者及时准确地提供能够反映偏差的信息。为此，管理者要收集实际工作的数据，了解和掌握工作的实际情况。收集实际工作数据一般有以下几种常用的方法：个人观察、统计报告、口头汇报和书面报告。表10－2总结了每一种信息的优点和缺点。对于大多数管理者来说，综合使用这几种方法可以增加信息的来源和获得可靠的信息。

表10－2　　测量工作绩效的信息的一般来源

来源	优点	缺点
个人观察	获得第一手资料 信息没有过滤 工作活动的范围集中	受个人偏见的影响 浪费时间 有贸然闯入的嫌疑
统计报告	直观 有效地显示数据之间的关系	提供的信息有限 忽略了主观方面的因素
口头汇报	获得信息的快捷方式 可以获得口头和非口头的反馈	信息被过滤了 信息不能存档
书面报告	全面 正式 易于存档和查找	需要更多的准备时间

阅读材料

肯德基的工作质量控制

肯德基的门店遍布全球。然而，肯德基在万里之外，又怎么能相信它的门店能循规蹈矩呢？

一次，上海肯德基有限公司收到了3份总公司寄来的鉴定书，对外滩快餐厅的工作质量分3次进行鉴定，分别为83分、85分、88分。公司中外方经理都为之瞠目结舌，这三个分数是怎么评定的？原来，肯德基雇用、培训了一批人，让他们佯装顾客进入店内进行检查评分。这些“特殊顾客”来无影去无踪，这就使餐厅经理、雇员时时感到某种压力，丝毫不敢疏忽。

资料来源：“肯德基的特殊顾客”给我们的启示．（2014－12－05）．http：//bbs.zhongcai.com/thread-334393-1-1.html.

2. 分析衡量结果

分析衡量结果的工作就是要将标准与实际工作的结果进行对照，并分析其结果，为进一步采取管理行动做好准备。比较的结果主要有两种可能：一种是存在偏差，另一种是不存在偏差。实际上并非与标准不符合的结果都被归结为偏差，往往有一个与标准稍有出入的允许浮动范围。如果实际工作结果不在允许范围之内，就可认为是发生了偏差。这种偏差有两种：一种是正偏差，即实际结果超出了标准的要求；另一种是负偏差，即结果没有达到标准。如果出现负偏差，就要进一步分析产生的原因。即使出现正偏差，也要分析产生的原因。

由于工作的结果是由多方面因素决定的，因此偏差产生的原因也是多种多样的。一般来说，偏差产生的原因有三种：一是计划或标准本身就存在偏差；二是由于组织内部因素的变化，如营销工作组织不力、生产人员工作懈怠等；三是由于组织外部环境的影响，如宏观经济的调整等。虽然各种原因可以归结为这三点，但要做出具体的分析，不仅要求有完善的控制系统，还要求管理者具备细致的分析能力和丰富的控制经验。分析衡量结果是控制过程中最需要理智的环节。组织是否要采取管理行动，就取决于对结果的分析。

为了及时准确地提供能够反映偏差的信息，同时又符合控制工作在其他方面的要求，管理者在衡量工作成效的过程中应注意以下问题。

一是通过衡量成绩，检验标准的客观性和有效性，利用预先制定的标准去检查各部门、各阶段和每个人的工作。衡量过程中的检验就是要辨别并提出那些不能为有效控制提供必需的信息、容易产生误导作用的不适宜标准，找出控制对象的本质特征，从严制定出科学的控制标准。

二是确定适宜的衡量频度。有效的控制要求确定适宜的衡量频度，即衡量频度不仅体现在控制对象的数量上，而且体现在对同一标准的测量次数或频度上。对影响某种结果的要素或活动过于频繁地衡量，不仅会增加控制的费用，而且可能引起有关人员的不满，从而影响他们的工作态度；而检查和衡量的次数过少，则可能使许多重大的偏差不能及时发现，从而不能及时采取措施。适宜的衡量频度取决于控制活动的性质、控制活动的要求。控制对象可能发生重大变化的时间间隔，是确定适宜的衡量频度所需要考虑的主要因素。对那些长期的较高水平的标准，适合采取年度控制；而对产量、出勤率等短期、基础性的标准，则需要比较频繁的控制。

3. 建立信息反馈系统

为了确定实际工作的绩效究竟如何，管理者需要收集必要的信息。负有控制责任的主管人员只有及时掌握反映实际工作与预期工作绩效的偏差信息，才能迅速采取有效的纠正措施，不精确、不完整、过多或延误的信息将会严重阻碍他们的行动。为纠正偏差应该建立有效的信息反馈网络，使反映实际工作情况的信息能迅速收集上来。

从管理控制工作职能的角度看，除了要求信息的准确性，还要符合三个基本要求。

首先，信息的及时性。及时性有两层含义：一方面要求对那些时过境迁就不能追忆和不能再现的重要信息及时记录；另一方面要求信息的加工、检索和传递快。

其次，信息的可靠性。可靠性除了与信息的精确程度有关，还与信息的完整性有关。要提高信息的可靠性，最简单的办法是尽可能多地收集相关信息。

最后，信息的适用性。适用性有两个基本要求：一是管理控制工作需要的是适用的信息；二是信息必须经过有效的加工、整理和分析，以保证在管理者需要的时候能够提供精练而又满足控制要求的全部信息。

（三）纠正偏差

利用科学的方法，依据客观的标准，对工作绩效进行衡量，可以发现计划执行中出现的偏差。纠正偏差就是在此基础上，分析偏差产生的原因，制定并实施必要的纠正措施。这项工作使控制过程得以完善，并将控制和管理的其他职能相互联接：通过纠偏，使组织计划得以遵循，使组织结构和人事安排得到调整。为了保证纠偏措施的针对性和有效性，必须在制定和实施纠偏措施的过程中注意下面几项工作。

1. 找出偏差产生的原因

在衡量绩效的结果以及反映出工作偏差的情况下，就要对产生偏差的原因进行分析。实际上，并非所有的偏差都可能影响企业的最终成果。在某些活动中，偏差是在所难免的。有些偏差可能是由于计划本身和执行过程中的问题造成的，而另一些偏差则可能是由于偶然的、暂时的局部因素引起的，不一定会对组织活动的最终结果产生重要影响。因此，在采取纠正措施以前，必须对反映偏差的信息进行评估和分析，只有先找出产生偏差的原因，才能有针对性地采取纠正措施。

纠正措施的制定是以对偏差原因的分析为依据的，而同一偏差则可能由不同的原因造成。管理者必须把精力集中于查清问题的原因，既要查清内部的因素，也要查清外部环境的影响，寻找问题的本质。评估和分析偏差信息时，首先，要判别偏差的严重程度，判断其是否会对组织活动的效率和效果产生影响，是否值得分析原因和纠偏；其次，要透过表面现象找出造成偏差的深层原因，在众多的深层原因中找出最主要者，为纠偏措施的制定指明方向。

产生偏差的原因有以下几个：一是计划或标准本身不合理；二是外部环境发生重大变化；三是计划的执行及控制不当。

2. 确定纠偏措施的实施对象

需要纠正的不仅可能是企业的实际行动，也可能是组织这些活动的计划或衡量这些活动的标准。大部分员工没有完成劳动定额，可能并不是全体员工的抵制，而是定额太高；承包后企业经理的兑现收入可高达数万元甚至数十万元，可能并不是其经营性的努力数倍或数十倍于工人，而是由于承包基数不恰当或确定经营者收入的挂钩方法不合理；企业产品销售量下降，可能并不是由于质量低劣或价格不合理，而是由于市场需求的饱和或周期性的经济萧条。在这些情况下，首先要改变的是衡量这些工作的标准或指导工作的计划。

预定计划或标准的调整是由两种原因导致的：一是原先的计划或标准制定得不科

学，在执行中发现了问题；二是原来正确的标准和计划，由于客观环境发生了变化，不再适应新形势的需要。负有控制责任的管理者应该认识到，外界环境发生变化以后，如果不对预先制定的计划和行动准则及时进行调整，那么，即使内部活动组织得非常完善，企业也不可能实现预定的目标。如果消费者的需求偏好转移，这时，企业的产品质量再高，功能再完善，生产成本、价格再低，仍然可能找不到销路，不会给企业带来期望的利润。

3. 选择恰当的纠偏措施

针对产生偏差的主要原因，就可以制定改进工作或调整计划的纠偏方案。纠偏措施的选择和实施过程中要注意以下几个方面。

第一，使纠偏方案双重优化。就是为了防止现行的标准造成企业的损失，为了实现企业制定的目标，才执行纠偏这个步骤。所以使纠偏方案双重优化的第一重优化，就是指考虑纠偏工作的经济性问题。如果发现纠偏工作的成本大于偏差可能带来的损失，管理人员将放弃纠偏行动。若要纠偏，应使纠偏的成本小于偏差可能带来的损失。第二重优化是在此基础上，通过对各种纠偏方案的比较，找出其中追加投入最少、成本最小、解决偏差效果最好的方案来组织实施。

第二，充分考虑对原先计划实施的影响。在实行纠偏时，原先的计划已经执行了一段时间，但是存在一定的问题，原因在于伴随着对客观环境的认识能力提高，或者由于客观环境本身发生了变化，可能会导致对部分原先计划甚至全部计划的否定，从而要求对企业活动的方向和内容进行重大的调控。这种调整类似于追踪决策的性质。追踪决策是相对于初始决策而言的。在制定和选择追踪决策的方案时，要充分考虑到伴随着初始决策的实施已经消耗的资源，以及这种消耗对客观环境造成的种种影响和人员思想观念的转变。

第三，注意消除组织成员对纠偏措施的疑虑。任何纠偏措施都会在不同程度上引起组织的结构、关系和活动的调整，涉及某些组织成员的利益。控制人员要充分考虑到组织成员对纠偏措施的不同态度，特别是要注意消除执行者的疑虑，争取更多的人理解、赞同和支持纠偏措施，以避免在纠偏方案实施过程中可能出现的人为障碍。

阅读材料

大润发

大润发最内核的“机密”就是行业里流传的“葵花宝典”——标准作业程序（SOP），也叫“营运人员规范手册”，大润发每年都会在公司内部举办 SOP 竞赛。

一位离职多年的大润发前员工仍为公司保守着这个“机密”，他只对记者说，“一切都是系统决策，系统会告诉你在哪里填表，扔到哪个地方去，走什么流程最快。出了问题也不用找谁，去系统查一下就好，每个人根据自己的权限去查怎么操作。”

“响应速度快，不官僚，不以人的意志为核心，以系统为核心，系统大于一切。”

他说。

这个规范手册装在公司电脑里，时时更新。他说，公司的营运规范是有保密权限的，员工用本课的密码只能看到本课的规范，而且公司也一直宣导营运规范要保密，不能打印只能看。这或许是大润发最难被复制的地方，一位网友说，即便外人拿到了所有部门的SOP精髓，也不能执行下去。

想学大润发并不容易。单单卫生一项，就足以让人“抓狂”。卖场每天上万客流，但地板干净得没有一点污渍。上海一号店闸北店从2008年换上镜面砖，已经六七年，地板仍光洁如新。怎么做到的？大润发定期维护，做深度保养，单单地面砖要打磨十几二十几遍。卫生间门口贴着检查表，从早7：30到晚22：30，每个小时都要检查填表，内容有5项：地面、蹲位便池、洗手台、气味、清洁工具，检查人有两位：保洁主管和顾客服务课长，要分别检查打钩。

正因为有这样成熟的运作机制，才使得黄明端这位大润发卖场的缔造者现在可以放心地把更多精力投入飞牛网，而大润发的门店仍旧可以自如地运转。不过在电子商务的冲击下，大润发的业绩也出现了放缓。尽管如此，大润发仍旧被很多人视作零售业的样板公司。京东商城投资人、高瓴资本创始人张磊曾经专门组织京东管理层到大润发来交流，不是教大润发如何做电商，而是让大润发教京东如何做零售。

资料来源：张东亚．大润发你学不会：隐形冠军的制胜秘籍．(2014－09－05). http：//www.iceo.com.cn/mag2013/2014/0905/294115.shtml.

四、有效控制

控制的目的是保证企业活动符合计划的要求，以有效地实现预定目标。为此，有效的控制应具备下述特征。

（一）有控制意愿

管理者要意识到自己是可以施加影响的，拥有控制意愿是有效控制的前提。微观层面的家庭中，父母对子女的教育和成长可以施加影响。如果抱着“顺其自然”“树大自然直”的观念，或者以工作或谋生为借口把孩子推给老人，父母就难以保证孩子成人成才，而且很可能导致孩子因溺爱、缺少陪伴而产生自闭、没有良好的学习习惯和生活习惯、人际沟通与交往能力差等问题。宏观层面的机关、企业乃至国家中，管理者应该意识到运用自己手中的权力可以协调组织内外部资源，对控制对象施加影响，以实现组织的目标。

（二）适时控制

纠偏的最理想方法应该是在偏差产生以前，就注意到偏差产生的可能性，从而预先采取必要的防范措施，防止偏差产生。如果由于某种无法抗拒的原因，偏差不可避免，那么这种认识也可以指导企业预先采取措施，消除或遏制偏差产生后可能给企业造成的不利影响。

管理者可以通过建立企业经营状况的预警系统来实现控制。管理者可以为需要控制的对象建立一条警戒线，反映经营状况的数据一旦超过这条警戒线，预警系统就会发出警报，提醒人们采取必要的措施防止偏差的产生和扩大。质量控制图就是一个简单的预警系统，如图 10－2 所示。

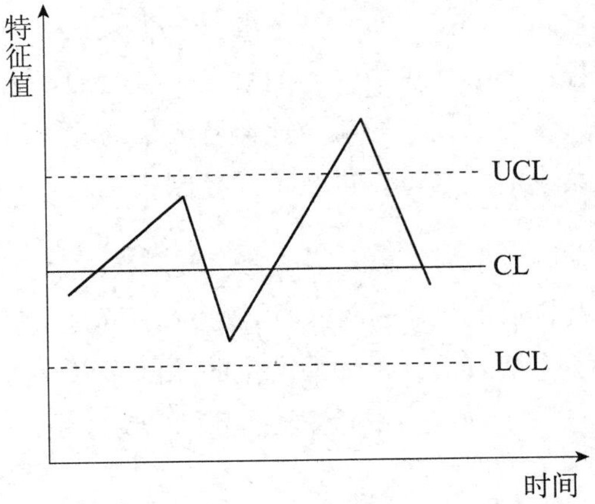

图 10－2　质量控制预警系统

图 10－2 中，纵轴表示反映产品某个质量特征或某项工作质量完善程度的数值，横轴表示进行控制的时间，中心线（center line，CL）表示反映质量特征的标准状况，UCL（upper control limit，UCL）和 LCL（lower control limit，LCL）分别表示上下预警线。反映质量特征的数据如果始终分布在 CL 周围，则表示质量"处在控制中"；一旦超出 UCL 或 LCL，则表示出现了质量问题。在这以前，质量控制人员就应引起警惕，注意质量变化的趋势，制定或采取必要的纠正措施。

（三）适度控制

适度控制是指控制的范围、程度和频度要恰到好处。实现这种恰到好处的控制要注意以下几个方面的问题。

1. 防止控制过多或控制不足

适度的控制应能同时体现两个方面的要求：其一，过多的控制对组织成员行为有过多的限制，会扼杀他们的积极性、主动性和创造性，抑制他们的创新精神，从而影响个人能力的发展和工作热情的提高，最终会影响企业的效率；其二，控制过少，不能使组织活动有序地进行，不能保证各部门的活动进度协调，会造成资源的浪费，还可能使组织中的个人无视组织的要求，我行我素，不提供组织所需的贡献，甚至利用在组织中的便利谋求个人利益，最终导致组织的涣散和崩溃。

判断控制程度是否适当的标准，通常要随活动性质、管理层级以及下属受培训程度等因素而变化。一般来说，科研机构的控制程度应小于生产劳动组织；企业中对科室人员工作的控制要少于现场的生产作业；对受过严格训练从而能力较强的管理人员的控制要低于缺乏必要训练的新任管理者或单纯的执行者。此外，企业环境的特点也会影响人们对控制严厉程度的判断：在市场疲软时期，为了共渡难关，部分员工会同意接受比较严格的行为限制；而在经济繁荣时期，他们则希望工作中有较大的自由度。

2. 处理好全面控制与重点控制的关系

任何组织都不可能对每一部门、每一环节的每一个人在每一时刻的工作情况进行全面的控制。全面系统的控制不仅代价极高，而且是不可能的，也是不必要的。适度的控制要求企业在建立控制系统时，找出影响企业经营成果的关键环节和关键因素，并据此在相关环节上设立预警系统或控制点，进行重点控制。

3. 保证控制效率

控制有效率是指花费较低的控制费用投入，达成较高的控制收益产出。任何控制都需要一定的费用。衡量工作绩效，分析偏差产生的原因，以及为了纠正偏差而采取的措施，都会带来一定的收益。一项控制只有当它带来的收益超出其所需成本时，才是值得的。

（四）客观控制

有效的控制必须是客观的、符合企业实际的。客观的控制源于对企业经营活动状况及其变化的客观了解和评价。为此，控制过程中采用的检查、测量的技术与手段必须能正确地反映企业经营在时空上的变化程度与分布状况，准确地判断和评价企业各部门、各环节的工作与计划要求符合或背离的程度，这种判断和评价的准确程度还取决于衡量工作成效的标准是否客观和恰当。为此，企业还必须定期检查过去规定的标准和计量规范，使之符合现实的要求。另外，由于管理工作带有主观性，只要是凭主观来控制的地方，都会影响对业绩的判断。没有客观的标准和准确的检测手段，人们对企业实际工作就不易有一个正确的认识，从而难以制定出正确的措施，进行客观的控制。

（五）弹性控制

企业在生产经营过程中经常可能遇到某种突发的、无力抗拒的变化，这些变化使企业计划与现实条件严重背离。有效的控制系统应在这样的情况下仍能发挥作用，维持企业的运营，也就是说，应该具有灵活性或弹性。

弹性控制通常与控制的标准有关。比如，预算控制通常规定了企业各经营单位的主管人员在既定规模下能够用来购买原材料或生产设备的经营额度。这个额度如果规定得绝对化，一旦实际产量或销售量与预测数值存在差异，预算控制就可能失去意义：经营规模扩大，会使经营单位感到经费不足；而销售量低于预测水平，则可能使经费过于宽绰，甚至造成浪费。有效的预算控制应能反映经营规模的变化，并且考虑到未来企业经营可能出现的不同状况，从而为经营规模的参数值规定不同的经营额度，使预算在一定范围内是可以变化的。一般来说，弹性控制要求企业制定弹性的计划和弹性的衡量标准。

阅读材料

晏婴纠正君过

春秋时代，当了 30 年齐国大臣的晏婴是位著名的政治家。《左传》中有颇多晏婴的记载，比如，晏婴经常劝齐景公要爱民，但齐景公却总是扰民。

有一次，齐景公强令民工造大台，闹得齐国民不聊生，众百姓苦不堪言。正巧晏婴出使回来目睹了这一场景，他马上进言齐景公不要造台，齐景公勉强同意了。晏婴却不急于回家，而是立即赶到工地，催促民工抓紧干活，稍有懈怠，就以鞭子抽打。晏婴骂累了、打累了，这才回家。他刚离开工地，齐景公的传令官就到了，下令停止施工，民工解散，可以回去和家人团聚。听闻此令，民工齐声欢呼，好像遇到大赦一般，高高兴兴地回家去了。

晏婴这样做，是故意把“贤名”让给君王，把“恶名”留给自己。孔子对他大为欣赏，说他既纠正了君王的过失，又使百姓感受到了君王的仁义。

资料来源：晏婴让“贤名”.(2007-06-18). http://www.foodmate.net/hrinfo/story/11989.html.

第 2 节　控制方法

企业管理实践中有多种控制方法。事实上，好的计划和制度本身就是一种非常好的控制方法。管理人员除了利用现场巡视、监督或分析下属的工作报告等手段进行控制，还经常借助预算控制、财务控制、生产控制等方法。

阅读材料

知县治堤

春秋时期，楚国令尹孙叔敖在苟陂县一带修建了一条南北水渠。这条水渠又宽又长，足以灌溉沿渠的万顷农田，可是一到天旱时，沿堤的农民就在渠水退去的堤岸边种植庄稼，有的甚至还把农作物种到了堤中央。等到雨水一多，渠水上进，这些农民为了保住庄稼和渠田，便偷偷地在堤坝上挖开口子放水。这样的情况越来越严重，一条辛苦挖成的水渠被弄得遍体鳞伤、面目全非，因决口而经常发生水灾，变水利为水害了。

面对这种情形，历代苟陂县的行政官员都无可奈何。每当渠水暴涨成灾时，便调动军队去修筑堤坝，堵塞漏洞。后来宋代李若谷出任知县时，也碰到了决堤修堤这个头疼的问题，他便贴出告示说："今后凡是水渠决口，不再调动军队修堤，只抽调沿渠的百姓，让他们自己把决口的堤坝修好。"布告贴出以后，再也没有人偷偷地去决堤放水了。

资料来源：决堤与修堤.(2009-04-06). https://bbs.hcbbs.com/thread-436338-1-1.html.

一、预算控制

预算是以财务术语（如收入、费用以及资金等）或者非财务术语（如直接工时、材料、实物销售量和生产量等）来表明组织的预期成果，它是用数字编制的反映组织在未来某一个时期的综合计划。预算可以称作"数字化"或"货币化"的计划，它通过财务形式把计划分解落实到组织的各层级和各部门，使主管人员能清楚地了解哪些资金由谁来使用，计划将涉及哪些部门和人员、多少费用、多少收入，以及实物的投入量和产出量等。

企业在未来的几乎所有活动都可以利用预算来进行控制。预算预估了企业在未来时期的经营收入或现金流量，同时也规定了各项活动在资金、劳动、材料、能源等方面的支出不能超过的额度。预算控制就是根据预算规定的收入与支出标准来检查和监督各项活动，以保证对企业各种资源的充分利用。

预算手段在组织管理中得到了广泛的运用。由于预算的实质是用统一的货币单位为企业各部门的各项活动编制计划，因此它使得企业在不同时期的活动效果和不同部门的经营绩效具有可比性，可以使管理者了解企业经营状况的变化方向和组织中的优势部门与问题部门，从而为调整企业活动指明了方向；通过为不同的职能部门和职能活动编制预算，也为协调企业活动提供了依据。更重要的是，预算的编制与执行始终是与控制过程联系在一起的，编制预算为企业的各项活动确立了财务标准；用数量形式的预算标准来对照企业活动的实际效果，大大方便了控制过程中的绩效衡量工作，也使之更加客观可靠。在此基础上，很容易测量出实际活动对预期效果的偏离程度，从而为采取纠正措施奠定了基础。

二、财务控制

财务控制的方法主要有比率分析、经营审计。

（一）比率分析

比率分析就是将企业资产负债表和收益表上的相关项目进行对比，形成一个比率，从中分析和评价企业的经营成果和财务状况。利用财务报表提供的数据，我们可以列出许多比率，常用的有两种类型：财务比率和经营比率。

1. 财务比率

财务比率及其分析可以帮助我们了解企业的偿债能力和盈利能力等财务状况。

(1) 流动比率。流动比率是企业的流动资产与流动负债之比。它反映了企业偿还所需要付现的流动债务的能力。一般来说，企业资产的流动性越大，偿债能力就越强；反之，偿债能力越弱，这会影响企业的信誉和短期偿债能力。因此，企业资产应具有足够的流动性。资产若以现金形式表现，其流动性最强。但要防止为追求过高的流动性而导致财务资源闲置，从而使企业失去本应得到的收益。

(2) 速动比率。速动比率是流动资产和存货之差与流动负债之比。该比率和流动比率一样，是衡量企业资产流动性的一个指标。当企业有大量存货且这些存货周转率低时，速动比率比流动比率更能精确地反映企业偿债能力的客观情况。

(3) 负债比率。负债比率是企业总负债与总资产之比。它反映了企业所有者提供的资金与外部债权人提供的资金的比率关系。只要全部资金的利润率高于借入资金的利息，且外部资金不从根本上威胁企业所有权的行使，企业就可以充分地向债权人借入资金以获取额外的利润。一般来说，在经济迅速发展时期，债务比率可以很高。20 世纪 60 年代至 70 年代初，日本许多企业的外借资金占全部运营资金的 80%左右。确定合理的债务比率是企业成功地举债经营的关键。

(4) 盈利比率。盈利比率是企业利润与销售额或全部资金等相关因素的比例关系。它反映了企业在一定时期从事某种经营活动的盈利程度及其变化情况。常用的比率有销售利润率和资金利润率。销售利润率是销售净利润与销售总额之间的比例关系，它反映企业从一定时期的产品销售中是否获得了足够的利润。将企业不同产品、不同经营单位在不同时期的销售利润率进行比较分析，能为经营控制提供更多的信息。资金利润率是指企业在某个经营时期的净利润与该期占用的全部资金之比，它是衡量企业资金利用效果的一个重要指标，反映出企业是否从全部投入资金的利用中实现了足够的净利润。同销售利润率一样，资金利润率也要同其他经营单位和其他年度的情况进行比较。一般来说，要为企业的资金利润率规定一个最低的标准。同样一笔资金，投入到企业营运后的净利润收入，至少不应低于其他投资形式（比如购买短期或长期债券）的收入。

2. 经营比率

经营比率是与资源利用有关的几种比例关系。它们反映了企业经营效率的高低和各种资源是否得到了充分利用等情况。

库存周转率是销售总额与库存平均价值的比例关系，它反映了与销售收入相比库存数量是否合理，表明投入库存的流动资金的使用情况。固定资产周转率是销售总额与固定资产之比，它反映了单位固定资产能够提供的销售收入，表明企业固定资产的利用程度。销售收入与销售费用的比率则表明单位销售费用能够实现的销售收入，在一定程度上反映了企业营销活动的效率。由于销售费用包括人员推销、广告宣传、销售管理费用等组成部分，因此还可进行更加具体的分析。反映经营状况的这些比率也通常需要进行横向的（不同企业之间）或纵向的（不同时期之间）比较，才更有意义。

（二）经营审计

审计是指对反映企业资金运动过程及其结果的会计记录及其财务报表进行审核、鉴定，以判断其真实性和可靠性，从而为控制和决策提供依据。根据审查主体和内容的不同，可将审计分为三种主要类型：外部审计、内部审计和管理审计。

1. 外部审计

外部审计是指由外部机构（如会计师事务所）选派的审计人员对企业财务报表及其反映的财务状况进行独立的评估。为了检查财务报表及其反映的资产与负债的账面情况与企业真实情况是否相符，外部审计人员需要抽查企业的基本财务记录，以验证其真实性和准确性，并分析这些记录是否符合公认会计准则和记账程序。

外部审计实际上是对企业内部虚假欺骗行为的一个重要的系统的检查，因此起着鼓励诚实的作用：由于知道外部审计不可避免地要进行，企业就会努力避免做那些在审计时可能会被发现的不光彩的事。外部审计的优点是审计人员与管理当局不存在行政上的依附关系，无须看企业经理的眼色行事，只需对国家、社会和法律负责，因而可以保证审计的独立性和公正性。但是，由于外来的审计人员不了解内部的组织结构、生产流程和经营特点，在具体业务的审计过程中可能会遇到困难。此外，处于被审计地位的内部组织成员可能产生抵触情绪，不愿积极配合，这也可能增加审计工作的难度。

2. 内部审计

内部审计由内部专职人员对企业财务控制系统进行全面评估，它提供了检查现有控制程序和方法能否有效地保证达成既定目标和执行既定政策的手段。例如，制造质量完善、性能全面的产品是企业孜孜以求的目标，这不仅要求利用先进的生产工艺、个人提供高质量的工作，而且对构成产品的基础——原材料，提出了相应的质量要求。这样，内部审计人员在检查物资采购时，就不能仅限于分析采购部门的账目是否齐全、准确，还要力图测定材料质量是否达到要求。根据对现有控制系统的有效性的检查，内部审计人员可以提供有关改进公司政策、工作程序和方法的对策建议，以促使公司政策符合实际，工作程序更加合理，作业方法被正确掌握，从而更有效地实现组织目标。

3. 管理审计

管理审计是由外部或内部的审计人员对管理政策及其绩效进行评估。外部审计主要核对企业财务记录的可靠性和真实性；内部审计在此基础上对企业政策、工作程序与计划的遵循程度进行测定，并提出必要的改进企业控制系统的对策建议；管理审计的对象和范围则更广，它是一种对企业所有管理工作及其绩效进行全面系统的评价和鉴定的方法。管理审计虽然也可由组织内部的有关部门进行，但为了保证某些敏感领域得到客观的评价，企业通常聘请外部专家来进行。管理审计的方法是利用公开记录的信息，从反映企业管理绩效及其影响因素的若干方面将企业与同行业其他企业或其他行业的著名企业进行比较，以判断企业经营与管理的健康程度。

三、生产控制

我们可以把企业看成这样一个动态过程：首先获得原材料、零部件、劳动力等投入，经过企业系统的转换和经营，生产出有形的产品或提供无形的服务。在这个过程中，为了达到预期的目标，就必须对企业的经营管理活动进行控制。事实上，控制活动贯穿上述整个过程，即管理人员需要对原材料、零部件、劳动力等投入进行控制，需要对企业系统的转换和运营进行控制，也需要对有形的产品或无形的服务进行控制。这里着重讨论与投入活动有关的对供应商的控制和库存控制，以及与产出活动有关的质量控制。

（一） 对供应商的控制

供应商既为本企业提供了所需的原材料或零部件，同时根据波特的市场竞争模型，他们又是本企业的竞争力量之一。供应商供货及时与否、质量好坏、价格高低，都会对本企业的最终产品产生重大影响。因此，对供应商的控制可以说是从企业运营的源头抓起，能够起到防微杜渐的作用。

目前比较流行的做法是在全球范围内选择供应商，这样能够有保障地获得高质量、低价格的原材料，同时也可避免只选择少数几个供应商可能构成的威胁。大型跨国公司多采用这种方法。

一些企业正在改变与供应商之间的竞争关系，试图建立一种长期、稳定、合作的双赢局势。传统的做法是在十余家甚至数十家供应商中进行选择，鼓励他们相互竞争，从中选取能够提供低价格、高质量原材料的供应商。现代企业还在更广范围内挑选供应商，但是，一旦选定两三家供应商，就应和他们建立长远、稳定的联系，并且帮助供应商提高原材料的质量、降低成本。这时企业和供应商之间就形成了相互依赖、相互促进的新型关系，双方都降低了风险，提高了效益，真正做到了双赢。

还有一种控制供应商的方法是持有供应商一部分或全部股权，或由本企业系统内部的某个子企业供货。这常常是跨国公司为了保证货源而采用的做法。日本的很多大型企业均采用这种做法控制供应商。但要注意，采用这种做法不应以大幅降低原材料质量或提高原材料成本为代价。

（二） 库存控制

对库存的控制主要是为了在保证生产经营活动正常进行的前提下，降低各种与库存有关的成本耗费，提高经济效益。管理人员使用经济订货批量（economic order quantity，EOQ）模型计算最优的订货批量，使总费用最小化。这个模型需要考虑两种成本：一是订货成本，即每次订货所需的费用（包括通信、差旅、行政管理费用等）；二是保管费用，即保存原材料或零部件所需的费用（包括库存、利息、保险、折旧、损坏以及变质损失等费用）。

当企业在一定期间内总需求量或订货量一定时，每次订货的量越大，所需订货的次数就越少；每次订货的量越少，所需订货的次数就越多。对第一种情况而言，订货成本较低，但保管费用较高；对第二种情况而言，订货成本较高，但保管费用较低。通过经济订货批量模型，可以计算出订货批量为多大时，总成本（订购成本和保管成本之和）为最小，图 10－3 为经济订货批量示意图。

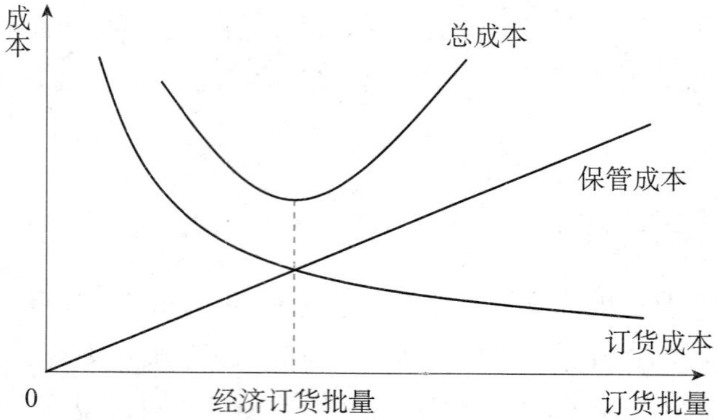

图 10－3　经济订货批量示意图

假定企业在一定时间内总需求量为 D，每次订货所需的费用为 O，库存物品单价为 P，保管成本与库存物品价值之比为 C，则经济订货批量为：

$$EOQ=\sqrt{\frac{2\times D\times O}{P\times C}}$$

现举一例具体解释经济订货批量模型。假设某企业一年对某种材料的总需求量是 5 000 件，每件价格为 20 元，每次订货所需的费用是 250 元，保管成本与库存物品价值之比为 12.5%，则经济订货批量为：

$$EOQ=\sqrt{\frac{2\times D\times O}{P\times C}}=\sqrt{\frac{2\times 5\ 000\times 250}{20\times 0.125}}=1\ 000(\text{件})$$

因此，一年经济订货批量为每次 1 000 件，共 5 次。此时，订货成本为 1 250 元，保管成本为 1 250 元，总成本最低，为 2 500 元。

一般来说，企业除了经济订货批量，为了预防万一会保留一个额外的储存量，这个储存量称为安全存货。

日本企业发明了一种准时制库存系统（just-in-time inventory system，JIT），其目标是实现零库存。它的基本思路是企业并不储备原材料库存，一旦需要，立即向供应商提出，由供应商保质保量按时送来，生产继续进行下去。准时制库存系统的具体做法如下：企业收到供应商送来的装有原材料的集装箱，卸下其中的原材料准备用于生产装配，同时把箱中的“看板”（kanban，日语中的卡片或标牌）交回给供应商；供应商接到“看板”后立即进行生产，并将新生产出来的原材料再送来。如果双方衔接得好，此时，上次的原材料刚好用完。准时制库存系统可以减少库存，降低成本，提高效益。供应商必须在规定的时间，按照规定的质量和数量，将原材料或零部件生产出来，并且准确无误地送到规定的地点。因此，准时制库存系统对企业选择和控制供应商提出了更高的要求。许多研究指出，准时制库存系统事实上将库存及由此带来的风险转嫁给了供应商。

（三） 质量控制

质量包括产品质量和工作质量。产品质量主要指产品的使用价值，即满足消费者需要的功能和性质。这些功能和性质可以具体化为下列五个方面：性能、寿命、安全性、可靠性和经济性。工作质量主要指在生产过程中，围绕保障产品质量而进行的质量管理工作的水平。

质量管理经历了质量检查阶段、统计质量管理阶段和全面质量管理阶段。质量检查阶段大约发生在 20 世纪 20—40 年代，工作重点在产品生产出来的质量检查。统计质量管理阶段发生在 20 世纪四五十年代，管理人员主要以统计方法为工具，对生产过程加强控制，提高产品质量。从 20 世纪 50 年代开始的全面质量管理（total quality management，TQM）是以保证产品质量和工作质量为中心，企业全体员工参与的质量管理体系。它具有多指标、全过程、多环节和综合性的特征。

四、标杆控制

（一） 标杆控制的内涵

标杆控制起源于 20 世纪 70 年代末 80 年代初，在美国向日本学习的运动中，首开标杆控制先河的是施乐公司，后经美国生产力与质量中心系统化和规范化。

标杆控制的概念可概括为：不断寻找和研究同行一流公司的最佳实践，并以此为基准与本企业进行比较、分析、判断，从而使企业得到不断改进，进入或赶超一流公司、创造优秀业绩的良性循环过程。其核心是向业内或业外最优秀的企业学习。通过学习，企业重新思考和改进经营实践，创造自己的最佳实践，这实际上是模仿创新的过程。

标杆控制本质上是一种面向实践、面向过程的以方法为主的管理方式，它与流程重组、企业再造一样，基本思想是系统优化，不断完善和持续改进。

（二） 标杆控制的步骤

标杆控制的实施需要历经一系列的步骤。

1. 准备阶段

（1）确定标杆控制的项目。标杆控制的项目一般是对企业竞争力影响最重要的因素，同时也是企业的薄弱环节。如果一个企业的生产成本高于竞争对手，那么它可以选择成本管理作为标杆管理的项目；如果一个企业的新产品研制速度低于竞争对手，那么它可以选择研发能力作为对象。一般来说，项目应在对自己状况进行比较深入、细致研究的基础上确定。

（2）确定标杆控制的对象和对比点。这个对象应当是在同组织、同行业、同部门业绩最佳、效率最高的少数有代表性的对象。标杆控制的对比点应当在标杆控制项目范围内决定，通常为业绩的作业流程、管理实践或关键要素，在此基础上确立测量指标作为控制的依据。

（3）组成工作小组，确定工作计划。企业层次标杆控制活动的组成人员通常由决定竞争力因素的核心部门的能够识别专业流程优劣的人士参加。

2. 实施阶段

（1）资料收集和调查。首先收集相关项目、相关调查对象和调查内容方面已有的研究报告、调查报告或相关信息，在研究这些已有资料的基础上，拟定实地调查提纲和调查问卷。在实地调查之前，要在内部对调查问卷和实地调查方法进行检验，确定调查问卷和方法的有效性。在实地调查过程中，需要重点关注造成差异的地方。

（2）分析比较，找出差距，确定最佳纠偏做法。在对调查所取得的资料进行分类、整理，并进行必要的进一步调查的基础上，进行调查对象之间以及调查数据与自己企业实际情况的比较研究，确定各个调查对象所存在的差异，明确差距形成的原因和过程，并确定最佳做法。

（3）明确改进方向，制定实施方案。在明确最佳做法的基础上，找出弥补自己和最佳实践之间差距的具体途径或改进机会，设计具体的实施方案，并进行实施方案的经济效益分析。实施方案要明确实施重点和难点，预测可能出现的困难和偏差，确定对实施情况的检查和考核标准。

（4）沟通与修正方案。利用各种途径，将拟定的方案、所要达到的目标前景同全体成员进行反复交流与沟通，征询意见，争取全体成员的理解和支持，并根据成员的建议修正和完善方案，以统一成员的思想，使全体成员在方案实施过程中目标一致、行动一致。

（5）实施与监督。将方案付诸实施，并将实施情况不断和最佳做法进行比较，监督偏差的出现并采取有效的校正措施，以努力达到最佳实践水平，努力超过标杆对象。

3. 反馈阶段

（1）总结经验。在完成了首次标杆控制活动之后，必须对实施效果进行合理的评判，并及时总结经验，对新的情况、新的发现进行进一步的分析。

（2）进行再标杆循环。针对环境的新变化或新的管理需求，锚定下一次标杆的项目和对象。

（三）标杆控制的作用与缺陷

通过设立挑战和赶超对象，并以最关键或最薄弱的因素作为改进内容，标杆控制可以全面提升企业竞争力。在标杆管理的控制指标中，不仅要有财务指标，还要有非财务指标。

与其他控制方法一样，标杆控制也存在不足。一是标杆管理和控制容易导致企业的竞争战略趋同。标杆控制方法鼓励企业相互学习和模仿，因此在奉行标杆控制的行业中，可能所有的企业都企图通过采取类似行动来改进绩效，在竞争的某个关键方面超过竞争对手。模仿可能使得企业之间相对效率的差距日益缩小，这会导致各个企业在战略上趋向一致，各个企业的产品、质量、服务甚至供应销售渠道大同小异，在企业运作效率上升的同时，利润率却在下降。二是标杆控制容易使企业陷入“落后—标杆—又落后—再标杆”的“标杆管理陷阱”。如标杆控制活动不能使企业跨越与领先企业之间的“技术鸿沟”，单纯为赶超先进而继续推行标杆控制，反而会使企业陷入繁杂的“标杆管理陷阱”。例如IBM和通用电气公司在复印机刚刚问世时，曾对标复印机领先者施乐公司，结果陷入了无休止的追赶游戏之中，最终不得不退出复印机行业。

五、平衡计分卡

（一）平衡计分卡的四个维度

平衡计分卡（balance scorecard，BSC）是由哈佛大学教授罗伯特·卡普兰（Robert Kaplan）和复兴全球战略集团的创始人兼总裁戴维·诺顿（David Norton）共同建立的一套囊括整个组织各方面活动的绩效评价系统。卡普兰和诺顿认为：“如果你不能描述，就不能衡量；如果你不能衡量，就不能管理。”平衡计分卡以企业的战略和使命为基础，对每项战略进行分解，制定财务、客户、内部经营过程、学习与成长四个层面的衡量指标和目标值，同时配之以达成目标的行动方案，形成一套对战略进行衡量的考核指标体系。表10-3为某公司平衡计分卡系统中的关键绩效指标（key performance indicator，KPI）辞典的部分内容实例。平衡计分卡的四个维度如下。

1. 财务层面

可以显示企业的战略及其实施和执行是否对改善企业盈利做出贡献。财务目标通常与获利能力有关，其衡量指标有部门费用预算达成率、招聘费用预算达成率、人力成本总额控制率等。

2. 客户层面

确立业务单位将要竞争的客户和市场，以及业务单位在这些目标客户和市场中的衡量指标。客户层面的指标通常包括投诉解决率、市场知名度、某重点产品的市场占有率等。客户层面使业务单位的管理者能够阐明客户和市场战略，从而带来出色的财务回报。

3. 内部经营过程层面

管理者要确认组织必须擅长的关键内部流程，这些流程帮助业务单位提供价值主张，以吸引和留住目标细分市场的客户，并满足股东对卓越财务回报的期望。内部经营过程层面的指标有财务报表出错率、各部门预算准确率、内部客户满意度等。

表 10-3　　某公司平衡计分卡系统中的关键绩效指标辞典部分内容实例

层面	关键绩效指标	指标定义/计算公式	数据来源
财务层面	部门费用预算达成率	（实际部门费用/计划费用）×100%	部门费用实际及预算资料
	招聘费用预算达成率	（实际招聘费用/计划费用）×100%	招聘费用实际及预算资料
	新产品研发费用预算达成率	（实际新产品研发费用/计划费用）×100%	新产品研发费用实际及预算资料
	人力成本总额控制率	（实际人力成本/计划人力成本）×100%	财务部
客户层面	某重点产品市场占有率	平均值：产品市场销售额/市场容量	市场销售月报，市场资料
	公共关系效果评定	对于媒体、保险学会及社会的效果评定	上级领导评定
	市场知名度	接受随机调查的客户对公司知名度评分的算术平均值	问卷调查
	投诉解决率	（解决的投诉数/投诉总数）×100%	投诉记录及投诉解决记录
内部经营过程层面	财务报表出错率	（查出有误的财务报表数量/提交的财务报表总数）×100%	财务报表检查记录
	各部门预算准确率	（1－超出或未达成预算/部门预算）×100%	各部门费用预算达成率
	内部客户满意度	接受民主测评的相关部门对被测评部门所提供服务的满意度	内部客户满意度民主测评结果
学习与成长层面	员工建议增长率	（员工本期向公司提交的合理化建议数量－员工上期向公司提交的合理化建议数量）/员工上期向公司提交的合理化建议数量×100%	合理化建议统计记录
	员工培训总人时增长率	（员工本期接受各种内外培训的总人时数－员工上期接受各种内外培训的总人时数）/员工上期接受各种内外培训的总人时数×100%	人力资源部培训记录

4. 学习与成长层面

确立企业要创造长期的成长和改善就必须建立的基础框架，确定目前和未来成功的关键因素。平衡计分卡的前三个层面一般会揭示企业的实际能力与实现突破性业绩所必需的能力之间的差距，为了弥补这个差距，企业必须投资于员工技术的再造、组织程序和日常工作的理顺，这些都是平衡计分卡学习与成长层面追求的目标，如员工建议增长率、员工培训总人时增长率等。

（二）平衡计分卡方法的评价

1. 平衡计分卡方法的优点

平衡计分卡保留了传统上衡量过去绩效的财务指标，并且兼顾促成财务目标的绩效因素的衡量；在支持组织追求业绩之余，也监督组织的行为应兼顾学习与成长，并且通过一连串的互动因果关系，组织得以把产出和绩效驱动因素串联起来，以衡量指标与其量度作为语言，把组织的使命和策略转变为一套前后连贯的系统绩效评价量度，把复杂笼统的概念转化为精确的目标，借以寻求财务与非财务的衡量之间、短期与长期的目标之间、前置指标与滞后指标之间，以及组织内外部指标之间的平衡。

2. 平衡计分卡方法的缺点

一份典型的平衡计分卡需要用五六个月去执行，另外再需要用几个月去调整结构，使其规则化，从而总的开发时间经常需要一年甚至更长的时间。衡量指标有可能很难去量化，而衡量方法却又会产生太多的绩效衡量指标。平衡计分卡中有一些非财务条目是很难解释清楚或者衡量出来的。

确定绩效的衡量指标往往比想象中更难。企业管理者应当专注于战略中的因果关系，从而将战略与其衡量指标有机结合起来。尽管管理者通常明白客户满意度、员工满意度与财务表现之间的联系，平衡计分卡却不能指导管理者如何才能提高绩效，从而达到预期的战略目标。

当组织战略或结构变更的时候，平衡计分卡也应当随之调整。而负面影响也随之而来，因为企业需要耗费大量的时间和资源来保持平衡计分卡的随时更新并使之有效。

选择题（只有一个选项是正确的）

1. 最近，某企业专门请来了外部咨询公司，对企业原有考核体系进行重新评估，并设计了一个相当完整的绩效考核体系。公司核心领导者认为，按照新的考核体系，可以对公司上下500多名干部、员工采用统一的考核标准，从而更好地贯彻公平、公正、公开的原则。但就在公司决定正式施行该考核体系时，却听到许多反面意见。在以下各条反面意见中，你最赞同的是（　　）。

A. 影响员工工作激情　　B. 严重侵害干部利益

C. 影响考核可比性　　D. 忽视岗位差异性

2. 某民营企业为了充分调动科技人员的积极性，进一步推动企业的研发工作，由财务部制定量化指标，对具有中级职称以上的科技人员每月进行分等考评。考评结果在与个人报酬挂钩的基础上，还每月定期张榜向全企业公布。你认为这样做以后，最有可能产生的现象是（　　）。

A. 获得低分者认识到自己水平差，从而更安心于企业的工作

B. 获得高分者发现了自身价值，跳槽到同行企业谋取更高的报酬

C. 这种过于严格僵化的考核会挫伤科技人员的积极性，不利于工作安排

D. 获得高分者会留下求发展，而获得低分者则会由于面子上过不去而另谋他就

3. 小张开了一家小型餐饮店。他知道，要取得经营成功，除了可口的饭菜，周到的服务和与顾客的良好关系也是非常重要的。为此，他采取了如下控制措施：（1）在店内显眼的位置挂一本顾客意见簿，欢迎顾客提出意见和批评；（2）让领班严密地监视服务人员的行为，并对棘手问题的处理提供协助和建议；（3）在员工上岗之前进行工作技能和态度的培训；（4）明确规定半年后要对服务质量好的员工给予奖励。以下说法中正确的是（　　）。

A. （4）和（1）一样，都属于事后控制

B. （1）是事后控制，（2）是现场控制，（3）是事前控制

C. （4）属于激励措施，不属于控制措施

D. （3）属于激励措施，不属于控制措施

4. 某推销员经过艰苦的努力，一年中实现了100万元的销售业绩。该推销员认为自己大大超额完成了工作任务，非常高兴，主动向销售主管汇报并提出额外奖金的要求。谁知销售主管只是说了些口头表扬的话，只字不提奖金的事。推销员等了好多天，什么也没等到。他知道额外奖金的梦破灭了，工作热情也没有了。如果这位销售主管是一位称职的管理者，你认为他不给推销员发额外奖金，最可能的原因是（　　）。

A. 他怕大家过分地追求销售量，而忽视了服务质量

B. 没有预先给出计划标准，缺少控制和考核的依据

C. 企业正处于发展阶段，许多方面需要资金，不能发额外奖金

D. 企业其他推销人员同样超额完成了销售任务

5. 一个生产化学添加剂的小型民营企业对其销售员采取了一系列奖惩考核办法，使得企业产品的市场份额不断扩大。最近，该企业领导者发现了经营中的一个问题：伴随着产品销售额的大幅增加，出现了销售回款额下降的严重问题。在以下所举的各原因中，你认为最有可能是（　　）。

A. 企业用户的财务状况急剧恶化　　B. 销售奖惩考核指标设计有缺陷

C. 销售员工作责任心显著减弱　　D. 企业催款人员工作不够努力

6. 奔达公司生产一种新型自行车，为赢得市场，做了精心的策划工作，同时也准备根据市场反馈情况及时调整有关部门的经营策略，如价格策略、宣传策略等。对此，你认为下列措施中最有利于改进新型自行车市场销售业绩的反馈控制是（　　）。

A. 加强原材料的进货检验

B. 提高公司对新品销售变动影响因素的分析能力

C. 改进销售公司的通信条件

D. 加强销售宣传工作

7. 某公司高层决策者对人力资源部提出目标，要求经过努力必须在一定时间内为公司各关键岗位提供合格的人才。对于这一要求，你认为最有道理的评价是（　　）。

A. 时间不明确，在实际中难以操作

B. 关键岗位提法不具体，范围认定困难

C. 合格人才的标准不清楚，需要详加说明

D. 需要综合考虑以上说法所反映的问题

8. 统计分析表明，“关键的事总是少数，一般的事常是多数”，这意味着控制工作应该（　　）。

A. 突出重点，强调例外　　B. 灵活、及时和适度

C. 客观、精确和具体　　D. 协调计划和组织工作

9. 管理学是一门软科学，人们对管理一词本身也有不同的理解。这里有两种不甚规范但耐人寻味的解释：一种是“管理就是你不管，下属就不理你”；另一种解释是“管理就是先理（梳理）然后才能管”。对这两种解释，你的看法是（　　）。

A. 前者代表了典型的集权倾向，后者反映出一种民主的气氛

B. 两种解释都片面地强调了管理工作中的控制职能，只是思考和表达角度不同而已

C. 后一种更科学，因为强调了“理”，但也有不妥，似乎“理”好了，就不需要管了

D. 前一种可应用于基层管理，后一种可应用于高层管理

10. 持续不断地“救火”，解决现场中出现的紧急问题，这意味着管理者应该开始着手考虑以下何种行为？（　　）

A. 修正控制标准　　B. 组织更多的人员采取纠正行动

C. 衡量实际绩效　　D. 认清、分析问题产生的原因

11. 管理控制工作的一般程序是（　　）。

A. 建立控制标准—分析差异产生原因—采取矫正措施

B. 采取矫正措施—分析差异产生原因—建立控制标准

C. 建立控制标准—采取矫正措施—分析差异产生原因

D. 分析差异产生原因—采取矫正措施—建立控制标准

12. 某公司人力资源部为自己创立了一个规矩：每当有员工离开公司，人力资源部经理就主动与其交谈，收集离职员工对公司的意见与看法，并了解其去向。如果有三个以上员工流向同一个企业（竞争对手），人力资源部将设法了解该竞争对手的战略、激励政策，并在此基础上向公司决策部门提出人力资源管理建议。人力资源部的这种做法属于（　　）。

A. 前馈控制　　B. 反馈控制

C. 同步控制　　D. 既有前馈控制，又有反馈控制

13. 为了保证企业管理控制系统的有效运行，从根本上说，管理者应该长期关注的主要是对有关人员（　　）。

A. 严加管制　　B. 奖惩得当

C. 友好相处　　D. 增加其对组织目标的认同感

14. 所有权和经营权相分离的股份公司，为强化对经营者行为的约束，往往设计有各种治理和制衡手段，包括：(1) 股东们要召开大会对董事和监事人选进行投票表决；(2) 董事会要对经理人员的行为进行监督和控制；(3) 监事会要对董事会和经理人员的经营行为进行检查监督；(4) 要强化审计监督。这些措施（　　）。

A. 均为事前控制

B. 均为事后控制

C. (1) 为事前控制，(2) 为同步控制，(3) 和 (4) 为事后控制

D. (1) 和 (2) 为事前控制，(3) 和 (4) 为事后控制

15. "亡羊补牢，犹未为晚。"这可以理解成一种反馈控制行为。下面各种情况中，更为贴近这里表述的"羊"与"牢"的对应关系的是（　　）。

A. 企业规模与企业利润　　B. 产品合格率与质量保证体系

C. 降雨量与因洪水造成的损失　　D. 医疗保障与死亡率

16. 进行控制时首先要建立标准。关于建立标准，下列说法中有问题的是（　　）。

A. 标准应该越高越好　　B. 标准应考虑实施成本

C. 标准应考虑实际可能　　D. 标准应考虑顾客需求

简答题

1. 控制与计划的关系是什么？
2. 控制的基本过程是什么？
3. 你认为前馈控制、同期控制和反馈控制哪个更重要？为什么？

案例分析

洛克菲勒的焊料控制

一滴焊料实在不起眼，然而"石油大王"洛克菲勒却曾为之做足了文章。一次，洛克菲勒视察美孚石油公司一个包装出口石油的工厂，发现包装每只油罐用 40 滴焊料。他注视良久，对工人说："你有没有试过用 38 滴焊料生产？"

经过当场试验，用 38 滴不行，偶尔有滴油的现象，但用 39 滴焊料滴封的却没有一只漏油。于是，洛克菲勒当即决定，39 滴焊料是美孚石油公司各工厂的统一规格。

可别小瞧这一滴焊料，聚滴成河，聚沙成塔，日积月累，便是一大笔财富。而更为

重要的，从中可以看出“石油大王”从严管理、节俭治业的精神。洛克菲勒一生信奉“勤俭生财”的准则。平素，他除了筹划企业的经营方略，就是到处巡视，寻找管理上的问题和漏洞。对公司的账簿，他特别留心，亲自过问。他能抓住某些细节提出质问或出些省钱的主意。

资料来源：管理案例（一）.（2014-05-21）.http：//blog.sina.com.cn/s/blog_12b13a91b0101kae4.html.

思考题：

洛克菲勒对焊料的控制属于前馈控制、同期控制还是反馈控制？

综合案例分析一　海底捞：用服务打动消费者

火锅业的快速发展得益于它的以下几大特点：首先，火锅是一种适合多种消费层次的餐饮形式，有足够的消费群体。火锅取材多样，吃法灵活，精细相宜，价位适中，可适应各类消费者的不同需求。其次，火锅更易标准化，而且产品单一、生产加工环节少、底料和调料统一配置，能够保证产品的稳定性和一致性，便于复制，有利于总部的管理指导。最后，容易建立产业链条，获得规模经济效益。

近几年，海底捞餐厅已经成为餐饮界的一个热点现象，吸引了众多媒体的关注，也引来了学术界的研究、企业界的学习，甚至是风险投资公司的青睐。海底捞处在火锅这样技术含量不高的行业，是什么让海底捞的员工创造出令人羡慕的高昂士气、充满激情的员工团队和相当出色的经营业绩？

取得如此骄人的业绩，只是因为该公司关注了两个指标：追求顾客满意度和员工满意度，并努力提高它们。海底捞餐厅考核一个店长或区域经理的主要标准不是被很多企业视为最高指标的营业额和利润，而是顾客满意度和员工满意度。用海底捞副总经理袁华强的话说："超越顾客期望为海底捞赢得了名声，而让为顾客创造感觉的员工过得舒适才是海底捞的安身立命之道。"

追求顾客满意度——为顾客提供"五星级"服务

管理真是一门实践的艺术，没读过大学、没受过任何管理教育的张勇，在根本不知道竞争差异化是何物时，竟在偏僻的四川简阳悟出了服务差异化战略，而且把这个战略成功灌输到所有一线员工。

怎么才能让顾客体会到差异化服务？张勇通过经营实践总结出：就是要超出客人的期望，让人们在海底捞享受到在其他火锅店享受不到的服务。要做到这一点不能仅靠标准化的服务，还要根据每个客人的喜好提供创造性的个性服务。从洗菜、点菜、传菜、做火锅底料、代客人煮菜、清洁到结账，做过火锅店每个岗位的张勇深知，客人的需求五花八门，单是用流程和制度培训出来的服务员最多能达到及格水平。制度与流程对保证产品和服务质量的作用毋庸置疑，但同时也压抑了人性，因为他们忽视了员工最有价值的部位——大脑。让员工严格遵守制度和流程，等于只雇了他的双手。这是最亏本的生意，因为人的双手是最劣等的机器，论力气和每个动作之间的偏差，根本比不过机械。人最值钱的是大脑，因为人有创造力。资源是有限的，而创意是无限的。

服务的目的是让顾客满意，可是客人的要求不尽相同。有人要标准的调料，有人喜欢自己配；有人需要双份调料，有人连半份都要不了；有人喜欢自己涮，有人喜欢服务员给他涮。有人不喜欢免费的酸梅汤，能不能让他免费喝一碗本该收费的豆浆？碰到牙口不好的老人，能不能送碗鸡蛋羹、南瓜粥？让客人满意不可能完全靠标准化的流程和制度，只能靠一线服务员通过自己的判断完成。如果碰到流程和制度没有规定的问题，就需要大脑去创造了。比如客人想吃冰激凌，服务员要不要到外面给他买来？

这里的服务很"变态"。餐前，当你等位时，这里有人给你提供很多免费服务；餐中，这里会有服务员想你所想，提供各种贴心的服务；餐后，服务员还可以提供你意想不到的服务。

在海底捞，服务项目数不胜数，以下是概括出来的一些差异化服务的环节与细节。

（1）代客泊车。每一家海底捞门店都有专门的泊车服务生，主动代客泊车，停放妥当后将钥匙交给客人。等到客人结账时，泊车服务生会主动询问："是否需要帮忙提车？"如果客人需要，立即提车到店门前，客人只需要在店前稍做等待。如果你选择在周一到周五中午去用餐，海底捞还会提供免费擦车服务。按照顾客的话说，"泊车小弟的笑容也很温暖，完全不以车型来决定笑容的真诚与温暖程度。"

（2）让等待充满欢乐。如果没有事先预订，你很可能会面对较为漫长的等待，不过过程也许不像你想象得那么糟糕。晚饭时间，北京任何一家海底捞的等候区里都可以看到如下景象：大屏幕上不断打出最新的座位信息，几十位排号的顾客吃着免费的水果，喝着免费的饮料，享受店内提供的免费上网、擦皮鞋和美甲服务。如果是一帮子朋友在等待，服务员还会拿出扑克牌和跳棋供你打发时间，减轻等待的焦躁。排队等位也成了海底捞的特色和招牌之一。

（3）节约当道的点菜服务。如果客人点的量已经超过了可食用量，服务员会及时提醒。可想而知，这样的善意提醒会在我们的内心形成一道暖流。此外，服务员还会主动提醒食客，各式食材都可以点半份，这样以同样的价钱我们就可以享受平常两倍的菜色了。

（4）及时到位的席间服务。大堂里，女服务员会为长发的女士扎起头发，并提供小发夹夹住前面的刘海，防止头发垂到食物里；戴眼镜的朋友可以得到擦镜布；放在桌上的手机会被小塑料袋装起以防油腻；每隔 15 分钟，就会有服务员主动更换你面前的热毛巾；如果你带了小孩，服务员还会帮你喂孩子吃饭，陪他在儿童天地做游戏，使顾客能轻松快乐地享受美食。当然，给每位进餐者提供围裙更是一道靓丽的风景线。

（5）星级的卫生间服务。海底捞的卫生间不仅环境不错，卫生干净，而且配备了一名专职人员为顾客洗手后递上纸巾，以便顾客能够擦干湿漉漉的手。

（6）细致周到的餐后服务。餐后，服务员会马上送上口香糖，一路遇到的所有服务员都会向你微笑道别。一个流传甚广的故事是，一个顾客结完账，临走时随口问了一句："有冰激凌送吗？"服务员回答："请你们等一下。"5 分钟后，这个服务员拿着"可爱多”气喘吁吁地跑回来：“小姐，你们的冰激凌。让你们久等了，这是刚从楼下超市买来的。”

“超越客户期望”的服务为张勇赢来了客户。在大众点评网北京、上海、郑州、西安的“服务最佳”榜单上，海底捞从未跌出前两位。北京分店平均单店每天接待顾客2 000人，单店日营业额达到了10万元。

让员工满意——高的内部服务质量

海底捞制胜的法则是：让员工“用心”服务每一位顾客。可是，如何让服务员也像自己一样用心呢？毕竟，自己是老板，员工只是做一份工作而已。张勇的答案是：让员工把公司当成家，他们就会把心放在工作上。为什么？一个家庭不可能每个人都是家长，如果每个家庭成员的心都在家里的话，大家都会对这个家尽可能做出贡献。那么，怎样才能让员工把海底捞当成自己的家？张勇觉得这简单得不能再简单了：把员工当成家里人。为此，海底捞从如下方面让员工感觉是海底捞家中的一员。

（1）良好的福利。张勇认为要把员工当成家里人对待，首先就要给员工提供良好的待遇。在整个餐饮行业，海底捞的工资只能算中上等，但是隐形的福利比较多。在人们的理解中，餐饮服务业的员工往往住在潮湿的地下室里，蓬头垢面。但是海底捞的员工都住在公司附近正规的公寓楼里，可以享受24小时的热水和空调。公司还为每套房子都安装了可以上网的电脑。而且，海底捞为员工提供的住房非常方便，他们只需步行20分钟就能到工作地点。不仅如此，海底捞还雇人给员工宿舍打扫卫生，换洗被单。海底捞还想到了员工的父母，公司每月将优秀员工的一部分奖金直接寄给他们家乡的父母。公司还鼓励夫妻同时在海底捞工作，且提供有公司补贴的夫妻房。公司提倡内部推荐，于是越来越多的老乡、同学、亲戚一起到海底捞工作。

除了给他们提供良好的生活环境，海底捞还为员工提供休疗养计划。此外，海底捞还为员工子女提供教育条件，在四川简阳建了一所私立寄宿制学校，海底捞员工的孩子可以免费在那里上学，只需要交书本费。

这让海底捞的运营成本相对较高。单是住宿一项，海底捞一年中一个门店给员工租房的费用就达50万元。这么高的成本费用必须靠高营业额才能支撑。而高营业额也意味着工作强度非常大。“按照这么大的工作量，我们给员工所提供的仍然是不够的。”在海底捞看来，员工和企业之间这种相辅相成的关系可以让员工感觉到物有所值。企业为员工考虑得更多一些，员工就会增加对企业的责任感。

（2）晋升——用双手改变命运。中国餐饮业没有全国性的品牌，原因是中国各地口味差异很大。四川火锅大同小异，顾客唯一能感受到的差别就是服务。餐饮业与顾客接触最多的是服务员，他们大多来自农村，怀着梦想来到城里，希望通过自己的辛勤劳动改变命运。据此，张勇提出了“双手改变命运”的企业价值观，希望能打造一个平台，让员工在这个平台上通过努力实现自己的人生价值。

海底捞的管理层很少有“空降兵”，除了少数技术性很强的岗位，其他都是从基层服务员干起。海底捞对员工的考核采用自评和考核相结合的形式，达到一定的标准就可以升职。张勇设计的绩效考核和晋升模式，让每个员工看到了自己广阔的发展前景，让海底捞人感到自己只要努力工作就会有更好的发展，更重要的是海底捞的晋升制度让他们看到了真切的希望。任何新来的员工都有三条晋升途径可以选择。

管理线的晋升途径：新员工—合格员工——线员工—优秀员工—领班—大堂经理—店经理—区域经理—大区经理。

技术线的晋升途径：新员工—合格员工——线员工—先进员工—标兵员工—劳模员工—功勋员工。

后勤线的晋升途径：新员工—合格员工——级员工—先进员工—办公室人员或者出纳—会计、采购员、技术人员、开发人员等。

学历不再是必要条件，工龄也不再是必要条件。这种不拘一格选人才的晋升政策，不仅仅让这些处在社会底层的员工有了尊严，更是在这些没上过大学的农村青年心里打开了一扇亮堂堂的窗户：只要努力，我的人生就有希望。对他们来说，袁华强就是一个很好的榜样。他是农村人，高中毕业，19 岁加入海底捞，最初的职位是门童，现在是副总经理。他说："只要正直、勤奋、诚实，每个海底捞的员工都能够复制我的经历。"这样的事例确实不少。区域经理林忆只有 21 岁，掌管海底捞西单、牡丹园等三个店。店长王燕只有 22 岁，独立管理着几百名员工，每天接待上千名顾客，每年创造几千万元的营业额。这些员工不曾读过大学，但是他们自信、勤奋，用自己的双手改变了自己的命运。

(3) 信任与平等。海底捞知道，要让员工感到幸福，不仅要提供好的物质待遇，还要让他们感觉公平、被信任。没有管理才能的员工，通过任劳任怨的苦干也可以得到认可，普通员工如果做到功勋员工，工资收入只比店长差一点点。海底捞的员工很少从社会招聘，大部分是现有员工介绍来的亲戚、朋友。在大家彼此都熟悉的环境里，无论好的还是坏的，都容易蔓延和生长。作为公司的创始人，张勇在极力推行一种信任、平等的价值观。基于一切以为客户服务为重和对员工的信任，海底捞给一线服务员的授权很大，包括可以为客户免单的权力。每个员工都有一张卡，员工在店里的所有服务行为都需要刷卡，记录在案。一旦发现这种信任被滥用，则不会再有第二次机会。

作为北方区总负责人，袁华强每个月都有一项特殊的任务：去员工的宿舍生活三天，目的在于体验员工的衣食住行是否舒适，以便及时改善。员工对待他从来不叫"袁总"，而是亲切地唤他"袁哥"。在海底捞分店，他与同来自家乡的小服务生随意地开着玩笑，互相拍着肩膀。"在海底捞，店长也可以跟普通员工一起，去给客人端锅打扫。"

在袁华强看来，很大程度上这得益于张勇充满理想主义的"人生而平等"的价值观念。现在海底捞的核心高管，除了财务人员和工程师是外聘的，其他都是在海底捞从基层开始，一步步走到现在的普通人。袁华强几乎干过海底捞所有的职务：门童、洗碗工、厨师……从底层成长起来的经历让那些海底捞的管理者保持一颗平常心。

(4) 平台、授权。聪明的管理者能让员工的大脑为他工作。要让员工的大脑起作用，除了让他们把心放在工作上，还必须给他们权力。200 万元以下的财务权都交给各级经理，而海底捞的一线经理都有免单权。不论什么原因，只要员工认为有必要，都可以给客人免费送一些菜，甚至免掉一餐的费用。在其他餐厅，这种权力起码要经理才会有。聪明的管理者能让员工的大脑为他工作，当员工不是机械地执行上级的命令时，他就是一个管理者了。按照这个定义，海底捞是一个由几万名管理者组成的公司。如果说张勇对管理层的授权让人吃惊，那么他对一线员工的信任更让同行觉得匪夷所思。张勇的逻辑是：客人从进店到离店始终是跟服务员打交道，如果客人对服务不满意，还得通过经理来解决，这只会使客人更加不满，因此把解决问题的权力交给一线员工，才能最大限度地消除客人的不满意。

有人会问：难道张勇就不怕有人利用免单权换取个人利益？这种情况确实发生过，只不过极少，而且那些员工做第二次的时候就被查处开除了。

两个因素决定海底捞的一线员工不会滥用免单权：

第一，管理层除了财务总监和工程总监，全部从服务员做起。这条政策甚至包括厨师长的职位，理由是不论你的厨艺有多好，没有亲自服务过客人，就不会知道服务员需要什么样的后厨支持才能把客人服务好。袁华强就是一例。至今他还骄傲地说，我是超一流服务员，可以一个人同时照顾四张台。他和手下每一层的管理者都非常清楚，什么时候必须用免单的方式才能让客人满意。因此，作弊的人怎能骗过他们？

第二，人的自律。人都有邪恶和正义两重性，两者谁占上风经常是生存环境使然。孟子有言：君视臣如手足，则臣视君如腹心；君视臣如犬马，则臣视君如国人；君之视臣如土芥，则臣视君如寇仇。海底捞把员工视为手足，员工自然把海底捞当作自己的心脏来呵护。看看那些被偷垮的餐馆，可以想象员工在那里受到的轻视。设身处地想想看，如果你既喜欢这个工作，又感激这个公司，特别是你还在意亲戚、朋友、同学和老乡对你的看法，你愿意用几百元去交换它们吗？如果对员工连这样的信任都没有，你怎么期望员工把心给你？

难怪张勇说：“创新在海底捞不是刻意推行的，我们只是努力创造让员工愿意工作的环境，结果创新就不断涌出来了。”如果你是海底捞的同行，想想看，你怎么跟这么多个总是想着如何创新的脑袋竞争？

（5）培训员工。海底捞把培养合格员工的工作称为造人。张勇将造人视为海底捞发展战略的基石。海底捞要求每个店按照实际需要的110%配备员工，以便为扩张提供人员保障。海底捞这种以人为本、稳扎稳打的发展战略值得不少中国企业借鉴。其员工的入职培训很简单，只有三天。主要讲一些基本的生活常识和火锅服务常识。真正的培训是在进入门店之后的实习中，每个新员工都会有一个师傅传帮带。“新员工要达到海底捞优秀员工的水平，一般需要两三个月的时间。”袁华强解释。体会海底捞的价值观和人性化的服务理念，学会处理不同问题的方法，比起那些固定规范的服务动作困难多了。

为了保证这种价值观和氛围不被稀释，以及培养后续储备干部，海底捞将培训员工设置成考核中高层管理人员的重要指标。海底捞现在包括袁华强在内的七人核心管理团队，都是跟了张勇近十年的人。也因此，海底捞的扩张根本不可能快。现在新开店的核心人员至少要在老店里有三五年的经验，而一般的服务员工也会保证有80%是从老店调来的。海底捞有一段时间集中开了七家新店，新店开张大量抽调了老店的员工，新员工数量增多，管理层明显感觉到客户满意度下滑。虽然公司做好了必要时全民皆兵，把熟悉业务的配菜员、传菜员等二线人员调往一线的准备，但客户满意度的提升还是需要一个过程。

随着海底捞的成功，嗅觉敏锐的投资公司也闻风而至。IDG、国金证券、老虎基金先后找到了张勇，希望注资这家连锁餐饮企业，帮助其加速发展。海底捞的一大目标是在全国开分店，但为了实现这两者的满意度，它拒绝了风险投资，而是选择进行稳扎稳打的缓慢扩张。因为海底捞认为，在没能拥有足够满足扩张需要的合格员工之前盲目扩张，可能是海底捞品牌的最快死法。

张勇没有选择风险投资，没有让海底捞上市，也没有盲目扩张店面。如何储备更多拥有海底捞思维的管理者和一线员工，占据了他绝大部分的精力。在张勇看来，“制造”海底捞员工的真正关键并不在于培训，而在于创造让员工愿意留下的工作环境。“餐饮业是低附加值、劳动密集型行业，怎么点火、怎么开门并不需要反复培训，最重要的是如何让员工喜欢这份工作，愿意干下去。只要愿意干，就不会干不好。”张勇直言，“标准化固然重要，但笑容是没有办法标准化的。”

在海底捞的公司目标里，“将海底捞开向全国”只排在第3位，而“创造一个公平公正的工作环境”“致力于将用双手改变命运的价值观在海底捞变成现实”则排在前面。对一个公司而言，这显然已不再是纯粹的商业目标，而是将其对员工和社会的责任，甚至理想放在了更高的位置。随着新开店面不断增加，如何保障根本的理念能够始终如一、不打折扣地坚持下去，恐怕是海底捞在成长过程中的最大变数。

思考题：

1. 在做领班时，何种管理技能对张勇最重要？在做总经理时，何种管理技能对张勇最重要？

2. 海底捞运用的是哪种竞争战略？

3. 张勇并没有读过管理学相关课程，为什么他管理的企业有声有色？这是否意味着学习管理理论并无用处？谈谈你的看法。

4. 海底捞的员工激励涉及哪些内容型激励理论？涉及哪些过程型激励理论？

5. 案例中提道：为了提升员工满意度，海底捞从良好的福利、晋升、信任与平等、平台及授权、培训员工等层面，使员工成为海底捞家中的一员。案例中列举了海底捞为员工提供的诸多福利。依据赫茨伯格的双因素理论，你认为这些是保健因素还是激励因素？海底捞提供这些福利真的能按照预期提升员工的满意度，还是仅能降低或者消除员工的不满意感？

6. 海底捞的人力资源管理有何可取之处？

综合案例分析二　顺丰成长的阵痛

从顺丰嘿客、顺丰优选到顺丰供应链金融……一系列动作表明，顺丰在尝试转型，改变过分依赖速运业务的现状。但这并非一场简单的战役。

“西风起，蟹脚痒，金秋正好吃蟹黄。”

人们在品尝螃蟹美味之时，一场看不见的“蟹斗”正发生在大闸蟹产区。

数据显示，在2017年之前，拥有空运能力的顺丰几乎垄断了阳澄湖95%以上的大闸蟹运输。而在2017年，顺丰的这一优势被打破。在9月23号的阳澄湖开湖仪式上，天猫、京东、顺丰、1号店、苏宁易购全都在现场搭起了台子，有些甚至把运货车都直接开到了开湖现场。

天猫宣布，联合菜鸟、安鲜达提供极速配送，部分区域的消费者最快6小时就可以收到阳澄湖捞起的新鲜大闸蟹。与此同时，以独立公司形象身份首次出现的京东物流，则打出了“300个城市48小时配送到家，其中150个城市24小时到家，上海、苏州等最快6小时到家”的口号，并且对商家承诺，经确认如为京东物流问题导致出现死蟹，最快将在3个工作日内完成理赔。

顺丰的大闸蟹运输市场正在被挤占。事实上，顺丰核心速运业务增速放缓，必须尝试转型。转型就是重新面对现实。眼前，顺丰正在遭遇怎样的现实？它的转型痛点与挑战又何在？

脱颖而出

无论顺丰还是三通一达（申通、圆通、中通与韵达），都是从地域型速运公司起步。顺丰之所以能够从中脱颖而出，就是因为能为客户提供高质量、迅速的服务。

“速运的概念就是用最短的时间将货物安全送达。”中国人民大学商学院副院长宋华告诉《商学院》记者，不同于传统的物流企业，速递对时效尤为敏感，它强调速度。在起步阶段，顺丰迅速地铺设自己的网点，建成了5个区域中心、128个区域中转站，覆盖全国2 500个区县。“为客户提供高质量、丰富的网点服务，能够在最大程度上降低客户的交易成本，这是顺丰前期成功的关键。”这也是在起步阶段顺丰为什么能够在竞争中直接定位高端市场，并且迅速脱颖而出。“选择顺丰的用户，第一考量不是价格，而是时间和保障。”宋华说。

在刚过去的快递涨价潮中，顺丰没有跟进。“涨价与否取决于成本与收益的均衡，顺丰不涨价，也就意味着顺丰比竞争对手综合成本相对更低。”宋华强调，“当网点很健全、客户质量较高时，其利润率可能会比别人更有优势。”

单从速运业务来讲，顺丰目前的服务已然具有较强的优势。强大的运输能力、运输的高效性、服务质量的安全性都在用户心中留下了良好的印象。目前顺丰已经与国际企业合作，拓展自己的国际速递。

然而庞大的顺丰集团并非只有速运业务。截至 2016 年 9 月 22 日，顺丰旗下有 13 家全资子公司、2 家参股子公司以及 49 家主要境外下属企业。其中，全资子公司包括顺丰速运、顺路物流、顺丰科技、顺丰航空、丰泰产业园投资等。根据交易报告书，顺丰将旗下板块分为速运事业群、金融服务事业群、产业园运营中心、顺丰航空和顺丰科技五大业务部门。

2017 年上半年财报显示，顺丰营业收入为 321.61 亿元，其中速运物流营业收入为 320.03 亿元。顺丰航空和顺丰科技主要服务于速运事业。顺丰控股共拥有 39 架自有全货机，截至 2017 年 6 月 30 日，顺丰航空共有飞行员 367 人。另外，顺丰通过与航空公司、代理合作等模式，拥有散航航空路线 1 586 条。截至 2017 年上半年，顺丰在科技投入方面做了不少尝试，从物流无人机、丰密运单，到机器图像识别、车联网、全自动分拣等，但报告里没有详细说明各项服务创新所耗费的资金和成效。显然，这些都是需要巨大资金投入的，而能带来真金白银收入的主要是速运业务。曾被寄望拓展更多收入可能的金融服务事业群，也在顺丰借壳上市期间被悉数剥离。

速运业务放缓，新业务开拓失利，顺丰遇到了发展的阵痛？随着嘿客的关闭、顺丰优选在电商赛道上的掉队，顺丰围绕“速运”这一核心开展的业务遇到了阻滞。甚至连核心速运业务也正遭受着对手的抢夺。顺丰怎么了？要如何转型？

转型阵痛之一：商业板块巨亏

2017 年 3 月，顺丰控股发布了 2016 年年报：全年实现营业收入 574.83 亿元，同比增长 19.5%；净利润 41.8 亿元，同比增长 279.55%。看起来业绩斐然，但在这份成绩单中，顺丰剥离了其商业板块业务。

2016 年，顺丰通过剥离顺丰商业板块，直接节省了 7.57 亿元销售费用，从而为 2016 年的财报贡献了 70%的利润增长。

顺丰商业板块到底怎么了？《商学院》记者联系了顺丰公关，但是该公关拒绝了记者的采访。

据了解，顺丰商业包括顺丰优选及其衍生出来的供应链金融服务。

2016 年 7 月 26 日，顺丰宣布将剥离其直接或间接持有的合丰小贷、乐丰保理和顺诚融资租赁资产 100%股权，价值约 7.96 亿元。当年 9 月 27 日，顺丰再度表示，将转让其持有的中顺易 31.8%股权和共赢基金 10%股权。

对此，顺丰在财报中解释称“为保证本次重大资产重组顺利实施”。但两次转让后，顺丰金融服务事业群所运营的小额贷款、保理业务、融资租赁等供应链金融业务均已剥离，仅剩下第三方支付业务顺手付及相关物流增值服务。

在顺丰借壳鼎泰新材上市的财报数据中，顺丰“已剥离业务商业板块”2013—2015年亏损分别是1.26亿元、6.14亿元、8.66亿元，相加亏损16.06亿元，而亏损的原因，报告中称“主要是顺丰商业自2014年开始集中铺设线下门店所致”。

2012年，顺丰线上购物平台顺丰优选正式上线，2014年顺丰线下实体店嘿客开业。在外界看来，顺丰希望利用自己的快递网络所积累的数据打通线上线下，形成一个全新的商业局面。

早期的嘿客是为解决社区物流终端最后一公里问题而出现的，同时，为分摊租金成本，店内展示商品，引导顾客到线上下单消费。然而，定位解决社区物流终端最后一公里问题的嘿客，并没有抓住消费者的痛点。社区经济最大的优势就是方便、快捷以及更好的体验，更重要的是其不可替代性。每家社区店铺往往都承担了家庭相对应的功能性需求，而嘿客却少了不可或缺性。

一位离职的嘿客员工告诉记者，嘿客商品品类太少，不接地气，也让消费者体验不佳。所谓不接地气，是指旨在解决社区物流终端最后一公里问题而存在的嘿客，把自己的目光投向了高端客户，大部分商品为进口产品。

顺丰控股在上市方案中对这一模式解释称，顺丰优选负责线上销售，嘿客门店负责线下体验和流量引入，同时发挥顺丰快递的实效和质量优势，推动物流和商流的协同发展。

理想很丰满，现实很骨感。定位高端且品类不全的嘿客所提供的服务，线上平台顺丰优选都可以做到，嘿客没有一个让用户进入其店中消费的充分理由。嘿客自身的流量尚不能解决，又何来为顺丰优选引流？

在中国购物中心产业资讯中心主任郭增利看来，关于社区商业整体的消费量在商业消费中占比还小，仍处在培育的过程，需要一个周期，这个时间是对所有企业的一种考验。同时一些社区的O2O缺乏整体规划，只能依靠企业自身去挖掘探索，对企业来说能不能承受所带来的高成本也是一个不小的考验。

2015年嘿客更名为顺丰家，2016年9月再次更名为顺丰优选，与线上生鲜平台统一命名，从而实现“线上下单，线下配送”的目的。

线下店的顺丰优选延续了嘿客的高端定位，近八成商品为进口食品，种类覆盖零食、洋酒、红酒、矿泉水、海鲜、速冻主食、米面粮油等产品。同时，线下店的顺丰优选提供线上平台的货物自提服务，以及1.5千米范围内“一小时送货上门”服务。

首都经济贸易大学工商管理学院教授陈立平表示，顺丰线下店本身的定位并不清晰，并没有明确按照便利店的选址原则选址。在陈立平看来，零售行业与快递行业迥异，在7－11这类便利店增加一个自提点非常容易，要把自提点改造成便利店却不是一件容易的事情。

“顺丰优选的方向是正确的。”宋华表示，“但是有一个问题，别人为什么跟你合作？顺丰在其中帮助合作客户优化了什么流程？”

在宋华看来，顺丰优选生鲜平台的定位还是较为准确的。“但是如何组织农业生产、配送的过程，从而把自己的物流嫁接进来对顺丰来讲是比较具有挑战性的。”

毕竟生鲜对冷链运输和时效的要求很高，生鲜电商面临的最大挑战一方面是对于产地商品的掌控，一方面是对于运输环节的掌控，尤其是涉及冷链的时候。

顺丰介入冷链运输领域时间并不长，从速递业务介入生鲜的冷链运输并不容易，而那些原本具备冷链运输能力的企业则开始做自己的生鲜电商。

成立于 2009 年的鲜易供应链经过多年的成长，已经成为中国最大的冷链物流，并在 2015 年成立自己的电商平台，专注生鲜市场。其冷链马甲交易平台运营 1 年，在线运营车辆从 1.2 万辆增加到 3.6 万辆，冷库容积从 150 万立方米增加到 1 850 万立方米。2014 年才成立冷链事业群的顺丰在这方面显然还成不了气候，冷运车只有 300 辆左右。

除了冷链运输，对于生鲜电商平台来说，谁能够在上游产地拥有比较强的话语权，谁就能拿到品质好、价格又比较低廉的商品。在这方面，发力较晚的顺丰显然处于下风。

在中国，农产品的生产一般都由个体农户完成，产量小，而在流通环节又缺少大型组织进行统一销售，导致商品从产地到上架销售需要经过许多不必要的流通环节，这些环节往往会增加许多不必要的成本。

“最后一公里并不取决于最后一公里，而是取决于整条供应链。”宋华说，“顺丰希望通过顺丰优选来渗透到供应链中，但是目前来看，这是一个长期的过程。”

介入供应链，就需要明白谁是自己真正的客户，宋华向记者介绍了阿里的生鲜供应链模式。以阿里的农村淘宝为例，商家在天猫上开店，用户在天猫上下单，阿里把商家的订单汇聚到易果生鲜（天猫的供货商），通过易果生鲜把订单给农业合作组织，通过蚂蚁金服的旺农贷来扶持农业合作组织，定向购买农资农具，再通过菜鸟体系将农产品汇聚到易果生鲜，通过天猫平台面向用户，最终回笼资金，还款旺农贷。宋华介绍，这才是一条完整的供应链闭环。

“如何把农业生产组织化？农业生产资料和农业机械如何有效组织起来？如果不解决这个问题，如何有最终端的农产品上架？”在宋华看来，顺丰优选的问题不在于单纯的开店问题，而在于如何去解决上游农产品的组织问题。

显然，顺丰目前的供应链尚未形成完整的闭环模式。在宋华看来，无论是顺丰优选还是顺丰供应链金融，整体的定位以及大方向是正确的，挑战在于顺丰如何深入渗透到供应链产业中，形成良好的闭环模式。

转型阵痛之二：速运核心业务遭遇挑战

顺丰 2016 年财报、也是其上市之后的第一份财报显示，除了速运业务，顺丰开始发力冷链业务，2016 年冷链运输营业收入同比增长 93.03%。冷链运输也是快递企业供给侧升级的关键，生鲜电商、医药配送的扩张明显还在受制于冷链限制。

最能代表冷链运输能力的，莫过于每年 10 月的螃蟹运输。固城湖、洪泽湖、宝应湖、阳澄湖、兴化、黄河口、盘锦等地都产大闸蟹。大闸蟹捞出后一般只能存活 20 小时左右，对讲究吃活蟹的食客来说，螃蟹存活率成为供应链的极大挑战。

早在2017年9月，顺丰就发布了阳澄湖大闸蟹“点、线、面”解决方案。但参与这场螃蟹运输的，除了阿里、京东，还有德邦和圆通。同样的冷链运输、“空运”、“死蟹包赔”等口号，让今年的螃蟹运输有了更多的选择。而在往年，超过九成的阳澄湖大闸蟹的运输都是由顺丰来完成的。

圆通相关负责人表示，目前从苏州发出的大闸蟹次日达城市有十多个，未来还将继续扩展。德邦快递全程冷链运输到达的区域覆盖20个城市，空运则覆盖30个城市。

天猫生鲜负责人朱霞表示，天猫早就锁定了阳澄湖的大部分湖面，与数十家蟹商签订了合作协议。其中全国最大的淡水水域承包企业三家村蟹业，把5万亩阳澄湖水域中的3.8万亩都“承包”给了天猫。

更为挑战的是，顺丰速运这一核心业务的增速放缓。

顺丰2016年全年财报显示，顺丰控股快递业务票均收入为22.15元，而2014年度、2015年度的快递业务票均收入分别为23.61元、23.83元，虽然远高于行业平均水平，但依然有1.68元的下滑。反映到速运物流的毛利率上，2016年毛利率（19.55%）同期减少0.37个百分点。

据了解，快递行业的营业收入包括快递公司营业收入和全网揽件收入。不同于三通一达的网点加盟模式，顺丰的网点一直采用直营模式。

从快件的收入构成来看，顺丰一单24元覆盖该运单的所有费用。而三通一达的快递费用则包含面单费、中转费、派单费，不同的快递公司，费用占比也不同。

假设一家淘宝店的10元订单，需要拆分成面单费、给加盟公司中转费以及派单费，真正给到快递公司的费用寥寥无几。以圆通为例，虽然圆通的单票运费相比顺丰较低，但是其收件量远远高于顺丰。

圆通速递发布的2017年第一季度业绩报告显示，圆通速递实现营业收入34.94亿元，同比增长6.95%。2016年圆通速递实现营业收入168.18亿元，同比增长39.04%。

而顺丰在2016年的国内快递业务（时效产品，不包括其重货、冷运、仓配业务，这些也未计入邮政局快递统计）收入增速只有15%左右。整体收入增速19.5%也远远落后于行业同期的44.6%。回看近年的数据，其增速早已与行业脱节，且差距拉大。在2016年低于行业25个百分点，低于申通、圆通的一半，不足中通的1/3。

三通一达的高订单量得益于电商的快速发展。数据显示，快递行业连续6年保持50%以上增速，这绝大部分来自电商物流的增长。电商件占比已超过80%，增速贡献在80%～90%。在2016年网购增速只有24%的情况下，快递件量受益于四五线城市＋农村电商，增速依然高达50%。

对于顺丰来讲，电商件已经成为其收入占比的小众。究其原因，在于电商件的容错率较高，对价格极为敏感。顺丰高达近24元的订单费用使其不会成为买家和卖家的首选。

转型阵痛之三：从区域到广域的转型

宋华介绍，需要从两个维度来看待目前的物流格局。第一个维度是服务基础，即用什么为委托客户服务。一种依靠物流资产和物流网点为客户服务；一种依靠知识为客户服务。在宋华看来，知识运营不仅局限于物流资产型运营，还需要物流企业从资产运营向供应链服务的方向转变，渗透到客户的全过程，这就需要知识运营。

第二个维度是要看为客户提供的服务范围的广度和深度，这个维度是决定物流公司发展的重要因素。“网络的完善性是检验这个维度较为直观的标准。”

宋华告诉记者，中国的物流企业目前分为两种类型：一种是区域型重资产，这类企业的生存和发展主要依靠拼单。所谓拼单，就是从客户中拼单，如果得到较好的拼单，就能够降低物流企业的运输成本。另一种是资产型投资，网络开始健全化。

顺丰集团2017年年中财报显示，2017年上半年顺丰的业务量为13.73亿件，营业收入达到321.61亿元，净利润为18.84亿元。净利润与营业收入相差甚远。

出现这样的问题，在宋华看来，是因为顺丰依旧依赖资产运营的方式，依靠狭义的速运物流服务运营。从顺丰嘿客、顺丰优选到顺丰供应链金融，一系列动作表明，顺丰在尝试从区域型重资产向广域型重资产转型。

这一转型的方向是正确的。然而问题的关键在于，重资产类型的企业其生存取决于资产是不是不可或缺的。宋华认为，目前物流行业在中国属于第三方企业。换句话说，物流实际上是一种被动的服务方式，核心是物，前提是有运货的需求。顺丰希望通过转型渗透到产业链中，加强对上游商品的控制权。

“如何把握客户的产业过程？顺丰需要从传统的速递服务型企业突然转变为一个供应链企业，对过程进行全面的把握。”宋华说。

实践中大量电商企业在供应链运营过程中缺少流动资金，中、小、微企业面临的问题是银行不予贷款。顺丰希望通过与这些中、小、微企业合作，它们将自身的快递业务交给顺丰，顺丰从而拿到整条供应链的数据。

“从库存管理、干线运输到终端配送，整条供应链都交给顺丰来管理，顺丰可以自然地拿到企业的分销数据，从而为企业提供融资服务。”宋华介绍。

于是仓储融资、订单融资、顺小贷等一系列针对供应链的金融业务紧锣密鼓地开展起来。

“供应链金融是一个慢过程，不能用简单的投资回报率来看待这件事情。如果不能在渗透到产业链的过程中把握它的规律，供应链金融并不能成功。”宋华强调，速递公司不能单纯地被动接单，而是需要掌握合作企业的经营产品，产品的畅销程度、市场状态，如何进行分销、客户维系等数据，为客户进行定制化的库存管理。只有这样，速递企业才能走通整个供应链金融环节。

“到大量的产业里了解客户，这是顺丰所要面对的。”宋华强调。

顺丰在发展过程中所面临的另一个挑战是，顺丰的业务主要为速递型物流，以揽货为主要目的。在宋华看来，顺丰目前最大的障碍是如何渗透到供应链中。“工业品物流与速递型物流并不相同。”

速递型物流并没有严格意义上的中心仓、二级中转站、区域仓、分仓等，并不涉及真正意义上的仓储管理。

希望改变这一局面的顺丰，联合快递公司发起丰巢业务。截至 2017 年上半年，丰巢在全国拥有快递柜 5.5 万个，营业收入 8 241 万元，但是亏损高达 1.78 亿元。2017 年上半年顺丰在丰巢的持股比例已经从 30.86%降低至 15%。丰巢的布局并不顺利。

“顺丰之所以布局丰巢，其实是希望拓展工业品物流的管理能力，”宋华强调，“但是能否成功拓展，取决于顺丰是否深入工业品物流管理的全过程。”

这就要求企业建立供应链的多级库，建立自己的分仓。中心仓—区域仓—分仓这种多级库管理是工业物流的主要特点，零部件向下走也需要有这样的多级库管理。

资料来源：王倩．顺丰阵痛：商业板块巨亏　速运核心业务遭挑战．(2017－11－1). http://finance.sina.com.cn/chanjing/2017－11－01/doc-ifynfvar5683091.shtml.

思考题：

1. 2016 年 9 月 22 日，顺丰采用的组织结构类型是（　　）。

A. 直线制　　B. 直线职能制

C. 事业部制　　D. 矩阵制

E. 网络制

2. 如果用波士顿矩阵来分析顺丰的经营结构，（　　）属于现金牛业务。

A. 速运事业群　　B. 金融服务事业群

C. 产业园运营中心　　D. 顺丰航空

E. 顺丰科技

3. 顺丰的速运事业群采用的是（　　）。

A. 低成本战略　　B. 差异化战略

C. 聚焦战略

4. 请依据案例信息，运用 SWOT 分析框架对顺丰进行分析。

选择题参考答案

第1章 总论

1. B	2. B	3. A	4. A	5. C	6. C	7. A	8. D
9. B	10. B	11. A	12. D	13. A	14. D	15. B	16. A
17. C	18. B	19. A	20. A	21. C	22. D	23. C	24. D
25. C	26. B	27. D	28. C	29. D	30. A	31. C	32. C
33. D	34. D	35. D	36. A	37. D	38. C	39. B	40. B

第2章 决策

1. ABC	2. ABC	3. BCD	4. BD	5. A	6. ABCD	7. C	8. C
9. B	10. A	11. B	12. A	13. B	14. B	15. D	16. C
17. C	18. D	19. B	20. C				

第3章 计划

1. BCD	2. B	3. C	4. C	5. ABC	6. D	7. ABCD	8. ABCD
9. A	10. B	11. AD					

第4章 战略

1. ABCD	2. ABCD	3. ABCD	4. A	5. ABCD	6. C	7. A	8. B
9. C							

第5章 组织

1. A	2. D	3. D	4. D	5. D	6. D	7. E	8. A
9. C	10. D	11. A	12. C	13. B	14. D	15. C	16. C
17. D	18. B	19. C	20. A	21. D	22. B		

第6章 人力资源管理

1. B	2. C	3. AB	4. A	5. C

第7章 领 导

1. A 2. A 3. D 4. B 5. B 6. C 7. C

第8章 激 励

1. B 2. D 3. C 4. A 5. D

第9章 沟 通

1. D 2. A

第10章 控 制

1. D 2. C 3. B 4. B 5. B 6. B 7. D 8. A
9. B 10. D 11. A 12. D 13. D 14. C 15. B 16. A

综合案例分析二 顺丰成长的阵痛

1. C 2. A 3. B

参考文献

1. 丹尼尔・A. 雷恩，阿瑟・G. 贝德安. 管理思想史：第6版. 北京：中国人民大学出版社，2014.

2. 哈罗德・孔茨，海因茨・韦里克. 管理学：国际化与领导力的视角：精要版：第9版. 北京：中国人民大学出版社，2014.

3. 斯蒂芬・P. 罗宾斯，玛丽・库尔特. 管理学：第11版. 北京：中国人民大学出版社，2012.

4. 迈克尔・A. 希特，R. 杜安・爱尔兰，罗伯特・E. 霍斯基森. 战略管理：概念与案例：第10版. 北京：中国人民大学出版社，2012.

5. 斯蒂芬・P. 罗宾斯，蒂莫西・A. 贾奇. 组织行为学：第14版. 北京：中国人民大学出版社，2012.

6. 彼得・德鲁克. 公司的概念. 北京：机械工业出版社，2006.

7. 彼得・德鲁克. 21世纪的管理挑战. 北京：机械工业出版社，2006.

8. 彼得・德鲁克. 卓有成效的管理者. 北京：机械工业出版社，2009.

9. 迈克尔・波特. 竞争优势. 北京：华夏出版社，1997.

10. 加里・哈梅尔，C.K. 普拉哈拉德. 竞争大未来. 北京：昆仑出版社，1998.

11. 史蒂芬・柯维. 高效能人士的七个习惯. 北京：中国青年出版社，2010.

12. 理查德・L. 哈格斯，罗伯特・C. 吉纳特，戈登・J. 柯菲. 领导学：在实践中提升领导力：第7版. 北京：机械工业出版社，2012.

13. 陈春花，曹洲涛，曾昊. 企业文化. 北京：机械工业出版社，2010.

14. 查尔斯・E. 贝克. 管理沟通：理论与实践的交融. 北京：中国人民大学出版社，2003.

15. 闫飞龙. 人力资源管理. 北京：中国人民大学出版社，2018.

教师教学服务说明

中国人民大学出版社工商管理分社以出版经典、高品质的工商管理、财务会计、统计、市场营销、人力资源管理、运营管理、物流管理、旅游管理等领域的各层次教材为宗旨。

为了更好地为一线教师服务，近年来工商管理分社着力建设了一批数字化、立体化的网络教学资源。教师可以通过以下方式获得免费下载教学资源的权限：

在中国人民大学出版社网站 www. crup. com. cn 进行注册，注册后进入“会员中心”，在左侧点击“我的教师认证”，填写相关信息，提交后等待审核。我们将在一个工作日内为您开通相关资源的下载权限。

如您急需教学资源或需要其他帮助，请在工作时间与我们联络：

中国人民大学出版社　工商管理分社

联系电话：010-62515735，82501048，62515782，62515987

电子邮箱：rdcbsjg@crup. com. cn

通讯地址：北京市海淀区中关村大街甲 59 号文化大厦 1501 室（100872）